V&R

Alvin H. Rosenfeld

Ein Mund voll Schweigen

Literarische Reaktionen auf den Holocaust

Aus dem amerikanischen Englisch übersetzt
von Annette und Axel Dunker
und mit einem Vorwort von Dieter Lamping

Vandenhoeck & Ruprecht

Alvin H. Rosenfeld ist Professor of English und Director des Borns Jewish Studies Program an der Indiana University in Bloomington / Indiana, USA.

Die Deutsche Bibliothek – CIP-Einheitsaufnahme

Rosenfeld, Alvin H.:
Ein Mund voll Schweigen : literarische Reaktionen auf den Holocaust / Alvin H. Rosenfeld. Aus dem amerikan. Engl. übers. von Annette und Axel Dunker und mit einem Vorw. von Dieter Lamping. – Überarb., aktualisierte und erg. Fassung der Orig.-Ausg. – Göttingen: Vandenhoeck und Ruprecht, 2000
Einheitssacht.: A double dying <dt.>
ISBN 3-525-20808-1

Umschlagabbildung: André Elbaz, Paris

Gedruckt mit freundlicher Unterstützung des Ministeriums für Bildung, Wissenschaft und Weiterbildung des Landes Rheinland-Pfalz.

© 2000, Vandenhoeck & Ruprecht, Göttingen. http://www.vandenhoeck-ruprecht.de
Überarbeitete, aktualisierte und ergänzte Fassung der Originalausgabe »A double Dying. Reflections on Holocaust Literature, Bloomington and Indianapolis 1988.«

Alle Rechte vorbehalten. Das Werk einschließlich seiner Teile ist urheberrechtlich geschützt. Jede Verwertung außerhalb der engen Grenzen des Urheberrechtsgesetzes ist ohne Zustimmung des Verlages unzulässig und strafbar. Das gilt insbesondere für Vervielfältigungen, Übersetzungen, Mikroverfilmungen und die Einspeicherung und Verarbeitung in elektronischen Systemen. Printed in Germany.
Satz: Schwarz auf Weiß GmbH, Hannover
Druck und Bindung: Hubert & Co., Göttingen

Inhalt

Vorwort zur deutschen Ausgabe 7

Lesen und Schreiben nach dem Holocaust

Einleitung 11

1. Die Problematik der Holocaust-Literatur 20

Zwischen Sprache und Schweigen

2. Der Holocaust und die Geschichte 42
3. Imagination in extremis 66
4. Poetik des Aushauchens 85
5. Ringen mit einem schweigenden Gott 98
6. Dichtung des Überlebens 116

Täuschungen und Verzerrungen

7. Das Wort wird geopfert 128
8. Die Ausbeutung des Grauens 152
9. Der Überlebende als Opfer: Primo Levi 180

Der Holocaust als Erinnerung

Epilog 199

Anmerkungen 203
Literaturverzeichnis 211
Personenregister 234

Vorwort zur deutschen Ausgabe

Keine literarische Gattung macht es dem Leser so schwer wie die Texte über den Völkermord an den europäischen Juden. Sie konfrontieren ihn mit einer grauenhaften Wirklichkeit und der Inhumanität von Menschen, die aufzunehmen unser Fassungsvermögen immer wieder übersteigt. Sofern diese Texte Dichtung sind, lassen sie sich zudem mit unserem Begriff von Literatur kaum in Einklang bringen. Ihr Gegenstand und die Verfahren des Schocks, derer sie sich bedienen, machen sie zu einer nicht mehr ästhetischen, nicht mehr schönen Kunst. Sie bewegen sich häufig auf der Grenze zum Schweigen und Verstummen und erteilen, mit einem Wort Adornos, »dem einen Schlag [...], was die pseudowissenschaftliche Ideologie Kommunikation nennt«. Der Leser dieser Literatur ist nicht nur aufgefordert, die Schrecken, die sie darstellt, auszuhalten, sondern auch, seine Schlußfolgerungen aus ihnen zu ziehen. Sie zwingt ihn, seine Vorstellungen von Literatur und ihren Möglichkeiten, das Böse wiederzugeben, ebenso zu überdenken wie sein Bild vom Menschen.

Es hat lange gedauert, bis die Literaturwissenschaft diese Literatur zu ihrem Gegenstand gemacht hat. Die Texte, die man heute als ›Literatur über den Holocaust‹ oder kurz ›Holocaust-Literatur‹ bezeichnet, sind nicht selten als unmittelbare literarische Reaktionen auf den Völkermord an den europäischen Juden entstanden, die ersten von ihnen sogar noch vor dem Ende des 2. Weltkrieges. Die Erforschung dieser Literatur hat jedoch erst Jahrzehnte später eingesetzt. Das hat nicht nur mit den Mechanismen des kollektiven Gedächtnisses zu tun, auch mit dem Bedürfnis, Abstand zu gewinnen, um das Unfaßbare überhaupt fassen zu können.

Obwohl die Holocaust-Literatur, von wenigen Ausnahmen abgesehen, zuerst in Europa entstand, ist ihre Erforschung vor allem in den USA vorangetrieben worden. Es gibt noch keine deutschen Studien, die man den Büchern von Lawrence Langer (*The Holocaust and the Literary Imagination*, 1975), Alvin H. Rosenfeld (*A Double Dying*, 1980), James E. Young (*Writing the Holocaust,* dt. *Beschreiben des Holocaust*, 1997) u.a. an die Seite stellen könnte. Dieser Mangel ist nicht allein mit dem zweifellos lange vorhandenen Wunsch nach Verdrängung zu erklären. Auch wenn ›Vergangenheitsbewältigung‹ ein zentrales Anliegen der deutschen Nachkriegs-Literatur war, schloß sie doch nicht unbedingt die Auseinandersetzung mit der Verfolgung und Vernichtung der europäischen Juden ein. Die Außenseiter-Stellung der – wenigen verbliebenen oder zurückgekehrten – jüdischen Schriftsteller in der deutschen Nachkriegs-Literatur und die von vielfältigen Skrupeln motivierte Zurückhaltung nicht-jüdischer deutscher Autoren bei der Darstellung jüdischer Erfahrungen trugen dazu bei, daß der Genozid an den

Juden lange die ihm angemessene Beachtung in der deutschen literarischen Öffentlichkeit nicht erhielt. Die Literatur über den Holocaust, die gleichwohl entstand, geriet auch nicht in das verengte Gesichtsfeld der Germanistik, die, wissenschaftsgeschichtlich durchaus erklärbar, den Fortbestand deutscher Literatur (und Kultur) lange Zeit über werkimmanente Klassiker-Interpretationen zu erweisen versuchte.

Allerdings sind die Texte, die der Vernichtung der europäischen Juden gelten, nicht immer der deutschen Literatur zuzurechnen. Zwar erschienen schon bald nach Kriegsende auch deutschsprachige Reaktionen auf den Holocaust, etwa Nelly Sachs' Gedicht-Zyklus *In den Wohnungen des Todes*, Grete Weils Novelle *Bis ans Ende der Welt*, Paul Celans *Todesfuge* oder Manès Sperbers Novelle *Wolyna*, die allerdings zuerst in Frankreich publiziert wurde, so wie Celans Gedicht zuerst in einer rumänischen Fassung herauskam. Zahlreiche andere, kaum weniger gewichtige literarische Zeugnisse des Holocaust zählen jedoch nicht zur deutschen Literatur – etwa Jizchak Katzenelsons *Dos lied vunem ojsgehargetn jidischen volk*, Elie Wiesels *La Nuit (Die Nacht)*, Tadeusz Borowskis *Wybór Opowiadan (Bei uns in Auschwitz)* oder Giorgio Bassanis *Il Giardino dei Finzi-Contini (Die Gärten der Finzi-Contini)*.

Zu einem großen Teil ist die Holocaust-Literatur, aus naheliegenden Gründen, osteuropäische Literatur, und oftmals ist sie auf Jiddisch oder Hebräisch geschrieben. Deutschen Lesern war sie zumeist nur in Übersetzungen zugänglich, die manchmal erst in einem beträchtlichen zeitlichen Abstand zu den Erstveröffentlichungen erschienen. Einige bedeutende literarische Darstellungen des Holocaust wie die Gedichte Jakob Glatsteins oder Uri Zvi Greenbergs sind bis heute noch nicht ins Deutsche übertragen worden.

Die fremde Sprache war und ist allerdings nicht das einzige Hindernis auch für eine wissenschaftliche Beschäftigung mit der Holocaust-Literatur. Die jiddische und die hebräische Holocaust-Literatur stehen fast immer in einer Tradition (religiöser) jüdischer Literatur, die in Deutschland einem größeren Lese-Publikum so gut wie unbekannt geblieben ist. Sie zu vermitteln wäre eine Aufgabe der Wissenschaft gewesen, doch fehlte es in Deutschland an einer Tradition der wissenschaftlichen Beschäftigung mit jüdischer Literatur etwa in der Nachfolge der Wissenschaft des Judentums, die seit ihren Anfängen im 19. Jahrhundert aus der deutschen Universität ausgeschlossen war.

Alvin H. Rosenfelds Studie *Ein Mund voll Schweigen (A Double Dying)* ist nicht zuletzt eine Einführung in die jüdische Holocaust-Literatur – geschrieben aus einer jüdischen Perspektive. 1980 zuerst bei Indiana University Press erschienen, ist sie auf ein Interesse gestoßen, das über den akademischen Bereich hinausging. Inzwischen ist sie ein literaturwissenschaftliches Standardwerk geworden, auf dem spätere Studien, wie etwa die James E. Youngs, aufbauen konnten. Mit bezeichnender Verspätung liegt sie erst jetzt – überarbeitet, mit aktualisiertem Literaturverzeichnis und um ein aufschlußreiches Kapitel zu Primo Levi ergänzt – in einer deutschen Ausgabe vor.

Vorwort zur deutschen Ausgabe

Der Literatur-Begriff, der dem Buch zugrunde liegt, ist weit gefaßt – sowohl was die Sprachen wie was die Gattungen angeht. Holocaust-Literatur gibt es in allen europäischen Sprachen; Alvin Rosenfeld berücksichtigt in seinem Buch deutsche ebenso wie englische und amerikanische, französische ebenso wie italienische, hebräische ebenso wie jiddische Literatur. Er macht Gedichte, Romane und Dramen genauso zum Gegenstand wie Tagebücher und Augenzeugen-Berichte, fiktionale und poetische also nicht weniger als faktuale Literatur.

Was sie miteinander verbindet, ist zunächst nicht mehr als das historische Ereignis, das sie hervorgebracht hat und dem sie gelten. Gleichwohl definiert Rosenfeld Holocaust-Literatur nicht einfach thematologisch. Der Begriff steht aus seiner Sicht für mehr als ein literarisches Thema unter beliebig vielen. Er bezeichnet einen grundlegenden Epochenwandel, ja Epochenbruch, der Kunst, Politik und Moral gleichermaßen betrifft. »Nach Auschwitz«, schreibt Rosenfeld pointiert, »ist die literarische Imagination nicht mehr dieselbe.« Das Gleiche ließe sich von unserem moralischen Empfinden sagen.

Holocaust-Literatur ist allein als ein ästhetisches Phänomen nicht angemessen zu würdigen. Sie ist ein Beispiel für den Zusammenhang von Literatur und Geschichte, der in diesem Fall so eng ist, daß man, nach J.E. Young, »die Darstellungen des Holocaust und die Ereignisse des Holocaust nicht losgelöst voneinander interpretieren kann«. Rosenfeld bringt der Holocaust-Literatur gleichfalls mehr als ein bloß ästhetisches Interesse entgegen. Zwar stellt er, einen Gedanken Erich von Kahlers aufnehmend, auch die Frage, welche Veränderung literarische Form durch den Holocaust erfahren hat. Eine der leitenden Fragen des Buchs gilt aber, nicht weniger grundsätzlich, dem Wissen, das diese Literatur voraussetzt, und dem, das sie vermittelt. Rosenfeld erörtert deshalb neben der unabweisbaren Problematik von Dichtung nach Auschwitz und über Auschwitz – allerdings nur unter gelegentlicher Bezugnahme auf Adornos hierzulande oft überschätztes Diktum – auch die Korruption der deutschen Sprache durch den Holocaust oder den Beitrag der Holocaust-Literatur zur Geschichtsschreibung. Insofern ist es nicht verwunderlich, daß eines seiner Ziele erklärtermaßen darin besteht, »den Holocaust durch die Literatur, die er hervorgebracht hat, begreifbarer zu machen«.

Es ist allerdings nicht nur der Zusammenhang von Literatur und Geschichte, der Rosenfeld interessiert. Ohne Holocaust-Literatur als ausschließlich jüdisch zu verstehen, schenkt er doch der Stellung jiddischer Holocaust-Dichtung innerhalb der jüdischen Tradition besondere Beachtung – und dies sowohl in literarischer wie in religiöser Hinsicht. Es ist offensichtlich, daß gerade die hebräische und jiddische Holocaust-Literatur immer wieder theologische Fragen aufwirft. Neben dem historischen ist es deshalb der im weitesten Sinn religiöse und kulturelle Kontext, auf den sich Rosenfelds Augenmerk richtet. Damit bestätigt seine Untersuchung die Ansicht, daß eine Erforschung des Holocaust wie der Holocaust-Literatur nur interdisziplinär möglich ist. Daß er dabei, aus seiner Perspektive, zu anderen Einschätzungen mancher Dichter und ihrer Werke gelangt, dürfte im Fall Paul Celans am deutlichsten sein.

A.W. Schlegel hat in seiner »Kunstlehre« einmal zwischen ›technischer‹ und ›philosophischer Theorie‹ unterschieden. Alvin Rosenfelds Buch ist vor allem – aber nicht ausschließlich – eine ›philosophische Theorie‹ der Holocaust-Literatur; philosophisch insofern, als sie nicht nur nach der »Art von Erkenntnis« fragt, die diese Literatur vermittelt, sondern auch nach dem, »was wir in Nachwirkung des Holocaust verloren und gewonnen haben«. Weniger als die ›Ästhetik‹ interessiert ihn die ›Ethik des Schreckens‹, der die Literatur selbst deutlich genug verpflichtet ist.

Dieter Lamping, Mainz

Lesen und Schreiben nach dem Holocaust

Einleitung

> Mord. Das sagt noch gar nichts.
> Im Englischen kann darin sogar etwas Glanzvolles liegen ...
> Mord.
> Und dann gibt es für die Gefühle Ersatzbegriffe,
> die noch schlimmer sind: ist von uns gegangen,
> gerechter Lohn, nach langer schwerer Krankheit.
> Und dann das unpassendste Wort von allen:
> Holocaust. Eine Nicht-Kategorie, ein Eunuch von einem Wort.
> Jedenfalls ein jüdischer Begriff,
> soviel steht fest. Ihnen bedeutet er etwas.
> Dem Rest dieser dumpfen Welt ...[1]
> STEFAN KANFER

Lange Zeit stellte das Wort ›Holocaust‹ für den »Rest der Welt« einen inhaltsleeren Begriff dar, der für die meisten im Alltag zumindest keine substantielle Bedeutung besaß. So pauschal läßt sich das heute sicherlich nicht mehr behaupten; vor allem in Deutschland sind Terminologie und Bildersprache des Dritten Reichs allgemein bekannt, und die Schreckensvorstellung von Millionen ermordeter Juden verfolgt die Menschen. Das vorliegende Buch soll seinen deutschen Lesern dabei helfen, diese Toten ans Licht zu holen. Es soll ihnen eine klarere Vorstellung von der Bedeutung vermitteln, die diese Toten im Gedächtnis des jüdischen Volkes einnehmen. Der Weg zu einem solchen Verständnis ist nicht frei von Schwierigkeiten, doch wer bereit ist, sich mit der qualvollen Literatur zu diesem Thema auseinanderzusetzen und sich der schmerzlichen historischen Wirklichkeit, die sie hervorgebracht hat, zu stellen, der könnte ans Ziel kommen. Vielleicht sollte man am besten mit dem Wort selbst anfangen.

Ungeachtet seiner offenkundigen Unzulänglichkeit kommt dem Begriff ›Holocaust‹ im jüdischen Sprachgebrauch, wo er die unerklärliche und unfaßbare Tragödie des europäischen Judentums während der Nazizeit bezeichnet, eine zentrale Bedeutung zu. ›Holocaust‹ bedeutet nicht allein Tod, sondern völlige Zerstörung; nicht Mord – hinter dieser furchtbaren Gewalttat läßt sich immerhin noch so etwas wie ein individuelles Schicksal erahnen –, sondern die unterschiedslose, massenhafte Vernichtung von Menschen, die dem Tod jeden nur möglichen individuellen Zug nimmt und ihn damit praktisch anonym oder sogar absurd erscheinen läßt. Mehr noch, ›Holocaust‹ meint nicht bloß den gewaltsam erzwungenen Tod von Menschen, sondern auch das Leben davor – unter ebenso gewaltsam aufgezwungenen Bedingungen – in Demütigung, Entbehrung und Erniedrigung. Die Bedeutung von ›Opfertod‹, die dieser Begriff früher im Griechischen oder in der Bibel konnotierte, schwingt zwar im heutigen Sprachgebrauch noch mit, wird aber überlagert von den politischen, rassischen, ideologischen und technologischen Zügen des Nazismus, die die systematisch geplante Vernichtung des jüdischen Volkes nicht nur begleitet, sondern diktiert zu haben scheinen. Weiterhin sollte der Begriff ›Holocaust‹ ebenso den – physischen wie geistigen – Widerstand gegen den Genozid implizieren und die Trauerarbeit des Gedenkens anklingen lassen. Und nicht zuletzt deutet sich in ihm auch etwas von dem gar nicht abschätzbaren Schaden an, den unsere traditionelle Vorstellung von Gott und vom Menschen genommen hat, von all dem, was die Wertvorstellungen und Ziele unserer sozialen und kulturellen Existenz ausmacht.

Bis zum heutigen Tag verfügen wir noch über keinen Terminus, der weitreichend und aussagekräftig genug wäre, einen derart gravierenden Bruch in der Geschichte der Menschheit zu fassen. Neben ›Holocaust‹ findet man gelegentlich auch das jiddische Wort ›churbn‹ (von hebräisch ›churban‹), was die Zerstörung des Zweiten Tempels und die darauffolgende Vertreibung der Juden bezeichnet, oder das hebräische ›Shoah‹ (Katastrophe oder Zerstörung). Solche Begriffe sind sehr suggestiv und werden daher häufig verwendet. Tatsächlich aber besitzen wir keinen präziseren oder besseren Begriff als ›der Holocaust‹. Durch Hinzufügung des bestimmten Artikels scheint es möglich, nicht nur ein Ereignis zu bezeichnen, sondern einen Epochenbruch, der durch dieses Ereignis herbeigeführt wurde; ganz wörtlich: eine Zivilisationsform geht in Flammen auf, und danach beginnt etwas anderes, wie es auch immer aussehen mag.

Wenngleich uns einheitliche und wirklich treffende Bezeichnungen fehlen, so sind wir doch um Worte nicht verlegen. Der »Krieg gegen die Juden«, wie Lucy Dawidowicz ihn genannt hat, ist umfassend belegt, denn die Verbrechen wurden nicht im Stillen begangen, es gab keine Versuche, sie zu vertuschen. Sie wurden explizit, sogar lautstark angekündigt; der weitere Verlauf konnte von jedem verfolgt werden; in der Folge entstand eine so umfangreiche Literatur, daß sie mittlerweile unüberschaubar geworden ist. Die große Anzahl von Texten, die sich unablässig darum bemühen, den Holocaust zu erfassen, steht allein schon für dessen Tragweite und bezeugt noch einmal das allgemeine Bedürfnis, das Geschehen in irgendeiner Form gedanklich einordnen zu können. Dieser Punkt, der für das vorliegende Buch von großem Gewicht ist, bedarf weiterer Ausführung.

Ein Zeitalter wird nicht nur durch die Bücher, die es hervorbringt, gekennzeichnet, sondern auch durch diejenigen, um deren Erhalt und Weitergabe an kommende Generationen es sich bemüht. In beiderlei Hinsicht – sowohl was die Entstehung der Texte selbst als auch was das Weiterleben innerhalb unserer Kultur angeht – zählt die Holocaust-Literatur zu den bemerkenswertesten Literaturen unserer Zeit. Natürlich mag man sich wünschen, daß die Texte, die als kennzeichnend für eine ganze Epoche angesehen werden, mit würdigeren oder freundlicheren Namen bezeichnet werden könnten, doch wer der Holocaust-Literatur ihre zentrale Bedeutung absprechen wollte, verfälschte damit nicht nur die Literaturgeschichte unserer Zeit, sondern darüber hinaus auch weite Teile der Geschichte unserer Wertvorstellungen. Das bedeutet natürlich nicht, daß es während der letzten 50 Jahre nicht auch Texte anderer Art gegeben hätte, die unsere Aufmerksamkeit verlangen und verdienen. Schließlich existieren zu jeder Zeit eine Vielzahl verschiedener Literaturformen nebeneinander und in einer Kultur, die so synkretistisch ist wie die unsere, wo alle möglichen Dinge gleichzeitig geschehen, kann nur eine Vielzahl unterschiedlicher Ausdrucksvarianten unsere Form zu leben widerspiegeln. Aber: Was braucht es, um Todesarten auszudrücken, das gewaltsame, entmenschlichte und seelenlose Sterben des 20. Jahrhunderts? Gibt es neben der Holocaust-Literatur überhaupt irgendeine andere Literatur, die in der Lage wäre, die beispiellose, nie dagewesene Art und Weise festzuhalten, in welcher Millionen Menschen in einen Tod geschickt wurden, der bis dahin unvorstellbar gewesen war? Auch wenn es uns nicht behagt, und selbst wenn es uns noch nicht einmal bewußt ist: Diese Tode setzen den unbarmherzigen, kompromißlosen Maßstab für unser Leben.

Die Holocaust-Literatur besteht darauf, daß wir dies zur Kenntnis nehmen. Mehr noch, sie besteht darauf, daß wir das gesamte menschliche Verhalten im Bewußtsein dieser historischen Katastrophe bewerten, ebenso wie wir alle überkommenen metaphysischen Vorstellungen in eben diesem Bewußtsein neu zu beurteilen haben. Wir alle wünschten uns, es wäre anders, aber eines steht fest: Vor gar nicht langer Zeit wurden unzählige Menschen zu Asche verbrannt, während unzählige andere zusahen oder halfen, das Feuer zu schüren. Dieser Holocaust brandmarkt unser Zeitalter auf eine entsetzliche, aber nicht zu leugnende Weise, die uns zwingt, unsere gesamte Vorstellung vom Menschen zu revidieren. Denn, wie Elie Wiesel es überzeugend formuliert hat, »Auschwitz bedeutet den Tod [...] des Menschen und der Menschen«.[2] Die Holocaust-Literatur hält dieses Sterben fest – ein zweifaches Sterben –, aber gleichzeitig auch unsere Hoffnung auf das, was weiterleben oder neu entstehen möge.

Die vorliegende Studie wird sich ganz auf die Auswirkungen dieser doppelten Zerstörung konzentrieren: auf Sprache und Literatur wie auf unsere Vorstellung vom Humanen, die uns, in welcher Form auch immer, noch geblieben sein mag. Dazu werden wir eine Anzahl von Fragen aufwerfen und zu beantworten versuchen, die ganz grundlegende Aspekte der Holocaust-Literatur betreffen. Wer sind ihre bedeutenden Autoren? Was sind ihre wichtigsten Themen, Schreibweisen und Gattungen? Sind wir mittlerweile in der Lage, sie so zu lesen, daß wir zwischen ihren ›guten‹ und ›schlechten‹ Büchern zu unterscheiden lernen, zwischen ihren wirklich authentischen Äußerungsformen und unechten oder spekulativen? Kann Holocaust-Literatur überhaupt ›literarisch‹ im herkömmlichen Sinne des Wortes sein? Kann sie es sich leisten, *nicht* literarisch zu sein? In welchem Sinn handelt es sich bei ihr, beinahe unausweichlich, um religiöse Literatur, vielleicht sogar, wie einer ihrer Autoren es genannt hat, um »Geschichten einer neuen Bibel«? Was haben wir davon, wenn wir Holocaust-Literatur lesen, die unvermeidlich bedrückend und schmerzvoll sein muß – und manchmal mehr als das; und was entgeht uns, wenn wir ihr aus dem Weg gehen? Kann man ihr überhaupt aus dem Weg gehen, ohne einen Verrat an der zeitgeschichtlichen Wirklichkeit zu begehen? Wenn nicht: Wieviel Holocaust-Literatur ist ›genug‹? Ein Buch? Zwei? Drei? Welche? Und von wem?

Dies sind einige der Fragen, mit denen die Wissenschaftler und Kritiker sich befassen müssen, die sich die schwierige, aber ungemein wichtige Aufgabe gesetzt haben, den Holocaust durch die Literatur, die er hervorgebracht hat, begreifbarer zu machen. Diese Fragen sind – wie alle Fragen, die dieses Feld betreffen – nicht leicht zu beantworten, denn, um Elie Wiesel ein weiteres Mal zu zitieren: »Der Gegenstand, den wir hier untersuchen, besteht aus Rätsel und Tod, er entzieht sich unserem Zugriff, unsere Wahrnehmung kann ihn nicht einholen.«[3] Dennoch stehen wir, ungeachtet aller Schwierigkeiten, nicht gänzlich ohne Mittel da, und eine ernsthafte, kritische Zuwendung zu diesen Gegenständen hat begonnen.

An erster Stelle steht dabei vielleicht die Beobachtung, daß es sich bei der Holocaust-Literatur um eine internationale Literatur handelt. Dies überrascht nicht, wenn man das ungeheure Ausmaß des Verbrechens bedenkt, das in seinem Zentrum einen turbulenten Wirbel bildet, und das sowohl ganz Europa wie auch praktisch jedes nicht-europäische Land betraf, in dem Juden lebten und ein Sieg des Nazismus Furcht und Schrecken verbreitet hätte. Geographisch gesehen umfaßt die Holocaust-Literatur ein außerordentlich großes Gebiet, und dementsprechend groß ist auch die Anzahl der Sprachen, in denen sie abgefaßt ist. Hierzu gehören alle bedeutenderen Sprachen Europas, wie auch die meisten der weniger verbreiteten und – von ganz besonderer Bedeutung – die jüdischen Sprachen, insbesondere das Hebräische und das Jiddische. Jeder Wissenschaftler, der bemüht ist, die Holocaust-Literatur in der ganzen Vielfalt ihrer Originalsprachen zu erfassen, sieht sich somit außerordentlich hohen Anforderungen an seine sprachlichen Kompetenzen gegenüber. Einige der Texte liegen mittlerweile in englischer oder deutscher Übersetzung vor, vieles jedoch ist nur denen zugänglich, die Polnisch, Tschechisch, Jiddisch oder eine von Dutzenden anderer Sprachen beherrschen.

Genauso wie die Holocaust-Literatur eine Vielfalt von Sprachen umfaßt, hat sie auch in alle nur möglichen Gattungen Eingang gefunden. Romane und Kurzgeschichten befassen sich mit diesem Gegenstand, Gedichte und Theaterstücke, expositorische Prosa-Gattungen wie Memoiren, Tagebücher und Aufzeichnungen, philosophische Essays und Auslegungen in der Tradition der Midraschim, Parabeln, Balladen und Lieder. Diese Literatur hat keine neuen Textformen hervorgebracht, aber sie hat alle vorgefundenen, von ihr besetzten literarischen Genres im höchsten Maße kompliziert, und es sieht so aus, als sei sie im Begriff, diese

Formen aufzulösen, um einen neuen, angemesseneren Maßstab ausfindig zu machen, etwas radikal Böses und die Skala menschlicher Reaktionsweisen aufzuzeichnen.

Vorerst läßt sich nur spekulieren, welche Sprache geeignet sein könnte, derart extreme Phänomene zu erfassen. Der Literaturwissenschaft obliegt es aber zumindest, Fragen der Art zu stellen, wie sie Erich Kahler in *Die Auflösung der Form* formuliert hat: »Was der künstlerischen Form widerfährt, wirkt sich ernstlich auf die menschliche Form, die Form des Menschen aus.«[4] Im Licht der beispiellosen Entstellung des Begriffs der Humanität durch die Auswirkungen des Nazismus sollten wir diese Erkenntnis wieder aufgreifen und neu formulieren: »Wie wirkt sich das, was der menschlichen Form, der Form des Menschen widerfährt, auf die künstlerische Form aus?« Die Frage ist schwierig zu beantworten, aber sie stellte sich schon den ersten Autoren der Holocaust-Literatur: In dem Moment nämlich, wo ein Chaim Kaplan, ein Jizchak Katzenelson oder ein Emanuel Ringelblum seine Augenzeugenschaft der grauenvollen Ereignisse in Sprache umsetzen mußte, um seine Erfahrung wahrheitsgetreu und glaubwürdig festzuhalten, war er gezwungen, sich mit diesem schwierigen Problem auseinanderzusetzen. »Es will mir nicht gelingen, die Zerstörung und Vernichtung zu schildern«, beklagt Kaplan wieder und wieder in seinem Warschauer Tagebuch, aber seine Entschlossenheit und sein fester Vorsatz, Worte zu finden, mit denen sich seine Aufzeichnungen fortführen ließen, war stärker als die Versuchung, dem Schweigen nachzugeben. Immer wieder mußte er erleben, daß die Sprache ihn im Stich zu lassen drohte und er sich auf die Rolle eines stummen Zuschauers reduziert sah: »Wir haben keine Kraft mehr zum Weinen; der stetige und beharrliche Fluß der Tränen mündet am Schluß ins Schweigen. Zuerst ist es ein gellender Schrei, dann ein Wehklagen und zuletzt ein abgrundtiefer Seufzer, der nicht einmal ein Echo hinterläßt.«[5] Kaplan verstand es als oberste Pflicht und größte Herausforderung, diese sprachlose Verzweiflung zu überwinden. Und wenn sein Tagebuch bis zum heutigen Tag nichts von seiner Aussagekraft eingebüßt hat, so liegt das daran, daß es ihm in den meisten Fällen gelungen ist, die künstlerische Form zu finden, die seinen spezifischen Bedürfnissen als Autor – und das heißt hier: als *Zeuge* – entsprach.

Je weiter wir uns jedoch zeitlich von den Ereignissen entfernen, um so größer ist – und das gilt für spätere Autoren und Leser gleichermaßen – die Versuchung, bei dem Bemühen, uns den Holocaust zu vergegenwärtigen, ins Schweigen zu flüchten, die Geschehnisse zu umgehen oder sie sogar geradeheraus zu leugnen, und die »Unglaubwürdigkeit des Holocaust«, wie Edward Alexander das nennt, wird in der Folge gefährliche Züge annehmen.[6] Die Autoren werden mit einem immensen Druck, der auf der Vorstellungskraft lastet, fertig zu werden haben. »Wie läßt sich darüber schreiben, aber wie läßt sich denn nicht darüber schreiben?« – diese Frage, der bisher niemand, der mit dem Holocaust in irgendeiner Form in Berührung gekommen ist, entgehen konnte, stellt sich um so dringlicher, je weiter der Holocaust zurückliegt. Da diese Herausforderung genauso eine moralische wie eine literarische ist – Ethik und Ästhetik sind hier gleichermaßen betroffen –, muß ein Ausweg aus dem Dilemma gefunden werden. Samuel Beckett gehört zwar nicht zu denen, die die Todeslager selbst erfahren haben, seine Vorstellungskraft ist aber entscheidend durch sie geprägt worden. Niemand hat das Problem denn auch treffender formuliert als er: »[...] daß da nichts auszudrücken [ist], nichts womit auszudrücken, nichts woher auszudrücken, keine Kraft auszudrücken [...], zusammen mit dem Zwang, auszudrücken.«[7] Hieraus läßt sich ohne weiteres ein Teil der Berufung der Holocaust-Autoren ablesen.

Jedes einzelne der folgenden Kapitel hat es sich zur Aufgabe gesetzt, die unterschiedlichen Vorgehensweisen zu beschreiben und einzuordnen, mit welchen die Autoren diese Verpflichtung formuliert haben und ihr nachgekommen sind. Das erste Kapitel umreißt die theoretischen Grundlagen, um so die grundsätzliche Problematik der Holocaust-Literatur darlegen zu können. In den fünf Kapiteln, die folgen, wird diese Literatur innerhalb ihrer wichtigsten Schreibweisen oder Gattungen aufgegriffen und behandelt. Das zweite Kapitel, das einer breiten Übersicht über das Spektrum der Tagebücher, Memoiren und Aufzeichnungen gewidmet ist, konzentriert sich auf Probleme, die mit dem Verhältnis von Holocaust und Geschichtsdarstellung zusammenhängen. Kapitel 3 beschäftigt sich damit, auf welche Schwierigkeiten die Autoren belletristischer Literatur stoßen und was sie dadurch erreicht haben, daß sie sich bemühten, von der reinen Dokumentation zur Kunst vorzustoßen. In den Kapiteln 4, 5 und 6 steht dagegen die Lyrik und eine eingehende Untersuchung »des Sagbaren« im Zentrum der Betrachtung, vor allem im Zusammenhang mit Problemen von Ontologie und Theologie. Die in diesen ersten sechs Kapiteln behandelten Gegenstände sind unterschiedlichster Natur, aber jeder einzelne steht für die Notwendigkeit, die Holocaust-Literatur vor dem Hintergrund der Geschichte zu sehen, die sie hervorgebracht hat, einer Geschichte, die die Ausdrucksmöglichkeiten der Rede auf ein Minimum reduziert, dem Dichter aber gleichzeitig die Verpflichtung auferlegt zu sprechen. Wenn sich überhaupt von so etwas wie einer Phänomenologie der Holocaust-Literatur sprechen läßt, dann im Sinne des Widerspruchs zwischen der Unmöglichkeit und gleichzeitigen Notwendigkeit, vom Tod der Idee des Menschen zu sprechen, um eben diese Idee nicht gänzlich aufgeben zu müssen. Jedes Genre hat seine ganz spezifischen Schwierigkeiten im Umgang mit diesem Paradox, aber – und das versuche ich ebenfalls zu zeigen – jedes einzelne verfügt dabei auch über seine ganz besonderen Chancen. Im siebten und achten Kapitel beschäftigen wir uns mit einem anderen Gegenstand: mit der Korrumpierung der deutschen Sprache unter den Nazis wie auch mit den unvermeidlichen Verdrehungen und Entstellungen, die aus einem nicht authentischen Umgang mit dem Holocaust erwachsen. Die in diesen Kapiteln untersuchte Literatur ist vielfältiger Art und umfaßt sowohl Drama als auch Prosa und Lyrik, in einem Beispiel geht es auch um einen Film. Kapitel 9 beschäftigt sich am exponierten Beispiel Primo Levis mit der Opferrolle der Überlebenden. Schließlich wird diese Studie in einem kurzen Schlußkapitel oder Epilog abgerundet von einem Plädoyer für fortgesetztes und authentisches Erinnern.

Ein Wort muß noch gesagt werden zur kritischen Haltung dieses Buchs. Jede Literatur muß sich einer kritischen Beurteilung unterziehen lassen, doch bei dem ganz besonderen Korpus von Texten, das Gegenstand dieser Untersuchung ist, geht es meiner Ansicht nach nicht in erster Linie um ästhetische Werturteile. Zwar sind solche Bewertungen letztlich unvermeidlich – und bisweilen wird in den nachfolgenden Kapiteln dann ja auch der Versuch einer kritischen Einschätzung unternommen –, mein Hauptinteresse hingegen liegt zugegebenermaßen weniger in einer »Ästhetik des Schreckens«, sondern konzentriert sich auf ganz andere Dinge: nämlich erstens auf eine nähere Kennzeichnung der Art von Erkenntnis, die wir aus der Lektüre der Holocaust-Literatur schöpfen; sowie zweitens darauf, was wir in der Nachwirkung des Holocaust verloren und gewonnen haben. Ein Großteil dieser Literatur ist qualvoll und erschütternd, manches verunsichert uns grundlegend, doch in jedem Fall – vorausgesetzt, es handelt sich um authentische Texte – macht sie uns demütig. Aufgrund der historischen Situation, aus der heraus diese Literatur entstanden ist und auch infolge des unvorstellbaren Ausmaßes an Leid und Verlust, das in ihr aufgezeichnet wird, löst diese Art von Texten zunächst einmal heftige Reaktionen im Leser aus. Das ist unvermeidlich, doch diese Reaktionen können nicht die Grundlage einer kritischen Betrachtung darstellen. Meine Hoffnung war, mich dieser Literatur ernsthaft und gründlich zuzuwenden, ohne affektive Reaktionen zur Schau zu stellen, die über ein genaues Hinhören und ein sympathetisches Verstehenwollen hinausgehen. In welchem Maß es mir gelungen ist, mich ganz auf die Texte einzulassen, ohne dabei jedoch die kritische Distanz aufzugeben, vermag ich nicht zu beurteilen, doch ich war stets bestrebt, nicht in eine pathetische Rhetorik zu verfallen, die diese Literatur noch zusätzlich dramatisieren würde. Sie ist aus sich selbst heraus schon so intensiv, daß sie keiner zusätzlichen Überhöhung durch die Kritik bedarf. Idealerweise sollte man mit dieser Literatur etwa so verfahren, wie George Steiner es einmal beschrieben hat:

Diese Bücher und Dokumente sollten nicht kritisch ›besprochen‹ werden, es sei denn, diese ›Besprechung‹* erfolgte in Form einer immerwährenden Wieder-Lektüre, wie es hier vielleicht tatsächlich der Fall sein sollte. Wie es in einer Erzählung von Borges geschieht, läge die einzig angemessene Besprechung des *Warschauer Tagebuchs* oder von Elie Wiesels *Nacht* in einer Abschrift der Werke, die Zeile für Zeile den Text wiederholt und bei den Namen der Toten und bei den Namen der Kinder innehält, so wie der orthodoxe Schriftgelehrte, wenn er die Bibel kopiert, beim geheiligten Namen Gottes innehält. So lange, bis wir viele der Worte auswendig in unserem Herzen tragen (eine Kenntnis, die tiefer geht als der Verstand) und einige bei Sonnenaufgang wiederholen können, um uns immer wieder ins Gedächtnis zu rufen, daß wir *danach* leben.[8]

Mit diesen eindringlichen Worten, aus denen Hochachtung vor den Texten und ihren Autoren spricht, hat Steiner ganz unbestreitbar recht, allerdings erscheint es mir nahezu unmöglich, dieser Weisung in einer längeren Studie dieser Literatur zu folgen. Zwischen Anspruch und praktischer Umsetzung besteht hier eine Diskrepanz, die den Kritiker vor ernsthafte Schwierigkeiten stellt.

Ein weiterer kritischer Punkt betrifft das ›Publikum‹, den Leser. Einige der hier besprochenen Bücher und Autoren sind mittlerweile allgemein bekannt, andere dagegen sind bislang nur einem kleinen Leserkreis vertraut, und wiederum andere sind dem Leser vollständig neu. Hier steht der Verfasser vor einem besonderen Dilemma. Jeder, der etwa ein neues Buch über Milton oder Goethe schreibt, weiß von vornherein, daß er mehr oder weniger für ein Fachpublikum arbeitet und dementsprechend gestaltet er seinen Text. Ein Buch über die Literatur des Holocaust dagegen kann sich nicht vorrangig an andere Forscher auf diesem Gebiet richten, denn in diesem Punkt steht die Forschung noch ganz am Anfang, insbesondere in Deutschland, wo man sich bisher schwerpunktmäßig eher mit historischen Dokumenten als mit literarischen Texten befaßt hat. Bevor die Primärtexte nicht stärker rezipiert worden sind, muß der Begriff von wissenschaftlicher Beschäftigung mit diesem Textkorpus weiter gefaßt werden, als das bei Sekundärliteratur üblicherweise der Fall ist. Einige Ziele dieser Studie sind nur mittels äußerst differenzierter Analyse zu erreichen, andere erfordern eine nicht ganz so große Aufmerksamkeit. Folglich besitzen ein oder zwei der nachfolgenden Kapitel eher den Charakter einer Einführung, während in den übrigen der jeweilige Gegenstand eingehender dargelegt und detaillierter analysiert wird. Ich kann nur hoffen, daß der Leser dieses unterschiedliche Vorgehen nicht als methodische Inkonsequenz auffaßt, sondern als eine auf den jeweiligen Gegenstand zugeschnittene Herangehensweise begreift.

Welche Autoren aber die Holocaust-Literatur zu dem machen, was sie ist, und welche somit im Zentrum einer solchen Studie stehen sollten, darüber ist man sich bislang noch uneins. Daß es zu diesem frühen Zeitpunkt noch keinen ›Kanon‹ gibt, versteht sich wohl von selbst. Zweifellos wird meine Auswahl bestimmter Autoren einigen Lesern zusagen und andere enttäuschen, doch das ist unvermeidlich der Fall, wann immer eine umfangreiche und in sich heterogene Literatur selektiv betrachtet wird. Bei meiner Auswahl habe ich mich – von subjektiven Faktoren wie persönlichen Vorlieben und individuellem Geschmack abgesehen – von zwei nicht schwer zu benennenden Faktoren leiten lassen: sprachlicher Kompetenz und begrifflicher Einsicht. Autoren wie etwa Günter Grass, Jean-Paul Sartre oder Alexander Solzenicyn sind hier nicht vertreten, weil jeder von ihnen meines Erachtens zwar einen bedeutenden Beitrag zur Literatur über den Krieg allgemein geliefert hat, doch kaum in spezifischer oder überwältigender Weise zum »Krieg gegen die Juden«. Wie ich in den folgenden Kapiteln noch mehrfach darlegen werde, ist es nicht der Krieg als solcher und noch nicht einmal der Zweite Weltkrieg, der für die Autoren des Holocaust von besonderem Belang ist, sondern Hitlers ›Endlösung‹,[*] und auch das weniger als ›Thema‹, sondern vielmehr verstanden als ganz entscheidender Wendepunkt in der Geschichte allgemein wie in der Bewußtseinsgeschichte im besonderen. Für diese Untersuchung habe ich diejenigen Autoren ausgewählt, die in meinen Augen auf grundlegende Weise diesen historischen Prozeß aufzeichnen und den Bruch, der in unserer Wahrnehmung der Welt entstanden ist, reflektieren. Autoren wie die drei genannten gehören, ungeachtet ihrer sonstigen Bedeutung, zu einem anderen Bereich von Literatur als dem, der in dieser Untersuchung Berücksichtigung finden kann.

Die gewählten Beispieltexte sind meiner Ansicht nach am ehesten geeignet, die Fragen, um die es hier gehen soll, zu veranschaulichen. Wie sich bald herausstellen wird, handelt es sich hierbei vor allem um Probleme der Sprache, genauer gesagt um das, was allgemein als eine Krise der Sprache nach dem Holocaust empfunden wird. Wie kann Sprache angesichts der Schweigen gebietenden Gewalt des Ereignisses die Geschichte wahrheitsgetreu aufzeichnen? Die Prüfung eines Lebens und Sterbens unter extremem und entmenschlichendem Terror glaubhaft beschreiben? Die Präsenz oder Absenz Gottes ausdrücken? Schließlich, und als Resultat dieser Fragen, wie kann sie ihre eigene Verarmung beschreiben, ihre Nähe zum Verstummen? Psychologen oder Historiker, die sich mit dem Holocaust beschäftigen, werden diese Probleme vielleicht für zweitrangig halten, für die Literaturwissenschaft hingegen sind es genau diese Fragen, die am dringlichsten diskutiert werden müßten und deren Beantwortung von großem Nutzen für die weitere Forschung sein wird.

»Denn das Wort ist deine Geburt«,[9] führt Edmond Jabès uns noch einmal vor Augen. Aber was soll am Ende stehen: *Gibt* es »das Wort« dann noch? Dieser Frage haben wir uns nach dem Holocaust zu stellen und ich werde im Verlauf dieser Studie immer wieder auf sie zurückkommen.

1. Die Problematik der Holocaust-Literatur

> Die wohl bedeutendste Literatur unserer Tage ist vielleicht diejenige,
> die – von Kafka bis Elie Wiesel – die Erfahrungen derer,
> die den Holocaust vorhersahen oder bezeugten, vorausahnt,
> aufzeichnet, interpretiert oder bewertet. Die moralische
> oder literarische Bedeutung solch auflagenstarker Werke
> wie beispielsweise der Schriften der Anaïs Nin oder des Tagebuchs
> André Gides reicht auch nicht annähernd an die heran,
> die die Tagebücher der Zeugen des Todeskampfs in den
> polnischen Ghettos für zukünftige Generationen besitzen ...
> Doch unsere maßgeblichen Literaturwissenschaftler sind diesem
> Problem bisher weitgehend aus dem Weg gegangen.
> EDOUARD RODITI

Was ist Holocaust-Literatur? Ich verstehe darunter eine Literatur, die mehr leistet als nur thematisch einen bestimmten Gegenstand abzuhandeln, so wie das in der Literatur über die Seefahrt oder den Krieg der Fall ist. Denn wenn wir bei dem Begriff Holocaust-Literatur lediglich an eine zwar umfangreiche, aber nur locker miteinander verbundene Vielzahl von Romanen, Gedichten, Essays und Theaterstücken zu einem *Thema* denken – dessen Ungeheuerlichkeit uns noch so sehr verstören mag, wie das bei dem Genozid der Nazis an den Juden der Fall ist –, dann ist unser teilnehmendes Interesse, so legitim es auch immer sein mag, nicht wirklich zwingend. Studien zu den unterschiedlichsten Themenbereichen – Familie, Sklaverei, Umwelt, 1. oder 2. Weltkrieg – haben heutzutage Konjunktur, und obschon sie im Einzelfall durchaus fesselnd sein mögen, so reicht ihre Bedeutung doch nicht über die Begrenzungen hinaus, die einer gegenstandsgebundenen Literatur inhärent sind.

Im Gegensatz hierzu – und dieser Gegensatz ist ein ganz und gar grundsätzlicher – erfordert die Holocaust-Literatur eine andere Art der Betrachtung, deren Interesse sich nicht allein auf den behandelten Gegenstand beschränkt. Sie muß so weit ausgreifen, daß sie uns zwingt, über die vielleicht fundamentalen Umwälzungen in unserer Art des Wahrnehmens und Ausdrückens nachzudenken und über unsere grundsätzlich veränderte Art und Weise, in der Welt zu sein. Ebenso wie wir bestimmte Kategorien entwickeln wie ›das Denken der Renaissance‹ oder das ›Romantische Gefühl‹ oder die ›Viktorianische Mentalität‹ und für hinreichend erklären, um frühere Verschiebungen in Wahrnehmungs- und Ausdrucksmustern zu bezeichnen, genauso sollten wir auch die Holocaust-Literatur als Versuch ansehen, eine Neuordnung des Bewußtseins wie der damit einhergehenden Veränderung der Grundlagen unserer Existenz zu beschreiben. Das menschliche Vorstellungsvermögen ist nach Auschwitz nicht mehr das, das es vorher war. Mit anderen Worten: Die bloße Erweiterung unseres Vokabulars um den Begriff ›Auschwitz‹ schließt ein, daß wir nun Dinge *kennen*, die wir uns bis dahin nicht einmal vorstellen konnten. Betäubt von dem Ausmaß des Schreckens und der Wucht der auf sie eindringenden Ereignisse kommt die Vorstellungskraft wieder einmal an ihre Grenzen; zweifellos steht sie damit auch an der Schwelle zu einem Neuanfang, der mühsamer als alle vorigen sein wird. In dieser Schwellensituation übernimmt die Holocaust-Literatur die Aufgabe einer Chronik des stürmischen Ringens des menschlichen Geistes mit einer immensen historischen und metaphysischen Bürde.

Obwohl mir das Element der Behelfsmäßigkeit und Ungenauigkeit, das dem Begriff ›menschlicher Geist‹ innewohnt, sehr wohl bewußt ist, gebrauche ich ihn hier mit voller Absicht, da ich die Holocaust-Literatur – in ihrer umfassendsten Definition – als nichts anderes ansehen kann als einen Versuch, dem spärlichen Rest dessen, was uns vom Begriff des Humanen noch geblieben ist, die Möglichkeit eines Fortbestehens – eine Zukunft der Menschheit sei hier einmal vorausgesetzt – zurückzugewinnen. Die Körper, das heißt: die Menschen, sind nicht mehr da – und können nicht wieder zum Leben erweckt werden, ebensowenig wie Begriffe wie ›Sinn‹ im traditionellen Verständnis oder ›absoluter Glaube‹ oder der altväterliche ›Humanismus‹, ja wir können nicht einmal die Unversehrtheit unserer fünf Sinne je wiedererlangen. Ein Werk wie Chaim Kaplans Tagebuch aber, das von einem entschlossenen Willen zeugt, beweist uns, daß das Schreiben selbst ein wirksames Mittel gegen das Abgleiten in eine nihilistische Weltsicht darstellen kann, und zwar nicht einmal in erster Linie als eine Antwort auf den Tod selbst, sondern vielmehr als eine Möglichkeit, sich der Barbarei entgegenzustellen, als eine allerletzte Chance, dem Menschlichen nahe zu bleiben und es zu bewahren angesichts des Bösen, das es zu zerstören trachtet. Daher konnten das Böse und die Barbarei auch nur Teilsiege erringen, sie waren zwar imstande, die Lebenden zu vernichten, das Leben selbst aber konnten sie nicht ganz ersticken. Was blieb, ist weniger, als was vernichtet wurde, aber mehr als das, was seine Herrschaft durchsetzen wollte. Uns bleiben die Bücher, die Finsternis hingegen hat nur sich selbst.

Was läßt sich nun, diese Betrachtungen vorausgesetzt, zu einem Standpunkt sagen, der der Literatur des Holocaust ihre Berechtigung abspricht, ja sie nicht einmal für möglich hält? In einer ihrer frühesten und jetzt berühmtesten Formulierungen, nämlich der Theodor W. Adornos, besagt diese Position, daß der Versuch, über den Holocaust zu schreiben, nicht nur zum Scheitern verurteilt, sondern möglicherweise sogar moralisch verwerflich sei.[1] Adorno dachte dabei besonders an Gedichte, deren lyrischer Ton ihm unangemessen und womöglich gar obszön erschien. Sie schienen ihm damit ein Schicksal zu teilen, welches, so mutmaßte er, für alle Literatur dieser Art gelten mußte. Der deutsche Literaturkritiker Reinhard Baumgart nimmt dieses Verdikt wieder auf und gründet seine Vorbehalte gegen die Holocaust-Literatur auf die Behauptung, sie unterlege dem massenhaften Leiden einen ästhetischen Sinn und tue den Opfern Unrecht, indem sie den Schrecken vermindere.[2] Michael Wyschogrod hat diese Ansicht noch einmal bekräftigt: »Ich bin fest davon überzeugt, daß eine ästhetische Bearbeitung dem Holocaust nicht gerecht werden kann. Kunst nimmt dem Leiden den Stachel [...] Aus diesem Grund darf aus dem Holocaust keine Literatur gemacht werden [...] Jedweder Versuch, den Holocaust in Kunst zu verwandeln, bedeutet eine Verharmlosung und führt zwangsläufig zu schlechter Kunst.«[3]

Jene, die es wissen müßten und am besten in der Lage sein sollten, den Wahrheitsgehalt dieser Behauptung zu prüfen – nämlich die Künstler selbst –, haben sich gelegentlich in ähnlicher Weise geäußert, wenn auch in einem anderen Begründungszusammenhang. So behauptet auch Elie Wiesel, dessen Werk vielleicht wie kein anderes von der weiterhin bestehenden Möglichkeit einer Holocaust-Literatur zeugt, rundheraus und mit aller Schärfe ihre Unmöglichkeit:

> Mit dem zeitlichen Abstand einer Generation kann man noch sagen, kann man bereits behaupten: Auschwitz versagt sich jeder Literatur, so wie es sich allen Systemen, allen Doktrinen versagt [...] Die Literatur des Holocaust? Der Ausdruck stellt an sich eine Sinnwidrigkeit dar [...] Eine Theologie von Auschwitz fällt sowohl für den Ungläubigen wie für den Gläubigen in den Bereich der Gotteslästerung. Ein Roman über Auschwitz ist entweder kein Roman oder er handelt nicht von Auschwitz.[4]

Einzig die Tatsache, daß es ein Elie Wiesel ist, der uns dies entgegenhält, macht diesen Standpunkt verständlich und respektabel; akzeptieren können wir diese Sicht dennoch nicht. Schon die zahlreichen Bücher von Elie Wiesel haben uns gezeigt, daß der Holocaust nach einer Sprache verlangt, auch wenn er uns Schweigen zu gebieten scheint. Doch das Schweigen obsiegen zu lassen würde bedeuten, Hitler einen weiteren, posthumen Sieg zuzugestehen. Wenn nämlich der Versuch, über den Holocaust zu schreiben, eine Blasphemie und ein Unrecht gegenüber den Opfern darstellt, eine wieviel schrecklichere Blasphemie würde dann ein Verharren im Schweigen bedeuten?

Worum es hier tatsächlich geht, ist die tiefe Pein und die immense Verzweiflung des Schriftstellers einem Gegenstand gegenüber, dem er sich nicht gewachsen fühlen kann und der die Ausdrucksmöglichkeiten der ihm zur Verfügung stehenden Sprache weit übersteigt. In dieser Hinsicht entspricht die Position des Schriftstellers der eines Gläubigen, der in ebenso tiefer Enttäuschung und Pein gerade in den Augenblicken, in denen seine Seele nach einer vollkommenen Präsenz verlangt, sich gezwungen sieht, die Leere und das Schweigen einer auferlegten Absenz anzuerkennen. Die wichtigsten Elemente des Ichs – Verstand, Imagination, das Bewußtsein von sich selbst – sind in solchen Augenblicken wie gelähmt. Wenn diese Paralyse anhält, führt sie zu völligem Selbstverlust oder tiefster Verzweiflung. Und diesem Schweigen nachzugeben, heißt, Wahnsinn und Tod heraufzubeschwören. An exakt diesem Punkt wird die Holocaust-Literatur geboren: dort, wo sich, dank eines der Sprache innewohnenden und noch immer intakten Reflexes, das Schweigen wiederum in Rede verkehrt – und sei es eine Rede über das Schweigen. Diese Geburt kann man als eine Art Wunder ansehen, nicht nur als Überwindung stummer Verzweiflung, sondern als Behauptung und Bestätigung des Glaubens.

Glauben woran? In einigen Fällen vielleicht lediglich an die Widerstandsfähigkeit des Menschen, seinen Willen, das nackte Leben angesichts eines brutalen Todes zu behaupten; in anderen Fällen ist es der Wille, einer endgültigen Vernichtung durch das Böse zu trotzen; in wieder anderen geht es um den Glauben an die unbeirrbaren und ganz und gar ungeheuerlichen Kräfte des Menschen, der sich aufmacht, nach Grundlagen für einen Neubeginn Ausschau zu halten. Wenn man sich diese Bedeutung der Holocaust-Literatur in ihrer ganzen Reichweite vor Augen hält, kommt man nicht umhin, ihr – ungeachtet ihrer zugestandenen Unzulänglichkeiten und problematischen Aspekte – nicht nur eine Existenzberechtigung, sondern sogar eine zentrale Stellung in der modernen Literatur zuzusprechen. Ein Großteil der zeitgenössischen Literatur wird längst vergessen sein, wenn künftige Lesergenerationen – allein schon, *indem* sie es lesen – noch immer eine Antwort geben auf die Frage, mit der Chaim Kaplans Tagebuch endet: »Wenn mein Leben endet, was wird aus meinem Tagebuch werden?« (S. 404) Es wird die Zeitalter überdauern – zusammen mit anderen Zeugnissen dessen, was Millionen von Menschen in Europas Ghettos und Lagern angetan wurde – als ein Vermächtnis unserer Zeit.

Einer Auffassung, die der Holocaust-Literatur sowohl ihre Existenzmöglichkeit als auch ihre Berechtigung abspricht, können wir noch argumentativ entgegentreten; schwieriger wird es, wenn es sich darum handelt, wie man diese Literatur überhaupt adäquat lesen und einschätzen soll. Dabei stößt man auf eine ganze Reihe von Schwierigkeiten, von denen einige kaum auszuräumen sind. Zunächst einmal geht es darum, wie wir auf das uns vorliegende Material reagieren und wie wir es in seiner Verschiedenartigkeit wahrnehmen. Die Betonung liegt hier auf »Verschiedenartigkeit«, denn wir treten den Werken Überlebender sicherlich ganz anders gegenüber als den Schriften der Autoren, die der Vernichtung nicht entgangen sind. Eine wiederum ganz andere Lesehaltung nehmen wir Texten gegenüber ein, deren Verfasser den Holocaust nicht persönlich erlebt haben. In Kenntnis des Schicksals Chaim Kaplans, Emanuel Ringelblums oder Mosche Flinkers, das den Autoren selbst zum Zeitpunkt der Abfassung ihrer Texte naturgemäß verborgen war, richten wir an sie andere Erwartungen und reagieren anders auf sie als beispielsweise auf die Bücher Primo Levis, Alexander Donats oder Elie Wiesels. Dabei liegt der Unterschied jedoch nicht nur in der tragischen Ironie, die allein die Texte der erstgenannten Gruppe prägt. Die Differenz besteht auch nicht einfach darin, daß wir die Toten mit größerer Hochachtung lesen und interpretieren oder ihnen einen tieferen Ernst zugestehen als den Lebenden, denn im Kontext der Holocaust-Literatur verfügen die Lebenden oft über eine Vertrautheit mit dem Tod, deren Intimität entsetzlicher ist, als es die Schriften der Opfer je dokumentieren konnten. Wer sind denn hier tatsächlich die Opfer: die Toten, oder die, die – geplagt von Schuldgefühlen – zum Weiterleben verdammt sind von einem Schicksal, das sie nicht erlöste?

Verhält es sich nicht so, daß die leidvollsten Texte oft nicht von denen stammen, die im Holocaust umgekommen sind, sondern von den Überlebenden? Es geht hier um das Problem des ›Überlebens‹ und um den Versuch, die Rolle des Lesers in der Holocaust-Literatur zu bestimmen, dessen Situation wesentlich komplizierter und peinvoller zu sein scheint, wenn er sich mit den Texten Überlebender konfrontiert sieht. Wenn wir beispielsweise das Tagebuch des jungen Mosche Flinker lesen oder Ringelblums Notizen, ›vervollständigen‹ wir das Erzählte unweigerlich, indem wir Material an den Text herantragen, das er selbst nicht enthält. Das geschieht nahezu automatisch, indem wir bei der Lektüre und Interpretation aus biographischen und historischen Hinweisen geschöpftes Wissen heranziehen. Dies ist eine Verzerrung des Textes, die eine mitfühlende Vorstellungskraft vollzieht. Merkwürdigerweise erleichtert der Umstand, daß nur wir Leser und nicht die Verfasser selbst das vollziehen, die Lektüre und macht sie so für uns erträglicher. Im Fall eines noch lebenden Autors, wie etwa bei Elie Wiesel, beschränkt sich der Schreibprozeß nicht allein auf die Aufzeichnung der Ereignisse, sondern der Schreiber muß die Qualen auch deuten, einordnen und sie immer neu durchleiden. Hier geht es nun nicht mehr um mitfühlende Vorstellungskraft, sondern um etwas grundsätzlich anderes, das wir nur schwer auf einen Begriff bringen, geschweige denn wirklich erfassen können. Mit einem Wort: Der Alptraum nimmt kein Ende und wird immer und immer wieder neu durchlebt.

Nicht ohne Grund scheint der Holocaust einige Autoren nach nur einem Buch aus seinem Bannkreis zu entlassen. Sie sind, so gesehen, Ein-Buch-Autoren. Hat sich der Fluch der obsessiven Wiederholung von ihnen gehoben (man betrachte, beispielsweise, die Wege, die André Schwarz-Bart oder Jerzy Kosinski genommen haben), oder äußert er sich nur in anderer Gestalt? Wenn sie einen Weg auf ein neues erzählerisches Terrain gefunden haben, um welchen Preis haben sie ihre Freigabe erkauft? Weshalb können Elie Wiesel, Ka-Tzetnik oder Arnošt Lustig diesen Preis nicht zahlen? Diese Fragen stellen uns (u.a. auch als Leser) vor Probleme, die wir nicht verstehen und noch nicht einmal recht wahrgenommen haben.

Machen wir einen einfachen Test: Man lese zunächst Anne Franks Tagebuch – eines der bekanntesten, aber auch eines der ›einfachsten‹ und am ehesten ›keimfreien‹ Werke der Holocaust-Literatur – und daraufhin als Ergänzung der Lektüre Willy Lindwers *Anne Frank – die letzten sieben Monate: Augenzeuginnen berichten,*[5] das das Buch ›abschließt‹, indem es uns mit den Einzelheiten über das Ende des Mädchens in Auschwitz und Bergen-Belsen versieht. Wir werden niemals wieder in der Lage sein, unser Verständnis des Originaltextes zu lösen von dem ganzen Ausmaß an Schrecken, Erniedrigung und Verzweiflung, der im Tagebuch selbst doch gar nicht enthalten ist. Wir brauchen eine Hermeneutik, die in der Lage ist, dieses Phänomen zu erklären und verständlich zu machen. Diese fehlt uns ebenso wie eine brauchbare Theorie des Wunderbaren, die die bloße Existenz anderer Texte erklärt. Es grenzt an ein Wunder, daß bestimmte Bücher uns überhaupt erreicht haben, und wir werden niemals umhin können, eine Art Ehrfurcht oder ein Gefühl der Verklärung zu empfinden, wenn wir ihnen begegnen.

Ein Manuskript, geschrieben in aller Heimlichkeit und unter täglicher Lebensgefahr im Warschauer Ghetto; vergraben in Milchkannen oder im letzten Moment durch die Ghettomauern übermittelt; und schließlich übermittelt an uns – ein solches Manuskript erlangt allmählich die Aura eines heiligen Textes. Wir nehmen es gewiß anders in die Hand und lesen es anders als ein Buch, das uns über die üblichen Wege der Abfassung und Veröffentlichung erreicht. Doch *wie* lesen wir es? Zum jetzigen Zeitpunkt bleibt uns die Forschung zur Holocaust-Literatur die Antwort noch schuldig.

Im Lauf der Zeit, wenn ein direkter Zugang zu den Ereignissen nicht mehr möglich sein wird, wird die Frage danach, was denn einem Text innerhalb der Holocaust-Literatur seine Legitimität verleiht, immer dringlicher werden. Der Hinweis Emil Fackenheims, die Glaubwürdigkeit von Augenzeugenberichten bleibe u. U. hinter den Studien zurück, die in zeitlichem Abstand und von Personen verfaßt wurden, die eine gewisse Distanz zu den Ereignissen hätten, hat der Komplexität der Fragestellung noch eine weitere Dimension hinzugefügt. Obschon Fackenheim selbst kurz in Sachsenhausen interniert war und das Lager somit aus erster Hand kannte, gelangte er nach eigenen Angaben erst Jahre später, bei der Lektüre einer Studie über Sachsenhausen, zu einem wirklichen Verständnis dessen, was dort geschehen war und was er selbst erlebt hatte.[6]

In diesem Fall geht es nicht darum, einen persönlichen und womöglich emotional gefärbten Erfahrungsbericht gegen eine distanziertere und objektivere Darstellung von Tatsachen und Einzelheiten, die im Nachhinein durch die Historiker zusammengetragen werden, abzuwägen. Wie Fackenheim erst viel später feststellen konnte, bestand ein dem Nazi-Lagersystem inhärenter Wesenszug nämlich in der ›Täuschung der Opfer‹, der Augenzeugenberichte in vielen Fällen zu unzuverlässigen Informationsquellen werden läßt. Das gleichsam fiktive Element des Lagerlebens – der allgegenwärtige Zug von Irrealität – diente dazu, die rationalen Fähigkeiten der Lagerinsassen zu verwirren und außer Kraft zu setzen, um sie so dem Willen ihrer Beherrscher gefügiger und verwundbarer für die Einwirkungen des teuflischen Systems zu machen, in dem sie gefangen waren.

Welche Schlüsse über das Verhältnis zwischen räumlicher und zeitlicher Nähe zu den Ereignissen und der Zuverlässigkeit eines Textes über den Holocaust legt Fackenheims Beispiel nahe? Im allgemeinen neigen wir dazu, den Berichten derer, die dabeigewesen sind, eine Gültigkeit beizumessen, die wir den Texten jener, die nicht dabei waren, in gewissem Maße absprechen oder nur zögernd zubilligen. Fackenheims Zweifel veranlassen uns vielleicht, diese Vorstellung zu revidieren und unsere Kriterien, an denen wir nicht nur den historischen Wahrheitsgehalt, sondern auch die imaginative Durchdringung und die narrative Wirkung messen, neu zu überdenken.

Und wie verhält es sich mit der Wahrheit des Endes – des Endes der Dichter? Ist es nicht so, daß wir durch die Art und Weise, wie Paul Celan, Tadeusz Borowski, Jean Améry und Primo Levi ihr Leben beendet haben, in eine Haltung gegenüber ihren Erzählungen und Gedichten gedrängt werden, die wir sonst nicht hätten und die wir auch gar nicht wollen? Handelt es sich bei der Selbsttötung in all diesen Fällen um eine unausweichliche Konsequenz ihres Werks, dessen endgültigen und verzweifelten Abschluß und damit letztlich um ein bitteres Urteil? War es der selbstzerstörerische Akt allein der Person – oder des Schriftstellers? Daß sich solche Fragen überhaupt stellen, bedeutet, daß ein Schatten über der Lektüre dieser Autoren liegt, der, nebenbei bemerkt, anders ist als jener, der heute das Werk von Sylvia Plath und John Berryman verdunkelt. (Obwohl auch ihre Selbsttötung zwischen uns und ihren Büchern steht, so spürt man doch keine historische Determination hinter den persönlichen Qualen, die sie dazu gebracht haben müssen, sich das Leben zu nehmen; der Druck, dem sie nicht standhalten konnten, scheint in ihrer Biographie begründet zu sein, ihre Misere nicht über das einzelne Menschenleben hinauszureichen.)

Kafka befand, daß wir als Leser für gewöhnlich zu geringe Anforderungen an uns stellen, daß wir Bücher auswählen sollten, die uns mehr abverlangen, als wir im allgemeinen zu geben bereit sind. »Wir brauchen aber«, schrieb er, »die Bücher, die auf uns wirken wie ein Unglück, das uns sehr schmerzt, wie der Tod eines, den wir lieber hatten als uns, wie wenn wir in Wälder verstoßen würden, von allen Menschen weg, wie ein Selbstmord, ein Buch muß die Axt sein für das gefrorene Meer in uns.«[7] Um das sagen zu können, muß Kafka ein großer Leser gewesen sein, und ein ebenso großer ›Hungerkünstler‹ (in seinem Fall sind beide miteinander identisch). Und dennoch blieb ihm, ungeachtet seiner tiefen persönlichen Qual und seines Gefühls der Entfremdung, doch das Schlimmste erspart, was das 20. Jahrhundert für Autoren wie Celan und Borowski noch bereithielt. Man fragt sich, ob Kafka, hätte er sie gekannt, sich nicht anders geäußert hätte als oben zitiert. Wenn der Selbstmord im Leben eines Autors nicht länger als eine Metapher für etwas anderes steht, sondern für sich selbst, reagieren wir als Leser vorsichtiger und sind nicht mehr so erpicht auf die harten Schläge, die uns Kafka so dringend anempfiehlt. Man sollte lieber auf der Hut sein und das Meer der Empathie in uns noch für eine Weile gefroren sein lassen.

Das Problem sollte klar geworden sein: Uns fehlt eine Phänomenologie des Lesens von Holocaust-Literatur – gewissermaßen eine Art Atlas, der uns auf unserem Weg durch die Holocaust-Literatur leitet und uns eine Verstehenshilfe bietet, wenn wir wechselweise konfrontiert werden mit den Schriften von Opfern oder von Überlebenden, von Überlebenden, die zu Opfern werden, und von Quasi-Überlebenden, die niemals in Lagern waren, aber mehr kennen als nur die Umrisse der betreffenden Örtlichkeiten. Solange wir diese Topographie noch nicht entworfen haben, kann sich uns das Wesen der Holocaust-Literatur auch nicht vollständig erschließen, muß unser Verständnis unweigerlich lückenhaft bleiben.

Eine Konsequenz, die zu ziehen ist, besteht darin, eine Art von praktischer Analyse zu entwickeln, die es uns erlaubt, mit aller Präzision und Zuverlässigkeit Holocaust-Literatur zu lesen, zu interpretieren und zu beurteilen. Ältere Theorien, gleich welcher Richtung oder Ausprägung – freudianische, marxistische, formalistische, strukturalistische oder linguistische – sind hier aus vielen Gründen nicht anwendbar. Der wichtigste Grund liegt wohl darin, daß das Menschenbild oder die Weltsicht psychoanalytischer, dialektischer oder autonomieästhetischer Theorien in der Ghetto- und Lagerwelt, die beherrscht war von anderen, weitaus weniger feinsinnigen Kräften, kaum Raum hatten. Somit wäre es sowohl von der Methode als auch von der Zielsetzung her radikal verfehlt, literarische Darstellungen von Auschwitz oder des Warschauer Ghettos auf verborgene Ödipus-Komplexe, Klassenkampfstrukturen, erhellende Bild- und Symbolmuster, mythische Analogien oder grammatische Tiefenstrukturen hin zu untersuchen. Auschwitz ist für solche Betrachtungsweisen ungefähr genauso geeignet wie der Tod selbst es wäre.

Ebensowenig läßt sich die Holocaust-Literatur innerhalb eines literaturhistorischen Rahmens als Teil einer Literatur des Krieges oder auch nur des 2. Weltkriegs begreifen. Dafür böten sich Romane an wie Irwin Shaws *Die jungen Löwen*, Norman Mailers *Die Nackten und die Toten* und Herman Wouks *Die Caine war ihr Schicksal*. Zwischen diesen Werken und denen, die in dieser Studie behandelt werden, muß eine scharfe Trennungslinie gezogen werden, die uns stets gegenwärtig sein muß. Sie hat eine erhellende Parallele in geschichtswissenschaftlichen Texten. In A. J. P. Taylors populärer Geschichte des 2. Weltkriegs sind ganze zwei Seiten von insgesamt 235 dem Holocaust gewidmet, und das, obgleich Taylor sein vier Absätze umfassendes Resümee mit der Feststellung beschließt, daß »die Erinnerung an Oswiecim und die anderen Vernichtungslager noch dann gegenwärtig sein wird, wenn alle übrigen Hervorbringungen der nationalsozialistischen Herrschaft vergessen sind.«[8] Angesichts dieser – zutreffenden – Einschätzung erscheint die Tatsache, daß Taylor den Holocaust sozusagen nur beiläufig streift, zunächst haarsträubend. Und dennoch liegt er damit nicht ganz falsch, denn alles andere würde bedeuten, den Feldzug gegen die Juden als einen integralen Bestandteil des 2. Weltkriegs anzusehen. Es zeigt sich immer deutlicher, daß er das nicht war: weder in der Zielsetzung noch seinem Wesen oder seinem Resultat nach. Der Krieg gegen die Juden mag sich in derselben Dimension von Raum und Zeit abgespielt haben wie der 2. Weltkrieg, aber er wurde nicht als logischer Teil dieses Krieges geführt, und ebensowenig kann die Literatur, die aus dem Holocaust hervorgegangen ist, mit der Literatur, die sich mit dem 2. Weltkrieg befaßt, verglichen werden. Die Holocaust-Literatur ist sowohl in einfacher als auch in komplexer Bedeutung etwas vollkommen anderes, da die Verwüstung, die sie auslöste, nicht Teil des allgemeinen Sturms war, der vor mehr als einem halben Jahrhundert über Europa hinwegfegte.

Wenn es darum geht, ein unerhörtes Geschehen zu bezeichnen, greifen wir stets auf die Sprache der Naturerscheinungen zurück, doch die Analogien zu Erdbeben oder Stürmen sind letztlich genauso untauglich wie die meisten übrigen Vergleiche. Genau das ist ein Teil des Problems. Es bestätigt einmal mehr die Notwendigkeit einer strikten Trennung zwischen Holocaust-Literatur und Kriegsliteratur im allgemeinen. Damit soll weder die Bedeutung jener anderen

Kategorie von Texten geschmälert noch angedeutet werden, daß die beiden Weltkriege dieses Jahrhunderts die Schriftsteller nicht auch vor Probleme ganz eigener Art gestellt hätten. Selbstverständlich war dies der Fall. Insbesondere der 1. Weltkrieg bedeutete einen gewaltigen Schock, den der menschliche Verstand schwerlich innerhalb der vorgeformten Wahrnehmungs- und Interpretationsmuster zu fassen imstande war. Hemingway setzte auf die Verlustliste des Krieges auch »die Wörter heilig, ruhmreich, Opfer und umsonst«,* da er »es nicht länger ertragen konnte, diese Wörter anhören zu müssen«, und befand, daß »letztlich einzig die Namen der Schauplätze ihre Würde behalten« hätten. Hemingways Verlust war groß: Ein vollständiger idealistischer Code, alles, was der menschlichen Existenz einst durch Eckpfeiler wie Sinn und Ehre Rahmen und Rückhalt gegeben hatte, war in sich zusammengebrochen. Wer seine Literatur über den Weltkrieg liest, kann sich leicht vorstellen, daß Hemingway von mehr als nur den Waffen Abschied nahm.**

Was aber gab der junge Elie Wiesel alles auf, als er in der inzwischen berühmten und vielzitierten Passage aus *Die Nacht* schrieb, er werde niemals die Flammen vergessen, denen die Kinder zum Opfer fielen, »deren Körper vor meinen Augen als Spiralen zum blauen Himmel aufstiegen«, die Flammen, die »meinen Glauben für immer verzehrten«?[9] Worin bestand sein Verlust, als er beim Durchblättern eines Albums mit Holocaust-Photographien folgende grauenvolle Entdeckung machte:

Auf jeder Seite, vor jedem Bild, halte ich inne, weil mir der Atem stockt. Und ich sage mir: Jetzt ist Schluß, sie haben es bis zum Äußersten getrieben, alles folgende kann nur weniger entsetzlich sein; nackteres Leiden, eine ausgeklügeltere Quälerei läßt sich nicht denken. Einen Augenblick später muß ich mir meinen Irrtum eingestehen: Ich habe den Erfindungsreichtum der Mörder unterschätzt. Das Ausmaß der Unmenschlichkeit übertrifft alles, was wir über die menschliche Natur wissen. Das Böse, nicht das Gute, scheint unendlich. [10]

Es gibt keine Analogie, mit der sich dieses Vordringen bis auf den Grund eines tödlichen Wissens fassen ließe, es sei denn vielleicht mit der Hölle. Eine Möglichkeit, auf die wir noch zurückkommen werden. Auf dem jetzigen Stand unserer Betrachtungen müssen wir jedoch davon ausgehen, daß der Holocaust etwas vollständig Neues, nie zuvor Dagewesenes darstellte, beispiellos und ohnegleichen auf der Welt. Diese Erkenntnis formulierte Uri Zvi Greenberg schon vor Jahren sehr einprägsam in den eindrucksvollen Versen:

> Gibt es Analogien hierfür, für unser Elend, das sie
> über uns brachten?
> Es gibt keine Analogien (alle Wörter sind nur Schatten
> eines Schattens)
> Darin liegt der entsetzliche Satz: keine Analogien!
> Für jede grausame Folter, die der Mensch dem Menschen
> in einem nicht-jüdischen Land noch je antun wird –

Die Problematik der Holocaust-Literatur

>   Der der kommt zu vergleichen wird sagen: er wurde gequält wie ein
>   Jude
>   Jede Angst, jeder Schrecken, jede Einsamkeit, jedes Leid,
>   Jedes Röcheln, Weinen auf der Welt
>   Er der vergleicht wird sagen: Diese Analogie ist von jüdischer Art.[11]

Man hat versucht, Analogien zu finden – Hiob, die Zerstörung des Zweiten Tempels, die Akeda (die Opferung Isaaks), die Vorstellung des Kiddush-ha-Shem (die Heiligung des Göttlichen Namens durchs Martyrium) oder der 36 Gerechten, auf denen die Welt ruht. Einigen Autoren ist es gelungen, mit Hilfe dieser Anspielungen und Urbilder die Tragödie zumindest partiell zu erfassen, so daß es scheint, wir müßten die These, der Holocaust sei gänzlich ohne Beispiel, entsprechend modifizieren. Bei näherer Betrachtung erweist sich die vermeintliche Erweiterung der Perspektive fast durchweg als nur provisorisch und vorübergehend: In der Holocaust-Literatur zeigt sich, daß Analogien dieser Art nur eingeführt werden, um sie als inadäquat zu entlarven; sie werden zwangsläufig entweder widerlegt oder als unbrauchbar zurückgewiesen. Schwarz-Bart beispielsweise demonstriert uns letztlich weniger die Gültigkeit des Lamed Waw, als vielmehr die Erschöpfung seiner Tradition. Genauso nimmt Elie Wiesel wieder und wieder die Position Hiobs ein, nur um diese Haltung als untauglich zu verwerfen, denn am Ende ist er doch auf sich gestellt. Sein steter Gefährte, dem allein er unentrinnbar verbunden sein wird, ist die Erkenntnis: Der Holocaust »entzieht sich dem Verweis und der Analogie«[12]. Es war wohl in erster Linie diese Erkenntnis, die Wiesel zu der Behauptung veranlaßte, daß der Holocaust »sich durch sein Wesen dem Wort entzieht«.[13]

Wie Wiesels Beispiel zeigt, stellt eine Literatur, die ohne Analogien auskommen muß, im höchsten Grade eine Bedrohung dar. Unser Literaturverständnis im Ganzen gründet sich auf die Möglichkeit des Rückbezugs auf jeweils frühere Texte und bestätigt so, daß Literatur ebenso sehr aus der Tradition wie aus dem Individuum hervorgeht. Ein Roman oder ein Gedicht stellt somit kein gänzlich neues, undeterminiertes Etwas dar, das plötzlich und als wäre so etwas noch nie dagewesen auf der Welt erscheint, sondern steht in einem Verhältnis zu anderen Gedichten und Romanen, die es ja in gewisser Weise hervorgebracht haben. Ein gelungener Text ist auf seine Weise zwar stets auch eine originale Schöpfung, doch wird jede Literatur genauso durch die Reaktionen auf vorhergehende Literatur bestimmt wie durch die direktere und unvermittelte Reaktion auf Leben. Ein Gedicht hat seinen Ursprung in anderen Gedichten, ein Roman ist Produkt anderer Romane, und ein Schauspiel bezieht sich stets auf andere Schauspiele. Mag es uns bewußt sein oder nicht, dies ist genau die Art und Weise, in der wir Literatur aufnehmen und verstehen: Stets stellen wir stillschweigend Bezüge und Analogien zu vorhergehenden Texten her. Verhielte es sich anders, könnten wir gar nicht lesen und Schriftsteller nicht schreiben. Kurz, wenn wir lesen, ist unsere gesamte Belesenheit mit im Spiel.

Im Umgang mit den Texten, die uns hier beschäftigen, sehen wir uns jedoch früher oder später gezwungen, ohne diese zu erwartenden und notwendigen Orientierungspunkte in einer vertrauten literarischen Landschaft auszukommen. Infolgedessen wissen wir manchmal kaum, wie wir vorgehen sollen. Verloren an einem Ort, dessen Dimensionen wir kaum erkennen können, geschweige denn als diejenigen unserer eigenen Welt, suchen wir nach Orientierung durch die Vertrautheit mit den alltäglichen Dingen unseres Lebens und greifen doch immer wieder ins Leere. Das Ding in unserer Hand sieht zwar aus wie ein Buch, aber es scheint sich in etwas ganz anderes verwandelt zu haben.

Ein Vergleich mit ein paar Beispielen aus älterer Literatur kann hier vielleicht Aufschluß geben. Selbst ein Gelegenheitsleser Edgar Allan Poes oder Franz Kafkas etwa weiß, daß eine Literatur des Schreckens oder radikaler Entfremdung nicht erst in den Jahrzehnten nach dem 2. Weltkrieg entstanden ist. Man lese Poes *Grube und Pendel* oder Kafkas *In der Strafkolonie* und man begegnet allen Schrecken, die man sich nur denken kann. Insbesondere Poe genoß makabre Empfindungen und die »exquisiten Schrecken des Gemüts« und besaß großes Talent, präzise literarische Entsprechungen dafür zu erfinden. Daher ziehen seine besten Erzählungen den Leser auch heute noch in ihren Bann und verfolgen ihn mit der Simulation äußerster psychischer Anspannung. Dies war sein Thema, das er mit allen Topoi und atmosphärischen Ausstattungsstücken des Schauerromans oder früher symbolistischer Dichtung ausgebaut hat – ein ganzer Katalog literarischen Horrors, dessen Schrecken unsere Phantasie anregen und uns angenehme Kitzel bereiten. Und doch kommt uns zu keinem Zeitpunkt der Gedanke, die Phantasiewelt, in die einzutreten wir uns anschicken – Poes ›Traumreich‹ –, mit der realen Welt und den Erscheinungen unserer Alltagswirklichkeit zu verwechseln. Uns ist stets bewußt, daß Poe erfindet, daß er in seinen besten Momenten ein sehr begabter Erfinder ist und daß seine literarischen Erfindungen große psychologische Kraft besitzen und uns bisweilen mächtig ergreifen können. Kurz, wir wissen schon, wie man mit seinen Texten umzugehen hat.

Kafkas Welt dagegen ist abgründiger und schwieriger. Unser Bewußtseinsstand hat seine Erfahrungswelt bei weitem noch nicht eingeholt, und so erschließt sich sein Werk auch nicht so ungehindert einem gesicherten Verständnis. In seinem Fall mögen wir zwar Affinitäten zur Tradition der Groteske oder des Absurden ausmachen, aber diese Begriffe helfen hier kaum weiter. Genauso wenig lassen sich seine enigmatischen Parabeln mit literaturwissenschaftlichen Kategorien wie Symbolismus, Expressionismus oder Surrealismus fassen. Einerseits scheint Kafkas Werk Elemente all dieser Richtungen aufzuweisen, andererseits sprengt es sie gleichzeitig, so daß wir seine Literatur schließlich nur noch unzulänglich und auf die Gefahr hin, uns tautologisch auszudrücken, als ›kafkaesk‹ bezeichnen können. Wir sollten uns eingestehen, daß wir ihn noch lange nicht eingeholt haben und daß er für uns somit ein weitaus beunruhigenderer Autor ist als Poe.

Und dennoch, nicht einmal im Fall Kafkas – etwa der *Strafkolonie* oder der *Verwandlung* – lassen wir uns dazu verleiten, den Boden einer normativen, stabilisierenden und uns damit rettenden Bedeutung der Dinge der Welt als solcher unter den Füßen zu verlieren. Kafkas Dichtung versetzt uns vielleicht in ein Universum absurder und beängstigender Verhältnisse, doch es ist ein streng durchkomponiertes Universum, und obgleich nur wenige von uns gern länger dort verweilen würden, erscheint es uns nicht vollkommen fremdartig. Kafka vermochte es in der Tat, uns relativ schnell in seiner fremden und zugleich vertrauten Welt zurechtfinden zu lassen, und wir können uns zwischen dieser Welt und dem, was wir vielleicht zu bequem als ›Wirklichkeit‹ bezeichnen, hin und her bewegen, ohne vollkommen das Vertrauen in die grundsätzliche Beschaffenheit der Welt zu verlieren. Mit ihrer Schilderung eines mechanisierten, technologischen Terrors, der Herrschaft des Unrechts, brutaler, systematischer und gleichzeitig grundloser Bestrafungen, einer hingenommenen Schuld und Passivität vor der endgültigen Vernichtung stellt Kafkas *In der Strafkolonie* eine unheimliche Präfiguration der Holocaust-Literatur dar, einen Text, der etwas vorausahnt und antizipiert. Und dennoch sind wir bei der Lektüre dieser Erzählung von der Erkenntnis der *historischen Wirklichkeit* als Holocaust noch ein gutes Stück entfernt, und keinem Leser käme es in den Sinn, das so kunstvoll ausgedachte Kernstück, die infernalische Foltermaschine, mit der tatsächlichen Todesmaschinerie von Auschwitz oder Treblinka zu verwechseln, so wenig wie irgend jemand Gregor Samsas Verwandlung in ein riesenhaftes Insekt für etwas halten würde, was auch ihm selbst eines Tages zustoßen könnte. Wir akzeptieren diese raffinierten literarischen Verfahren als komplexe Initiationsriten – als eine Folge von Brücken, über die wir gehen müssen, um in die kafkaeske Welt zu gelangen. Und wenn wir sie erst einmal als solche anerkannt haben, überlassen wir uns im allgemeinen durchaus zufrieden dem Lauf der Erzählung und den ihr eigenen Gesetzen. Da wir Kafka nicht in einem vorwiegend realistischen oder naturalistischen Rahmen lesen, wird unser Weltvertrauen nicht übermäßig strapaziert durch diese Erfindungen, die wir als Bestandteile eines zwar beunruhigenden, aber eben fiktionalen Universums einordnen können.

Was aber geschieht, wenn wir ins *univers concentrationnaire* eintreten und auf die oben angesprochenen Metamorphosen stoßen, in denen sich lebende Kinder plötzlich in Rauchwolken verwandeln? Welchen Interpretationsrahmen, welche Referenz gibt es hierfür? Weder bei Poe noch bei Kafka noch bei irgendeinem mir bekannten Autor, den Marquis de Sade eingeschlossen, findet sich dergleichen. Da es unseren Wahrnehmungssinn einfach zu sehr verwirrt, einen solchen Text als ein Stück Realismus anzuerkennen, versucht man vielleicht zunächst, die Worte in eine Art Traumsprache zu verlagern, sie als eine Art verkehrten Symbolismus und dunkle Allegorie zu lesen. Dabei handelt es sich aber lediglich um ausweichende Gesten, Abwehrstrategien, die wir schließlich aufgeben müssen, um das zu tun, was uns ganz und gar unmöglich erscheint: lesend eine Wahrheit anzuerkennen, die wir nicht wahrhaben wollen. Wie können wir denn auch einen Realismus akzeptieren, der extremer ist als jeder Surrealismus, der bisher erfunden wurde? Wenn wir Kafka das Maß an künstlerischer Freiheit zugestehen, das notwendig ist, um *Die Verwandlung* zu schreiben, um einen Mann in Ungeziefer zu verwandeln, ist das eine Sache. Um etwas gänzlich anderes handelt es sich, wenn Elie Wiesel von Kindern erzählt, die in Rauch verwandelt werden. Hier ist unser gesunder Menschenverstand überfordert. Doch genau das wird uns in *Die Nacht* vor Augen geführt, obendrein auf eine Art und Weise, daß wir es nur auf einer Ebene, nämlich der wörtlichen, lesen können, der der unverblümt ausgesprochenen, nackten Wahrheit. Dies, so wird uns gesagt, geschah wirklich. Es hat keine symbolische Dimension, ist nicht allegorisch befrachtet und besitzt keine offene oder verborgene Bedeutung. Man versuche nicht, es in Kategorien Ovids oder Poes oder Kafkas zu erfassen, denn die mythologischen oder metaphorischen Aspekte ihrer Literatur spielen hier keine Rolle. Nichts von allem dem, was wir bisher gelesen haben, kann uns hier weiterhelfen. Allein eines soll man zur Kenntnis nehmen: die Wahrheit dessen, was geschah – und die klingt so: »Nicht weit von uns entfernt loderten Flammen aus einem Graben empor, riesige Flammen. Dort wurde etwas verbrannt. Ein Lastwagen näherte sich dem Erdloch und schüttete seine Ladung aus: es waren kleine Kinder. Säuglinge! Ich hatte sie mit eigenen Augen gesehen... Kinder in den Flammen.«[14] Gab es je ein deprimierenderes und hoffnungsloseres Stück Literatur, monströser als dieses? Wer möchte es nicht auf der Stelle aus seinem Gedächtnis ausradieren? Und doch müssen wir bei diesen Worten verweilen, oder anderen, ihnen ähnlichen, um zu versuchen, die entscheidenden Kennzeichen der Holocaust-Literatur zu bestimmen.

Um dies leisten zu können, möchte ich die Prosa verlassen und mich der Lyrik zuwenden und zwei kurze Gedichte vorstellen. Das erste stammt aus dem 19. Jahrhundert und ist von Henry David Thoreau; das zweite, näher an unserer Zeit geschrieben, verfaßte der jiddische Dichter Jacob Glatstein. Beide tragen den gleichen Titel: *Rauch*. Hier ist Thoreaus:

> Leicht beflügelter Rauch, ikarischer Vogel,
> dessen Schwingen schmelzen in aufsteigendem Flug,
> Lerche ohne Gesang und Bote der Dämmerung,
> der du über den Dörfern kreist wie über deinem Nest;
> oder auch, Traum, der geht, und schattenhafte Form
> mitternächtlicher Vision, die ihr Gewand zusammenrafft,
> zur Nacht die Sterne verschleiert und bei Tage
> das Licht verdunkelt und die Sonne auslöscht;
> steige du, mein Weihrauch, auf von diesem Herd
> und bitte die Götter um Vergebung für diese klare Flamme.[15]

Was bei diesem Gedicht sogleich auffällt, ist, daß Thoreau an Rauch als solchem kaum interessiert war. Er dient seiner Imagination vielmehr als Ausgangspunkt für Transfigurationen, denn er hatte eine Vorliebe dafür, empirische Erscheinungen in phantasievolle Gedankenkompositionen aufzulösen. Das Gedicht setzt sein zentrales Bild also in rein metaphorischem Sinn ein, vergleicht den Rauch mit anderen Dingen – mit Vögeln, mit der mythologischen Figur des Ikarus, mit Träumen und Wolken und schließlich auch mit Weihrauch. Anhand dieser ganzen Reihe von Bildwechseln entwickelt das Gedicht die Auffassung Thoreaus vom unbeständigen und flüchtigen Charakter des Daseins. Das fein ausgearbeitete, aber umkomplizierte Gedicht hält sich eng an die klassischen Muster poetischer Rhetorik und bereitet somit keine besonderen Interpretationsschwierigkeiten.

Man vergleiche damit Glatsteins *Rauch* (*Roikh* im jiddischen Original), hier in einer deutschen Prosa-Übersetzung:

> Durch den Kamin des Krematoriums
> steigt ein Jude auf zu seinem Gott.
> Und wenn der Rauch von ihm vergangen ist,
> gehen seine Frau und seine Kinder auch hindurch.
>
> Über uns, hoch am Himmel,
> klagt heiliger Rauch und wartet.
> Gott, wo immer du auch bist,
> wir sind dort auch nicht.[16]

Auch dies ist ein schönes Gedicht, aber wovon handelt es? Die ersten Zeilen beschreiben, wie ein Jude durch einen Schornstein zu seinem Gott auffährt, bald darauf folgen ihm Frau und Kinder auf dem gleichen Weg. Das Gedicht sagt, daß sie das durch Verwandlung in Rauch tun; mehr noch, im jiddischen Original verkündet es dies in einer Art beschwingtem Rhythmus – dem rhythmischen Auf und Ab eines Kinderliedes – und in der verspielten Form des Reims. Handelt es sich denn um eine Art Kindergedicht? Es ist durchaus vorstellbar, daß ein Leser, der in 100 Jahren auf dieses Gedicht stößt, solche Fragen stellen mag, denn bestimmte Elemente darin fordern sie durchaus heraus. Dies geschieht jedoch nur, um uns ganz schnell wieder aus dem Zustand der Unschuld zu reißen und uns eines Besseren zu belehren, denn schon bald stellen sich der leichtfüßige Rhythmus und der muntere Reim als Falle heraus, die heitere Erscheinung soll uns nur hineinlocken in das tödliche Zentrum des Gedichts.

Auf der Suche nach diesem Zentrum müssen wir schon bald erkennen, daß das ganze Gedicht auf der Gewißheit des Autors basiert, daß wir in der Lage sind, das Verbrechen zu identifizieren, das sich hinter den Worten oder noch davor verbirgt, in dem Schweigen, das dieses Gedicht durchbrechen soll. Der ungenannte, aber nicht zu verkennende Untergrund dieses Gedichts ist, mit anderen Worten, der Holocaust.

Nun haben wir gerade ein Gedicht über den Rauch untersucht und festgestellt, daß er als Bildspender für die Entfaltung einer beträchtlichen metaphorischen Vielfalt diente. Thoreau verwandelte den Rauch in Vögel und Wolken und religiös besetzten Weihrauch, in eine ganze Abfolge vorüberziehender, miteinander verschmelzender und sich wieder auflösender Bilder. Ganz anders Glatstein: Er verfährt genau umgekehrt, er verwandelt den Juden in Rauch. Mehr noch – und an diesem Punkt kehrt sich das Gedicht um in etwas anderes, etwas vollständig Neues in der Geschichte der Dichtkunst –, Glatstein tut dies auf eine Weise, die mit Metaphorik nichts gemein hat, und verunsichert den Leser damit von Anfang an. Um dieses Gedicht angemessen zu verstehen, müssen wir den figurativen Gebrauch der Sprache verabschieden und alles in der wörtlichen Bedeutung verstehen: Ein Jude ist zu Rauch geworden, und Frau und Kinder wird das gleiche Schicksal ereilen. Später tritt noch eine religiöse Dimension hinzu, und an diesem Punkt können wir erkennen, daß noch etwas anderes ins Spiel gebracht wird: die spekulative jüdische Theologie. Das Gedicht klingt in der Tat mit einem theologischen Paradox aus: Die vernichteten Juden werden zu abwesenden Begleitern eines abwesenden Gottes. Ihr ›Streben nach Höherem‹, ihr Aufstieg zum Himmel darf aber nicht in erster Linie als Paradox oder Fantasie oder irgendetwas anderes, was von der brutalen Eindeutigkeit ihres Endes ablenken würde, verstanden werden. Eine exakte Parallele dazu findet sich in Hochhuths *Stellvertreter*, wenn der Doktor, sachlich und ungerührt, die beiläufige Bemerkung macht, die uns immer im Gedächtnis bleiben wird: »Am Dienstag habe ich die Schwester von Sigmund Freud durch den Kamin gepfiffen.«[17]

Dies erscheint uns äußerst unwirklich, und doch berührt es ungemein. Das vorliegende Gedicht, so erkennen wir schließlich, ist die Behauptung einer Negation, einer zweifachen Negation: sowohl des Menschen als auch Gottes. Beide ›sind nicht‹ in diesem Gedicht. Ist hierin noch eine dritte Negation stillschweigend eingeschlossen, wird auch noch die Dichtung selbst verabschiedet? Denn wie soll schließlich eine Dichtung aussehen, die auf die metaphorische Benutzung der Sprache verzichtet? Wenn wir diese Frage zu beantworten versuchen, erkennen wir zwangsläufig eines der grundlegendsten und deutlichsten Unterscheidungsmerkmale der Holocaust-Literatur überhaupt und können möglicherweise eines der ihr inhärenten Gesetze formulieren: Es gibt keine Metaphern für Auschwitz, ebensowenig wie Auschwitz eine Metapher für irgend etwas anderes ist. Warum ist das so? Weil die Flammen wirkliche Flammen waren, die Asche nichts als Asche, der Rauch einzig und allein Rauch. Wenn man nach einem ›Sinn‹ all dessen verlangt, kann er nur darin liegen: In Auschwitz verbrannte die Menschheit ihr eigenes Herz.[18] Darüber hinaus geben die Verbrennungen nichts her für Metaphern, Gleichnisse oder Symbole – sie sind nichts anderem ähnlich oder vergleichbar. Sie können nur das ›sein‹ oder ›bedeuten‹, was sie tatsächlich waren: der Tod der Juden.

So bleibt uns nur die Erkenntnis: In unserer Zeit trat die Vernichtung aus dem Bereich der Metapher heraus und wurde Wirklichkeit. Läßt sich das in Dichtung umsetzen? Da es schließlich ein Gedicht war, das diese Fragestellung ausgelöst hat, muß die Antwort eindeutig ›ja‹ lauten. Dichtung – in diesem Fall ein Etwas über ein Nichts, die Behauptung einer Verneinung – lebt weiter, um uns an all das zu erinnern, was vernichtet wurde. Sie ruft uns aber auch all das ins Gedächtnis, was nicht zerstört wurde. Wenn nämlich die Holocaust-Literatur auch nichts anderes darstellt als Sprache, deren Möglichkeiten auf ein Minimum reduziert sind, so ist sie dennoch imstande, Machtvolles zu leisten – und sei es nur, daß sie die Existenz in ihrer äußersten Reduktion und Ohnmacht zeigt. Zwar ist uns viel genommen worden, aber noch immer sind wir fähig, das aufzuzeichnen und festzuhalten, was es war, das wir verloren haben.

Sicherlich ist es eine der wesentlichen Funktionen der Holocaust-Literatur, den Verlust an Menschen in seinem ganzen, unvorstellbaren Ausmaß zu bekunden und festzuhalten. Elie Wiesel formulierte es an einer Stelle so: »Für mich ist Schreiben eher eine *Matzewa*, ein unsichtbarer Grabstein, errichtet zum Gedenken an die Toten ohne Begräbnis.«[19] Weder die Lauterkeit dieses Kunstverständnisses noch die Wichtigkeit seiner Umsetzung läßt sich bestreiten. Aber das Epitaph ist bestenfalls eine kleine literarische Gattung, und ein Teil des Problems für Wiesel als Schriftsteller, wie auch für alle übrigen Dichter des Holocaust, liegt darin, die literarischen Formen zu finden, die am ehesten geeignet sind, die beiden Extreme – die Erniedrigung und den Heroismus gleichermaßen – auszudrücken, die gemeinsam das erfassen, was der Holocaust eigentlich war.

In diesem Zusammenhang muß zunächst festgehalten werden, daß die Auflösung der Gattungen innerhalb der modernen Literatur schon eingesetzt hatte, bevor es eine Literatur des Holocaust gab. Holocaust-Literatur, die jeder literarischen Form ihre schwere Last aufbürdet, entstand in der Tat zu einem Zeitpunkt, als bereits massive Zweifel über den weitergehenden Bestand der narrativen, dramatischen und lyrischen Schreibweisen bestanden. Die Krisensituation, in der sich die Gesamtheit der modernen Prosa, Dramatik und Lyrik befand, kann hier zwar nicht referiert werden, doch wir können zumindest festhalten, worauf ein Großteil der Problematik beruht: Die Diskrepanz zwischen dem, was uns das tägliche Leben sozusagen als Rohmaterial darbietet, und der Fähigkeit des menschlichen Bewußtseins, mit Hilfe seines eigenen Begriffs- und Vorstellungsvermögens einen Sinn darin zu erkennen, wurde immer intensiver empfunden. In den Ghettos und Lagern Europas hatte die ›Wirklichkeit‹ eine derart radikale Deformation erfahren, daß unser herkömmliches Wahrnehmungs- und Ausdrucksvermögen sich als unzureichend und nicht mehr zuverlässig erwies. In Folge davon schien der Wahnsinn an die Stelle der Vernunft zu treten, so wie das Schweigen immer wieder an die Stelle der Sprache. Wenn diese Übergänge sich aber zu verwischen beginnen, wird die Literatur, die ja ein Produkt eines funktionierenden Geistes und Sinnesapparats ist, auf Schreien und Wimmern reduziert: sie zerfällt. Und man kann der Erkenntnis nicht entgehen, daß Holocaust-Literatur bis zu einem gewissen Grad eine Literatur der Dekomposition ist. »Nein, das ist kein Leben«, lautet der vertraute Refrain in Chaim Kaplans Tagebuch. Obschon Kaplan vierzig Jahre in Warschau gelebt hatte und es eigentlich gut kennen mußte, nahm ihm die Verwandlung der Stadt unter der Nazi-Herrschaft in eine Stadt des Wahnsinns und der Schlächterei fast jede Orientierung. »Zeitweise kommt es mir vor«, so schreibt er, »als befände ich mich in einem fremden, mir ganz und gar unbekannten Land.« Manchmal ist sein Gefühl, die vertraute Welt sei ihm abhanden gekommen, so stark, daß er sich nicht einmal mehr auf dieser Erde glaubte: »Das Ghetto schwebt über dem Nichts.« (S. 30/377)

Dieser Zug von Irrealität geht durch die ganze Holocaust-Literatur und untergräbt sie fortwährend: »Heute, an diesem wirklichen Heute, da ich an einem Tisch sitze und schreibe, bin ich mir selber nicht sicher, daß diese Dinge tatsächlich gewesen sind.«[20] In diesem Fall ist es Primo Levi, der das bekennt, aber daraus spricht eine allgemeine Wahrheit, die alle Autoren der Holocaust-Literatur kennen und die die Anstrengung des Schriftstellers untergräbt. Welche literarischen Mittel – welche Wörter – reichten denn auch heran an den extravaganten Erfindungsreichtum des Nazismus? In jener Zeit, als der Tag durch das Sonnenrad der Swastika und die Nacht durch das Schwarz des Totenkopfes regiert wurde, wurde aus dem Leben selbst eine Art makabres Theater. Der Nazismus war natürlich viel mehr, aber er war auch nichts weniger als eine maßlose Geißelung durch Stahl und Flamme. Er verfügte auch über subtilere Methoden, und der äußerste Terror wurde schrittweise vorbereitet durch Manipulation und Täuschung. So gesehen kann auch der Versuch, den Nazismus vermittels Kategorien gleichsam literarischer Machinationen zu fassen, die einem Joseph Goebbels oder einer Leni Riefenstahl ja durchaus vertraut waren, legitim sein. Es ist überdies gar nicht einmal schwierig, die imaginativen Quellen zu orten. George Steiners Behauptung, der Nazismus sei eine konkrete Inszenierung der Hölle auf Erden gewesen, trifft meines Erachtens den Sachverhalt exakt und wird auch von fast allen Autoren der Holocaust-Literatur bestätigt.[21] Die Hölle als Prototyp der Ghettos und Todeslager: Dies, so scheint es, ist der spezifische Beitrag des Christentums zur Endlösung. Man sollte allerdings hoffen, daß der christliche Glaube sich hier gegen sich selbst gekehrt hat und gegen seine innersten Prinzipien verstößt.

In diesem Schema ethischer und religiöser Subversion können wir möglicherweise auch ein literarisches Paradigma erkennen, das sich als durchgängig genug erweist, um daraus ein weiteres Gesetz der Holocaust-Literatur abzuleiten. Voraussetzung dafür ist, daß wir den ›revisionistischen‹ und wesentlich antithetischen Charakter eines Großteils der Holocaust-Literatur erkennen, die nicht bei einer Nachahmung oder Parodie ihrer literarischen Vorläufer stehenbleibt, sondern sie schließlich auch widerlegt und zurückweist. Der Bildungsroman stellt, wie Lawrence Langer gezeigt hat, eines dieser Muster dar.[22] In einem Buch wie *Die Nacht* wird das traditionelle Schema – Heranreifen und gelungene Initiation eines Knaben in die Gesellschaft – vollkommen auf den Kopf gestellt. Primo Levis *Ist das ein Mensch?*, das die Entwicklung eines Mannes darstellt, die gleichzeitig eine Degeneration ist, ist ein komplexeres Beispiel für den gleichen Sachverhalt. Beide Fälle lassen nicht nur die Verkehrung eines vertrauten literarischen Schemas erkennen, sondern weisen zudem auch die philosophischen Grundlagen, auf denen dieses Schema beruht, strikt zurück. Wir erinnern uns an Wiesels Ausspruch vom Tod der Idee des Menschen. Mit dem Zusammenbruch dieser Idee werden auch alle narrativen Formen, die die Realität des Subjekts – als vernunftbegabtes, lernfähiges und moralisch verantwortliches Wesen – postulieren, unterminiert und möglicherweise sogar endgültig verabschiedet. Persönliche Berichte über den Holocaust wie die beiden oben erwähnten, gründen sich jedoch notwendigerweise auf den traditionellen Verfahren der Lebenserinnerungen, der Autobiographie und des Bildungsromans, auch wenn die Geschichten, die sie erzählen, den Entwicklungsprozeß umkehren, vom Leben zum Tod. Mir ist nicht bekannt, daß Wiesel und Levi ihre entsetzlichen Darstellungen einer Dehumanisierung bewußt gegen Muster absetzen wollten, die ihrem Wesen nach zivilisiert und human sind, aber die Folgen eines solch schreienden Gegensatzes sind unverkennbar und in ihren Büchern mit Händen zu greifen.

Im Fall Paul Celans ist klar, daß eine Haltung des Widerrufs als Technik entwickelt wurde, nach dem Holocaust Gedichte zu schreiben. Die Belege dafür finden sich, wie Jerry Glenn gezeigt hat,[23] überall: in den ironisch-zersetzenden Anspielungen auf das Hohelied und Goethes Faust in der *Todesfuge*; in der radikalen Aufhebung von Hölderlins berühmter Hymne *Patmos* in *Tenebrae*; in der Leugnung des Schöpfungsberichts des 1. Buches Mose in *Psalm*. In jedem einzelnen dieser Beispiele (und es ließen sich noch etliche ähnliche anführen) verwendet Celan eine Technik literarischer Subversion, die der deutsche Literaturwissenschaftler Götz Wienold als »Widerruf«[24] bezeichnet hat. Das zugrundeliegende Konzept ist schnell erklärt.

Man betrachte beispielsweise diese Zeile aus Chaim Kaplans Tagebuch: »Der Feind Israels schläft und schlummert nicht.« (S. 246) Dieser Satz entsprang mit an Sicherheit grenzender Wahrscheinlichkeit nicht einer blasphemischen Regung, sondern bringt eine tief gefühlte, religiöse Verzweiflung zum Ausdruck. Der Eintrag in seinen Notizen datiert vom »12. Oktober 1940, Ende des Versöhnungstages [Yom Kippur] 5701«. Genau an diesem Tag trat der Erlaß zur Errichtung des Warschauer Ghettos in Kraft. Im vorhergehenden Jahr, am Ende von Yom Kippur 5700, vermerkte Kaplan in seinem Tagebuch: »Am Versöhnungstag entfaltete der Feind seine Macht noch mehr als sonst« (S. 41). Die Deutschen setzten die Artillerie ein und verbreiteten wahllos Tod und Vernichtung. In dem Jahr, das zwischen diesen beiden Eintragungen liegt, nahmen die Bombardierungen noch zu, und für Kaplan wurde klar, daß sämtliche Warschauer Juden ausgelöscht werden sollten. »Hat Israel keinen Gott? Warum hat Er uns Seine Hilfe in unserer Not versagt?« (S. 248) Dies konnte er sich nicht eingestehen, und so versammelte er sich am Yom Kippur 5701 mit anderen jüdischen Gläubigen, »[w]ie Maranen im 15. Jahrhundert« (S. 245), um mit ihnen gegen das Verbot und im Geheimen Gottes Vergebung und Gnade zu erflehen. Der Schutz des Hüters Israels wurde ihnen jedoch nicht zuteil, sondern das Ghettoedikt trat in Kraft, das mit sofortiger Wirkung das Schicksal von mehreren Hunderttausend polnischen Juden besiegelte. Wie tief Kaplan dieser Umschwung traf, illustriert die schreckliche Zeile »der Feind Israels schläft und schlummert nicht«, eine radikale Um-Schreibung des Psalms 121, 4, die mit nur ganz wenigen Worten den Zusammenbruch eines bis dahin unerschütterlichen Glaubens ausdrückt. Der Eintrag für den »24. Oktober 1940 In der Nacht des Thorafreudenfestes, 5701« zieht den bitteren Schluß: »Aber Er im Himmel lacht.« (S. 252)[25]

Im Falle Kaplans machte es wenig Sinn, derartige Ausdrücke der Verzweiflung und schieren Qual als Beispiele einer bewußt eingesetzten ›Technik‹ sehen zu wollen, wenn wir darunter den Gebrauch eines durchgehaltenen literarischen Verfahrens verstehen. Als hochgebildeter Jude verfaßte Kaplan sein Tagebuch auf Hebräisch und dachte ganz selbstverständlich in einer Sprache, die mit Passagen aus Bibel und Talmud durchsetzt war. Diese Einflüsse verschwinden zwar niemals aus seiner Prosa, aber in dem Maße, wie Kaplan die zunehmende Ausbreitung der Nazi-Barbarei im Ghetto wahrnahm, werden sie umgekehrt, aufgehoben oder widerrufen. Kurz, sie werden entkräftet, zersetzt und untergraben. Das Schreiben bekommt unter diesen Umständen den Charakter einer Gegenauslegung.

Der jiddische Dichter Jacob Glatstein setzte, ebenso wie Paul Celan, diese Bedeutungswechsel bewußt ein und entwickelte sie in seinen Gedichten zu einer Technik. Ich vermute, daß André Schwarz-Bart in *Der Letzte der Gerechten* ähnlich verfuhr. Dieser Roman muß verstanden werden als Aushöhlung und Verabschiedung der jüdischen Tradition des Lamed Waw, aber auch der der christlichen Tradition der Heiligenlegenden und der imitatio christi. In *Der Bemalte Vogel* setzt Jerzy Kosinski Elemente der Sprache des Neuen Testaments und der christlichen Liturgie ein, um sie sofort wieder zu unterlaufen und ihren Anspruch auf bleibende religiöse Wahrheit als ungültig zu entlarven. Dasselbe macht auch Rolf Hochhuth in seinem kontroversen Bühnenstück, das u.a. als zeitgenössische Neufassung des Lebens der Päpste aufgefaßt werden kann.

All diesen Beispielen gemeinsam ist die Funktion als Widerlegung und Widerruf, als Verneinung nicht nur einer vorhergehenden literarischen Aussage, sondern auch ihrer impliziten Prämissen und expliziten Behauptungen. Wenngleich die Holocaust-Literatur in ihren Ausdrucksformen überwiegend auf den überkommenen Sprachgebrauch zurückgreift und sich auch innerhalb der etablierten literarischen Formensprache bewegt, nimmt sie dabei jedoch, wie wir beschrieben haben, eine völlige Revision vor, indem sie frühere literarische Modelle gegen sich selbst kehrt und dabei gleichzeitig das in den wichtigsten Werken unserer literarischen Tradition artikulierte Welt- und Menschenbild umkehrt. Levi war sich über diesen Prozeß im klaren, und er deutet an, wohin diese Umkehrungen oder Aufhebungen führen mögen: »Alle unsere Geschichten [...], jede ist anders, und eine jede ist angefüllt mit tragischer, bestürzender Zwangsläufigkeit [...] sind sie nicht auch Geschichten einer neuen Bibel?« (S. 77) Wenn das zutrifft, stellt die Holocaust-Literatur in ihrem innersten Kern eine Offenbarung dar, auch wenn wir noch nicht wissen, was sie uns offenbart.

In der Vorstellung, ungeheuer Böses könne inspirierend wirken, liegt etwas Absurdes, ja sogar Obszönes, und doch war es dieses Verbrechen, das seine Opfer zeichnete und sie gleichzeitig gewissermaßen erleuchtete und den Romanciers und Lyrikern des Holocaust ihre Berufung zum Dichter aufgebürdet hat. Und daß es sich hierbei um eine verhängnisvolle Bürde handelt, kann nicht länger in Zweifel gezogen werden, denn alle Überlebenden dieser Katastrophe, die es auf sich nehmen, über sie zu schreiben, bekennen irgendeine Deformation oder Verletzung – sei es Fehlsichtigkeit, ein Versagen der Stimme oder andere, weniger eindeutige Wahrnehmungsstörungen. Man denke da nur, wie grausam verstümmelt Ernie Levy ist, wie einige von Celans Gedichten in Gestammel enden, wie allgegenwärtig die Furcht vor dem Geblendetwerden in Kosinskis Werk ist und wie oft es Elie Wiesels Überlebenden die Sprache verschlägt. Die erschreckende Zeile in einem der letzten Gedichte von Nelly Sachs – die kostbarste ars poetica, die ich kenne – kann hier als beispielhafte Zusammenfassung gelten: »Dies ist nur mit einem ausgerissenen Auge / aufs Papier zu bringen«[26]. Eines lehrt uns diese Literatur: Niemand, der vom Holocaust berührt wurde, wird jemals wieder ganz.

Und doch ist das nicht die ganze Wahrheit, denn obwohl das Verbrechen verletzt, intensiviert es auch den Blick und enthüllt uns die Welt in all ihren entsetzlichen Einzelheiten so deutlich wie nie zuvor. Es ist, als ob das Feuer, das so viele verschlang, auch eine Art böser Erleuchtung mit sich brachte. Jizchak Katzenelsons Beschreibung seiner persönlichen Leiden, in der sich Schwäche und Erkenntnis miteinander verbinden, ist paradigmatisch: »Seit vier Jahren verfolge ich nun mit fassungslosem Entsetzen die Verbrechen, die schamlos vor aller Welt verübt werden. Seit fast einem Jahr ist mir, als seien mir Körper und Seele gebrochen [...] Ich empfinde nichts mehr [...] Und doch gibt es grauenvolle Augenblicke, wo ich hellwach bin, wo es mich blitzartig durchzuckt, und ich mich wie von spitzen Nadeln durchbohrt fühle.«[27] Der Holocaust hat mithin in zweifacher Hinsicht auf seine Autoren gewirkt: Körperlich und seelisch hat er sie verstümmelt, ihren Geist aber hat er geschärft, so daß sie die Dinge nun mit einer geradezu prophetischen Hellsicht wahrnehmen. Die Autoren der Holocaust-Literatur sind einäugige Seher, besessen von einem doppelten Wissen: verflucht dazu, die menschliche Perversion erkannt zu haben, die eine Barbarei solchen Ausmaßes hervorbringen konnte, und gesegnet, weil sie wissen, welche Kraft ein Mensch entwickeln kann, um sie zu überleben.

Saul Bellow entwirft in seiner Charakteristik des Arthur Sammler – der, so meine ich, den Prototyp des Holocaust-Dichters verkörpert – ein detailliertes Bild dieses Phänomens. Sammler ist Witwer, der durch die Nazis seine Frau verloren hat. Er selbst entkommt Hitler durch Flucht aus einem Massengrab und versteckt sich in den Wäldern, Kellern und auf den Friedhöfen Polens. Sammler leidet an einer Sehbehinderung, die von einem Gewehrkolben herrührt, den ihm ein Deutscher ins Auge gestoßen hat. Gleichzeitig ist es aber genau diese Erfahrung, die seine Sinne geschärft hat: Er nimmt alle Erscheinungen intensiver wahr und ist in der Lage, auch noch die feinsten Unterschiede zwischen den Dingen zu erkennen. Ihm ist die Gabe des Sehers zugefallen, eines Mannes mit außergewöhnlichem Wahrnehmungsvermögen, dessen Beobachtungen die Aura uneingeschränkter Autorität innewohnt.

Aber was befähigt Mr. Sammler, angesichts des Schadens, den sein Sehvermögen genommen hat, zu einem glaubwürdigen Seher? Worauf gründet sich seine Autorität? Er selbst stellt sich diese Frage mehrfach: »Allerdings sind seit Polen 1939 meine Urteile anders. Geändert. Wie mein Augenlicht.«[28] Bei einem seiner

Gesprächspartner entschuldigt sich Sammler gar für seine »Ungestalt« und bekennt, daß die Ungeheuerlichkeit dessen, was ihm in den Kriegsjahren widerfahren ist, ihn zeitweise an seiner eigenen Urteilsfähigkeit zweifeln läßt: »Ich mißtraue meinen eigenen Urteilen, weil mein Geschick extrem gewesen ist [...] Man kann nicht unversehrt daraus hervorgehen.« (S. 263)

Doch wenn es darum geht, »das wahre Format eines Menschen« (S. 266) zu bestimmen, zeigt Artur Sammler sich als unterrichtet und stellt so die außerordentliche Sensibilität seiner Wahrnehmungsfähigkeiten unter Beweis. Er ist nämlich in der Lage, das Leben aus der Perspektive eines Mannes zu betrachten, der vom Tode umgeben war. Sein Überleben hat alle Deformationen, die der Mensch in seiner Furcht vor dem Tod erleidet, von ihm genommen und ihm nicht so sehr eine außergewöhnliche Klarsicht verliehen, sondern eigentlich die einzig mögliche und angemessene Sicht auf die Welt nach dem Holocaust.

Diese Hellsicht ist, wie wir schon nach kurzer Lektüre der Holocaust-Dichter erkennen, erkauft mit einem außerordentlich hohen Preis. Der Verlust der körperlichen Unversehrtheit, Sehstörungen, sprachliches Unvermögen, moralische Entmutigungen durch träge Zuhörer und widerstrebende Leser – wie muß eine Literatur beschaffen sein, die diesen extremen Widrigkeiten zum Trotz sich entfaltet? Die Antwort lautet: Sie kann sich nur aus Fragmenten zusammensetzen, aus bruchstückhaften und provisorischen Formen, von denen keine einzelne für sich allein gesehen den Holocaust hinlänglich erfassen kann, die in ihrer Gesamtheit aber sich zusammenfügen zu einer machtvollen und in sich stimmigen Wirkung. In diesem Punkt stimmen alle Autoren überein: Das Äußerste, was der Einzelne auch immer zu sagen vermag, wird doch nie mehr bedeuten können als einen ersten Schritt, einen flüchtigen Ausblick auf eine außerordentliche und nahezu unvorstellbare Wahrheit. Die historische Forschung kann zwar beginnen, einige der Bruchstücke zusammenzutragen und zu klassifizieren, aber literarische Formen, die umfassender sein wollen und eine Synthese anstreben, stoßen unausweichlich an ihre Grenzen und scheitern naturgemäß immer dort, wo Geschlossenheit oder Totalität hergestellt werden sollen. Der Holocaust hat bisher weder einen Milton noch einen Tolstoi hervorgebracht, und das wird sich auch in Zukunft wohl kaum ändern. Statt nach einer Literatur epischen Ausmaßes Ausschau zu halten, sollten wir unseren Blick lieber im Gegenteil auf die Scherben und Fragmente richten, die abgespalten und für sich allein die unzähligen kleinen Tragödien enthüllen, die in ihrer Gesamtheit sich zu etwas addieren, das mit unserer herkömmlichen Auffassung von Tragik nicht mehr zu fassen ist.

Wenn jeder eingeschlagene Schädel ein Fragment Gottes ist, wie einer der Dichter, die wir im weiteren noch betrachten werden, erklärt, bleibt uns Lesern, wenn wir einer Ganzheit wenigstens nahe kommen wollen, nur, die disparaten Teile zu versammeln. Mehr können wir nicht tun. Mit diesem Eingeständnis soll weder der Wert eher ganzheitlich orientierter Ansätze in Abrede gestellt werden, noch sollten historische oder literaturwissenschaftliche Bemühungen um Integration abqualifiziert werden. Ich möchte vielmehr noch einmal betonen, wie wichtig es ist, die Werke der Holocaust-Literatur als einzelne Teile eines Ganzen zu sehen und zu lesen, deren Summe weitaus eindrucksvoller ist als es jede Einzeldarstellung für sich genommen sein kann. Im jetzigen Stadium geht die Wirkung der Gesamtheit weit über das hinaus, was ein einzelnes Werk erreichen kann.

Wenn diese Einschätzung der Holocaust-Literatur zutrifft, muß unsere Aufmerksamkeit sich eher auf den Chor der Stimmen richten als auf vereinzelte geniale Beispiele individueller Ausdruckskraft. Zweifellos sind alle hier zu behandelnden Autoren und Autorinnen, die ihre eigene Geschichte oder die von anderen aufgeschrieben haben, in der einen oder anderen Weise einzigartig und besonders. Doch auch wenn wir in der Lage sind, inmitten des allgemeinen Schreckens individuelle Stile und Belange zu identifizieren, begreifen wir die Texte insgesamt eher als repräsentative Äußerungen eines kollektiven Schicksals. Die spezifischen Einzelheiten des Lebens und Sterbens können niemals verlorengehen oder übersehen werden, aber innerhalb der allgemeinen Charakteristika dieser Literatur überschreiten sie doch nicht so leicht die Grenzen allgemein geteilter Erfahrungen, die von der gemeinsamen Geschichte gesetzt werden. Wir werden im nächsten Kapitel sehen, daß dies in besonderem Maße für die dokumentarische Literatur gilt, von der uns vieles in Form von Tagebüchern und Memoiren erreicht, die mehr die aufeinander folgenden und sich wiederholenden Kapitel einer fortlaufenden vielstimmigen Geschichte zu sein scheinen als die für sich allein stehenden Erzählungen einzelner Persönlichkeiten. Der individuelle Schrei ist immer identifizierbar, aber da er über einen ganzen Kontinent hinweg widerhallt, stellt er eine Montage dar von Schmerz und Rebellion, die uns mehr beeindruckt als alles sonst. Ihn anders zu hören bedeutet hier, ihn nicht richtig zu hören.

Zwischen Sprache und Schweigen

2. Der Holocaust und die Geschichte

> Haben wir dich geblendet?
> Du beobachtest uns noch immer ...
> Sprachlos, sprachlos, zeugst du gegen uns.
> JANÓS PILINSZKY

> Die Griechen mögen die Tragödie erfunden haben,
> die Römer die Epistel, die Renaissance das Sonett,
> unsere Generation hat eine neue Literatur erfunden,
> die der Zeugenschaft.
> ELIE WIESEL

In Maidanek, dem Vernichtungslager, in dem er sterben sollte, sagte der bedeutende Warschauer Historiker Dr. Ignacy Schipper die folgenden Worte zu Alexander Donat. Sie machen auf ein Dilemma aufmerksam, aus dem wir bisher noch keinen Ausweg gefunden haben:

... alles hängt davon ab, wer unser Testament an die kommenden Generationen übermittelt, wer die Geschichte dieser Epoche schreibt. Die Geschichte wird normalerweise von den Siegern geschrieben. Was wir von ermordeten Völkern wissen, ist nur das, was ihre Mörder uns großsprecherisch darüber mitgeteilt haben. Sollten unsere Mörder siegreich sein, sollten *sie* die Geschichte dieses Krieges schreiben, dann wird unsere Vernichtung präsentiert werden als eine der glorreichsten Seiten im Buch der Weltgeschichte, und sie werden in den Augen der kommenden Generationen als furchtlose Kreuzritter dastehen. Jedes einzelne ihrer Worte wird gelten wie ein Evangelium. Oder sie werden die Erinnerung an uns vollkommen auslöschen, als ob wir niemals existiert hätten, als ob es niemals eine polnische Judenheit, ein Ghetto in Warschau, ein Maidanek gegeben hätte. Nicht einmal ein Hahn wird mehr nach uns krähen.

Aber wenn *wir* die Geschichte dieser Epoche von Blut und Tränen schreiben – und ich glaube mit Bestimmtheit, daß wir das tun werden – wer wird uns glauben? Niemand wird uns glauben *wollen*, denn unsere Katastrophe ist die Katastrophe der gesamten zivilisierten Welt. Wir werden die undankbare Aufgabe haben, einer widerstrebenden Welt zu beweisen, daß wir Abel sind, der ermordete Bruder ...[1]

Das Problem, das Schipper hier anspricht, ist nicht das der Perspektive, wonach ein historisches Faktum je nach Standpunkt so oder so sich darstellen kann, sondern das wesentlich grundsätzlichere Problem moralischer Glaubwürdigkeit und Akzeptanz. Wird man Abel seine Geschichte glauben? Schipper fragt nicht danach, wer die Verantwortung übernehmen wird, sondern, viel bescheidener, wer das Geschehene überhaupt für wahr halten, seine Realität ganz einfach anerkennen wird. Nur sehr wenige, muß die Antwort lauten. Weshalb? Weil der, der bereit ist, Abel Gehör zu schenken, notwendigerweise auch mit Unbehagen Kains nur allzu vertraute Stimme wird anhören müssen. Man höre sie hier, aus dem Mund Heinrich Himmlers:

Ich will hier vor Ihnen in aller Offenheit, auch ein ganz schweres Kapitel erwähnen [...] Ich meine jetzt die Judenevakuierung, die Ausrottung des jüdischen Volkes [...] Von Euch werden die meisten wissen, was es heißt, wenn 100 Leichen beisammen liegen, wenn 500 daliegen oder wenn 1000 daliegen. Dies durchgehalten zu haben, und dabei – abgesehen von einigen Ausnahmen menschlicher Schwächen – anständig geblieben zu sein, das hat uns hart gemacht. Dies ist ein niemals geschriebenes und niemals zu schreibendes Ruhmesblatt unserer Geschichte ...[2]

Diese Worte sprach Himmler vor SS-Gruppenführern* am 4. Oktober 1943. Zu diesem Zeitpunkt war das Warschauer Ghetto bereits liquidiert, die übriggebliebenen Juden waren nach Treblinka oder Maidanek deportiert worden. Darunter auch Alexander Donat, der aber dank einer Reihe glücklicher Umstände überlebte und seine Geschichte niederschreiben konnte, einen qualvollen Führer durch das ›Königreich Holocaust‹. Sein Buch stellt eine Seite dar aus Abels Testament, ein Blatt aus der Geschichte von Blut und Tränen, die, wie Himmler geschworen hatte, für immer ungeschrieben bleiben sollte. Ungeachtet dieses Schwurs *wurde* sie geschrieben – von Donat, Kaplan, Levi, Flinker, Ringelblum, Wiesel, Wells und Dutzenden anderer.

Hitler war 1933 an die Macht gekommen. 1935 wurden die berüchtigten Nürnberger Gesetze erlassen, die die Rechte der Juden in jeder Hinsicht empfindlich einschränkten. Im November 1938 fand überall in den Städten und Gemeinden Deutschlands und Österreichs, in der sogenannten ›Kristallnacht‹*, das größte antijüdische Pogrom der europäischen Geschichte der Neuzeit statt. Im darauf folgenden Jahr, nach dem Anschluß Österreichs und der Besetzung der Tschechoslowakei, überfiel die deutsche Armee Polen, und der 2. Weltkrieg begann. Für die Juden sollte er eine systematische Massenvernichtung nie gekannten und kaum vorstellbaren Ausmaßes bedeuten. Chaim Kaplan sah voraus, was kommen würde, und bekundete schon im allerersten Tagebucheintrag seine Zweifel, »ob wir dieses Gemetzel überleben werden« (S. 21). Die Aufzeichnung trägt das Datum 1. September 1939, den Tag des Kriegsbeginns, der für die Juden der Anfang vom Ende einer tausendjährigen Kultur sein sollte.

Die Verteidigungsmaßnahmen der Juden gegen den geplanten Genozid waren mehr als dürftig, denn es mangelte ihnen nicht allein an Waffen und loyalen Verbündeten, sondern der Allgemeinheit fehlte auch das Bewußtsein für das, was auf sie zukommen sollte. Selbst als Heydrich schon längst Befehle ausgab, im besetzten Polen Ghettos zu errichten, und Himmler schon Vernichtungslager in Auschwitz und anderswo bauen ließ, befanden sich die Juden größtenteils noch im Unklaren über das gewaltsame Ende, das ihnen zuteil werden sollte. Spätestens im November 1940 aber, als Maurertrupps praktisch über Nacht damit begannen, hohe Mauern um sie herum zu errichten, wurde Leuten wie Kaplan schlagartig bewußt, daß nicht nur das Warschauer Ghetto hermetisch von der Außenwelt abgeschlossen werden sollte. Tatsächlich wurde hier nicht weniger als das Ende der jüdischen Gemeinde Polens – einer Gemeinschaft von 3,3 Millionen Menschen – besiegelt. Doch was konnten sie tun? Eingepfercht innerhalb der Ghettomauern von Warschau, Lodz, Kovno, Bialystok und zahlreichen anderen Zentren, an denen man die Juden zusammengezogen hatte, waren Millionen von ihnen zu einem auf das Erbärmlichste eingeschränkten Leben verdammt, so daß ein Entkommen nur über den Tod möglich war, mochte er sie nun in Gestalt eines langsamen Hungertodes oder durch Krankheit innerhalb des Ghettos ereilen oder gewaltsamer im Gas der Todeslager, in die so viele von ihnen deportiert werden sollten. Als klar wurde, daß es nur diese Alternativen gab, und Berichte vom nicht einmal heimlichen Niedermetzeln ganzer jüdischen Gemeinden durch die mobilen deutschen Tötungseinheiten die Runde machten, wuchs das Verlangen, die Brutalitäten der Nazis und die Leiden der Juden bis ins kleinste Detail festzuhalten und aufzuzeichnen. »*Berichte, berichte*!« wurde zur motivierenden Losung des Tages, und wenn der Stift des Schreibers die Vernichtung der polnischen Juden auch nicht aufhalten konnte, so konnte er sie doch verzeichnen und dafür sorgen, daß sie den Menschen nicht auch noch aus dem Gedächtnis schwand. Die Ereignisse schwarz auf weiß festzuhalten, ohne zu übertreiben oder zu verzerren, wurde daher geradezu zu einer heiligen Pflicht. »Es ist schwer zu schreiben«, bestätigt Kaplan mit vor Kälte steif gefrorenen Fingern und häufiger von der Stromversorgung abgeschnitten als an sie angeschlossen, »aber ich halte das für eine Verpflichtung und bin entschlossen, ihr mit letzter Kraft nachzukommen. Ich werde ein Buch der Agonie schreiben, um an die Vergangenheit in der Zukunft zu erinnern.« (S. 34)

I

Das auf hebräisch verfaßte *Warschauer Tagebuch des Chaim Kaplan* setzt ein am 1. September 1939 und endet am 4. August 1942. Es dokumentiert das Martyrium der Warschauer Juden in diesem entscheidenden Zeitraum umfassend und detailliert und liefert somit nicht nur eine erstaunlich objektive Bestandsaufnahme des Terrors der Nazi-Okkupation, sondern darüber hinaus auch eine eindringliche, auf exakter Beobachtung beruhende Analyse der Entschlossenheit der Juden, auch unter den widrigsten Umständen standzuhalten. Mit der fortschreitenden Verschlechterung der Lebensbedingungen – und diese vollzog sich in einem Ausmaß, wie es den meisten von uns kaum vorstellbar sein dürfte – wuchs auch Kaplans Hingabe an das Berichten; sein wacher Verstand trotzte der alltäglichen Barbarei und dem allgegenwärtigen Tod. Der Kampf war absurd ungleich, und er konnte ihn nur verlieren, aber so lange Atem und Tinte reichen würden, fuhr er unbeirrt damit fort, sein Tagebuch zu schreiben. Er war entschlossen,

»keinen einzigen Tag verstreichen zu lassen, ohne etwas in [s]ein Tagebuch zu schreiben« (S. 27). Niemals zuvor ist wohl die Willenskraft eines Schriftstellers von der Monstrosität der Ereignisse derart auf die Probe gestellt worden wie in diesem Fall. Sein Ziel war von Beginn an klar definiert: »Ich ahne in meinem Innern die Größe dieser Stunde und meine Verantwortung ihr gegenüber [...], daß die Fortführung dieses Tagebuchs bis ans völlige Ende meiner körperlichen und geistigen Kräfte ein historischer Auftrag ist, dem ich nicht untreu werden darf« (S. 124/385) – doch als das Grauen im Ghettoalltag immer weiter um sich griff, fiel es ihm zusehends schwerer, dies noch in Worte zu fassen. »Zudem vermag ich mit meiner Feder nicht zu schildern, was uns in der vergangenen Nacht zustieß.« (S. 30) »Dantes Beschreibung der Hölle ist im Vergleich zu der brennenden Hölle in den Straßen Warschaus milde.« (S. 33) »Es fällt mir schwer, auch nur eine Feder zu halten, [ich bin] zermalmt, physisch gebrochen« (S. 47) – derlei Eingeständnisse der Ohnmacht und Sprachlosigkeit ziehen sich durch die Seiten des Warschauer Tagebuchs als Ankündigung eines nahe bevorstehenden und unausweichlichen Zusammenbruchs. Erstaunlicherweise kommt es nie soweit. Was mit diesen beinahe 400 Seiten großartig gearbeiteter, klarsichtig registrierender Prosa vor uns liegt, ist ein Zeugnis, außergewöhnlich in seinem dokumentarischen Wert und seiner subtilen Einsicht, ein Bericht von schrecklichen Zeiten, doch von einem Geist, der sich weigert, ihnen einfach zu unterliegen.

Kaplan konzentriert sich von Anfang bis Ende auf drei Punkte: auf die schonungslose und sadistische Grausamkeit der Nazi-Invasoren; auf das Elend und die Hilflosigkeit ihrer jüdischen Opfer und auf die entmutigende Passivität und das Stillhalten der meisten Polen. Kaplan zeichnet das barbarische Verhalten, das die Nazis immer offener und immer ostentativer an den Tag legten, in all seinen widerwärtigen Einzelheiten auf und analysiert es als eine Art nationaler Psychose, die in ihrer tyrannischen und pervertierten Stoßkraft alles bis dahin Erfahrene übersteigt. Aus allem, was um ihn herum vorging, wurde Kaplan zwar nur schon zu bald ersichtlich, daß die Deutschen die vollständige Vernichtung der Juden planten, doch das Ausmaß der geistigen Zerstörung, dem sie ausgesetzt wurden, bevor man sie in den Tod schickte, erschreckte und entsetzte ihn. Womit ließ sich die offensichtliche Lust erklären, die die Nazis bei der Demütigung und Erniedrigung ihrer Opfer empfanden, bevor sie sie ermordeten? Nur zwei Beispiele unter vielen anderen seien hier angeführt:

In Lodz wurden einige jüdische Mädchen zur Zwangsarbeit eingezogen. Frauen brauchen nicht schwer zu arbeiten, sondern verrichten statt dessen verschiedene Dienste, meistens in Wohnungen. Diese Mädchen wurden gezwungen, eine Latrine zu reinigen – das heißt, sie hatten die Exkremente fortzuschaffen. Aber sie erhielten keine Geräte. Auf ihre Frage ›Womit?‹ erwiderten die Nazis: ›Mit euren Blusen.‹ Die Mädchen zogen ihre Blusen aus und beseitigten darin den Abfall. Als sie fertig waren, erhielten sie ihre Belohnung: Die Nazis rieben ihnen die Gesichter mit den besudelten Blusen ab und lachten sich tot. Und all das, weil das ›jüdische England‹ mit Hilfe der Juden gegen den Führer kämpft.

Ein anderer Fall betrifft einen Rabbiner in Lodz, der gezwungen wurde, auf eine Thorarolle in der Heiligen Lade zu spucken. In seiner Todesangst gehorchte er und entweihte, was ihm und seinem Volk heilig ist. Nach kurzer Zeit hatte er keinen Speichel mehr, sein Mund war ausgetrocknet. Auf die Frage der Nazis, warum er zu spucken aufhöre, erwiderte der Rabbiner, daß sein Mund trocken sei. Da spie ihm der Sproß der ›Edelrasse‹ in den geöffneten Mund, und der Rabbiner spuckte weiter auf die Thora. (S. 103)

Diese Grausamkeit läßt sich mit psychologischen Begriffen allein – etwa als Beispiele für abweichendes oder sogar psychotisches Verhalten – nicht erfassen. Kaplans Beobachtungen gehen tiefer und zeigen ihm, zutreffend, daß eine derartige Bösartigkeit eher aus ideologischen als aus psychologischen Notwendigkeiten heraus erwachsen kann und daß sich die Juden für die Nazi-Ideologie »außerhalb der Kategorie menschlichen Wesens« befanden. »[I]ch fürchte solche Menschen!«, ruft er aus, denn sie haben »sowohl das Buch wie das Schwert (S. 108) [...] Hier liegt die Wurzel des Übels. Ideologischer Schmutz ist schwer zu vertilgen [...] (S. 127) Es gibt einen Krieg, in dem es nur um Macht und weltliche Dinge geht, und es gibt einen Krieg, dessen Quelle der Geist ist – und es versteht sich von selbst, daß dieser Nazikrieg nichts weniger als ein Krieg ist, der im Geistigen wurzelt.« (S. 128)

Wie soll man sich in solch einem Krieg verhalten, vor allem wenn nicht nur Waffen, sondern auch Verbündete fehlen? Denn genau das war die Situation der polnischen Juden, die auf kein stehendes Heer zurückgreifen konnten und denen auch die Mehrheit ihrer polnischen Nachbarn – dafür bringt Kaplan zahlreiche Belege – kein tätiges Mitgefühl entgegenbrachte. Im Fortgang des Tagebuchs gewinnt diese Frage Vorrang vor allen anderen. Jeder Tote bedeutet im Einzelfall zwar einen persönlichen Verlust, die größte Sorge bereitet Kaplan aber die Gefahr, die den Juden als Gemeinschaft oder Nation droht. »Großer Gott!«, ruft er aus, »Setzt du der polnischen Judenheit ein Ende?« (S. 63) Die Antwort, so befürchtete er, mußte »ja« lauten, der Gott Israels hatte sein Volk verlassen. Das qualvolle Bewußtsein davon, tagtäglich bestätigt durch das zunehmende Gemetzel, verleiht seinen Einträgen einen grüblerisch-düsteren Ton.

Gleichzeitig kannte Kaplan aber auch die beträchtlichen kulturellen und religiösen Aktivitäten im Ghetto, unzählige Einträge vermitteln einen Einblick in die vielfältigen Formen geistigen Widerstands. Heimlich übernahmen Schulen die Erziehung der Kinder; für die Erwachsenen wurden Vorträge und musikalische Veranstaltungen organisiert; Gebetszirkel formierten sich ›illegal‹ zur Einhaltung des Sabbats und der vielen Feiertage; politische Aktionsgruppen bildeten sich; und der Schmuggel, in den meisten Fällen von Kindern übernommen, wurde trotz Verbots lebhaft fortgesetzt. Diese Aktivitäten sorgten dafür, daß das Leben weiterging, und bis zum bewaffneten Aufstand im Frühjahr 1943 stellten sie die eindrucksvollste Antwort auf die Unterdrückung dar, zu der die Juden in der Lage waren. »Jeder Lichtfunken ist ein möglicher Einbruch in das finstere Reich des bestialischen Nazismus« (S. 80), notiert Kaplan.

Sein Beitrag zur Erhaltung dieses Lichts war selbstverständlich das Tagebuch.

Er wollte mit ihm Tag für Tag die Vorfälle festhalten, die »dem künftigen Historiker als Quellenmaterial dienen könnten« (S. 124), doch heute ist der Text trotz seines großen dokumentarischen Wertes für uns doch ebenso von intellektuellem und literarischem wie von historischem Interesse. Dies heißt nicht, daß wir das Tagebuch nun ›ästhetisieren‹, sondern wir beginnen die Bedeutung zu erfassen, die dem Schreiben selbst in einer solchen Zeit zukam. Kaplan lehrt uns, daß das Schreiben nicht weniger als einen heroischen Akt darstellen konnte, eine Behauptung von Würde und sogar Hoheit angesichts des Todes. Es sollte nun klar sein, daß die Wahl, die die Juden von Warschau hatten, nicht die zwischen Leben und Tod war; die polnischen Juden waren dem Untergang geweiht – darüber bestand kein Zweifel mehr; die Frage lautete vielmehr, zu leben und zu sterben unter wessen Konditionen: ihren oder unseren? Sollten die Nazis etwa nicht nur die Herrschaft über den Tod haben, sondern darüber hinaus noch die Bedingungen von Leben und Sterben diktieren können? Eine totalitäre Definition von Macht verlangt solch einen Umfang, nicht nur in politischen Begriffen, sondern genauso auch in geistigen. Aus diesem Grund versuchten die Nazis, ihre Opfer zu erniedrigen und zu entmenschlichen, bevor sie sie vernichteten. Und aus dem gleichen Grund bedeutete jede Form von Verweigerung, jegliches Festhalten an einer eigenen Definition von Persönlichkeit eine Bedrohung für sie, vor der sie letztendlich würden kapitulieren müssen. Heroisches Verhalten muß im Fall Kaplans also als eine Form geistigen Widerstands verstanden werden, in der der bloße Gebrauch der intellektuellen Fähigkeiten ein Instrument im Kampf gegen die Unterdrückung durch die Naziherrschaft darstellt. Der Eintrag vom 16. Dezember 1940 verrät Näheres über die Umstände dieses Kampfes:

Mein Tintenfaß stand einige Tage infolge meiner seelischen Niedergeschlagenheit unbenutzt. Jede Stunde kommt ein neuer Erlaß heraus, jeden Augenblick eine erschreckende Hiobsbotschaft. Immer wieder besinne ich mich darauf, daß ich ein Gefangener im Ghetto bin; daß ich in einem Gebiet von vier oder fünf Kilometern Ausdehnung eingeschlossen bin, ohne Kontakt mit irgend jemand draußen; daß ich nach dem Gesetz kein Buch in einer fremden Sprache kaufen, ja nicht einmal lesen darf. Wenn ich an all das denke, verzweifle ich und bin bereit, meine Feder zu zerbrechen und fortzuwerfen. Aber diese Verzweiflung hält nicht immer an. Der Geist der Berufung, der mich in meinen Momenten der Seelenpein verlassen hat, kehrt zu mir zurück, als ob mir eine verborgene Macht befehle: Berichte! (S. 276)

Über das Wesen dieser verborgenen Macht brauchen wir nicht lange zu spekulieren: Immer wenn Kaplan darüber nachsinnt, auf welche Weise es möglich sein könnte, Licht in die Finsternis der Nazi-Bestialität zu tragen, beruft er sich ausdrücklich darauf. Jede Regung jüdischer Willenskraft stellte einen Sabotageakt dar. Die betenden Chassidim waren radikale Dissidenten; Kinder, die den Unterricht besuchten oder schmuggelten, aktive Mitglieder der Verschwörung; ja selbst diejenigen, die sich frivolem Zeitvertreib hingaben und mit knurrendem Magen dem Tanzvergnügen frönten, waren wirkungsvolle Saboteure, denn, so notiert er beifällig, »[j]e mehr man tanzt, desto mehr bezeugt das den Glauben

47

an die ›Ewigkeit Israels‹. Jeder Tanz ist ein Protest gegen unsere Unterdrücker.« (S. 290) »Uns wohnt eine gewisse unsichtbare Macht inne«, bekräftigt er, »und dieses Geheimnis ist es, das uns trotz aller Naturgesetze am Leben erhält [...]; zum Beweis: wir haben keine Selbstmorde« (S. 156f.)

Was Kaplan aufrecht erhielt, der weder Tänzer noch Schmuggler war und offensichtlich noch nicht einmal, trotz seiner bemerkenswerten Bindung an die Tradition, ein sonderlich frommer Jude, war sein Tagebuch, sein »Freund und Verbündeter«, wie er es nennt. »Ohne mein Tagebuch wäre ich verloren«, bekennt er. »Ihm vertraue ich meine innersten Gedanken und Regungen an, und das verschafft Erleichterung.«[3]

Dann aber brach eine Zeit an, wo keine Form von Widerstand mehr wirkungsvoll sein konnte, wo es nichts gab, das Erleichterung versprach; als nämlich die tägliche Todesrate durch Verhungern, Typhus und Mord den Deutschen einfach nicht mehr schnell genug anstieg und die Liquidierung des Ghettos angeordnet wurde. Das *Warschauer Tagebuch*, ein von der ersten bis zur letzten Zeile elegisches Stück Literatur, wird schließlich zur verzweifelten Chronik des Todeskampfs des polnischen Judentums. »Glücklich das Auge, das [all dies] [...] nicht zu sehen braucht« (S. 41), ist ein beinahe alles zusammenfassender Ausruf. Kaplans große literarische Bedeutung tritt nirgendwo so deutlich zutage wie in den Momenten scheinbar uferloser Düsternis, wo seine wehklagende Prosa unmittelbar an die lange Tradition jüdischer Klageliteratur anknüpft, die in seinen Zeilen machtvoll widerhallt. Kaplan, der sich an früherer Stelle einmal als »Enkel des Propheten Jesaja« (S. 189) bezeichnet hatte, beweist in einem seiner letzten Einträge – kurz bevor er und seine Frau nach Treblinka abtransportiert wurden, um dort ihren Tod zu finden –, daß die prophetische Berufung – und was war diese, wenn nicht eine frühere Ausdrucksform jüdischen Protests, Widerstands und heroischer Selbstbehauptung? – noch lebendig war:

Die furchtbaren Ereignisse haben mich überwältigt; die grauenhaften Taten, die im Ghetto verübt werden, haben mich so erschreckt und betäubt, daß ich nicht die Kraft, weder die physische noch die geistige, habe, diese Ereignisse zu untersuchen und sie mit der Feder eines Schriftgelehrten zu verewigen. Mit fehlen die Worte, um auszudrücken, was uns, seit der Ausweisungsbefehl erging, widerfahren ist. Jene, die von historischen Vertreibungen aus Büchern einen Begriff haben, wissen nichts. Wir, die Bewohner des Warschauer Ghettos, erleben jetzt die Realität [...]

Einige meiner Freunde und Bekannten, die das Geheimnis meines Tagebuchs kennen, dringen in ihrer Verzweiflung in mich, mit dem Schreiben aufzuhören. ›Warum? Zu welchem Zweck? Wirst du seine Veröffentlichung erleben? Werden diese deine Worte an die Ohren künftiger Generationen dringen? Wie? Wenn du deportiert wirst, kannst du es nicht mitnehmen, weil die Nazis jede deiner Bewegungen beobachten, und selbst wenn es dir gelingt, das Tagebuch beim Verlassen Warschaus zu verstecken, so wirst du zweifelsohne unterwegs sterben, denn deine Kräfte schwinden dahin. Und wenn du nicht vor Schwäche stirbst, dann wirst du durch das Nazischwert fallen. Denn nicht ein einziger Deportierter wird bis ans Ende des Krieges auszuhalten vermögen.‹

Und trotzdem weigere ich mich, ihnen Gehör zu schenken. Ich weiß, daß die Fortführung dieses Tagebuchs bis ans völlige Ende meiner körperlichen und geistigen Kräfte ein historischer Auftrag ist, dem ich nicht untreu werden darf. Mein Geist ist noch klar, mein Bedürfnis zur Niederschrift ungestillt, obgleich es jetzt fünf Tage her ist, daß irgendwelche wirkliche Nahrung über meine Lippen gekommen ist. Deshalb will ich mein Tagebuch nicht zum Schweigen bringen! (S. 384f.)

Wenn Chaim Kaplan der Elegiendichter des Warschauer Ghettos war, so war Emanuel Ringelblum dessen oberster Archivar. In Friedenszeiten Historiker, gründete Ringelblum im Untergrund eine Organisation von Forschern (die »Oneg Shabbat« oder Feierer des Sabbat), die es sich zur Aufgabe machten, so viel wie nur irgend möglich an Material über die alltäglichen Begebenheiten im Ghetto zusammenzutragen und für die Zukunft festzuhalten. Daraus entstand das bedeutende, größtenteils auf jiddisch verfaßte Tagebuch *Ghetto Warschau. Tagebücher aus dem Chaos*, das den Zeitraum von Januar 1940 bis Dezember 1942 umfaßt (die deutsche wie auch die englische Ausgabe stellen leider nur eine Auswahl aus einem zweibändigen, ursprünglich in Polen veröffentlichten Werk dar).[4] Obwohl die *Aufzeichnungen* noch zu vorläufig und unvollständig sind, um sie als eine umfassende Geschichte ansehen zu können (Ringelblum hatte vorgehabt, sie zu diesem Zweck weiter zu ergänzen und auszuführen, Zeitmangel und die äußeren Umstände ließen es jedoch nicht so weit kommen), sind sie als Zeugnis der Ghettojahre doch für uns von unschätzbarem Wert. Präzise, oft knapp oder im Telegrammstil geschrieben, manchmal gar kodiert (»Muni« steht für Ringelblum, »Horowitz« für Hitler, »Moses« für Mussolini, usw.) sind die *Aufzeichnungen* angefüllt mit den unterschiedlichsten Details des sozialen und politischen Lebens im Ghetto und ergänzen so Chaim Kaplans gleichermaßen informatives, jedoch wesentlich persönlicher gehaltenes Vermächtnis.

In einem raschen, von Objektivität und Understatement geprägten Stil registriert Ringelblum die unzähligen Vorfälle von Grausamkeit und Heroismus, Erniedrigung und Widerstand, die die tägliche Wiederkehr von Leben und Sterben im Ghetto ausmachten. Der Autor präsentiert die Ereignisse sachlich und nüchtern, ohne sie näher zu erläutern oder zu bewerten, wobei er sich selbst eher als Reporter denn als Kommentator versteht.

Die Mutter von jemandem, der im Januar getötet wurde, schlug auf der Straße einen Deutschen und nahm dann Gift. (S. 45)

Bei der Beerdigung für die Kleinkinder aus dem Waisenhaus an der Wolska Straße befestigten die Kinder einen Kranz an dem Grabmonument mit der Inschrift: ›Den Kindern, die am Hunger starben – Von den Kindern, die hungern.‹ (S. 52)

Ein Polizeihauptmann kam in die Wohnung einer jüdischen Familie, um einige Gegenstände mitzunehmen. Ein Frau rief, sie sei eine Witwe mit einem Kind. Der Polizist sagte, er werde nichts mitnehmen, wenn sie raten könne, welches seiner Augen das künstliche sei. Sie sagte: das linke. Sie wurde gefragt, wie sie das wissen konnte. ›Weil das einen menschlichen Ausdruck hatte‹, antwortete sie.« (S. 84)

Ein Mann kam mit einem Passierschein. Die Wächter an der Grzybowska Straße brachten ihn in den Wachtraum, folterten ihn zwei Stunden lang, zwangen ihn, Urin zu trinken, mit einer nicht-jüdischen Frau sexuell zu verkehren. Sie schlugen ihm auf den Kopf, dann reinigten sie seine Wunden mit einem Besen. Am nächsten Tag behandelten sie ihn human, gaben ihm zu essen und zu trinken, brachten ihn dorthin, wo er hinwollte, und sagten ihm unterwegs, Juden sind auch Menschen. (S. 109f.)

Im Gebetshaus der Pietisten aus Braclaw an der Nowolopie Straße ist ein großes Schild: Juden, verzweifelt niemals! Die Pietisten tanzen dort mit derselben religiösen Inbrunst wie vor dem Krieg. Nach den Gebeten tanzte dort einmal ein Jude, dessen Tochter am Tag vorher gestorben war.

Der Tod liegt auf jeder Straße. Die Kinder haben keine Angst mehr vor dem Tod. In einem Hof spielten die Kinder ein Spiel: Leichenkitzeln. (S. 174)*

Dies alles steht für sich selbst und muß nicht weiter ausgeführt werden, wie Ringelblum gewiß erkannt hatte. Denn wenn das Leben derart bizarre Züge annimmt, läßt sich nichts mehr hinzufügen. In ihrem kargen, fragmentarischen und oft episodenhaften Charakter enthüllen die Aufzeichnungen vor allem das Auseinanderfallen und die Erosion der gewohnten Existenz, wahrgenommen in exakt dem Moment, in dem das Leben sich im Übergang zur Auflösung befindet. Ringelblum schildert einige Einzelheiten aus der Arbeit der jüdischen Selbsthilfeorganisationen; dabei mildert eine Art Galgenhumor, der in einigen denkwürdigen Witzen greifbar wird, das finstere Bild ein wenig ab. Davon abgesehen aber gerät der Leser dieser Seiten in einen Strudel von Wahnsinn und Tod. »In einem Flüchtlings-Zentrum bekam ein achtjähriges Kind einen Tobsuchtsanfall. Schrie, ›Ich will stehlen, ich will rauben, ich will essen, ich will ein Deutscher sein.‹« (S. 39)* Diese Episode gehört zu den zahllosen, beinahe ununterscheidbaren Momenten äußerster Qual, die den psychischen Verfall der Ghetto-Bevölkerung vorantrieben. Folgerichtig nennt Ringelblum weder den Namen des Kindes, noch gibt er den Beruf des Vaters an oder beschreibt den Ausdruck auf dem Gesicht der Mutter in dem Augenblick, als sie erkennt, daß ihr Kind verloren ist. Diese ›novellistischen Einzelheiten‹ wären ihm sicherlich inkonsequent und fehl am Platz erschienen, halten sie doch eine weniger verarmte und groteske Zeit fest. Hin und wieder richtet sich der Blick kurz auf derlei Details, doch zum überwiegenden Teil ist Ringelblums Bericht präzise und nüchtern und spielt auf keinen Überfluß an als auf den des Leidens und erweckt, seiner Absicht entsprechend, eine Atmosphäre der »epischen Ruhe [...] der Friedhofsruhe« (S. XXIII).*

Ringelblum war sich der Bedeutung seiner Arbeiten bewußt, aber gleichzeitig ahnte er, daß er selbst möglicherweise nicht mehr in der Lage sein könnte, sie der Nachwelt zu übergeben. Also verpackte er seine Notizen in luftdicht verschlossene Milchkannen und vergrub sie in der Erde des jüdischen Warschau. Den Ghettoaufstand überlebte Ringelblum zwar, jedoch wurde er später gemeinsam mit seiner Frau und seinem kleinen Sohn in seinem Versteck aufgespürt und kurzerhand vor dem Unterschlupf, in dem er sich versteckt hatte, erschossen.

Sein Tagebuch, das nach dem Krieg in den Ruinen des Ghettos gefunden wurde, stellt, ebenso wie das Kaplans (das heimlich durch die Ghettomauern geschmuggelt und später wiederentdeckt wurde), ein unerwartetes Vermächtnis der Toten an uns dar.

Wenn sich diese beiden Werke im Lauf der Zeit als die wohl wichtigsten Schilderungen des Warschauer Ghettos erwiesen, so sind sie doch nicht die einzigen. Mittlerweile liegt eine umfangreiche Ghetto-Literatur vor, von der der größte Teil sich mit dem Warschauer Ghetto, dem größten und bekanntesten Europas, befaßt. Schon im Alter von 16 Jahren begann Mary Berg im Oktober 1939 mit der Aufzeichnung von Ereignissen und setzte die Eintragungen mehr oder weniger regelmäßig über dreieinhalb Jahre fort. Ihr Warschauer Tagebuch gehörte, aus dem Polnischen übersetzt, 1945 zu den ersten Augenzeugenberichten, die die westliche Öffentlichkeit erreichten.[5] Ebenso wie die schon erwähnten Arbeiten bricht auch dieses Tagebuch zu früh ab, um uns wesentliche Informationen über den Aufstand, der im April 1943 begann, aus erster Hand liefern zu können (der Verfasserin, Tochter eines amerikanischen Staatsbürgers, gelang es, ihre Freilassung zu erlangen; zum Zeitpunkt des Aufstandes befand sie sich bereits in Frankreich, so daß sie selbst nur noch vom Hörensagen von den Ereignissen Kenntnis erhielt). Die ersten Kapitel der breit angelegten Lebenserinnerungen Alexander Donats, *The Holocaust Kingdom*, die ebenso wie große Teile von Jizchak Katzenelsons verzweifeltem Vittel-Tagebuch dem Geschehen in Warschau gewidmet sind, geben etwas mehr Aufschluß über den Aufstand der jüdischen Widerstandskämpfer. Büchern wie Marek Edelmans *Das Ghetto kämpft*, Bernard Goldsteins *Die Sterne sind Zeugen*, Vladka Meeds *Deckname Vladka* und Bernard Marks *Aufstand im Warschauer Ghetto* verdanken wir sowohl umfassendere als auch detailliertere Beschreibungen dieser heroischen Aktion, derer heute nicht nur als dem augenfälligsten Beispiel jüdischen Widerstands während des 2. Weltkriegs gedacht wird, sondern auch als des ersten Auftretens zivilen bewaffneten Widerstands überhaupt im von den Nazis besetzten Europa.[6] Geschrieben von Überlebenden des ebenso heldenhaften wie tragischen Untergangs des Warschauer Ghettos, sind diese Werke alle sehr lesenswerte Berichte der letzten Agonie des jüdischen Warschau.

Keine Übersicht über die Literatur zum Warschauer Ghetto wäre vollständig ohne Erwähnung von Janusz Korczak, dem zu Tode gefolterten Direktor des Waisenhauses Dom Sierot, in dessen Obhut sich ungefähr 200 jüdische Kinder befanden. Der Todesmarsch dieser Kinder wurde legendär wie der Mann selbst, der ihn anführte; denn so gut wie alle Darstellungen des Warschauer Ghettos nehmen Bezug auf diesen zutiefst verehrten Pädagogen und Erzieher. Das *Ghettotagebuch* Janusz Korczaks vermittelt ein intimes und erschütterndes Porträt der letzten Monate dieses Mannes.[7]

Korczak schrieb sein Tagebuch von Mai bis August 1942. Es fällt auf sowohl durch das völlige Fehlen jeglicher spezifischen Bezugnahme auf den Krieg sowie durch seinen äußerst persönlichen, elliptischen und anspielungsreichen Stil.

Korczak schrieb gewöhnlich nachts, wenn die Kinder und Mitarbeiter des Heims schliefen. Erschöpft von Krankheit und den Strapazen des Tages, füllte er die Seiten mit Gedanken zu den unterschiedlichsten Dingen, die von historischen Betrachtungen über selbstanalytische Beobachtungen, Beschäftigung mit erziehungswissenschaftlichen Fragestellungen bis zu Reflexionen über Älterwerden und Spielen, Medizin, Trinken und den Hunger reichen. Weitschweifig, impulsiv und in Stücke zerbrochen, ist das Tagebuch eher ein Gelegenheitsjournal, ein Verzeichnis seltsamer, oft makabrer Augenblicke, die plötzlich deutlich werden. Der Versuch, auf diese Weise den so sehr benötigten inneren Abstand zu den enormen Belastungen durch den Krieg herzustellen, gelingt nur begrenzt. Korczak ist zwar bemüht, auf die alltäglichen Greuel des Ghettolebens nicht näher einzugehen, da er der Meinung ist: »Wer fremden Schmerz beschreibt, der stiehlt gleichsam und macht Jagd auf das Unglück« (S. 51), aber das Wissen um die hoffnungslose Lage der Kinder, die ihrem Schicksal nicht entgehen werden, bricht immer wieder durch.

»Kinder?« fragt er sich einmal; »ich habe den Eindruck, daß [...] aller Ausschuß [...] an Kindern [...] zu uns geschickt wird.« (S. 84) Wenig später: »Die Kinder schleichen umher. Nur die äußere Haut ist normal. Aber darunter sind Erschöpfung, Unlust, Zorn, Aufruhr, Mißtrauen, Traurigkeit und Sehnsucht verborgen.« (S. 98) Er versucht, so gut es geht, Nahrung für sie zu beschaffen, wiegt sie regelmäßig, verabreicht den Schwerkranken die Medikamente, die sich auftreiben lassen, erzählt ihnen Geschichten, läßt Stücke aufführen, doch er kann die verheerenden Auswirkungen der Treibjagd, so sehr er sich auch bemüht, sie zu ignorieren, doch nicht verhindern: »Auf dem Gehsteig liegt ein toter Junge. Daneben bessern drei Buben mit einer Schnur ihre Zügel aus. Auf einmal bemerken sie den Daliegenden – und treten ein paar Schritte zurück, ohne ihr Spiel zu unterbrechen.« (S. 58) Hunger und Typhus forderten ihren Tribut, und nicht allein unter den Armen, den ganz Jungen oder den sehr Alten. Korczak hegte schon seit langem die Befürchtung, irgendwann einmal geisteskrank zu werden, »erblich belastet« (S. 97), wie er es nannte (sein Vater war wahnsinnig geworden), und Korczaks Prosa zeigt immer wieder, welchem Grad der Gefährdung sein eigener Geisteszustand ausgesetzt war:

> Von Tag zu Tag ändert sich das Gesicht des Stadtviertels.
> 1. Gefängnis.
> 2. Verseuchte.
> 3. Balzplatz.
> 4. Irrenhaus.
> 5. Spielhölle. Monaco. Einsatz – der eigene Kopf. (S. 116)

Nur eine Aufzählung, aber sie reicht aus, um die Atmosphäre der Angst deutlich zu machen, die Korczak überall um sich herum spürte. Korczak war von seinem Wesen her ein liebenswürdiger, exzentrischer, sich aufopfernder Mensch, dessen Lebenstraum es gewesen war, die erste »Kinderrepublik« der Welt zu gründen. Jetzt wußte er oft kaum, wie er angesichts des Alptraums von Elend und Unmenschlichkeit, in dem seine Träume versunken waren, seiner Verwunderung darüber Herr werden sollte. Wo Kaplan sein Klagelied anstimmt und Katzenelson wüste Flüche ausstößt, krümmt sich Korczak mit vor Schmerz erstickter Stimme oder attackiert sich selbst in einer Laune selbstzerstörerischer Ironie:

> Ein Schornsteinfeger muß rußig sein.
> Ein Fleischer muß blutbefleckt sein (ein Chirurg auch).
> Ein Kloakenreiniger muß stinken.
> Ein Kellner muß gewitzt sein. Wenn er es nicht ist, wehe ihm.
> Ich fühle mich rußverschmiert, blutbefleckt und stinkend. –
> Und gewitzt, weil ich lebe, schlafe, esse und – ganz selten – sogar scherze.
> (S. 84)

»Weshalb schreibe ich all das?«, fragt er sich mehr als einmal. Was auch immer seine sonstigen Beweggründe gewesen sein mögen, eines ist sicher: das Schreiben stellte für Korczak einen Versuch dar, seinen Schmerz zu bewältigen, um sein psychisches Gleichgewicht zu bewahren. Sein Tagebuch hat nichts mit der Geschichtschronik gemein, die Ringelblum und seine engagierten Mitstreiter zusammentragen wollten; dafür ist es zu introspektiv und zu persönlich. Genauso wenig hat es etwas mit Kaplans Tagebuch gemein, denn Korczak war mit der jüdischen Überlieferung viel zu wenig vertraut, als daß er den gelehrten Diskurs und die elegische Tonlage der klassischen hebräischen Klageliteratur darauf hätte übertragen können. Was er uns hinterließ, ähnelt eher einer kafkaesken Skizze, einer Sammlung disparater Reflexionen über die Diskordanz und das Absurde, von denen einige kaum über die Feststellung einer Verwirrung hinausgelangen. War die Unfähigkeit, seine Stimme gegen die rings um ihn herrschende Gewalt zu erheben, nun Ausdruck seiner Stärke oder eher von Schwäche? »Ich wünsche niemandem etwas Böses. Ich kann das nicht. Ich weiß nicht, wie man das macht.« (S. 119) Sei es, daß ihm jede Form von Widerstand fremd war oder daß ihm einfach nichts daran gelegen war – Janusz Korczak jedenfalls begnügte sich damit, sich selbst und seine Kinder in aller Stille auf das vorzubereiten, was die Deutschen euphemistisch als »Umsiedlung« bezeichneten und als, am 5. April 1942, ihre Zeit gekommen war, setzte er sich an die Spitze des Zuges der 200 Kinder und Jugendlichen und ging ihnen voran auf dem Weg in die Güterwaggons, die sie zu den Gaskammern von Treblinka bringen sollten. Obwohl man ihm selbst Strafaufschub anbot, zog er es vor, gemeinsam mit den Kindern in den Tod zu gehen. Sein Tagebuch, das er einen Tag vor dem Transport einem jungen Freund zur Aufbewahrung anvertraut hatte, zeigt nichts so deutlich wie die ungeheure Entfremdung, die dieser »Bildhauer der kindlichen Seele« (S. 50) angesichts des Trümmerhaufens empfand, zu dem das Leben in der Welt der Erwachsenen geworden war. Das schreckliche Erstaunen, »daß es all das schon einmal gab« (S.116), klingt über die letzten Worte seines Tagebuchs hinaus nach:

> Ich begieße die Blumen. Meine Glatze am Fenster – ein gutes Ziel.
> Er hat einen Karabiner. Warum steht er da und betrachtet mich so friedlich?
> Er hat keinen Befehl.
> Vielleicht war er im bürgerlichen Leben Dorfschullehrer, vielleicht Notar, Straßenkehrer in Leipzig oder Kellner in Köln?
> Was würde er tun, wenn ich ihm zunickte? Freundlich winken?
> Vielleicht weiß er gar nicht, daß es so ist, wie es ist?
> Vielleicht ist er erst gestern von weither gekommen ... (S. 119)

Andere Städte und Gemeinden brachten ihre eigenen Chronisten und Tagebuchschreiber hervor, die ihnen ebenso beharrlich und aufrichtig ein Denkmal setzten, auch wenn sie nicht immer über die Bildung oder Urteilskraft eines Kaplan oder Ringelblum verfügten oder über die kafkaeske Ironie eines Korczak. Yitzhak Rudaszewskis *Tagebuch des Wilnaer Ghettos* vergegenwärtigt uns die Hoffnungen und Ängste eines jüdischen Jugendlichen inmitten des Untergangs der Stadt, die einst als »Jerusalem des Ostens« gepriesen wurde. Mit dem *Tagebuch der Éva Heyman* liegt ein ähnlicher Bericht vor, diesmal aus der Perspektive eines ungarischen Kindes, verfaßt in den ersten Monaten des Jahres 1944.[8] Die beiden Büchern gemeinsame Mischung aus typisch kindlichen Beobachtungen und bemerkenswert reifen Einschätzungen der Ereignisse verwundert nicht. Was sie aber vor allem offenbaren, ist die bejammernswerte Hilflosigkeit der jüdischen Kinder in den Ghettos. Man liest Tagebücher wie diese mit einem zunehmenden und fast unerträglichen Gefühl tragischer Ironie, denn heute ist uns nur allzu gut bekannt, was die jungen Verfasser zum Zeitpunkt der Niederschrift noch nicht wissen konnten: daß nämlich der Schrecken, der vor ihnen lag, noch unendlich viel schlimmer sein würde. Rudaszewski wurde im Alter von fünfzehn Jahren zusammen mit seiner Familie in Ponar ermordet, dem Ort des Untergangs für die meisten Wilnaer Juden. Éva Heyman, zwei Jahre jünger, starb in Auschwitz.

Von Kindern und jungen Heranwachsenden verfaßte Holocaust-Tagebücher scheinen eine deutlich unterscheidbare Untergattung innerhalb der Lagerliteratur zu konstituieren. In den meisten Fällen wiederholen sich bestimmte, erkennbare Muster: Verwunderung über die äußerste Gewalt und die offene Bösartigkeit der Welt der Erwachsenen; Bestürzung angesichts der Isolation und des Leidens der Juden sowie der Tatsache, daß die nichtjüdische Welt sie offenbar achtlos ihrem Schicksal überläßt; ein instinktives Verlangen, zum Alltag der kindlichen Freuden und Sorgen friedlicherer Zeiten zurückzukehren; imaginative Hingabe an die Zukunft, in der interessante Karrieren und romantische Hochzeiten vielversprechend auf sie warten, unmittelbar nach Ende des Krieges; eine wachsende Furcht, der Krieg könne vielleicht doch nicht so schnell enden oder zumindest für die Juden kein gutes Ende nehmen, so daß die Zukunft nach dem Krieg, was immer sie für andere bereithalten möge, sie vielleicht gar nicht in sich einschließen würde; und schließlich die entsetzliche Angst, die die Vergegenwärtigung dessen unweigerlich mit sich bringt, selbst das vorzeitige und unwillkommene Zeichen einer plötzlich realisierten und nur allzu verwundbaren Sterblichkeit.

Solche Ahnungen, die jeder neue Morgen in seiner ganzen Hoffnungslosigkeit bestätigte, gehören nicht zu den normalen Kindheitserfahrungen, zum mindesten nicht von Kindern, die in normale Zeiten hinein geboren werden, denn ein tiefes Gefühl von der Endlichkeit der menschlichen Existenz ist gewöhnlich nicht Teil kindlichen Bewußtseins. Den jüdischen Kindern des Holocaust war diese Furcht jedoch eine vertraute und letztlich unausweichliche Empfindung, die in ihren Tagebüchern immer wieder festgehalten wurde. Wahrscheinlich diente ihnen das Tagebuchschreiben vorrangig dazu, dieses unliebsame Gefühl der Bedrohung unter Kontrolle zu bringen, um in irgendeiner Form mit dieser unerwarteten, doch deutlich fühlbaren, allgegenwärtigen Angst fertig zu werden. Während Erwachsene eher dazu neigten, das Geschehen für die Öffentlichkeit festzuhalten, um der Welt die Greueltaten, die an ihnen begangen wurden, kundzutun, scheinen die jüngeren Tagebuchschreiber eher aus privaten Gründen geschrieben zu haben, Gründen des Herzens oder des Verstandes, der es nötig hatte, die überwältigende Monstrosität der Erfahrungen in einem überschaubaren Raum zu fassen, was vielleicht nicht mehr bedeuten mochte als den Raum einer leeren Seite. Die tägliche Niederschrift der Gedanken bot außerdem ein gewisses Maß an Trost und Beistand und auch eine schmerzlich vermißte Form von Ermutigung für den, der sich selbst auf diese Weise in einer besseren Zeit als Schriftsteller, Staatsmann oder Fotograf sehen konnte.

Diese oder ähnliche Gefühle sind charakteristisch für die Tagebücher von Kindern und nirgendwo kommen sie so deutlich zum Ausdruck wie im *Tagebuch der Anne Frank*.[9] Auch das *Tagebuch des jungen Mosche* weist diese Züge auf, obschon erheblich kompliziert durch die verzweifelte Suche eines jungen religiösen Juden. Im Unterschied zu den bisher genannten Texten, die allesamt in Osteuropa entstanden sind und damit in vertrautem Umgang mit den äußersten Erniedrigungen und dem Gespenst des Massensterbens, verfaßten Anne Frank und Mosche Flinker ihre Bücher unter vergleichsweise ›einfacheren‹ Umständen in Holland bzw. Belgien. Ich will hiermit keinesfalls andeuten, daß es sich bei dem *Tagebuch der Anne Frank* oder dem *Tagebuch des jungen Mosche* um ›tröstliche‹ Texte handelt oder daß sie die Situation ihrer Verfasser unvollkommen wiedergeben, doch zwischen den Lebensumständen Anne Franks oder Mosche Flinkers, so schwierig sie auch waren, und dem Schicksal, das die Nazis für die Juden Europas mit der geplanten ›Endlösung‹ heraufziehen ließen, liegen noch Welten. Wer also versucht, den Holocaust allein aus der Lektüre eines Buches wie dem von Anne Frank zu erfassen, erhält nur eine ziemlich vorläufige Skizze des kommenden Kriegs gegen die Juden.

Anne Frank, Tochter aus Deutschland geflohener Juden, schrieb ihr Tagebuch vom Sommer 1942 bis zum Sommer 1944 in ihrem Versteck in Amsterdam auf Holländisch. Ihre Geschichte, frisch und lebhaft erzählt, handelt von einem zweifachen Krieg, der während dieser Jahre stattfindet – einem Krieg drinnen und dem Krieg draußen. Obschon der äußere Krieg mehr als einen zufälligen Hintergrund für Annes häusliche und persönliche Sorgen darstellt, tritt er doch hinter diesen zurück, denn der überwiegende Teil ihres Textes ist den Reflexionen über die Beschränkungen, die das Leben in ihrem beengten heimlichen Hinterhaus-Versteck ihnen auferlegt, gewidmet, den unvermeidlichen täglichen Spannungen zwischen den Familienmitgliedern, und den Problemen eines heranreifenden jungen Mädchens, das ungeduldig darauf wartet, eine erwachsene Frau zu werden. Anne Frank imaginierte sich selbst als Schriftstellerin, und es ist kaum zu bezweifeln, daß sie, wäre sie am Leben geblieben, tatsächlich sich an Romanen versucht hätte, denn ihr Tagebuch wird lebendig durch eine Prosa, der es gelingt, eine Beschreibung der »seltsame[n] Dinge«, die »Versteckte erleben«, zu liefern. Das heitere Temperament, das ihr als Autorin eigen war, erlaubte es ihr wenigstens phasenweise, sich den Aufenthalt ihrer Familie im Versteck als eine Art Abenteuergeschichte auszumalen, bei der ihr Erfindungsreichtum getestet wurde, wie mit den alltäglichen Widrigkeiten umzugehen sei, die zwar unliebsam waren, aber mit Disziplin, Frohsinn und etwas Glück durchaus bewältigt werden konnten. *Das Tagebuch der Anne Frank* ist gleichzeitig auch eine Liebesgeschichte, erfüllt von der Poesie einer Romanze zwischen Heranwachsenden. Und insoweit als das junge Mädchen sich einen naiven Humanismus zu eigen machte und an ihm offenbar auch festhielt, ist das Tagebuch, wenigstens teilweise, auch ein Vermächtnis der Hoffnung. Und dennoch hat es auch seine realistischen und sogar fatalistischen Seiten, und die Vorahnungen eines bösen Endes, die man immer dann findet, wenn das junge Mädchen die Vorhänge ihrer Fantasie beiseite schiebt und einen Blick auf die dunklen Straßen unten wirft, sollten sich auf brutale Weise bewahrheiten.

Mosche Flinkers Lebensgeschichte weist zwar in mancher Hinsicht Parallelen zu der Anne Franks auf, das *Tagebuch des jungen Mosche*[10] steht aber sowohl im Ton als auch angesichts seiner philosophischen Dimensionen in krassem Gegensatz zum *Tagebuch der Anne Frank* und enthält so gut wie keine Spur von deren heiterer Fröhlichkeit. Auf seinen grüblerischen, zerquälten Seiten manifestieren sich statt dessen die schwierigsten Fragen, die einen religiösen Menschen beschäftigen können – Fragen, die stets auftauchen, wenn der Glaube sich in dem ausweglosen Dilemma befindet, die Verheißung göttlicher Gerechtigkeit mit dem unvorstellbaren menschlichen Leiden in Einklang zu bringen, den Gott Israels, den Erlöser, mit seinem sterbenden Volk. In der jüdischen Tradition erzogen und sich seiner Verpflichtungen als Angehöriger dieses Volkes voll bewußt, litt Mosche Flinker nicht allein unter den persönlichen Schwierigkeiten, denen er und seine Familie als Juden im besetzten Belgien ausgeliefert waren, sondern ihn quälte eine religiöse Verzweiflung, so daß die Theodizeefrage in seinem Tagebuch immer wieder angesprochen wird: »Was kann Gott bezwecken mit all dem, was uns widerfährt und warum verhindert er es nicht?« (S. 126) lautet seine beständige Frage, doch keine der Antworten, die zu finden er sich bemüht, stellt ihn zufrieden. Er setzt seine ganze Hoffnung darauf, nach dem baldigen Ende des Krieges eine Laufbahn als jüdischer Politiker in Palästina einzuschlagen und somit seinen Traum von einem neuen Leben verwirklichen zu können. Zu diesem Zweck arbeitet er intensiv daran, sein Hebräisch zu vervollkommnen – die Sprache, in der er zehn Monate lang 1942 und 1943 sein Tagebuch abfaßt – und versucht, auch Arabisch zu lernen. Wenn er jedoch um sich blickte und Tag für Tag sah, wie Juden ergriffen und aus der Stadt Richtung Osten transportiert wurden, erschien ihm der Himmel »bedeckt mit blutigen Wolken«, und er schien zu ahnen, daß sein ersehntes Zion in einer für ihn auf immer unerreichbaren Ferne lag. Bis zu seinem Ende rezitierte er weiter die Psalmen der Hoffnung, obwohl er, wie er auf der letzten Seite seines Tagebuchs bekannte, die Empfindung hatte, er sei »bereits tot«. Nicht viel später war er es tatsächlich, im Alter von 16 Jahren ein weiteres jugendliches Opfer von Auschwitz.

Tagebücher sind, fast definitionsgemäß, nur vorläufig, Notizen und Skizzen, dazu bestimmt – zu einem späteren Zeitpunkt, in Stunden der Muße – den umfangreicheren Zielen der Komposition zu dienen. Die meisten der hier genannten Tagebuchschreiber sollten einen solchen Tag nicht mehr erleben, und deshalb werden wir Ringelblums ausgearbeitetes Geschichtswerk und die Romane, die Anne Frank plante, niemals bekommen. Die Holocaust-Tagebücher, die uns vorliegen, besitzen jedoch eine außergewöhnliche Autorität; und wenn sie auch fragmentarisch und unvollendet sein mögen, stellen sie doch bewegende und unersetzliche Dokumente dar. Als Materialsammlung und Reflexionen über eine unmögliche Zeit sind sie sicherlich alles andere als vollständig und umfassend, doch das bedeutet nur, daß sie aus der Wahrheit des Augenblicks heraus sprechen – eines Augenblicks, der selbst zerrissen und fast nicht zu begreifen war.

II

Wenn wir nun die Holocaust-Tagebücher hinter uns lassen und uns den Lebenserinnerungen zuwenden, verlassen wir damit gleichzeitig einen Bereich, dessen Wahrnehmungsperspektive der Vernichtung der Menschen sehr nahe war und kommen zu einer Erfahrung, die, paradoxerweise, noch grausamer, weil umfassender in ihrer Qual ist – dem Überleben.[11] Diejenigen, die es schafften, den Ghettos und Lagern zu entgehen oder sie zu überstehen, betrachten ihr Überleben oft unter dem Aspekt eines Lebens nach dem Tod, allerdings weniger als Geschenk im religiösen Sinne einer Wiedergeburt, sondern, im Gegenteil, als gepeinigt von Schuldgefühlen, der steten Empfindung der Absurdität und Irrealität ihres Daseins, als eine Bürde, die ihnen auferlegt wurde. Psychologisch gesehen, schlägt der Triumph über die Zerstörung oft ins Gegenteil um – in das verlängerte Elend eines nicht gewollten und nicht verdienten Lebens. Moralisch gesehen, fühlt sich der Überlebende oft für nicht näher bestimmte, aber unverzeihliche Vergehen angeklagt – oben auf der Liste steht dabei das ›Verbrechen‹, zu den Lebenden zurückgekehrt zu sein, während andere, und oftmals die Besseren, gestorben sind. Literarisch gesehen, steht der Memoirenschreiber in zweifacher

Hinsicht vor einer schwierigen Aufgabe: einerseits nämlich hat er die Verpflichtung, sich zu erinnern, was allein schon schmerzvoll genug ist, und zum anderen fällt ihm die Pflicht zu psychischer Wiederherstellung und moralischer Aussöhnung mit sich selbst zu, und das ist häufig unmöglich. Die Pflicht zur Erinnerung zwingt ihn noch einmal zurück zu seinen schlimmsten, alptraumhaften Erlebnissen, die er auf irgendeine Weise in die Ordnung strukturierter Erzählung zu bringen hat, um sie seinen Lesern glaubwürdig erscheinen zu lassen; die andere Verpflichtung entbehrt nicht nur jeder inhärenten Ordnung, sondern auch jeder *Bedeutung*, und ganz sicher hat sie keinerlei innere Logik oder sichere metaphysische Implikationen. Doch ungeachtet dieser Schwierigkeiten muß der Memoirenschreiber seine Geschichte erzählen, einmal aus naheliegenden, rein didaktischen Gründen – damit die Welt davon erfahre – und zum anderen, um der Toten zu gedenken und damit sein eigenes ›Leben nach dem Tod‹ etwas erträglicher zu machen.

Die ersten autobiographischen Aufzeichnungen von Überlebenden der Ghettos und Lager erschienen fast unmittelbar nach Kriegsende und noch heute kommen neue hinzu. Wenn man bedenkt, daß diese Texte oft dem starken Bedürfnis, Zeugnis abzulegen, entspringen, verwundert es nicht, daß das Korpus dieser Texte inzwischen sehr groß und unwiderstehlich geworden ist. Das heterogene Textkorpus umfaßt die schlichte Präsentation von Fakten ebenso wie Analysen und literarisch ambitioniertere Formen, die die dokumentarische Darstellung mit fiktionalen Elementen verknüpfen. Manche Memoirenschreiber haben sich in ihrem Bemühen um eine wahrheitsgetreue und ungeschminkte Wiedergabe ihrer Erfahrungen um eine streng realistische Erzählform bemüht, andere sehen in einer Prosa, die sich selbst Mitteln der Verfremdung und Verzerrung bedient, die angemessenere Form, ihre Erfahrungen wiederzugeben, die in ihrer Brutalität und Absurdität fast aus einer anderen Welt zu sein scheinen. So haben wir auf der einen Seite die Erinnerungen eines Joseph Katz *(Erinnerungen eines Überlebenden)*, die in Tagebuchform abgefaßt sind, was hier eine übernommene oder ›erfundene‹ Form ist, denn der Autor, ein deutscher Jude, der in das von den Nazis besetzte Lettland deportiert worden war, schrieb seine Gedanken nicht wirklich Tag für Tag während der Zeit seiner Gefangenschaft nieder, sondern erst nach der Befreiung. Die Intention war hier offensichtlich, den Beginn und Verlauf des Holocaust linear und chronologisch nachzuzeichnen. Auf der anderen Seite besitzen wir mit David Roussets *L'univers concentrationnaire* und Charlotte Delbos *Keine von uns wird zurückkehren* komplexere und in weit höherem Grad ›literarische‹ Bücher, Lebenserinnerungen, die in verschiedener Hinsicht Analogieformen zu Prosagedichten oder dem impressionistischen Essay bilden und ausgiebig mit den Stilmitteln symbolistischer oder surrealistischer Literatur arbeiten, um so kohärentere »Augenblicke« eines ansonsten unzusammenhängenden Alptraums zu vergegenwärtigen.[12] Keine dieser Erzählweisen kommt als solche der Wahrheit näher als die andere – und darum geht es ja allen Überlebenden gleichermaßen –, aber die Form der Vermittlung der Ereignisse beeinflußt auch ihre Wahrnehmung durch den Leser in jeweils unterschiedlicher Weise. Wie in jedem ernstzunehmenden Stück Literatur ist es auch hierbei wesentlich, nicht allein zu beachten, *was* der Autor uns berichtet, sondern auch *wie* er seine Geschichte strukturiert und präsentiert.

In einigen Fällen – und dies scheint vor allem auf etliche der von Medizinern verfaßten Erinnerungen zuzutreffen – stößt man auf das Bemühen, aus einer streng kontrollierten und geradezu klinischen Perspektive zu schreiben, so etwa in Büchern wie Bruno Bettelheims *Aufstand gegen die Masse* und in Victor Frankls *... trotzdem ja zum Leben sagen* (eine überarbeitete und erweiterte Fassung seines früher erschienenen *From Death Camp to Existentialism*). Beide greifen auf ihre persönlichen Lagererlebnisse zurück, um auf dieser Basis die Psychologie von Widerstand und Überleben zu erforschen. Aber welchen Wert solche Studien auch haben mögen – bei den späteren Forschern ist er heftig umstritten –, fest steht, daß der Memoirenschreiber durch diese rasche Umwandlung einer äußerst qualvollen individuellen Erfahrung in wissenschaftliches ›Datenmaterial‹ für sich selbst und seine Leser die Unmittelbarkeit des Grauens distanziert. Diese klinische Perspektive stellt, mit anderen Worten, eine Verteidigungsstrategie dar, die wir, allerdings vermischt mit Schuldgefühlen, in Miklos Nyiszlis *Im Jenseits der Menschlichkeit* (den Erinnerungen des leitenden Arztes des Lagerkrematoriums) und Elie A. Cohens *Het Duitse concentratiekamp* (dem Bericht eines holländischen Arztes, der als Gefängnisarzt zunächst in Westerbork und später in Auschwitz arbeitete), beobachten können.[13]

Eine wesentlich subjektivere Erzählperspektive findet sich in einer Anzahl ausgezeichneter Bücher, die sowohl als historisches Quellenmaterial wie auch als persönliche Bekenntnisse von hohem Wert für uns sind. Dazu zählen Alexander Donats *The Holocaust Kingdom*, Eugene Heimlers *Bei Nacht und Nebel*, Gerda W. Kleins *Nichts als das nackte Leben*, Seweryna Szmaglewskas *Rauch über Birkenau*, Rudolf Vrbas *Als Kanada in Auschwitz lag* und Leon Wells' *Ein Sohn Hiobs*.[14] Jeder dieser Texte konfrontiert uns mit einer Erfahrungswelt, die in ihrem täglichen Einerlei von willkürlicher Grausamkeit, äußerster Entbehrung und unaufhörlichem Terror alles bisher Gekannte weit in den Schatten stellt, so daß es nahezu unmöglich scheint, diese Erfahrungen in Worte zu fassen. Das Universum Konzentrationslager, wie diese Welt bezeichnet worden ist, war, um mit David Rousset zu sprechen, »ein abgetrenntes Universum, vollkommen abgeschnitten, das unheimliche Königreich eines unwahrscheinlichen Verhängnisses« (S. 10f.). »Selbst ich«, bekennt Rousset, »kann, obwohl ich mehr als ein Jahr dort gewesen bin, nicht darüber sprechen ohne das Gefühl, das ich das alles erfinde. Oder das ich von einem Traum erzähle, den ein anderer geträumt hat« (S. 41). Dieses Gefühl einer radikalen Selbstentfremdung, das das Schreiben über den Holocaust lähmt und das alle Memoirenschreiber kennen, wollen diese Autoren mit ihren Büchern aufbrechen.

Zwei Autoren ist das in ungewöhnlichem Maße gelungen: Primo Levi in seinem *Ist das ein Mensch?* und Elie Wiesel in *Die Nacht*. In beiden Fällen handelt es sich um in der ersten Person geschriebene Berichte von Auschwitz-Überlebenden, ersterer von einem italienischen Chemiker, dessen Reflexionen über seine Zeit ›in der Hölle‹ geprägt sind von den tradierten Werten humanistischer Bildung, insbesondere einer genauen Kenntnis Dantes; letzterer von einem jungen, frommen ungarischen Juden, der seine leidvolle Geschichte aus der Sicht des klassischen Judentums verfaßt – die Gültigkeit seines von einem streng ethischen und gläubig ausgerichteten Leben zeugenden Vokabulars ist aber in Frage gestellt durch scheußliche Greuel und damit nicht länger umstandslos tauglich zur Deutung und Bewertung seiner Erfahrungen.

Levis Bericht, eine Beschreibung der menschlichen Existenz in extremis – des Menschen »in der Tiefe« – ist durchzogen von den mannigfaltigen ironischen Brechungen, die charakteristisch sind für eine Literatur des Absurden, eine Literatur, die die absolute Sinnlosigkeit des Geschehens reflektiert. Von humanistischem Geist, gepaart mit Wissensdurst und Beobachtungsgabe, richtet der Autor sein Augenmerk auf alles, was, bis zur Entstellung verroht, vom menschlichen Antlitz noch erkennbar ist, nachdem es im Lager mit Fäusten geschlagen und besudelt worden ist und dennoch in ganz seltenen Fällen hier und dort einen Ausdruck von brüderlichem Anstand und Heiterkeit bewahrt.

Levis Erzählung umfaßt den Zeitraum von Dezember 1943 bis Januar 1945, die Zeit seiner Inhaftierung in Auschwitz, ein Jahr, das ihm als »Reise ins Nichts« (S. 16) erschien. Als Mann von Intelligenz und kultiviertem Auftreten, dessen Denken sich in Cartesianischen Kategorien bewegte und der sich einst für einen Bewohner einer vernünftigen Welt hielt, fand Levi sich plötzlich an einem Ort wieder, der so radikal deformiert war, daß das Denken selbst sich außer Kraft gesetzt fand. Da gibt es Wasser im Lager, aber den Männern und Frauen, die dem Verdursten nahe sind, ist es verboten, davon zu trinken. Die Schlafpritschen sind bereitet, und ihre zu Tode erschöpften Inhaber stehen davor, dürfen sich aber nicht hineinlegen. »Warum?« fragt Levi einen Wärter und erhält die Antwort »Hier ist kein Warum« (S. 31).* Als Fanfarentöne erklingen und die Menschen scharenweise in den Tod marschieren, spielt eine Kapelle *Rosamunde*. Die hell erleuchtete Inschrift über dem Tor verheißt »Arbeit macht frei«,* doch die Arbeiter sind ganz offensichtlich Sklaven, und bei dem überwiegenden Teil von dem, was sie zu verrichten haben, handelt es sich um sinnlose, unproduktive Plackerei. All das wirkt wie ein »riesenhafter Schwank teutonischer Art« (S. 32). Welchen Sinn haben intellektuelle Fähigkeiten in so einer Welt? »Nachdenken«, so folgert Levi, »das tut man besser nicht« (S. 41).

Für einen Menschen, der im Denken geschult war und gewohnt, sich von der Ratio leiten zu lassen, bedeutete dies einen enormen Verlust, doch dies sollte nur eine der vielen Einbußen sein. Seiner Kleidung beraubt, ohne Schuhe, kahlgeschoren, sogar ohne Namen, wird der Insasse von Auschwitz sehr bald, so erfuhr Levi, »leer sein, beschränkt auf Leid und Notdurft und verlustig seiner Würde und seines Urteilsvermögens« (S. 28). Selbst die Sprache, die vielleicht letzte Bastion gegen die totale Ausbeutung, wurde untauglich gemacht und ihrer normalen Funktion enthoben, denn in dem »fortwährenden Babel« der Lager gilt: »Keiner hört dich an« (S. 42). Mit einem Wort: die Enteignung war total.

Um diese radikale Herabsetzung des Menschen angemessen darstellen zu können, wählt Levi eine komplizierte und hochinteressante literarische Form, man könnte es eine Art umgekehrten *Erziehungsroman** nennen, eine Art Anti-Erziehung, bei der der Mensch seine Fähigkeiten zunächst verlernt und dann wieder (auf andere Art) neu erlernt. Als Rationalist, der an einen von totaler Irrationalität beherrschten Ort verschlagen wurde, beobachtet Levi, wie das Dasein auf seine elementarsten Formen reduziert wird, die ausnahmslos zu beherrschen die Voraussetzung dafür ist, den Plan durchkreuzen zu können, der der Lagerordnung zugrunde liegt, nämlich die Insassen »zunächst als Menschen zu vernichten, um [ihnen] dann einen langen Tod zu bereiten« (S. 58). Für die Insassen ist es sozusagen eine Sache der Selbsterhaltung, wenn sie – isoliert von den sozialen Verhaltensmustern der Zivilisation – den menschlichen Entwicklungsprozeß umkehren und ihren Weg von den allerersten Lernerfahrungen frühester Kindheit bis zur Reife des Erwachsenendaseins in umgekehrter Richtung zurücklegen, wenn sie noch einmal ganz von vorn anfangen und lernen, wie man ißt, sich wäscht, seine Notdurft verrichtet, wie man steht, sich anzieht, sich warm hält, schläft, ja sogar Sprechen müssen sie noch einmal neu lernen, nämlich die besondere Sprache der Lager. Diejenigen, die ihre Lektionen nicht beherrschten, gingen mit nahezu absoluter Sicherheit unter. Diejenigen, die sie gut gelernt hatten und konsequent anzuwenden wußten, begriffen schnell »was vom Verhalten des Lebewesens Mensch im Kampf ums Leben wesensbedingt und was erworben« (S. 104) ist, und hatten zumindest eine Chance.

Die Sprache ist hier naturalistisch, doch faßt Levi seine tiefsten Einsichten nicht in die Darwinistischen Begriffe des Überlebenskampfs. Die Sozialstruktur der Lager, in der »die Privilegierten die Nicht-Privilegierten unterdrücken« (S. 50), ließ ihn schnell begreifen, daß das Überleben vom »Kampf des einzelnen gegen alle« (S. 48) abhängt. Gleichzeitig aber lernte Levi zwei weitere Grundsätze, die ebenso wichtig für ihn waren, jedoch über das primitive Gesetz vom Kampf des Starken gegen die weniger Starken hinausgingen. Beide veranschaulichen die Notwendigkeit des moralischen Überlebens, selbst wenn es sich dabei nur um scheinbare Banalitäten wie Händewaschen oder die einfachsten Gesten der Gefälligkeit handelt. Jede einzelne Geste stärkte die Willenskraft, die man brauchte, um der Deprivation zu widerstehen und sich nicht der Erniedrigung zu fügen, die dem Tod vorausgeht und ihn ankündigt. Die Einhaltung dieser Grundsätze half Levi, nicht nur sein nacktes Leben zu bewahren, sondern auch seine Menschenwürde, wie aus den folgenden Zitaten hervorgeht:

Sich an diesem Ort Tag für Tag mit dem trüben Wasser in den verdreckten Becken zu waschen, um der Reinlichkeit und der Gesundheit willen, ist praktisch zwecklos; ungeheuer wichtig aber ist es als Symptom verbliebener Vitalität und als Hilfsmittel für das moralische Überleben.

61

> Ich muß zugeben: Nach einer Woche Gefangenschaft ist mir jedes Sauberkeitsbedürfnis abhanden gekommen. Ich schlendere gerade durch den Waschraum; da steht Steinlauf, mein fast fünfzigjähriger Freund, mit nacktem Oberkörper und reibt sich mit geringem Erfolg (er hat keine Seife), aber mit größter Energie Hals und Schultern ab. Steinlauf sieht mich, begrüßt mich, und sofort fragt er mich streng und ohne Umschweife, warum ich mich nicht wasche. Warum sollte ich mich denn waschen? [...] Je länger ich darüber nachdenke, desto mehr halte ich es für läppisch, ja sogar frivol, sich in unseren Lebensbedingungen das Gesicht zu waschen: eine mechanische Angewohnheit oder, schlimmer noch, die triste Wiederholung eines vergangenen Ritus [...]
> Aber Steinlauf fällt mir ins Wort [...] und hält mir eine regelrechte Lektion [...]
> Eben darum, weil das Lager ein großer Mechanismus ist, der uns zu Tieren herabwürdigen soll, dürfen wir keine Tiere werden; auch an diesem Ort kann man am Leben bleiben und muß deshalb auch den Willen dazu haben, schon um später zu berichten, Zeugnis abzulegen; und für unser Leben ist es wichtig, alles zu tun, um wenigstens das Gerippe, den Rohbau, die Form der Zivilisation zu bewahren. Wenn wir auch Sklaven sind, bar allen Rechts, jedweder Beleidigung ausgesetzt und dem sicheren Tod verschrieben, so ist uns doch noch eine Möglichkeit geblieben, und die müssen wir, weil es die letzte ist, mit unserer ganzen Energie verteidigen: die Möglichkeit nämlich, unser Einverständnis zu versagen. Wir müssen uns also selbstverständlich das Gesicht ohne Seife waschen und uns mit der Jacke abtrocknen. Wir müssen unsere Schuhe einschwärzen, nicht, weil es so vorgeschrieben ist, sondern aus Selbstachtung und Sauberkeit. Wir müssen in gerader Haltung gehen, ohne mit den Holzschuhen zu schlurfen, nicht als Zugeständnis an die preußische Disziplin, sondern um am Leben zu bleiben, um nicht dahinzusterben. (S. 44–46)

Auf den ersten Blick erscheint ein ritualhaftes Waschen in schmutzigem Wasser als absurde Handlung, bei näherer Betrachtung zeigt sich jedoch, daß das genaue Gegenteil der Fall ist: Es bedeutet ein Aufbegehren gegen die absurden Lebensbedingungen, ein hartnäckiges Festhalten an zivilisierten Umgangsformen. Aber Steinlaufs Weisheit, die sich auf einer Inszenierung des Selbstwertgefühls gründet, wie sie »jenseits der Alpen« in Blüte steht, genügte dem Italiener Levi nicht, dessen soziale Bedürfnisse mit der Ausübung spartanischer Disziplin nicht zu befriedigen sind. Glücklicherweise ergibt sich durch die Bekanntschaft mit Lorenzo eine zwar bescheidene, aber hingebungsvolle menschliche Beziehung:

> Die Geschichte meiner Beziehung zu Lorenzo [...] Es gibt wenig Konkretes darüber zu sagen: Ein italienischer Zivilarbeiter bringt mir ein Stück Brot und die Reste seines Essens, sechs Monate lang, Tag für Tag; er schenkt mir ein Unterhemd voller Flicken; er schreibt für mich eine Postkarte nach Italien und verschafft mir die Antwort. Dafür verlangt er keine Belohnung und will auch keine nehmen, denn er ist gut und einfach und glaubt nicht, daß man Gutes um der Belohnung willen tun soll. [...] Ich glaube, daß ich es Lorenzo zu danken habe, wenn ich noch heute unter den Lebenden bin. Nicht so sehr wegen seines materiellen Beistands, sondern weil er mich mit seiner Gegenwart, mit seiner stillen und einfachen Art, gut zu sein, dauernd erinnerte, daß noch eine gerechte Welt außerhalb der unsern da ist: etwas und jemand, die noch rein sind und intakt, nicht korrumpiert und nicht verroht, fern von Haß und Angst, etwas sehr schwer zu Definie-

rendes, eine entfernte Möglichkeit des Guten, für die es sich immerhin verlohnt, sein Leben zu bewahren. [...] Lorenzo zu Dank war es mir vergönnt, daß auch ich nicht vergaß, selbst noch Mensch zu sein. (S. 144/147)

Viele der Prüfungen, denen der Erzähler von *Die Nacht* ausgesetzt war, gleichen den von Primo Levi berichteten, aber für ihn kam noch eine weitere hinzu: die Prüfung eines gequälten und schließlich zerbrochenen Glaubens. Elie Wiesels zurückhaltendem, aber erschütterndem Erinnerungstext gelingt es wie nur wenigen anderen, auf die spezifisch jüdischen Aspekte des Holocaust aufmerksam zu machen, denn er gibt die individuellen wie auch die kollektiven Leiden der Opfer mit den traditionellen Begriffen theologischer Reflexion wieder. Dies geschieht überdies mit einer außerordentlich ausgeprägten moralischen Autorität, wie sie heute nur noch selten anzutreffen ist, und zu deren Verständnis wir die moderne Literatur völlig außer acht lassen und zum erklärenden Vergleich statt dessen auf die Bibel und ihre großen Kommentare zurückgreifen müssen. Unter anderem handelt es sich bei *Die Nacht* nämlich auch um eine zeitgenössische Version der *Akedah*, erzählt von einem Isaak, der unter dem Messer zum Himmel aufsah, dort aber keinen rettenden Engel gewahrte. Ebenso läßt sich *Die Nacht* lesen als die glühende Anklage eines Hiob gegen den Gott, der solches Morden ungesühnt geschehen läßt. Indem Wiesel seine Erinnerungen aus dem Blickwinkel der hartnäckigsten aller theologischen Fragestellungen heraus erzählt, wirft er zweifellos mehr Fragen auf, als sich in einem schmalen Band autobiographischer Gedanken ohne weiteres beantworten lassen. Eines aber hat sich im Bewußtsein all seiner Leser – die mittlerweile in die Millionen gehen – festgesetzt: die unumstößliche Wahrheit, daß »der Mensch sich über das definiert, was ihn erschüttert und nicht über das, was ihn ermutigt«. Niemand, der *Die Nacht* gelesen hat, kommt umhin, die fundamentale Erschütterung wahrzunehmen, die der Holocaust für alle hergebrachten Denk- und Glaubensmuster darstellt, und ebensowenig wird man in dem Spiegel, in dem der junge Auschwitzüberlebende am Ende des Buches ungläubig sich selbst erblickt, unser aller Gesicht verkennen können, das sich dort auf vielfältigere Weise, als wir wahrhaben wollen, widerspiegelt.

Elie A. Cohen, der seine Erinnerungen im Untertitel als »ein Bekenntnis« bezeichnete, berichtet, daß er bei der Befreiung des Lagers, als die Insassen die SS-Warenlager auf der Suche nach Lebensmitteln stürmten, eine Schreibmaschine, Papier und Briefumschläge erbeutete. Das hat ihn in den Augen seiner Mitgefangenen sicher ein wenig verrückt erscheinen lassen, denn in dem Zustand der Erschöpfung, in dem sich die meisten befanden, war es wohl kaum möglich, etwas zu Papier zu bringen. Und dennoch ist in Cohens »Diebstahl« mehr als ein symbolischer Akt zu sehen, denn er hatte schon zu diesem frühen Zeitpunkt erkannt, daß eine völlige Befreiung, so sie denn stattfinden sollte, mehr voraussetzen würde als die rein körperliche Entlassung aus dem Lager. Das Bedürfnis zu schreiben war ebenso elementar, wie es erlösend sein sollte. Die Männer und

Frauen, die ihre Erinnerungen an den Holocaust niederschrieben, haben damit nicht nur einen Beitrag zur Aufklärung über den finstersten Moment der Geschichte geleistet, die Vielfältigkeit ihrer Bekenntnisse zeigt uns auch, daß erst derjenige wirklich frei ist, der in der Lage ist, seine Geschichte zu erzählen.

III

Die etwa ein Dutzend Titel, die hier behandelt wurden, repräsentieren nur einen kleinen Ausschnitt aus den historischen Aufzeichnungen über den Holocaust. Es existieren noch zahlreiche weitere Tagebücher, und buchstäblich Tausende von Berichten Überlebender sind aufgezeichnet worden (das YIVO-Institute in New York verzeichnet über 2000 Titel; Yad Vashem in Jerusalem führt sogar eine noch höhere Anzahl an und weltweit verwahren Dokumentationszentren noch etliche weitere Titel). Das uns zugängliche Quellenmaterial zur Geschichte des Holocaust »übertrifft«, wie Lucy Dawidowicz feststellt, »in Qualität und Inhaltsreichtum alles, was zu irgendeiner anderen geschichtlichen Epoche existiert«.[15] Die Zeugnisliteratur ist in der Tat sehr umfangreich und müßte nach ihrer umfassendsten Definition nicht nur mehr oder weniger abgeschlossene Bücher, wie sie hier behandelt wurden, einbeziehen, sondern darüber hinaus auch das noch viel umfänglichere Korpus der Privatbriefe, Flugblätter, Proklamationen, Geschäftsbücher, Gesetzgebungserlasse, diplomatischen und Wirtschafts-Berichte, Firmenakten, Memoranden etc. In ihrer bürokratischen und juristischen Ausformung müßte diese Literatur Texte wie die Nürnberger Gesetze, die die deutschen Juden praktisch entrechteten, und das Protokoll der Wannsee-Konferenz, auf der die Pläne zur Durchführung der ›Endlösung‹ offensichtlich beschlossen wurden, mit einbeziehen. Die Sparte der Augenzeugenberichte müßte die Papiere der Sonderkommandos* in Auschwitz, Kurt Gersteins Gerichtsaussagen, in denen er unter Eid die Vergasungen in Belzec beschreibt, Yankel Wierniks Berichte über die Gaskammern und Krematorien in Treblinka und Rivka Yosselevsckas Zeugenaussage vor dem Eichmann-Tribunal über die Tötungsaktionen der Einsatzgruppen* in Rußland umfassen. In der Gruppe der Zeugnisse des Widerstands und der heroischen Handlungen müßten die Aufrufe zum Widerstand unter den Juden in den Ghettos Osteuropas aufgenommen werden, die letzten Worte des Mordecai Anilewicz, der die Revolte in Warschau anführte, und, als beinahe einzigartige Gattung, letzte Aufzeichnungen vor dem Selbstmord, von Menschen wie Samuel Zygelbojm, der polnisch-jüdischen Führerfigur, der sich in London das Leben nahm, um – vergeblich – die Gleichgültigkeit der westlichen Mächte zu erschüttern und sie zum Eingreifen zugunsten der Juden zu bewegen. Die Notizen und Zeichnungen von Kindern wie die medizinischen Berichte über die auszehrenden Wirkungen von Typhus und Hunger, die von den Ärzten in den Ghettos zusammengestellt wurden, dürften keinesfalls außer acht gelassen werden. Als Elemente einer Art von Texten, die auf Betrug und Täuschung ausgerichtet war, aber auch als Werkzeug zur Selbsttäuschung diente, müssen Taufscheine und der allgegenwärtige, stets seine Bedeutung wechselnde deutsche ›Schein‹* berücksichtigt werden. Und unter keinen Umständen dürfen wir die aufs Äußerste reduzierte, aber aussagekräftigste aller Bekenntnisformen – das Fragment – übersehen, wie es sich etwa in einer Mauerinschrift in einem Keller in Köln findet, wo Juden sich versteckt hielten: »Ich glaube an Gott«, so lautet ein Teil davon, »auch wenn Er schweigt«.

Mit dieser letzten kurzen Inschrift, die uns noch einmal Dr. Schippers Worte ins Gedächtnis ruft, schließen wir den Kreis und kehren zu dem biblischen Bruderzwist zurück, der dieses Kapitel einleitete. Ausklingen lassen wollen wir es jedoch nicht mit Abels ersterbender Stimme, sondern Kain, stets dreister und beharrlicher, soll sich noch einmal heuchlerisch zu Wort melden. Kann sich jemand auf eine enthüllendere Art und Weise selbst schuldig sprechen, als Himmler es in seiner Rede tat?

Wir hatten das moralische Recht, wir hatten die Pflicht gegenüber unserem Volk, dieses Volk, das uns umbringen wollte, umzubringen [...] Insgesamt aber können wir sagen, dass wir diese schwerste Aufgabe in Liebe zu unserem Volk erfüllt haben. Und wir haben keinen Schaden in unserem Inneren, in unserer Seele, in unserem Charakter davon genommen.[16]

Zu dem Zeitpunkt, als Himmler diese Rede vor SS-Offizieren hielt, war Chaim Kaplan, der die Nazis ebenso sehr wegen ihres idealistischen Geists wie wegen ihres Schwertes fürchtete, tot, und Emanuel Ringelblum, Anne Frank, Mosche Flinker, Éva Heyman, Jizchak Katzenelson und Janusz Korczak sollten es auch bald sein. In dem endlosen Kampf zwischen Zeugnis und Gegen-Zeugnis schreien ihre Worte zu uns von der Erde, so wie das Blut Abels.

3. Imagination in extremis

> Unsere alte Kultur, in der die Gemeinschaft ihre Alltagsnormen
> von Generation zu Generation weitergab,
> war eine moralische Kultur, deren oberster Wert
> die ethischen Grundsätze waren; das Gute war gut und das Böse war böse.
> Darüber und darunter gab es nichts. Unsere alte Kultur ging unter,
> als das noch bösere Böse kam – der Schrecken.
> ISAAC ROSENFELD

»Schrecken«, sagt Isaac Rosenfeld, »bildet heute den Hauptbestandteil der Realität, denn er ist das Modell für die Realität.« Wenn die Wirklichkeit der 40er Jahre dieses Jahrhunderts von Schrecken und Terror bestimmt war, so läßt sich unschwer ausmachen, worauf diese Bedrohung zurückgeht: »Im Konzentrationslager haben wir sowohl den Modellfall eines Erziehungssystems als auch den der Machtausübung vor uns.«[1] Die Erziehung, das haben uns Primo Levis Erinnerungen und die Tagebücher und Erinnerungen vieler anderer gezeigt, zielte auf Erniedrigung und Rückentwicklung des menschlichen Wesens ab. Ziel der Machtausübung war dagegen, die Herrschaft über den Tod zu gewinnen und die Form zu bestimmen, in der dieser Tod erfolgen sollte. Mit dem teuflischen Erfindungsreichtum, den die Nazis bei der Inszenierung des Todes an den Tag legten, kam das »noch bösere Böse«:

Der Untersturmführer* kommt aus seinem Urlaub zurück. »Er brachte eine neue Idee mit: Wir müßten auch Musik haben, meinte er, die unsere Moral höbe, wenn wir zur Arbeit ausrückten, und uns begrüßte, wenn wir heimkämen [...] Er hatte sogar gleich eine Geige und eine Harmonika mitgebracht.«

Der Untersturmführer* hat noch eine Idee: »In unserer Brigade waren drei Sattler [...] Nun mußten sie auf Anordnung des Untersturmführers dem Brandmeister und seinem Gehilfen Kappen mit Teufelshörnern machen! Damit ausstaffiert und die Schürhaken geschultert, zogen die beiden Brandmeister uns auf dem Marsch zur Arbeit voran, leibhaftige Teufel. Da sie vom Feuer immer wieder angesengt und vom Qualm geschwärzt wurden, außerdem schwarze Arbeitsanzüge und schwarze Stiefel trugen, wirkten die großen schlanken Gestalten tatsächlich teufelsähnlich.« (S. 203f.)

Diese Beschreibung des Brandmeisters und seines Gehilfen stammt weder aus einem mittelalterlichen Mysterienspiel, noch ist sie Teil einer modernen Höllenphantasie, sie findet sich vielmehr in Leon Wells' Erinnerungen *Ein Sohn Hiobs*. Wells will keinen Beitrag zur Literatur des Grotesken oder des Surrealen liefern, er versucht ganz einfach, Episoden wiederzugeben aus der Zeit, als er als Mitglied einer Todesbrigade arbeitete, deren Aufgabe darin bestand, einen Teil der Leichenberge, die das Dritte Reich hervorgebracht hatte, zu vernichten, sie mit Hilfe von Scheiterhaufen und Knochenmörsern verschwinden zu lassen. Diese ›Arbeit‹ beschreibt Wells folgendermaßen:

Imagination in extremis

Die Flammen schlagen uns bis ins Gesicht, der Rauch beißt in den Augen, und der Gestank schnürt uns die Kehle zu. Einige der Leichen in dem prasselnden und zischenden Feuer halten die Hand ausgestreckt. Es sieht aus, als ob sie uns anflehten, sie herauszuholen. Viele Tote liegen mit offenem Mund da. Vielleicht wollten sie sagen: ›Wir sind eure eigenen Mütter und Väter, die euch aufzogen und umsorgt haben. Nun werft ihr uns ins Feuer und verbrennt uns.‹ Hätten sie reden können, dies hätten sie vielleicht gesagt. Aber auch sie haben Sprechverbot ... sie werden bewacht. Vielleicht würden sie uns verzeihen? Sie wissen, daß die gleichen Mörder, die sie getötet haben, auch uns zwingen, dies zu tun, immer unter dem Druck ihrer Knuten und Maschinenpistolen. Sie würden uns vergeben, denn es sind ja unsere Väter und Mütter (S. 158).

Der Untersturmführer* weiß, welchem Druck seine Männer ausgesetzt sind, und will sie nicht nur mit tumultuarischer Musik und wüsten Maskeraden ergötzen, sondern bietet ihnen praktische Hilfe, indem er ihnen Werkzeuge zur Arbeitserleichterung zur Verfügung stellt, die sie vielleicht auch etwas aufmuntern:

Eines Tages wurde eine Maschine hergebracht, die wie ein Zementmischer aussah und von einem Dieselmotor angetrieben wurde. In der großen Quetschtrommel befanden sich dicke eiserne Kugeln, die die Knochen zerkleinerten. Ein Sieb filterte den Staub und hielt größere Stücke fest, die dann nochmals in die Trommel gegeben wurden. Der feine Staub wurde auf die Felder in der Umgebung ausgesät. (S. 204)

Wie schon oben bemerkt, findet sich Werkzeug dieser Art nur bei Poe und Kafka oder in zahlreichen Varianten auch in Horror- oder Schauergeschichten. Diese Utensilien sind Teil einer Literatur des Schreckens, in der sie ein wie auch immer geartetes Bedürfnis des Lesers nach einer Erfahrung der Hölle aus zweiter Hand zu befriedigen scheinen. Leon Wells dagegen muß, wie diese wenigen Zitate aus seinen Erinnerungen auf erschreckende Weise zeigen, die Hölle durch*lebt* haben und kehrt zurück, um uns von seiner Zeit in der Hölle zu berichten. Um die menschliche Landschaft dieses Infernos abzurunden hier noch ein letztes Zitat aus seinem Bericht, wobei diesmal die Lebenden und nicht die Toten beschrieben werden:

Mütter zogen ihre Kinder aus und trugen sie, selbst nackt, auf dem Arm zum Feuer. Manchmal kam es vor, daß eine Mutter zwar sich selbst, aber nicht das Kind ausziehen wollte, oder daß sich das Kleine dagegen sträubte. Wir konnten Kinderstimmen hören – ›Wozu denn?‹, ›Mama, Mama, ich hab' Angst!‹, ›Nein, nein!...‹ In solchen Fällen nahm dann ein SD-Mann das Kind bei den Füßchen und zerschmetterte ihm mit einem Schwung den Schädel am nächsten Baum, um es dann ins Feuer zu bringen und hineinzuwerfen. Das alles geschah vor den Augen der Mutter. Wenn sie irgendwelche Reaktionen darauf zeigte – was ein paarmal vorkam –, wenn sie auch nur etwas sagte, wurde sie verprügelt und mit den Füßen, den Kopf nach unten, an einem Baum aufgehängt, bis sie ihren letzten Atemzug tat. (S. 225)

Was für einen Sinn macht es, diese Passagen wiederzugeben? Woran dachte Wells, als er sie niederschrieb? Er sagt, es gehe darum, »die Welt wissen zu lassen, was geschah.« Aber wie kann die »Welt« – in diesem Fall wir als Leser – anders auf das reagieren, was er erzählt, als mit Schock und Abscheu, auf den bald Betäubung folgt? Diese Art von Reaktion ist nicht Teil unserer gewöhnlichen Leseerfahrungen, zumindest nicht, wenn es sich um die Lektüre von Literatur handelt. Heißt das etwa, daß es sich bei *Ein Sohn Hiobs* gar nicht um Literatur handelt? Dies läßt sich genauso wenig eindeutig beantworten, wie die Reaktionen auf ein solches Buch eindeutig ausfallen können. »Angesichts außerordentlicher Wirklichkeit nimmt das Bewußtsein den Platz der Imagination ein«,[2] schrieb Wallace Stevens. Wells' Memoiren sind ein durch die höchste Anspannung des Bewußtseins geläuterter Text, sie sind literarisch, aber es handelt sich um eine spezielle Form von Literarizität, genauso wie bei den Holocaust-Dokumenten, die wir im vorigen Kapitel untersucht haben, die auch dazu beitragen, eine Literatur zu bilden. Wells' Text ist jedoch keine Literatur im Sinne von Fiktion oder Imagination, und auf keinen Fall ist er Teil einer herkömmlichen Literatur des Schreckens. Die imaginären Katastrophenszenarien der Schauerliteratur oder der Literatur des Grotesken enthalten nichts, was auch nur eine entfernte Ähnlichkeit mit Lagern wie Janowska oder Auschwitz aufweist. Wie könnten sie auch, da es vor der Entstehung des Nazismus weder in der Literatur (abgesehen vielleicht von Kafka) noch sonstwo Beispiele für solchermaßen mit Schrecken besetzte und verderbte Orte gab. Die christliche Vorstellung der Hölle scheint sie zwar in gewisser Weise vorwegzunehmen, doch die Fegefeuer sollten sich jenseits des Grabes irgendwo tief im Innern der Erde befinden und nicht in Mitteleuropa. Nie zuvor ist es einem Schriftsteller in den Sinn gekommen, von Menschen ersonnene Todesfabriken tatsächlich in den ländlichen Gegenden Polens oder in der Nähe großer Städte oder Dörfer in der Tschechoslowakei, in Österreich oder Deutschland sich auch nur vorzustellen. Das Leben selbst erweist sich hier als die unwahrscheinlichste aller Fiktionen.

Die Schriftsteller, die den Versuch unternommen haben, den Holocaust fiktional darzustellen, standen somit vor einem ganz neuartigen Problem, das weder mit den traditionellen noch mit experimentellen Verfahren erzählerischer Repräsentation zu lösen war. Wenn die Wirklichkeit selbst alle Fiktion übertrifft, was bleibt dann für Roman und Kurzgeschichte noch zu tun? Alle hier zu behandelnden Autoren mußten sich auf die eine oder andere Weise mit dieser Frage, die in ihrer extremen Kompliziertheit einen integralen Bestandteil der Imagination nach Auschwitz darstellt, auseinandersetzen.

Eine Möglichkeit, diese Form von Imagination zu definieren, könnte darin bestehen, Stevens' Anregung zu folgen und die Aufgabe des Schriftstellers so zu verstehen, das Bewußtsein defensiv zu behaupten gegen die Zwänge einer außerordentlichen Realität. Literatur ist, so gesehen, »eine Gewalt von innen, die uns gegen die Gewalt von außen schützt. Die Imagination baut einen Druck auf gegen den Druck von außen«.[3] Für Wells und andere, die direkt in die Turbulenzen der Kriegsjahre verwickelt waren, hatte das Schreiben genau diese Bedeutung. Um die normalen Funktionen des menschlichen Geistes so weit als eben möglich aufrecht erhalten zu können, stürzte sich Wells auf jede Lektüre, deren er habhaft werden konnte, und begann gleichzeitig mit der Ausarbeitung seiner Erinnerungen. In einer Zeit, in der »die Welt als Ganzes weder Wirklichkeit noch Sinn« hatte, bedeutete das Schreiben selbst einen zentralen Akt des Überlebens. Bei seiner Befreiung, so Wells, besaß er nichts als »ein Paket mit Papieren, mit einem Stück Bindfaden zusammengebunden und mit einem kurzen Seil an meinem Gürtel befestigt. Das waren die Aufzeichnungen, die ich Tag für Tag über meine Erfahrungen im Konzentrationslager und in der Todesbrigade gemacht hatte«.

Das Bild des Autors, der mit einem um den Bauch geschnürten Manuskript aus dem Lager marschiert, ist ein Emblem des Holocaust-Überlebenden als Schreibender, jemand, der das Leben des Geistes gegen die täglichen Abgänge in den Tod aufgeboten hatte und, in diesem Fall, überlebte, um seine Geschichte zu erzählen.

Was aber ist mit den Autoren, die aus diesem Bild herausfallen, weil sie entweder die Ghettos und Lager gar nicht aus persönlicher Anschauung erlebt haben oder ohne eine Aufzeichnung ihrer Erlebnisse von dort gekommen sind? Mit anderen Worten: wie kann, wenn Dokumentationen aus erster Hand nicht vorhanden sind, Fiktion – die imaginative Reproduktion oder Transformation von Erfahrungen – sinnvoll eine Welt aufzeichnen, in der es »Wirklichkeit und Sinn« gar nicht gegeben hat?

Eine Möglichkeit, diesem Problem zu begegnen, besteht darin, Fiktion als wahrheitsgetreue Transkription eines Faktums *erscheinen* zu lassen, wie es etwa John Hersey in *Der Wall* und Leon Uris in *Mila 18* getan haben. Zentrales erzähltechnisches Mittel dieser Romane, die sich beide mit dem Aufstand im Warschauer Ghetto beschäftigen, ist die Fiktion der ›Wiederentdeckung‹ historischer Aufzeichnungen; im ersten Beispiel handelt es sich um das (offensichtlich Ringelblums Aufzeichnungen nachempfundene) *Levinson Archiv*, letzteres erfindet die am gleichen Modell orientierten Seiten aus dem *Journal Alexander Brandels*, beide benutzen also fiktive ›Geschichtsschreiber‹ als Rahmenerzähler. Hersey und auch Uris beabsichtigen damit offensichtlich, ihren Texten etwas von der Autorität, die den Augenzeugenberichten in den besten Tagebüchern und Journalen eigen ist, zu verleihen. »Welch ein Wunder der Dokumentation!« ruft Hersey in seinem »Vorwort des Herausgebers« aus und fordert damit seine Leser auf, so in die fiktionale Welt einzutreten, als wäre sie Teil der historischen Aufzeichnung. »Levinson war zu gewissenhaft, sich überhaupt *irgend etwas* vorzustellen«, versichert uns Hersey und fährt dann selbst fort – wie sollte es auch anders sein – sich *alles* vorzustellen. Das Buch sollen wir jedoch nicht als »erfunden« betrachten, sondern als »wiedergefunden« (wie die Schriften Ringelblums, Kaplans, Franks, Katzenelsons und vieler anderer tatsächlich wiedergefunden worden waren). *Der Wall*, »herausgegeben« von John Hersey, behauptet, sein »wahrer Autor« sei ein verschollener Ghetto-Geschichtsschreiber, und scheinbar wird das Wort an ihn übergeben, wenn der Roman beginnt: »Doch nun ist es an der Zeit, Noah Levinson selber zu Worte kommen zu lassen.«[4]

Im Fall von Hersey und Uris werden die Spannungen und Widersprüchlichkeiten zwischen Historie und Fiktion des Holocaust beseitigt, indem die Fiktion den geschichtlichen Bericht simuliert oder sich selbst als dokumentarisch ausgibt. Ein solches Erzählkonzept scheint doch zu implizieren, daß die literarische Fiktion nicht aus eigener Kraft dazu in der Lage ist, die notwendige Autorität hervorzubringen und die Legitimationskraft dokumentarischen Tatsachenmaterials vorschützen muß. In diesem Fall zieht der Leser die tatsächlichen historischen Zeugnisse, über die wir ja verfügen, möglicherweise vor.

Eine zweite Gruppe fiktionaler Texte imaginiert den Holocaust eher indirekt, zwar ebenfalls aus geschichtlicher Perspektive, aber aus dem Blickwinkel früherer, möglicherweise auf das kommende vorausdeutender Ereignisse. Dahinter steht die Überlegung, daß wir nicht erwarten dürfen, zu einem Janov, einem Auschwitz oder einem Buchenwald unvermittelt Zugang finden und sie aus sich heraus begreifen zu können, sondern daß die Schatten, die sie vorauswerfen, sich schon in lange zurückliegenden Leidenszeiten abzeichnen – etwa in der Ära Chmelnickijs oder im vorrevolutionären Rußland. Für seinen Roman *Jakob der Knecht* wählt I. B. Singer das Polen des 17. Jahrhunderts als Schauplatz und entscheidet sich damit für die erste dieser Rückgriffsmöglichkeiten, Bernard Malamud, dessen *Der Fixer* vor dem Hintergrund der letzten Jahre des zaristischen Rußlands spielt, für die zweite.

Die weitaus größte Metzelei an den Juden in Europa vor der Nazi-Ära ereignete sich während der Chmelnickijmassaker, eines Pogroms von riesigen Ausmaßen und außergewöhnlicher Brutalität, das ganze jüdische Gemeinden in Osteuropa verwüstete. Im Roman *Jakob der Knecht*, der unmittelbar im Anschluß an diese Tragödie spielt, finden sich viele der Fragestellungen wieder, auf die wir schon in den Schriften Chaim Kaplans oder Elie Wiesels gestoßen sind:

Die Fassungskraft des menschlichen Gemüts hatte ihre natürliche Grenze. Niemand war stark genug, sich alle diese Schändlichkeiten zu vergegenwärtigen und sie gleichzeitig auf gebührende Weise zu beklagen.

Es war schwierig, an Gottes Gnade zu glauben, solange Mörder kleine Kinder lebendig verscharrten.

Kein Gebet, kein Gebot, keine Stelle im Talmud, die Jakob nun nicht in einem neuen Licht erschien.[5]

Auf Äußerungen dieser Art stößt man nur nach Zeiten intensiven kollektiven Leidens, und wenn solche Katastrophenerfahrungen der jüdischen Geschichte bis zu diesem Jahrhundert auch nicht fremd waren, so kann man sich doch kaum vorstellen, daß ein Schriftsteller unserer Zeit einen fiktionalen Text über die jüdische Katastrophe verfaßt und dabei nicht die Ghettos und Todeslager im Sinn hat. *Jakob, der Knecht*, vorgeblich ein im 17. Jahrhundert angesiedelter historischer Roman, thematisiert zwangsläufig den Holocaust, wenn auch indirekt.

Mit Malamuds historischem Roman *Der Fixer* liegt ein in wesentlichen Punkten mit Singers Text vergleichbares Beispiel vor, denn Malamud schildert den Leidensweg eines unschuldig im Gefängnis sitzenden Juden (ein stark typisierter Vertreter des Judentums, dessen Name Jakow Bok »Israel als Sündenbock« konnotiert), aber gleichzeitig auch die politischen Manipulationen eines Antisemitismus auf allen Ebenen, der sowohl rassistisch als auch religiös motiviert ist und sich unterschiedslos gegen alle Juden richtet. Jakows Einwand, er sei »ein Jude, [aber] unschuldig«, wird mit der unumstößlichen und vernichtenden Anklage begegnet: »Kein Jude ist unschuldig.« (S. 235) Wenn man bedenkt, daß Malamud diesen Satz, der das Schicksal der Juden unentrinnbar festlegt und sozusagen einen Freibrief für den Genozid an einem ganzen Volk ausstellt, in den sechziger Jahren dieses Jahrhunderts schrieb, ist es kaum denkbar, daß der Autor bei der folgenden Textpassage nicht auch Hitler im Sinn hatte:

Nach einer kurzen Spanne Sonnenlicht erwacht man in einer schwarzen, blutigen Welt. Über Nacht wird ein Wahnsinniger geboren, der glaubt, jüdisches Blut sei Wasser. Über Nacht verliert das Leben seinen Wert. Die Unschuldigen werden ohne Unschuld geboren. Der menschliche Körper ist weniger wert als das, woraus er besteht. Ein Mensch ist Scheiße. Die Juden, die mit dem Leben davonkommen, leben im Andenken an die ewige Qual. (S. 283)

Diese Überlegungen sind innerhalb des fiktiven Rahmens des vorrevolutionären Rußlands angesiedelt, weisen aber mehrere Jahrzehnte voraus und reflektieren einen Bewußtseinsstand der dreißiger und vierziger Jahre. Wie in Singers Textbeispiel werden wir auch hier indirekt, doch unbezweifelbar mit dem Holocaust konfrontiert.[6]

Ich will auf folgendes hinaus: Jeder Roman, der nach dem Holocaust verfaßt wurde und jüdisches Leid zum Thema hat, bezieht sich zwangsläufig auf den Holocaust, sei er nun ausdrücklich erwähnt oder nicht. Autoren vom Format eines Singer oder Malamud mag es gelingen, die Bezüge auf diese grauenhafteste aller Tragödien, die das jüdische Volk durchlitt, ausschließlich in verdeckter Form herzustellen, aber was auch immer die Oberflächenhandlung ihrer Texte ausmacht, untergründig wird der Holocaust sich immer deutlicher bemerkbar machen. Wie könnte es auch anders sein, da doch unter dem Eindruck der Ghettos und Todeslager im jüdischen Bewußtsein eine so fundamentale Umwälzung stattgefunden hat, daß nahezu alle vorangegangenen Fälle jüdischer Agonie in eine Beziehung zu Auschwitz gebracht werden. Der *churban* vereinigt in einer einzigen verzehrenden Flamme die Zerstörung des ersten und zweiten Tempels *und* die Vernichtung des europäischen Judentums. Der Holocaust, der heute für unser allgemeines Bewußtsein ebenso zentral wie unentrinnbar ist, wirft seinen Schatten sowohl voraus als auch zurück, so daß Chmelnickij und Petlura ebenso gewiß zu Vorläufern Hitlers werden oder Amalek, in weiter zurückliegender Zeit, als Prototyp Hamans und Haman als Archetyp aller späteren großen Antisemiten angesehen wurde. Solche Identifikationen ergeben sich zwangsläufig aus der Phänomenologie jüdischen Leidens. Aus dem gleichen Grunde muß eine Phänomenologie des Lesens von Holocaust-Literatur notwendigerweise Bücher wie *Jakob der Knecht* und *Der Fixer* ebenso mit einbeziehen wie *Ein Sohn Hiobs* oder *Der Letzte der Gerechten*, wenn auch unter etwas anderen Vorzeichen.

Mit André Schwarz-Barts Roman bewegt sich die Literatur zurück von der Geschichte zur Legende, um in den innersten Kern des Raums der Zerstörung vordringen zu können. Während dort anzukommen bedeutet, an einer Ordnung des Todes teilzuhaben, die ganz spezifisch dem 20. Jahrhundert angehört, begreift Schwarz-Bart das Sterben selbst hingegen als einen Prozeß, dessen Anfänge schon weit zurückreichen, mindestens bis zu den Judenverfolgungen des mittelalterlichen Europa. Die »wirkliche Geschichte Ernie Levys«, so erfahren wir im ersten Abschnitt des *Letzten der Gerechten*, »beginnt jedoch weit früher, um das Jahr Tausend unserer Zeitrechnung, in der alten anglikanischen Stadt York«.[7] Dort, inmitten eines von der Kirche angezettelten Pogroms, beschließen Rabbi Yom Tow Levy und eine kleine Schar seiner Anhänger, eher den Märtyrertod zu wählen, als sich zur Taufe zwingen zu lassen. Dieser *Kiddush Ha-Shem* etablierte eine Tradition des *Lamed Waw* oder »Gerechten« im Hause der Levys, von der der Letzte, Ernie, in den Gaskammern von Auschwitz ausradiert wird. Nach Schwarz-Barts Darstellung bildet der Nazi-Holocaust dieses Jahrhunderts also den Kulminationspunkt einer langen Geschichte antijüdischer Gewalt in Europa, die schon vor einem Jahrtausend einsetzte. Diese historische Perspektive – ob sie nun akkurat zu belegen ist oder nicht – bereichert den Roman ungemein, denn sie erlaubt es dem Autor, nicht allein das zeitgenössische Schicksal der Juden in den weiter gefaßten Rahmen jahrhundertelanger Feindseligkeit einzuordnen, sondern mit Hilfe der Nachkommen des Rabbi Yom Tow Levy eine ganze Palette jüdischer Reaktionen auf sowohl christlich wie säkular-politisch motivierten Haß gegen sie darzustellen. Die Bandbreite dieser Reaktionen reicht von Märtyrertum und Exil bis hin zu geschickten Ausweichmanövern oder naiver und unterwürfiger Anpassung. Hin und wieder findet sich eine Darstellung aktiven Widerstands, obwohl Schwarz-Bart sich über die bedauernswerte Wehrlosigkeit der Juden im klaren ist und an keiner Stelle eine offene Kriegsführung auf einer Massenbasis als realistische Möglichkeit in Betracht zieht.

Er befürwortet statt dessen eindeutig eine leisere Form von Gewalt, einen spirituellen Widerstand, der seine Kraft aus dem Glauben bezieht und in einigen heroischen Motiven aus Mythos und Legende wie auch in historischen Beispielen Bestätigung findet. Der Roman *Der Letzte der Gerechten*, an dessen Ausgangspunkt zwei der phantasievollsten und heiligsten Quellen jüdischer Religion und jüdischen Volksglaubens stehen – *Kiddush Ha-Shem* und *Lamed Waw* –, geht über viele vorangegangene Versuche, den Holocaust zu fiktionalisieren, insoweit hinaus, als hier versucht wird, einen möglichen *Sinn* in das Leiden der Juden hineinzuprojizieren und darin sogar ein gewisses Maß an Freiheit zu sehen. Beide stoßen hier freilich an ihre Grenzen, da sie eine Zielgerichtetheit des jüdischen Leidens voraussetzen, doch wenn Schwarz-Bart den Mut, die Würde, den Anstand und das Mitleiden, das mit solch tragischen Handlungen einhergehen kann, vorführt, wiegen die Stärken des Romans seine Schwächen bei weitem auf. Schwarz-Bart geht es dabei ganz offensichtlich darum, aufzuzeigen, daß man noch unter den unmöglichsten Umständen bewußt den Tod wählen kann, statt sich von ihm terrorisieren und zum Opfer machen zu lassen. Anders ausgedrückt: wer die Bedingungen seines Sterbens selbst festlegt und sich nicht der erbärmlichen Niedertracht der Schlächter beugt, stirbt in der Ausübung des größtmöglichen spirituellen Widerstands gegen die Unterdrückung.

Ungeachtet einiger Versuche, eine »christliche Botschaft« in *Der Letzte der Gerechten* sehen zu wollen, sollte hervorgehoben werden, daß in Ernie Levys Ende keine Sühne oder Erlösung liegt, keine »Rettung« wird daraus hervorgehen. Schwarz-Bart weist noch einmal eindringlich auf diesen Punkt hin, wenn er auf der letzten Seite seines Buches zur Vorsicht gegenüber soviel Optimismus aufruft: »Und so wird diese Geschichte nicht mit irgendeinem Grab enden, das man gedenkend besuchen kann. Denn der Rauch, der aus den Verbrennungsöfen aufsteigt, gehorcht wie jeder andere den physikalischen Gesetzen: Die Partikeln vereinigen sich und zerstreuen sich im Wind, der sie dahintreibt. Die einzig mögliche Pilgerfahrt, werter Leser, wäre die, manchmal wehmütig zu einem Gewitterhimmel aufzublicken.« (S. 401) Wer in diesem Grauen das Symbol einer religiösen Auffahrt gen Himmel erkennen will, muß enttäuscht werden: In den verbrannten Überresten Ernie Levys und denen Millionen anderer, die sein Schicksal teilten, werden wir nichts anderes ausmachen können als Asche und Rauch. Und in diesen Überresten liegt kein Heilsversprechen, von Geist und Körper bleibt nichts als Abfall.

Vielleicht ist es diese Erkenntnis einer totalen Sinnlosigkeit, die die meisten anderen Schriftsteller davon abhält, sich Schwarz-Barts Beispiel anzuschließen und ihm auf seinem Weg zurück in die Geschichte zu folgen. Einerseits scheint es klar zu sein, daß ein Bewußtsein früherer Perioden antisemitischer Gewalt eine Perspektive zum Verständnis und zur Darstellung des Holocaust bieten kann, jedoch nur, wenn letzterer als Teil eines historischen Kontinuums verstanden wird. Wenn dies nicht der Fall ist und er als Ereignis sui generis und nicht als Ergebnis eines seit langer Zeit schon bestehenden »Antisemitismus« begriffen wird, ist es offenkundig sinnlos, frühere Epochen jüdischer Geschichte als Quelle für interpretatorisches Vokabular heranzuziehen. Diese Perspektive würde die Dinge in ein völlig schiefes Verhältnis zueinander rücken, was Elie Wiesel einmal sehr treffend ausgedrückt hat. Seine Weigerung, das Schicksal der Juden unter den Nazis aus der Sicht des Churban zu begreifen, wie es ihm der Lubavitscher Rebbe vergeblich als Tröstung angeboten hatte, begründet er wie folgt:

[Hier ist] eine schöne Geschichte aus dem Talmud. Sie handelt entweder von Rabbi Johanan Ben Zakkai oder Rabbi Eleazar; als dessen Sohn starb, kamen seine Schüler und wollten ihm Trost spenden und sprachen, »Rabbi, selbst Adam fand Tröstung, als sein Sohn Abel erschlagen wurde. Warum findest du keinen Trost?« Und er sagte, »Meine Freunde, meint ihr nicht, daß mein eigenes Unglück mich genug betrübt? Warum fügt ihr ihm noch Adams Unglück hinzu?« Darauf sprachen sie: »Denk an Aaron, den Hohepriester: selbst er tröstete sich, als seine Söhne starben.« Und er sprach, »Meint ihr denn nicht, daß, was mir geschah, mich genug bekümmert? Warum fügt ihr noch Aarons Leid hinzu?« Und so ging es weiter und weiter. Was soll das bedeuten? Daß Leid sich summieren kann. Ein Leid negiert das andere nicht, sondern es *vermehrt* das vorhergegangene nur. Diese Antwort gab ich dem Lubavitscher Rebbe [...] Als er mich davon zu überzeugen versuchte, daß der Churban, der erste Churban, die erste Zerstörung des Tempels vor 2.000 Jahren, die Frage bereits aufgeworfen hatte, sagte ich, »aber diese zwei Tragödien addieren sich und die Frage stellt sich nur um so dringlicher und ernsthafter dar.«[8]

Diese Weigerung, den Holocaust zu irgend etwas anderem in Analogie zu setzen oder die Existenz geschichtlicher Vorläufer anzunehmen, impliziert natürlich auch, wieder ganz von vorn anfangen zu müssen, ein wie auch immer geartetes Verständnis des Holocaust oder dessen Darstellung ganz auf sich selbst zu stellen. Wie das im einzelnen zu geschehen hat, ist von Fall zu Fall unterschiedlich, der Autor wird aber immer zwischen zwei Alternativen zu wählen haben: Er wird sich entweder für irgendeine Form von fiktionalem Realismus entscheiden, bei dem es darum gehen wird, Leben und Tod möglichst naturalistisch genau zu zeichnen, oder er wird sich für eine Form surrealistischer Darstellung zu entscheiden haben, die den Holocaust in abstraktere Bilder von Agonie, Absurdität oder mythischen Leiden transformieren. Autoren wie Borowski, Kusnezow, Lustig, Semprun oder J. F. Steiner haben für die erstgenannte Lösung votiert, Delbo, Gascar, Kosinski, Lind oder Rawicz stehen stellvertretend für Autoren der zweiten Gruppe. Wenn es eine dritte Möglichkeit gibt, so umfaßte sie Literatur, die sich mit den Folgen des Holocaust beschäftigt, wie es im bereits erwähnten *Mr. Sammlers Planet* geschieht und in Romanen wie Norma Rosens *Touching Evil*, I. B. Singers *Feinde, die Geschichte einer Liebe* und in einigen der retrospektiven Texte Elie Wiesels. Jede dieser Darstellungsweisen besitzt ihre Vor- und Nachteile, und einzelnen Schriftstellern ist es gelungen, aus jeder dieser drei Möglichkeiten heraus auf interessante Weise zu schreiben. Kein einziger Text bisher ist aber seiner Aufgabe ganz gewachsen gewesen, die in Isaac Rosenfelds Worten darin besteht, das Grauen zu begreifen, »das seinen Ausgangspunkt dort hat, wo unser herkömmlicher Begriff des Bösen seine Geltung verlor – bereits außerhalb der menschlichen Welt« (S. 199).

Die Schwierigkeit bei der Verwendung dieser Begriffe – die ja ansonsten nützlich sind – besteht darin, daß sie entweder auch weiterhin eine in moralischen Kategorien erfaßbare Welt voraussetzen oder – im entgegengesetzten Fall, wenn sie moralische Kategorien als zerstört ansehen –, eine Wahrnehmungsordnung nahelegen, die nicht von dieser Welt ist. Der Holocaust ist aber irgendwo zwischen diesen beiden Polen anzusiedeln, an der Bruchstelle zwischen vertrauten und entlegenen, unheimlichen Situationen. In den der ersten Kategorie zugehörigen Texten beruht die narrative Darstellung auf geschichtlichen und moralischen Gegebenheiten, die wir mühelos einordnen können, wenn es auch nicht einfach sein wird, die äußerste Kompromißlosigkeit, der sie unterworfen sind, zu erfassen. Dagegen haben wir bei der Literatur der zweiten Kategorie schon eine Grenze überschritten, zu etwas hin, das zwar nicht unbedingt jenseits unserer kognitiven Fähigkeiten liegt, das sich aber gleichzeitig auch nicht in unsere normativen Wahrnehmungsraster fügen will. In beiden Fällen wurde dieser Bruch herbeigeführt von subtilem oder offenerem Terror, der unsere Aufmerksamkeit auf sich zieht und uns aus dem Gleichgewicht bringt, indem er unsere Wahrnehmung zwingt, ihre gewohnten Bahnen zu verlassen.

Am schwierigsten stellt sich für den Autor wohl die Wahl der Perspektive dar. Hersey und Uris entschieden sich, wie schon erwähnt, für eine dokumentarische, Schwarz-Bart für eine historische. Für einen engagierten Autor wie Jorge Semprun, der als Protagonisten für *Die große Reise* einen Kämpfer aus dem spanischen Bürgerkrieg wählt, bietet die Politik die zentrale ideologische Perspektive, so wie der Proustsche Umgang mit der Zeit das zentrale Strukturprinzip darstellt.[9] All diese Wege sind gangbar, allerdings auch vorhersehbar. Innerhalb der realistischen Schreibweise ist es lediglich ein Borowski, der uns überrascht und verunsichert, denn die meisten seiner Erzählungen aus *Bei uns in Auschwitz* werden aus einem so ungewöhnlichen Blickwinkel erzählt, daß es tatsächlich beispiellos ist.[10]

Was Borowski getan hat, ist: einfach zu zeigen, wie das dem KZ-System innewohnende Böse von der Erzählperspektive Besitz ergreift und sie schließlich ganz beherrscht. Um es mit Borowski selbst zu sagen (aus *Bei uns in Auschwitz*): »Wir sind es doch nicht, die das Böse leichtfertig und unverantwortlich heraufbeschwören, wir stecken doch mittendrin ...« (S. 151). Was diese Einstellung für seine Erzählungen bedeutet, legt präzise Czeslaw Milosz dar:

> In der reichen Greuelliteratur des 20. Jahrhunderts findet man wohl nicht viele Augenzeugenberichte, die von den Mittätern der Verbrechen selbst verfaßt sind* (die Schriftsteller halten gewöhnlich diese Rolle für unter ihrer Würde). ›Mittäterschaft‹, auf das Konzentrationslager angewendet, ist übrigens ein nichtssagender Begriff [...] In seinen Erzählungen ist Beta [Borowski, d.Ü.] ein Nihilist. Unter Nihilismus verstehe ich aber nicht Amoralität [...] Beta will in seinen Beschreibungen bis ans Ende gehen, er will die Welt genau darstellen, in der für Empörung kein Platz mehr ist. Die Spezies Mensch steht in Betas Erzählungen *nackt* dar, entkleidet von allen guten Gefühlen, die nur so lange andauern, als die Sittlichkeit der Zivilisation andauert. Die Sittlichkeit der Zivilisation ist zerbrechlich. Es genügt ein plötzlicher Wechsel der Lebensbedingungen und die Menschheit kehrt in den Urzustand der Wildheit zurück.[11]

In dieser Art von Literatur ist kein Platz für ›Empörung‹, weil darin die Möglichkeit läge, sich distanzieren zu können oder auch etwas wie innere Freiheit zu erlangen, die Möglichkeit, eine wertende Haltung einzunehmen. Das gleiche gilt auch für Emotionen wie Schock, Verwunderung, Abscheu oder Erbarmen. Ließe man diese Reaktionen, die einer zivilisierten Welt angehören, zu, hieße das, die Barbarei des Konzentrationslagers als etwas darzustellen, das dem Menschen äußerlich bleiben kann. Borowski, der ja alles andere als ein Sentimentalist ist, geht es aber gerade darum zu zeigen, wie rasch man sich doch im Grauen einrichten und sich in Auschwitz ›heimisch‹ oder eben wie ›bei uns‹ fühlen kann. Das ist die Sicht eines Menschen, der das Lager schon lange nicht mehr als Pervertierung der Wirklichkeit empfindet, für den es vielmehr die einzig wahre Wirklichkeit darstellt, die man folglich auch nicht bekämpft, sondern in der man sich einen Platz – so bequem und mit so vielen Privilegien ausgestattet wie möglich – zunächst zu erobern und ihn dann mit allen zur Verfügung stehenden Mitteln zu verteidigen sucht. Selbstverständlich wird man so zum Kollaborateur, und selbstverständlich bedeutet das, »Mittäter des Verbrechens« zu werden, aber es gibt doch nichts als das Verbrechen. Nach allem, was man weiß, war Borowskis Verhalten während seiner Lagerhaft in Auschwitz vorbildlich, doch für seine Erzählungen wählt er die Perspektive einer komplizenhaften Kriminalität, und diese Erzählhaltung ist es, mehr als alles andere sonst, die seine Texte so erschreckend wirken läßt. Sein Erzähler speist üppig, während andere verhungern, kleidet sich in Seidenhemden und trägt teure Schuhe, während andere halbnackt gehen und vor Kälte erstarren. Andere delirieren im Todeskampf, und er pflegt seinen Schlaf. Es geht darum, inmitten des Sterbens ringsumher sein Leben zu erhalten, das moralische Überleben wird nebensächlich, wenn das physische auf dem Spiel steht. Diese Haltung schockiert den Leser, aber die Erzählungen selbst bringen eine solche Reaktion so gut wie nicht zum Ausdruck; hier schlendert der Protagonist nach einer Selektion fort und »summ[t] einen neuen Tango vor [s]ich hin. Den neuen Schlager. Krematorium-Tango heißt er.« (S. 74)

Der Kontrast zwischen Borowskis Erzählperspektive und der eines Moralisten wie etwa Schwarz-Bart könnte größer nicht sein. Eine Gegenüberstellung unterstreicht nur noch einmal den bis ins Äußerste perfektionierten, schonungslosen Realismus Borowskis. In letzter Instanz ist *Der Letzte der Gerechten* ein Roman über den spirituellen Widerstand, dessen höchste Form, der Märtyrertod, als die bessere Wahl dargestellt wird gegenüber der Möglichkeit, moralische Kompromisse einzugehen. Alles läuft auf die folgende Einsicht hinaus: »Eine Welt nicht verlassen, [...] die einen im Stich läßt, heißt, sein Unglück durch einen Wahn noch größer machen« (S. 126). Ernie Levy, tatsächlich ein freiwilliger Selbstmörder, richtet sein ganzes Leben (und Sterben) an dieser Maxime aus und erweist sich dabei als ein Mensch mit hohen Idealen, für die er sogar sein Leben opfert. Borowskis Prosa ist frei von einem solchen Idealismus, er setzt alles daran, eine genau entgegengesetzte Position zu verdeutlichen, in der Heldentum keine wie auch immer geartete Rolle spielt. Weit entfernt davon, die Welt freiwillig »zu verlassen«, ist Borowskis Erzähler in nahezu allen Texten aus *Bei uns in Auschwitz* allein bemüht, seinen Vorteil in ihr zu suchen, er sichert sich die lukrativsten Jobs, kleidet sich so luxuriös wie möglich, speist üppige Mahlzeiten und entgeht dabei dem Tod im Gas. »Es arbeitet sich gut, wenn man zum Frühstück ein ganzes Viertel Speck verschlungen, mit Knoblauch gewürzt und mit einer ganzen Dose Kondensmilch nachgespült hat« (S. 77f), bemerkt er, während einige seiner Schlafraumgenossen buchstäblich verhungern. Während ein Fußballspiel ausgetragen wird, hatte man »[z]wischen zwei Eckbällen [...] hinter [s]einem Rücken dreitausend Menschen vergast« (S. 188), Frauen, alte Männer und Kinder eines neu eingetroffenen Transports, die ihrem Tod entgegen gehen, während »das Orchester am Tor [...] schneidige Foxtrotts und langsame Tangos« spielt (S. 199). Solche Ereignisse werden in schrillem, ja obszönem Mißklang nebeneinander gestellt, aber in Auschwitz gibt es schließlich nichts, das nicht einen radikalen Bruch mit dem vorhergehenden Leben darstellt, und so gesehen ist Borowskis beharrliche Weigerung, eine Trennungslinie zwischen diesen Bereichen zu ziehen, in ihrer ganzen Konsequenz nur folgerichtig. Für das Leben zahlt man an einem solchen Ort jeden nur geforderten Preis, und der Tod kommt »[o]hne Zauber, ohne Giftmischerei, ohne Hypnose. Ein paar Kerle, die den Verkehr regeln, damit es keine Stauungen gibt, und die Menschen fließen dahin wie Wasser aus dem aufgedrehten Wasserhahn« (S. 150). Mitgefühl mit den Toten oder Empörung angesichts ihres Schicksals würde bedeuten, einem Humanismus nachzugeben, der unvereinbar ist mit Borowskis kontrolliertem Blickwinkel, der die kühle Distanz eines Unbeteiligten wahrt. Alles andere erschiene im Kontext dieser Erzählungen sentimental und würde den »Lagerkomplex« untergraben, den diese Prosa veranschaulichen will (S. 267). Die folgende Passage bringt dies in aller Deutlichkeit zum Ausdruck:

Diese Zivilisten sind komische Leute. Sie reagieren beim Anblick des Lagers wie die Wildschweine beim Anblick einer Feuerwaffe. Sie verstehen nichts vom Mechanismus unseres Lebens und wittern dahinter etwas Unwahrscheinliches, etwas Mystisches [...]
  Heute sind wir mit dem Unwahrscheinlichen, dem Mystischen, auf du und du. Das Krematorium gehört zu unserem täglichen Brot, es gibt Tausende Fälle von Phlegmonen und Tuberkolose [...]: weil wir – sozusagen – gut Freund mit der Bestie sind, und daher sehen wir die von draußen ein bißchen herablassend an, wie ein Gelehrter einen Laien, wie ein Geweihter den Profanen. (S. 149)

Wir Leser sind zwangsläufig ›Profane‹, nicht Eingeweihte, wenn wir auch schon etwas von unserer Naivität eingebüßt haben, nachdem wir die Lektüre der Erzählungen aus *Bei uns in Auschwitz* hinter uns haben, deren unnachsichtiger Blick auf das Lagerleben, ungelindert durch Mitgefühl oder Angst, uns das Entsetzen beinahe unerträglich nahe gebracht hat. Borowski wußte natürlich, daß ein Leser, der ja ein ›Zivilist‹ ist, nur dann wenigstens ansatzweise zu begreifen vermag, wenn es ihm gelingt, ihn von seinen zivilisierten Gewohnheiten abzubringen, da diese eben auch Reflex jener menschenfreundlich geprägten Grundeinstellung sind, die unter den Bedrängnissen des Lagerlebens so schnell abgelegt wird. Borowski überzeugt uns von deren Brüchigkeit nicht etwa, indem er sie direkt attakkiert, sondern mit viel subtileren Mitteln, etwa indem er aufzeigt, wie die Hoffnung – Mutter aller Täuschungen – das menschliche Bewußtsein und den menschlichen Willen zugleich untergräbt und so viele dazu bringt, sich willenlos in ihren Tod zu fügen.[12] Diese Schwäche mußte abgelegt werden, andernfalls würde – wie so oft – das Leben ganz allmählich versickern in dem endlosen Strom, der Millionen in die Gaskammer trug. Borowski bewerkstelligt diesen

Desillusionierungsprozeß mittels einer Erzählhaltung, die bar ist aller menschlichen Gefühlsbezeugungen – und dies ist, davon war er fest überzeugt, die einzige Perspektive, die nicht verfälscht. »Ich weiß nicht, ob wir es überleben«, schreibt er in *Bei uns in Auschwitz*, »aber ich wünsche, daß wir einmal wieder soweit sind, daß wir die Dinge beim richtigen Namen nennen, wie es mutige Menschen tun.« (S. 161)

Borowski hat Auschwitz und Dachau überlebt und schrieb und veröffentlichte seine Erzählungen noch als ein sehr junger Mann. In einer davon notiert er, daß, im Falle seines Überlebens, er »das alles nie wieder los« (S. 161) würde. Nach dem Krieg hielt er sich eine Weile in München auf, bevor er nach Polen zurückkehrte und sich dort als politischer Journalist auf eine Weise betätigte, die ihm in Regierungskreisen zu hohem Ansehen verhalf, unter seinen literarischen Freunden aber Entsetzen hervorrief. Laut Czeslaw Milosz und Jan Kott, zwei im Exil lebenden polnischen Gelehrten, die sehr genaue Porträts von Borowskis Karriere verfaßt haben, verfiel der Schriftsteller in Verzweiflung und erkannte, wie schon Majakowskij vor ihm, daß er »auf die Kehle seines eigenen Liedes getreten war«.[13] Sechs Jahre nach seiner Befreiung aus Dachau, mit nicht einmal 30 Jahren, drehte Borowski in seiner Warschauer Wohnung den Gashahn auf und nahm sich so das Leben.

Ein Großteil der realistischen fiktionalen Literatur über den Holocaust, die sich wenigstens zunächst einmal auf traditionellen Wertvorstellungen gründet, trennt strikt zwischen Opfern und Tätern, ebenso wie zwischen Vergangenheit und Gegenwart, normalem und anomalem Verhalten, psychischer Unversehrtheit und Wahnsinn. Der Schrecken stellt sich im allgemeinen in dem Leid dar, das dem Unschuldigen durch einen Vertreter des Bösen zugefügt wird, während andere entweder entsetzt zusehen oder sich ganz einfach indifferent verhalten. Borowskis Texte heben diese Trennung auf, und die Kategorien verschmelzen miteinander, da der Schrecken eine absolute Gewalt darstellt, die alle früher gültigen Unterschiede sehr rasch nivelliert. Die dominierende Bedeutung ist bei Borowski nicht die des Jägers oder des Gejagten, sondern nur die Jagd selbst. Aus diesem Grunde ist Borowski unter den Vertretern des fiktionalen Realismus auch das überzeugendste Beispiel, denn er hat sich am weitesten von dem traditionellen Moralbegriff des Bösen gelöst, der nicht imstande ist, eine neue Kategorie des Bösen zu umfassen oder auch nur ansatzweise zu erklären.

Aus dem gleichen Grund vielleicht ist Kosinski das eindrucksvollste Beispiel unter den Erzählern des Holocaust, wenngleich Lind und Rawicz es in ihren besten Texten mit ihm aufnehmen können. Es ist in der Tat hilfreich, Rawicz heranzuziehen, um uns mit einer der Schlüsselprinzipien vertraut zu machen, mit denen Kosinski in seinem *Bemalten Vogel* gearbeitet hat. »Alle Verstümmelung ist heilig«, schreibt Rawicz, »so heilig, daß sie mit dem Gift ihrer Heiligkeit auch den Einen ansteckt, der verstümmelt. Aus der Hochzeit zwischen dem heiligen Verstümmler und dem heiligen Verstümmelten gehen Kinder von bisher nie gekannter Gestalt hervor ...«[14]. Die Erzählperspektive in Kosinskis Romanen ist von dieser totalen Kontamination und Schändung durchdrungen, sie geht dabei weit über die Selbsteinschätzung Kosinskis hinaus, nach der er den Menschen porträtiert hat, »in seiner verwundbarsten Bedeutung, als ein Kind, und die Gesellschaft in ihrer tödlichsten Form, im Zustand des Krieges«. In diesem Fall ist der Kritiker Kosinski nicht gerade der geeignetste Interpret des Autors Kosinski, denn obschon *Der bemalte Vogel* auch das Thema der Konfrontation zwischen dem »schutzlosen Einzelnen und der übermächtigen Gesellschaft« streift, kommt es dem modernen Bestiarium, auf das Rawicz uns hinweist, doch viel näher als einer Studie über den Konflikt zwischen dem Individuum und der Gesellschaft.[15]

Was an Kosinskis Leistung vor allem besticht – und gleichzeitig auch so verstörend wirkt –, ist die Tatsache, daß er seine Einsichten beinahe vollständig unter Aufgabe sowohl individueller als auch gesellschaftlicher Wertvorstellungen gewonnen hat. Die Aneinanderreihung grotesker und abstoßender Szenen findet keine naturalistische Entsprechung im historischen Rahmen der Kriegsjahre, der ihnen als Hintergrund dient. Diese Szenen sind Metaphern eines primitiven und rohen Bösen, das buchstäblich außerhalb der Historie liegt und sich mit historischen Kategorien nicht erklären läßt. Der Grad der Abweichung ist so hoch und so konstant, daß er geradezu willkürlich erscheint und den Leser zu der Frage veranlaßt, ob es sich bei *Der bemalte Vogel* nun um ein entsetzliches und obszönes Buch handelt oder um einen Text über das Entsetzen und die Obszönitäten der Nazizeit. Nach meiner Einschätzung trifft letzteres eher zu, was bedeutet, daß mit diesem Buch ein Porträt des Terrors in seinen absoluten Dimensionen vorliegt, das auf seine Weise weit über alle bisherigen Versuche dieser Art hinausgeht und den Terror dort lokalisiert, wo er mythisch zu werden beginnt.

Solche Darstellungen etablieren nicht die Kategorien von ›Individuum‹ und ›Gesellschaft‹, sie spiegeln vielmehr ihre vollständige Kontamination wider und damit ihren Untergang. Wenn es je ein Buch gab, das Wiesels Behauptung bestätigt, im Holocaust sei nicht nur der Mensch, sondern auch die Idee des Menschen zu Tode gekommen, dann ist es *Der bemalte Vogel*. Seine Kraft, die fast allegorische Züge annimmt, speist sich aus der Fähigkeit des Autors, seine Bilder pervertierten Lebens und gewaltsamen Sterbens von der historischen Matrix des Holocaust zu lösen und sie als übernatürlich erscheinen zu lassen, so als ob es sich um universal gültige Kräfte handle, unversöhnbar und nicht einmal faßbar, zumindest nicht mit menschlichen Begriffen. Von der Anrufung Majakowskijs – »Da wußte nur Gott / im grauseidnen Bart: / es war halt Getier / von verschiedener Art« – bis zur apokalyptischen Detonation der Züge durch den Schweiger am Ende, liegt der Akzent auf der Darstellung eines Typus Mensch von entfremdetem und niedrigem Wesen, der zu den unglaublichsten und abscheulichsten Handlungen fähig ist. Wenn diese im Lauf der Erzählung entfaltet werden, ganz beiläufig und oft unmotiviert, entsteht daraus der Eindruck ständig wachsenden Grauens, so als ob keine Handlung so schrecklich sein könnte, daß sie in ihrer

Bösartigkeit nicht noch überbietbar wäre. Auf diese Weise fängt Kosinski wirkungsvoll das dominierende Merkmal des Holocaust als eine Abfolge unbarmherziger Angriffe auf alles, was noch irgend Spuren menschlicher Definition trägt, ein. Doch insofern Kosinski diese Vision in Begriffe übersetzt hat, die weitgehend ahistorisch sind, erkennen wir auch nicht die vertrauten Vertreter der menschlichen Spezies, sondern können nur auf Rawicz' »nie gekannte Gestalten« starren.

Der einzige direkte Bezug auf den Holocaust, den *Der Bemalte Vogel* enthält, wird am Ende des Romans in die Luft gesprengt. Schon früher erwähnt der Text kurz die Züge, die die Juden in den Tod transportierten; später legt sich der Protagonist, ein Junge, dessen Name ungenannt bleibt, zwischen die Schienen und läßt die Züge über sich hinwegrollen, um auf diese Weise gewissermaßen Gewalt über sie zu erlangen. Wenn man sich Marx' Definition des Krieges als Lokomotive der Geschichte ins Gedächtnis ruft (und Bezüge zu marxistischen Gedanken lassen sich an mehreren Stellen des Textes ausmachen), dann kann man in dieser Tat des Jungen etwas erkennen, das das historische Böse wie den Tod selbst gleichermaßen herausfordert. Jedesmal, wenn er die sich selbst gestellte Probe überstanden hat, empfindet der Junge höchste Erregung: »Im Vergleich zu der Angst, die ich empfand, wenn ich auf den herankommenden Zug wartete, schienen alle anderen Schrecken unbedeutend.« (S. 223) Sich von einem Todeszug überrollen zu lassen, nachdem man sich dem absichtlich ausgesetzt hat, bedeutet hier nicht, wie es in Schwarz-Barts moralischem Universum der Fall wäre, das Martyrium zu wählen. In Kosinskis nihilistischer Welt gewinnt man vielmehr so die Oberhand über die Macht, die den Lauf der Dinge bestimmt. Am Ende des Romans ist es eben diese Hand, die dabei hilft, den Sprengstoff zu zünden, der den Zug in die Luft sprengt: Die Geschichte ist bezwungen. In diesem Augenblick nämlich fallen dem Jungen »die Züge mit den Häftlingen für die Gaskammern und Krematorien« ein, und er beginnt in sich das »herrliche Gefühl« zu entdecken, absolute Macht über Leben und Tod in der Hand zu halten (S. 225). In Anbetracht der Bewegung dieses Romans, der Erklärungen nur zuläßt, um sie sofort wieder als untauglich fallenzulassen, kann der Triumph des Jungen nur vorübergehend sein. Für die apokalyptische Zerschlagung des historischen Kontinuums, die Kosinskis Schriften von der ersten bis zur letzten Zeile durchdringt, wird die letzte Szene des Romans, in der der Zug entgleist, zu einer ausdrucksstarken Metapher. Dort zeigt sich aber nur einmal mehr, wenn auch sicher hier kulminierend, daß die dehumanisierenden Kräfte von Tod und Zerstörung doch außerhalb menschlicher Reichweite bleiben, so wie sie in der alptraumhaften Welt des *Bemalten Vogels* die ganze Zeit gewesen sind. Der Roman als Ganzes läuft schließlich auf eine einzige große Metapher eines ungezügelten Terrorismus hinaus, dessen verheerende Gewalt das Wesen des Menschen als solches entstellt. Im häßlichen Zentrum dieser rohen Barbarei steht der Nazi-Holocaust, wenn auch eher abstrakt repräsentiert durch seine willkürlichen Grausamkeiten und die ungelinderten Wunden, die er schlägt. Kosinskis Stärke als Autor liegt in seiner

Fähigkeit, Geschichte in mythische Gestalt zu überführen, die um so furchterregender ist als sie für uns schwerer zu erkennen ist.

Die Texte Borowskis und Kosinskis fallen heraus aus der übrigen Literatur zum Holocaust; ihre ungewöhnliche Stärke beruht größtenteils darauf, daß sie die Dinge, die wir am wenigsten wahrhaben möchten, präsentieren als nunmehr dem Bewußtsein frei zugängliche und damit unausweichliche Gewißheiten. Andere Romane und Kurzgeschichten zeigen die vielen Gesichter desselben Terrors, doch niemals so dicht und so permanent bedrohlich wie hier. Teilweise läßt sich das vielleicht auf das Bedürfnis vieler Autoren zurückführen, die ›Wahrhaftigkeit‹ oder ›Authentizität‹ ihrer Texte zu dokumentieren oder anderweitig unter Beweis zu stellen oder, im umgekehrten Fall, die ›Irrealität‹ des Holocaust überzeugend zu demonstrieren. Der Kern des Problems liegt wiederum in der Frage nach der Perspektive. Piotr Rawicz beispielsweise beginnt seinen Roman, als handele es sich um die Transkription des historischen Berichts eines Überlebenden, aber er beendet ihn mit einem Nachwort, in dem er dokumentarische Absichten leugnet:

Dieses Buch ist kein historisches Dokument.
    Erschiene dem Autor die Vorstellung des Zufalls (wie der Großteil der Vorstellungen) nicht absurd, er würde nicht zögern, jede Anspielung auf bestimmte Epochen, Gegenden oder Völker als rein zufällig zu bezeichnen.
    Die erzählten Ereignisse könnten an jedem Ort und zu allen Zeiten aus der Seele eines jeden Menschen, Planeten, Minerals hervorgehen.[16]

Selbst unter Berücksichtigung der offenkundigen Ironie, die aus diesen Sätzen spricht, steht dieses Dementi doch in merkwürdiger Diskrepanz zu dem Anspruch auf Authentizität, der am Anfang von *Blut des Himmels* erhoben wird, und führt so zu einer Verunsicherung, wie dieses Buch denn nun verstanden werden soll. Dieses Problem haben wir bei Kusnezow nicht, der alles daran setzt, die historische Genauigkeit zu betonen und seinem Buch *Babi Jar* den Untertitel *Dokument in Romanform* beifügt; im Vorwort des Verfassers gelobt er, auch nur die »geringste literarische Erfindung« zu vermeiden. In einem Interview in der New York Times Book Review nahm Kusnezow sogar für sich in Anspruch, den Ausdruck »dokumentarischer Roman« geprägt zu haben, um damit die Tatsachentreue zu kennzeichnen, der er sich auch als Produzent fiktionaler Literatur verpflichtet fühlt. Drei Jahre später, Kusnezow lebte schon längst nicht mehr in der Sowjetunion, wo *Babi Jar* zuerst in einer zensierten Fassung erschienen war, wurde der Roman in einer »vollständigen« und unzensierten Version wieder veröffentlicht, die neues Material enthielt, doch auch die gleiche Beteuerung, »nichts auszulassen und nichts hinzuzufügen«. Zu dem Problem, auf das wir schon bei der Diskussion von Hersey und Uris gestoßen sind, kommen so neue Fragen nach der Definition dessen, was »wahr« ist und was nicht, hinzu.[17]

    Ähnlich heißt es in Charlotte Delbos *Keine von uns wird zurückkehren*: »Heute bin ich nicht sicher, ob das, was ich geschrieben habe, wahr ist. Sicher bin ich, daß es der Wahrheit entspricht.« Dieses Bekenntnis erinnert an Wiesels Erklärung in der Einleitung zu *Legends of Our Time*: »Manche Dinge ereignen sich, ohne wahr zu sein; andere sind wahr, haben sich jedoch nie ereignet.« Probleme dieser Art verschlimmern sich noch, wenn historische Personen (ein Eichmann, ein Himmler, ein Höß, ein Mengele) ›wiedererschaffen‹ und dann in literarische Erfindungen eingeflochten werden sollen, wie das in Gerald Greens Roman *Holocaust* und in William Styrons *Sophies Entscheidung* geschieht. Einige Autoren haben versucht, den Texten eine Art ›Gutachten‹ über die historische Authentizität oder Stimmigkeit beizufügen, wie z.B. J. F. Steiner, der sich sein *Treblinka* von Simone de Beauvoir gewissermaßen ›bestätigen‹ ließ, oder Manès Sperber, der seinem *Wie eine Träne im Ozean* eine lange historische Betrachtung voranschickt,[18] doch diese Methode bedeutet keine wirkliche Lösung. In der Holocaust-Literatur ist dieses Bedürfnis, fiktionalen Texten dokumentarische oder expositorische hinzuzufügen, sehr weit verbreitet. Das scheint darauf hinzuweisen, daß eine imaginative Literatur zu diesem Thema aus sich selbst keine hinreichende Legitimation schöpfen kann, sondern der Unterstützung von außen bedarf. Die Skrupel, den fiktionalen Text für sich selbst sprechen zu lassen, beruhen sehr wahrscheinlich auf einer Ungewißheit hinsichtlich zweier entscheidender Punkte. Einer kognitiven Ungewißheit: »Ist das alles wirklich geschehen?«, und einer expressiven: »Wie kann ich das alles überzeugend darstellen, mit den bescheidenen sprachlichen Mitteln, die uns zur Verfügung stehen?« Der folgende kurze Auszug aus Carlo Levis *L'orologio* (*Die Uhr*) bringt diese Zweifel ganz deutlich zum Ausdruck. Hierin liegt eine Herausforderung an die Holocaust-Literatur – und das gilt insbesondere für die Texte mit einer realistischen Erzählhaltung –, der bisher nur sehr wenige Autoren gewachsen waren:

Was für eine Art von Roman hätten Sie denn gern nach Auschwitz und Buchenwald? Haben Sie die Photographien gesehen mit den weinenden Frauen, wie sie Seifenstücke begruben, die aus den Körpern ihrer Männer und Söhne hergestellt waren? Auf diese Weise wurde das Durcheinander beendet. Das Individuum ausgetauscht durch das Ganze! Bitte schön! Ihr tranche de vie – ein Stück Seife.[19]

Soviel zum literarischen Naturalismus – die Passage ist deutlich genug. Angesichts dieser Artefakte des Holocaust – oder auch nur der Fotos von ihnen – empfinden viele Autoren das Medium fiktionaler Literatur als unzureichend. So verwundert es nicht, daß viele von ihnen über die Unzulänglichkeit der sprachlichen Mittel nahezu verzweifeln. Rawicz, der die Aussichtslosigkeit, das Grauen in Metaphern und Analogien ausdrücken zu wollen, erkennt, beschließt in der Mitte seines Romans, »die Vergleiche zu vertilgen, sie samt und sonders abzuwürgen [...] [B]leibt [...] nichts als die krabbelnde, häßliche, häßliche Reihung. Bleibt nur die Aufzählung« (S. 158). Schwarz-Bart hält in *Der letzte der Gerechten* den Fluß seiner Erzählung in einem der aufschlußreichsten Augenblicke des Textes an und schaltet sich als Autor ein mit der Klage: »Ich bin so ermattet, daß meine Feder nicht mehr schreiben kann. ›Mensch, lege deine Kleider ab, bestreue dein Haupt mit Asche, renne auf die Straßen und tanze, von Wahnsinn gepackt ...«< (S. 397) Dieses Eingeständnis, am Ende seiner erzählerischen Kraft angelangt zu sein, erfolgt mit einer anrührenden Offenheit, welche der Wahrhaftigkeit des Textes keinen Abbruch tut, sondern seine Glaubwürdigkeit eher noch erhöht.

Diese Wahrhaftigkeit hängt letzten Endes jedoch weniger von der historischen Faktentreue ab als von der Fähigkeit des Autors, die geschichtliche Wirklichkeit in einem Mythos oder einer Legende aufgehen zu lassen. Wenn man die fiktionale Holocaust-Literatur kritisch durchmustert, fällt ins Auge, daß die einprägsamsten Texte oft diejenigen sind, die die konventionellen Erzähltechniken des Romans hinter sich lassen und sich den poetischen Verfahren der Lyrik anzunähern beginnen. Nicht narrative Elemente wie Plot-Entwicklung und Figuren-Porträts machen die untergründige Wirkung aus, sondern die Vermittlung von Gefühlen durch bestimmte äußerst intensive Bilder, die auf ihre Weise genauso konkret und luzide sein können wie die Photographien, die Carlo Levi so überwältigen. Rawicz ist in dieser Hinsicht besonders erfindungsreich, seine besondere Fähigkeit besteht darin, uns plötzlich mit solchen Bildern zu konfrontieren. Delbo, Borowski, Kosinski, Schwarz-Bart und Semprun vermögen das an Schlüsselstellen ihrer Werke ebenso. Niemand, der diese Autoren sorgfältig gelesen hat, wird die visuellen Analogien für Leid und Qual, die sie zu finden in der Lage sind, so bald wieder vergessen – das Feld menschlicher Schädel wie verfaulende Kohlköpfe in *Blut des Himmels*, die toten Kinder, die aus den Güterwaggons herausgetragen werden »wie Küken«, mehrere in jeder Hand, in *Bei uns in Auschwitz*; das Gemetzel an den Schmetterlingen in *Der Letzte der Gerechten*; die langsame Verwitterung der Krematorien und ihr Verschwinden aus der Erinnerung in *Die große Reise*. Schließen möchte ich hier jedoch mit einer Passage aus Arnošt Lustigs *Ein Gebet für Katharina Horowitzová*,[20] die vielleicht am besten die Macht fiktiver Bilder ausdrückt, indem sie zeigt, was der Endpunkt aller Bilder des Holocaust sein muß:

Seine Augen sprachen nur noch von dem, was mit seiner Arbeit nichts mehr zu tun hatte: daß diese Asche nie mehr zerredet und nie mehr getilgt werden könne: sie könne nicht in Flammen aufgehen, denn sie stamme ja selbst vom Feuer; sie könne nicht durch Frost verbrennen, denn sie mische sich nur mit Schnee und Eis; sie könne in der Glut der Sonne nicht verdorren, denn nichts sei verdorrter als Asche; kein Lebender werde ihr je entrinnen; sie werde enthalten sein im Blut der Mütter, von dem sich die noch Ungeborenen nährten, und sie werde enthalten sein in der Milch ihrer Brüste, mit denen sie ihre Kinder stillten; sie werde enthalten sein in den Blüten, die sich aus ihren Kelchen entfalteten, und werde enthalten sein in den Pollen, mit denen die Bienen die Blumen befruchteten; sie werde enthalten sein in den Tiefen der Erde, in denen sich modernde Wälder in Kohle verwandelten, und sie werde enthalten sein in den Höhen des Firmaments, in denen das menschliche Auge, verstärkt durch Teleskope, einer undurchdringlichen Schicht begegnen werde, die um den wurmstichigen Erdplaneten ihre Kreise ziehe; sie werde enthalten sein in jedem Blick und in jedem Atemzug des Menschen; und wer künftig ergründen wolle, woraus sich die Luft, die wir atmen, zusammensetze, der werde diese Asche mit in Betracht ziehen müssen; sie werde enthalten sein in noch ungeschriebenen Büchern; und sie werde enthalten sein in Räumen, die noch nie eines Menschen Fuß betreten habe; niemand werde sich ihr je wieder entziehen können. Dies werde die lästige, aber auch diskrete Asche der Toten sein, die gestorben waren ohne Schuld. (S. 64f.)

4. Poetik des Aushauchens

> Schsch, schsch, sei ganz still.
> Neig dein Haupt und sprich kein Wort.
> Schwarz wie Schmerz und weiß wie Tod.
> Schsch, schsch, halt den Atem an.
> MANI LEIB

Lyrik, darüber war man sich früher weitgehend einig, hatte ihren Ort natürlicherweise in bestimmten Bezirken der Erfahrung und formal in einem bestimmten Sprachgebrauch. Manche Gegenstände erschienen an sich poetisch, ebenso wie bestimmte Konventionen von Sprache ebenfalls den Zwecken der Lyrik dienten und sie in die Welt trugen. All dies – die Definitionen dessen, was einen natürlichen Gegenstand für die Dichtung ausmachte und was die formalen Mittel seien, durch die er ausgedrückt werden sollte – begann sich vor langer Zeit zu ändern, so daß schon in der Mitte des 20. Jahrhunderts die Lyrik sich weit geöffnet hatte und ein viel breiteres Themenspektrum umfaßte in weit lockereren, weniger konventionellen Sprachmodi als je zuvor. Spätestens seit den französischen Symbolisten gehören düstere Landschaften, unheroische Figuren und wenig hohe Gefühle zum festen Bestandteil der Lyrik und führten sogar zu einer Neudefinition des ›Poetischen‹, das nun nicht mehr an Reime, regelmäßige Metren und herkömmliche Strophenformen gebunden war. Poesie war jetzt das, was unsere begabtesten Dichter mit ihrer Sprache aus der Welt machten, und wenn die Welt nun anders aussah oder anders empfunden wurde als in der Vergangenheit, mußte sich auch die Dichtung wandeln, um die veränderten Umstände ausdrücken zu können. Wenn sie nicht in der Lage war, solche Veränderungen zu reflektieren oder sie in der konventionellen Sprache vergangener Zeiten zu artikulieren suchte, verkam die Lyrik zu einem noblen Zeitvertreib, dem kultivierten Hobby gewandter Redekünstler vielleicht, mit der lebendigen Sprache der Gegenwart aber hatte das nichts mehr zu tun. Denn um lebendig zu sein, muß Lyrik sich unentwegt verändern, auch wenn sie der Ausdruck der Beständigkeit inmitten des Wechsels bleibt.

Die Konstante aller Lyrik zu allen Zeiten war der Glaube daran, daß der Dichter in seinem niemals endenden Ausdrucksstreben sich auf das Potential der Sprache verlassen konnte. Diese Überzeugung, die zwangsläufig in einer weiteren Konstante verankert ist – dem Glauben an einen klar erkennbaren, allgemein anerkannten menschlichen Maßstab –, wurde durch die Nazi-Terrorherrschaft grundlegend in Frage gestellt, und zwar so weit, daß sie beinahe ins Gegenteil verkehrt wurde: In die Überzeugung, menschliches Leben könne – und in ausgewählten Fällen solle es sogar – ganz einfach abgeschafft werden, Menschen könnten Abfall sein, und man dürfe sich ihrer entsprechend entledigen. Hinter diesem nihilistischen Credo steht eine Gegenpoetik, die Rolf Hochhuth in seinem Stück *Der Stellvertreter* prägnant und einprägsam formuliert hat:

> Wahrhaftig: Schöpfer, Schöpfung und Geschöpf
> *sind* widerlegt durch Auschwitz.
> Das Leben als Idee ist tot.
> Das könnte der Anfang einer großen Umkehr sein,
> einer Erlösung vom Leid.
> Es gibt nach dieser Einsicht nur mehr
> *eine* Schuld: Fluch dem, der Leben schafft.
> Ich schaffe Leben ab, das ist die aktuelle
> Humanität, die einzige Rettung vor der Zukunft.
> (S. 194)

Diese Rede, die im Stück dem Doktor (einer Figur, die an den berüchtigten Dr. Mengele angelehnt ist) in den Mund gelegt wird, ist zwar von bemerkenswerter Eloquenz, aber ist *Dichtung* überhaupt vorstellbar in einer Sicht von Leben und Tod, wie sie hier vorgebracht wird? Tod und Sterben selbst lieferten der Literatur über Jahrhunderte hinweg stärkste Anlässe für eine affektgeladene Sprache, aber der Tod als gezielte Vernichtung – als barbarische und systematische Annullierung der menschlichen Spezies – ist von einer ganz anderen Qualität und kann von keiner uns bekannten Poetik in ihr Konzept einbezogen werden. Sondiert man die Reihen früherer Lyrik, begegnen einem zwar ein paar bemerkenswert satanische Figuren, aber man tut sich schwer, ein triumphierendes satanisches Prinzip aufzuspüren und gar eines, das auf einem historischen Modell basierte. Das satanische Motiv fesselt Dichter mit einer bestimmten imaginativen Anlage, aber hat auch nur einer von ihnen je eine satanische Bewegung gepriesen? Der Nazismus war eine solche Bewegung, vor allem in seiner mörderischen Kampagne gegen die, die er als Untermenschen* verstand, aber obschon er wirkungsvoll unterstützt wurde von einer Art epischem Straßentheater und dem Unterhaltungskino (das geschickt, mit grandiosem Pomp und mit Präzision, von Joseph Goebbels und seinen Mitstreitern in den manipulativen Künsten gelenkt wurde), brachte er auch nicht einen einzigen Dichter von Rang hervor. Statt dessen veranlaßte er einige der größten Schriftsteller Europas zur Flucht und andere, die blieben, dazu, zu verstummen. Dessen ungeachtet aber brachten die Ghettos und Lager neben Vertretern anderer literarischer Gattungen auch Lyriker hervor, die gemeinsam mit anderen eine Dichtung des Holocaust begründeten.

Diese Dichtung ist so vielfältig wie die jeweils individuellen Erfahrungen, literarischen Stile und Nationalitäten ihrer Autoren es sind, deren Zahl mittlerweile zu groß und deren Bemühungen und Leistungen zu verschieden und ungleichgewichtig sind, als daß sie als homogene Gruppe angesehen werden dürften. Zu ihnen zählen die Verfasser von Volksliedern und Balladen, von denen einige uns namentlich bekannt sind, deren Kompositionen im von den Nazis besetzten Osteuropa weit verbreitet waren. Zu den auf deutsch schreibenden Dichtern gehören Celan, Kolmar und Sachs; zu den jiddischen Dichtern Glatstein, Grade,

Katzenelson, Leivick, Manger, Molodowsky, Sutzkever und Zeitlin; zu den hebräischen Alterman, Gilboa, Greenberg, Kovner und Pagis. In jeder dieser Gruppen gibt es noch weitere interessante Autoren, genauso wie es vereinzelte Gedichte gibt von Autoren wie Feldman, Hecht, Hill, Layton, Levertov, Milosz, Pilinszky, Plath, Radnóti, Reznikoff, Rozewicz, Simpson und Jewtuschenko, die sich mit dem Holocaust auseinandersetzen. Mehrere Bücher amerikanischer Autoren, die in den letzten ca. zwanzig Jahren veröffentlicht wurden – wie etwa William Heyens *The Swastika Poems* (1977) und *Erika: Poems of the Holocaust* (1984), W. D. Snodgrass' *The Führer Bunker* (1978), Jerome Rothenbergs *Khurbn and other Poems* (1989), Blu Greenbergs *Black Bread: Poems, after the Holocaust* (1994), Myra Sklarews *Lithuania* (1995) und Van K. Brocks *Unspeakable Strangers* (1995) – zeigen, daß das Bemühen, einen poetischen Zugang zum Holocaust zu gewinnen, fortgesetzt wird, sogar von Autoren, die nach Zeit, Ort und Erfahrung so weit von der europäischen Tragödie entfernt sind wie diese in Amerika geborenen Dichter.

Die Dichtung des Holocaust erstreckt sich somit also – in Umfang und Vielfalt – über einen zu weiten Bereich, als daß ihr ganzes Spektrum hier im Detail betrachtet werden könnte. Statt dessen sollte man wohl eher darüber nachdenken, was zumindest einen Teil dieser Dichtung so einzigartig macht, um so mehr, als wir auf diese Weise vielleicht ein etwas besseres Verständnis davon bekommen könnten, worin die dichterische Berufung nach dem Holocaust bestehen mag.

I

Fast alle Theorien dazu, wie Dichtung entsteht, sind in dieser oder jener Hinsicht der Idee der Inspiration verpflichtet. Ein stimulierendes Agens, mag es nun von außen kommen oder dem Dichter innewohnen, ist am Werk, um den *furor poeticus*, der die dichterische Sprache in die Welt setzt als Lied oder Gedicht, auszulösen. Diese inspirierende Kraft, ob man sie nun als Muse, Apollo, Heiliger Geist, Psyche, das Unbewußte oder wie auch immer bezeichnen will, neigt dazu, sich stets mehr oder weniger gleichförmig zu verhalten: Sie sucht den Dichter in einem unvermuteten Augenblick überraschend auf und bringt ihn zum Sprechen. »Die Idee kommt ganz einfach«, nannte es T. S. Eliot. »Es kommt, wenn es soweit ist und wenn man bereit ist, sich darauf einzulassen«, bestätigte Gertrude Stein. Und Mallarmé: »Wörter steigen auf, unwillkürlich und ekstatisch.« Wie auch immer man es zu erklären versucht, dieses große, unverlangte Geschenk kommt wie eine belebende und beseelende Kraft über den Dichter, spendet ihm neue Energie und verhilft ihm zu neuer Erkenntnis. Der Gedanke der Inspiration ist untrennbar verbunden mit der Idee der Respiration (des Angehauchtwerdens) und der Offenbarung, tieferem Atem und tieferer Sicht. Daher wird die Dichtung sowohl als *animus* wie auch als *spiritus* verstanden, die Welt eingesogen als geläuterte Kraft und wieder verströmt in neu belebter Form.

Was den Gegenstand unserer Untersuchung anbelangt, ist es jedoch notwendig, eine Poetik zu untersuchen, welche der Idee der Inspiration zuwiderläuft und in deren Folge, wie die Schriften mancher Dichter des Holocaust ahnen lassen, der alte Inspirationsgedanke abgelöst oder sogar zurückgewiesen wird. Ich spreche damit eine Entwicklung an, die sich vor allem in Teilen des Spätwerks von Paul Celan und Nelly Sachs abzeichnet. Wenn ich die Texte richtig verstehe, so scheinen einige der bewegendsten von ihnen eine Poetik der Expiration, des Aushauchens, zu verkünden. Bevor wir uns den Gedichten Celans und Sachs' zuwenden, soll ein kurzer Blick auf eine Passage aus Celans *Der Meridian*, seiner Rede anläßlich der Entgegennahme des Georg-Büchner-Preises aus dem Jahre 1960, erläutern, was ich unter diesem Begriff verstehen möchte.

In seinen Ausführungen zu Büchner kommt Celan auf eine Herausforderung zu sprechen, der er sich selbst als Dichter stark ausgesetzt fühlte. Celan stellt sich nämlich die Frage, wie Sprache sich verhält, wenn sie in Bedrängnis kommt, und gelangt zu dem Schluß, daß das Wort, wenn es in Krisensituationen unter großen Druck gerät, »kein Wort mehr [ist], es ist ein furchtbares Verstummen, es verschlägt ihm – und auch uns – den Atem und das Wort. Dichtung: das kann eine Atemwende bedeuten.«[1] Dichtung beruht immer auf einer Atemwende, der – so ist es zumindest in der Vergangenheit immer aufgefaßt worden – *Wieder*kehr des Atems, Wiederaufnahme und Auferstehung des Atems unter der Wirkung der Inspiration. Leben und Dichtung haben die Grundvoraussetzungen ihrer Existenz miteinander gemein: Beide sind abhängig von der Gnade des regelmäßigen Einsetzens des Atems. Früher ging man in der Tat einmal davon aus, das Wort ›ist‹ stamme von der indoeuropäischen Wurzel ›as‹ (atmen)[2] ab, und zu allen Zeiten waren die Dichter auf der Suche nach den Worten, die es ihnen erlauben sollten, diese Wechselbeziehung besser zu verstehen und zu diesem Zweck sprachen sie von schwebenden Geistern, belebenden Luftströmen und inspirierenden Winden. Man denke an Shelleys *Ode an den Westwind*, in der er den Wind anfleht, seine Verse in einem großen, prophetischen Sturmhauch in alle Welt zu tragen oder an den sanfteren Wordsworth, der genauso darauf aus ist, vom »süßen Atem des Himmels«, dem »milden schöpferischen Hauch«, wie er es in seinem *Präludium* ausdrückt, erfaßt zu werden, der seinen Liedern neues Leben eingehaucht hat.[3] Diese Anspielung auf den »göttlichen Odem« ist nicht willkürlich gewählt oder bloß Beispiel einer konventionellen poetischen Diktion, denn was liegt in diesem Kontext näher, als sich die erhabenste – und auch buchstäblichste – Inspiration wieder vor Augen zu führen, den Ursprungsmoment der Schöpfung, als Gott dem Menschen »den Odem des Lebens in seine Nase« blies und ihn zu »eine[m] lebendige[n] Wesen« machte. Der Mensch kann, so die Lehre von seiner Erschaffung in der Genesis, als Gottes Gedicht gesehen werden, der irdische Staub verwandelt sich in menschliche Gestalt, wenn er vom göttlichen Atem inspiriert wird. Das hebräische ›Ruach‹ bedeutet in der Tat nicht allein ›Atem‹, ›Wind‹ und ›Geist‹, sondern auch ›Seele‹, den göttlichen Funken, der das Geschöpf an seinen Schöpfer bindet. Unzählige Male beschwört die hebräische Bibel diese ursprüngliche, unmittelbare Verbindung zwischen Gottes belebender Kraft und dem lebendigen Sein des Menschen. »Bedenke, daß mein Leben ein Hauch ist« (Hiob 7, 7), spricht Hiob. Ein weiteres Beispiel großer Poesie haben wir in Hesekiels Versen über die Auferstehung der Gebeine: »Und er sprach zu mir: Weissage zum Odem; weissage, du Menschenkind, und sprich zum Odem: So spricht Gott der Herr: Odem, komm herzu von den vier Winden und blase diese Getöteten an, daß sie wieder lebendig werden! [...] Da kam der Odem in sie, und sie wurden wieder lebendig und stellten sich auf ihre Füße, ein überaus großes Heer.« (Hesekiel 37, 9–10)

Dies ist majestätische, visionäre Dichtung, die nicht weniger voraussagt als die Aufhebung der Sterblichkeit des Menschen, die Rekonstitution der lebendigen Gestalt aus den zu Staub gewordenen Gebeinen. Es braucht nicht eigens betont zu werden, daß wir über diese Art von Dichtung so heute nicht mehr verfügen können. Soweit uns bekannt, sind unsere Toten – und ihre Zahl belief sich während der europäischen Katastrophe auf ein Vielfaches des von Hesekiel beklagten »überaus großen Heeres« – auf immer gestorben, ihr Atem ist ihnen buchstäblich in der Kehle erstickt worden, ihr Schrei ein Mund voll Schweigen. Keine Himmel haben sich geöffnet, um Gottes Atem freizugeben und ihn in das ermordete Haus Israel zurückströmen zu lassen. Allerdings fiele es uns auch nicht leicht, die Stimme eines Dichters zu ertragen, der solcherlei verkündete: Vermutlich erschiene er uns wirr im Kopf, blasphemisch, geisteskrank. Wenn überhaupt, dann kann Hesekiels Vision einer Restitution heute, in der Zeit nach dem Holocaust, sich nur in Gestalt einer bitteren Parodie zutragen, wie in Dan Pagis' *Einwurf eines Wiedergutmachungsabkommens*:

> Schon gut, meine Herren, die immer Zeter und Mordio schreien,
> schon gut, ihr lästigen Wundertäter,
> Ruhe!
> Alles kommt wieder an seinen Platz.
> Einen Paragraphen nach dem anderen.
> Der Schrei zurück in die Kehle.
> Die Goldzähne in den Kiefer.
> Die Angst.
> Der Rauch in den blechernen Schornstein und tiefer, tiefer hinab
> in die Hohlräume der Knochen.
> Schon werden sich Haut und Sehnen über euch bilden und ihr werdet leben,
> seht doch, ihr werdet leben, immer noch am Leben sein,
> im Wohnzimmer sitzen, die Abendzeitung lesen.
> Seht, da seid ihr ja! Gerad noch zur rechten Zeit.
> Was den gelben Stern angeht: Der wird einfach
> von der Brust gerissen
> und emigriert
> in den Himmel.[4]

Wie sonst nur in einem Kino, das mit Sinnestäuschungen arbeitet – wie mit einer absurden Kamerabewegung –, befördert Pagis den Schrei zurück in die Kehle.

Celan, der diesem ironischen Stil weniger zugeneigt ist, bleibt näher an der entsetzlichen Erfahrung selbst und erfaßt den Moment, in dem sich die Kehle zusammenschnürt und der Atem aussetzt, sich abwendet von jeder Möglichkeit auf Wiederherstellung oder Wiederbelebung, und erstirbt. In Celans Gedichten ist eine fürchterliche Mimesis am Werk, die so weit geht, daß wir beim Lesen, beinahe wie unter Zwang, ganz generell die Lebensäußerungen reduzieren: Wir verlangsamen unseren Puls, atmen verhaltener und nehmen uns als lebende Wesen immer weiter zurück. Es scheint, als habe Celan viele seiner Gedichte in gefahrvoller Nähe einer Schwelle geschrieben, an der das Leben in den Tod übergeht, jenseits dieser Schwelle erlischt es oder ist wie nie gewesen. »Es ist, / ich weiß es, / nicht wahr, / daß wir lebten, es ging / blind nur ein Atem zwischen / Dort und Nicht-da und Zuweilen«.[5] Wenn wir den Weg, den der Atem nimmt, bis an sein Ende verfolgen – und Celans Dichtung zwingt uns dazu – stehen wir in der Regel vor dem »Nicht mehr zu Nennende[n]«: dem Schweigen. Dem Wort ist der Atem genommen – »heiß, / hörbar im Mund« –, es muß unausgesprochen bleiben, und so ist auch die Stimme, die wir hören, »Niemandes Stimme, wieder«. So klingt »Niemandes Stimme« in einem Gedicht, dem stillen, aber großartigen *Psalm*:

> Niemand knetet uns wieder aus Erde und Lehm,
> niemand bespricht unsern Staub.
> Niemand.
>
> Gelobt seist du, Niemand.
> Dir zulieb wollen
> wir blühn.
> Dir
> entgegen.
>
> Ein Nichts
> waren wir, sind wir, werden
> wir bleiben, blühend:
> die Nichts-, die
> Niemandsrose.
>
> Mit
> dem Griffel seelenhell,
> dem Staubfaden himmelswüst,
> die Krone rot
> vom Purpurwort, das wir sangen
> über, – o – über
> dem Dorn.

In der Ikonographie der religiösen jüdischen Gedankenwelt wird Israel oft als Rose dargestellt, deren Herz gen Himmel wächst, ein Symbol der Bußfertigkeit gegenüber Gott. Celan behält dieses traditionelle Bild nicht allein bei, er macht es sogar zum Zentrum seines Gedichts, doch der Name Gottes fällt nicht, einzig ein

Verweis auf »Niemand«. Ist das so, weil Gott der »Nicht mehr zu Nennende« geworden ist? Vieles in *Psalm* impliziert ihn, seine Abwesenheit aber ist es, die das Gedicht beherrscht: »Niemand knetet uns wieder aus Erde und Lehm, / niemand bespricht unsern Staub.« Dies ist unverkennbar Gottes-Sprache, aber in der Negation: Es ist eine Dekomposition eben der Zeilen aus der Genesis, die schon angesprochen wurden, als wir die Erschaffung des Menschen als Gottes Gedicht bezeichneten. Im Holocaust wurde dieses Gedicht radikal und systematisch ausgelöscht, das einstmals göttliche Bild in Asche verwandelt.

Im Gedicht *Chymisch* beklagt Celan »alle die mitverbrannten Namen« als »Soviel zu segnende Asche« (I, 227). In *Psalm*, einem Preislied nach dem Holocaust, wendet er sich an den Herrn über die Namen und adressiert ihn, ohne jede Spur von Hohn, als »Niemand«: Der Atemgeber ist atemlos.* Es ist, als ob mit dem Hinscheiden seines Geschöpfes auch der Schöpfer selbst aus der Sprache herausgenommen worden sei, sein lebensspendender Name negiert. Was bleibt in diesem seltsam schönen Gedicht ist jüdische Halsstarrigkeit, eine andauernde und trotzige Frömmigkeit, die sich ausdrückt in der sehnsuchtsvollen Andacht eines mit Blut besudelten Übriggebliebenen, der sich noch immer vertrauensvoll vor dem Ursprung seiner einstigen Blüte verneigt.

Celan so zu lesen, bedeutet, sich ganz auf das Moment der Ehrfurcht zu konzentrieren. Natürlich zeichnet sich Celans Ehrfurcht durch das größtmögliche Paradox überhaupt aus: Ein nahezu vernichtetes Volk wendet sich einem verlassenen Himmel zu und streckt seine Hand nach einem abwesenden Gott aus. Und dennoch stellt ein Gedicht wie *Psalm* zweifelsfrei auch eine Form von Gebet dar. Das gleiche gilt auch noch für andere Gedichte, etwa *Stehen* und *Einmal* aus Celans sechstem Gedichtband *Atemwende* (1967). Dies sind jedoch durchweg kurze lyrische Gedichte, und obschon sie sorgfältig gearbeitet sind, kann man sie, was die Tiefe ihrer Reflexionen betrifft, auch nicht einmal annähernd mit früheren und längeren Litaneien der Vernichtung wie *Todesfuge* oder *Engführung* auf eine Stufe stellen. In seinen späten Bänden werden Celans Gedichte immer knapper und elliptischer, ihre Form ist wie abgekürzt und ihre Zeilen werden immer kürzer, ihre Sprache wird sehr privat und sogar hermetisch. Wörter werden in einzelne Silben aufgespalten, die Syntax ist gelegentlich verdreht, sie wirkt wie außer Atem, bisweilen wie ein Keuchen. Farben – die in Celans Gedichten ohnehin nur sehr sparsam eingesetzt werden – verblassen zu Abstufungen von Grau- und Weißtönungen, als ob mit dem Augenlicht etwas geschehen sei; Geräusche klingen nur noch verhalten nach, und es ist, als kämen sie von tief unten oder aus weiter Ferne. Die Welt wird immer unlesbarer, denn die Dinge sind von unsteter Gestalt und weichen vor jeder Berührung zurück; die Erfahrung selbst entzieht sich unmittelbarem Verständnis und läßt sich immer weniger in Sprache übersetzen. Ein »ins Stumme entglittenes Ich« (I, 156), das ist die Bestimmung des Ich, die Celan in *Heimkehr* vorausahnt.

Heimkehr: Die Möglichkeit dazu scheint für Celan auf einer Poetik der Aushauchens zu beruhen. Das Entfernte und Abwesende rief ihn mit lockender

Stimme und zog ihn am Ende aus der Sprache heraus. In seinen späten Gedichten ist von Schlammbrocken, die verschluckt werden, die Rede, von Versinken, von ertrunkenen Bildern; von blutigen Phallen, stummen Steinen und zerrissenen Himmeln; von vereisten Landschaften, irgendwo jenseits der Zeit; von den abstrakten Gebieten über, unter oder jenseits; von Babylon. »Ich höre«, so schreibt er mit bitterer Ironie in einem seiner späten Gedichte, »sie nennen das Leben / die einzige Zuflucht.« (II, 342) Und noch einmal in einem nur drei Zeilen umfassenden Gedicht, das frösteln macht:

> Du warst mein Tod:
> dich konnte ich halten,
> während mir alles entfiel. (II, 166)

Schließlich in *Fadensonnen*, dem Gedicht, das Celans letztem noch zu seinen Lebzeiten veröffentlichten Band den Titel gab, dann die Überzeugung, wie eine Bekräftigung, aber zugleich voller Verzweiflung: »es sind / noch Lieder zu singen jenseits / der Menschen« (II, 26). Atem, zurückgezogen, so bedeutet es uns der Dichter an anderer Stelle, zu einer Nicht-Wirklichkeit, die die meisten von uns lieber nicht aus erster Hand zu kennen wünschen, die Celan aber am Ende zu sich hingezogen zu haben scheint, um ihn niemals wieder freizugeben:

> Tief,
> in der Zeitenschrunde,
> beim
> Wabeneis
> Wartet, ein Atemkristall,
> dein unumstößliches
> Zeugnis. (II, 31)

II

Wie bei Paul Celan läßt sich auch im Werk von Nelly Sachs eine Poetik des Aushauchens ausmachen, die sich in Verfahren herausbildet, die den Holocaust thematisieren und gleichzeitig mimetisch nachzeichnen. Damit meine ich natürlich den Holocaust in seiner nachhaltigsten Auswirkung – auf das Bewußtsein, nicht auf den Körper. Für jene, die wirklich ausgelöscht wurden, lassen sich keine Worte finden. Einen Großteil der Holocaust-Literatur sollte man folglich vielleicht präziser als Nach-Holocaust-Literatur bezeichnen, die Ausdrucksform derer, die später kamen. Für jene, die von der Nacht verschlungen wurden, gibt es nur »[d]er Kehle schreckliches Schweigen vor dem Tod«, wie es Nelly Sachs in einem ihrer Gedichte nannte (*Lange schon fielen die Schatten*). Aber gerade, indem sie es auf diese Weise ausdrückt, bewegt sie sich selbst auf die Opfer zu und rekapituliert in einer Lyrik mimetischer Formen etwas von der unbeschreibbaren Angst, die das Los der Opfer gekennzeichnet haben muß. Unzulänglichkeit und

Stärke der Dichtung fallen zusammen in dieser Bewegung zum Schweigen hin, durch die die Sprache sich entleert und zugleich auffüllt.

Nelly Sachs macht den Holocaust explizit zum Gegenstand ihrer Lyrik, und dementsprechend mühelos lassen sich die Topoi lokalisieren, vor allem in den frühen Bänden mit ihren Chören, Klageliedern und Bittgesängen – *Chor der Toten, Chor der Geretteten, Chor der Waisen* etc. Die Sprache dieser Gedichte ist in der Regel sehr direkt (vielfach vielleicht zu direkt); ihre Bilder (rauchende Schornsteine, rauchgeschwärzte Sterne, gezückte Messer, Hautfetzen) sind unverschlüsselt und gleichermaßen direkt; ihr Ton eine Mischung aus elegischer Trauer und gequältem, endlosem Schmerz. Es ist, mit anderen Worten, unmöglich, Nelly Sachs' frühe Lyrik zu lesen, ohne zu bemerken, wie zutreffend die Widmung ihres ersten Buchs *In den Wohnungen des Todes* ist: »Meinen toten Brüdern und Schwestern«. Da sie ihre Verwandtschaft mit den Toten als persönlichen Verlust und gleichzeitig als nationale Tragödie empfindet, macht sie sich daran, ganz bewußt und systematisch der Toten zu gedenken, und Gedicht für Gedicht stimmt sie ihr trauervolles, zärtliches, stets respektvolles Klagelied an. Eine solche Lyrik ist, mit ihren eigenen Worten, eine anhaltende »Musik der Agonie«[6] – die kummervolle, unverhüllte und haltlose Klage einer Hinterbliebenen, der gequälte Ausdruck einer Wunde, die sich nicht eher schließen wird, als bis der Tod selbst erscheint, um sie zu heilen.

Man kann Bewunderung empfinden für die Größe dieses Unterfangens und die Hartnäckigkeit, mit der Nelly Sachs es in diesen ersten Bänden verfolgt, ihre eindrucksvollsten Gedichte aber finden sich an anderer Stelle. Vor allem in ihren letzten beiden Büchern, *Noch feiert der Tod das Leben* (1965) und *Glühende Rätsel* (1963–66), zeigt sich die starke Wirkung des Holocaust auf sie nicht nur thematisch, sondern in Gedichten, deren Sprache und Form sich nun ihrem Abstieg in die Nacht weiter annähern und ihn nachbilden. Ein kurzer Blick auf eine weitere Bemerkung Paul Celans aus *Der Meridian* könnte helfen, genauer zu verstehen, wie diese Annäherung sich vollzieht. »[D]as Gedicht heute [...] zeigt eine starke Neigung zum Verstummen«,[7] schreibt er, und weiß dabei nur zu genau, wovon er spricht. Zugegeben, diese Äußerung könnte auch von einer ganzen Reihe anderer Dichter stammen, von denen einige vor dem Holocaust gelebt haben oder gar nicht von ihm betroffen gewesen sind. Eine ›Literatur des Verstummens‹ zeichnet sich in der Tat schon lange vor dem Zweiten Weltkrieg ab und kann vielleicht sogar bis ins 19. Jahrhundert zurückverfolgt werden. Und trotzdem, diese Inklination zur Wortlosigkeit, hin zum Ende aller Dichtung, erreicht in der Holocaust-Literatur nicht nur ihren Höhepunkt, sondern zeigt darüber hinaus – auf eine Weise, die sich nirgendwo sonst so deutlich und nachhaltig ablesen läßt – die Rolle der Geschichte in der Ätiologie des Verstummens und, noch wesentlicher, die Implikationen des absolut Bösen für das menschliche wie das theologische Selbstverständnis.

»Als der große Schrecken kam / wurde ich stumm«,[8] beginnt eines von Nelly Sachs' Gedichten aus der Folge *Glühende Rätsel*, und keinem Leser, der sich des

Kontextes bewußt ist, aus dem heraus sie schrieb, kann entgehen, worauf sich das bezieht oder was hier intendiert ist. Diese Erklärung – vom rein Metaphorischen weit entfernt – scheint sogar physiologisch zutreffend gewesen zu sein, denn die Dichterin mußte eine Zeit in ihrem Leben durchmachen, in der sie ganz buchstäblich ohne Stimme war, ohne die Fähigkeit, überhaupt nur zu sprechen. Um diesen Zustand einer schreckensstarren Stummheit wiederzugeben, greift sie oft auf die Metapher eines Fisches mit verstümmelten Kiemen zurück, der, »mit der Totenseite / nach oben gekehrt«, verzweifelt nach Atem ringt. Dieses Bild dient der Dichterin auf sehr effektive Weise dazu, ihre Gefühle von Hilflosigkeit und Qual gegenüber einer Gewalt auszudrücken, die so brutal ist, daß sie ihr den Atem nimmt und sie auf einen Zustand sprachlosen Suchens reduziert.

Eines Suchens wonach? Nach den Opfern, die ins Nichts hinweggerissen wurden und, damit sie nicht vollkommen verloren seien, nach den Mitteln des Dichters, sie zu retten, zumindest für die Erinnerung. Diese doppelte Suche bestimmte ihren Weg – »den ersten Buchstaben / der wortlosen Sprache zu schreiben«[9] – wie sie es ausgedrückt hat. Um das tun zu können, brauchte sie eine ganz neue Poetik, die so weit entfernt von allen traditionellen Konzepten von Inspiration sein mußte, daß sie »hinter den Lippen« sich vollzog. *Hinter den Lippen*: in einem Gedicht mit genau diesem Titel sehen wir Nelly Sachs auf der Suche nach Wegen, »Der Kehle schreckliches Schweigen vor dem Tod« zu repräsentieren:

> Hinter den Lippen
> Unsagbares wartet
> reißt an den Nabelsträngen
> der Worte
>
> Märtyrersterben der Buchstaben
> in der Urne des Mundes
> geistige Himmelfahrt
> aus schneidendem Schmerz –
>
> Aber der Atem der inneren Rede
> durch die Klagemauer der Luft
> haucht geheimnisentbundene Beichte
> sinkt ins Asyl
> der Weltenwunde
> noch im Untergang
> Gott abgelauscht –

Von diesem Punkt aus – dem Punkt »innerer Rede« – erklärt sich auch die Gleichsetzung zwischen Schweigen und einer neuen Art des Atmens in Nelly Sachs' Lyrik – eines Atmens »schon ohne Stimme« (Sp. G., S. 19). »Die gräberlosen Seufzer in der Luft, / die sich in unseren Atem schleichen«, schreibt sie in einem Gedicht. Und in einem anderen spricht sie es als ihre Berufung aus, die heimatlosen Toten im »Asyl meiner Atemzüge« (Buch, S. 171) zu versammeln. Dies ist eine durch und durch unheimliche Inspiration, deren rhythmisches Fließen von einer Musik abhängt, die »nicht fürs Ohr« bestimmt ist, sondern für das »Samenkorn« der Seele, das man »flüstern« hört »im Tod« (Sp. G., S. 59f). Ist es möglich, eine solche Musik zu hören und, über das Hören hinaus, in der Dichtung noch einmal nachzubilden? Ja, so scheinen uns ihre letzten Gedichte zu sagen, wenn das Hören abgestimmt wird auf das Schweigen und die Stimme ihre Energie bekommt durch den Wind vergehenden Strömens.

»Ein Seufzer / ist das die Seele –?« fragt sie. Um das herauszufinden und dieser verklingenden Musik zu folgen, glaubte sie, im Mittelpunkt der Wunde der Welt stehen zu müssen. Nur dort mochte das Schweigen ihr sein Lied gewähren. Denn in ihrer Zeit, nach dem, was sie »das Leid-Steine-Trauerspiel« nannte, war die Sprache überhaupt nur dann wiederzuerlangen, wenn man wieder hinabstieg in das Dunkel vor der Schöpfung. Das war ihre Sphäre als Dichterin, und in den späten Gedichten, die einen völligen Verlust ausdrücken, kehrte Nelly Sachs wieder und wieder dorthin zurück, voller Anmut und mit anhaltender Schönheit, und trieb so ihre Suche bis an den äußersten Rand des Artikulierbaren voran. Dorthin, »an letzter Atemspitze des Lebens« (Sp. G., S. 59), kurz bevor der Seufzer der Seele ins Nichts entweicht, verfolgte sie und löste sie scheinbar das rätselhafteste aller Rätsel: wie die Sprache, im Verlöschen, noch eine Stimme finden kann, wie der Tod »noch feiert [...] / das Leben«. »Wartet«, verspricht sie, »den Atemzug aus / er singt auch für euch.« (Sp. G., S. 139)

III

Die Bibel berichtet uns nicht, was Adam im Augenblick nach seiner Erschaffung tat, aber wir wissen es trotzdem mit an Sicherheit grenzender Wahrscheinlichkeit: Er sprach. Ob er seinen Schöpfer pries oder sein Erstaunen kundtat, daß er leben sollte, wissen wir nicht, doch können kaum Zweifel bestehen, daß er nun, da er Leben in sich spürte, auch Worte von sich gab. Ist dies nicht das Verhalten eines jeden Neugeborenen, das sich schon mit dem ersten Atemzug seinen Weg in die Welt schreit? Das Geschrei soll seine Ankunft verkünden: »Hier bin ich«, oder, ganz einfach: »Ich bin.« So hält es auch jeder Dichter, und insofern als jeder Mensch gleichermaßen den Lebensatem empfängt, ist auch jeder anfangs ein Poet. So verstanden, läßt sich das Leben dann auf die Gleichung bringen: ›atmen‹ ist ›sein‹ ist ›sprechen‹. Und so muß Adam, der erste in der Kette des menschlichen Geschlechts, auch gesprochen haben.

Was läßt sich über den letzten dieser Kette sagen? Und von dem, der ihm unmittelbar vorausgeht, der ihm nahe genug ist, um Zeuge seines Endes zu sein? Es fällt nicht leicht, uns das eigene Ende auszumalen, und schon gar nicht das Ende der Menschheit überhaupt, doch je tiefer wir in die Holocaust-Literatur eindringen, desto unabweisbarer wird das Bewußtsein, daß die Menschheit an ihr Ende kommt. Die Schrift bot einst an dieser Stelle unmittelbarere Hilfe, wie beispielsweise in Psalm 104, 29: »Verbirgst du dein Angesicht, so erschrecken sie; nimmst du weg ihren Odem, so vergehen sie und werden wieder zu Staub.«

Diese Verse fügen sich ganz natürlich in die biblische Lehre, nach der die Vorstellung selbstverständlich ist, daß der Schöpfer, der die Menschen aus Staub geschaffen und ihnen den Odem des Lebens eingehaucht hat, sie auch wieder zu Staub werden lassen kann, wenn er ihnen diesen Odem entzieht. Über Jahrtausende hinweg haben die Menschen das Rätsel, das das Ende des menschlichen Lebens umgibt, auf diese Weise begriffen, und ebenso wie sie Psalmen rezitiert haben, um die Ankunft eines Menschen zu feiern, so hatten sie auch Gebete, mit denen sie sein Scheiden beklagten.

Innerhalb der jüdischen Tradition gedenkt man der Toten durch das Beten des Kaddisch, in dem die Toten selbst merkwürdigerweise gar keine Erwähnung finden. Man rezitiert es vielmehr zum Lob des Schöpfers, der uns das Leben schenkt und uns in Frieden und Wohlergehen erhält, es ist also ein echtes Dankgebet. Mit anderen Worten: Die Zielrichtung des Kaddisch ist, wie in den Psalmen, die Lobpreisung.

Der Holocaust jedoch untergrub Gebete und Weihungen wie den Kaddisch, wenn er sie nicht gänzlich zerschlug. Eine Lobpreisung mag zwar noch durchscheinen, wie wir in Celans *Psalm* sehen konnten, doch – auch das konnten wir sehen – der göttliche Adressat ist verschwunden. Anstelle einer Lobpreisung »des Namens der Herrlichkeit« richtet der Holocaust-Dichter sein Preislied an »Niemanden«. Oder, wie Elie Wiesel in *Der Tod meines Vaters* erzählt, dieser quälenden autobiographischen Nachschrift zu *Die Nacht*, er ist kaum in der Lage, überhaupt Wörter hervorzubringen. Denn in welchem Verhältnis steht der Tod des alten Wiesel in einem nationalsozialistischen Konzentrationslager zu seinem früheren Leben, zu dem Menschen, der er früher gewesen war? Elie Wiesel beschreibt das Ende seines Vaters wie folgt:

Auf einer Planke hingestreckt, lag er inmitten unzähliger, blutbefleckter Leichname, erstarrter Schrecken in seinen Augen, eine Maske des Leidens vor der störrischen und närrischen Maske, die sein Gesicht war: in Buchenwald hat mein Vater seine Seele aufgegeben. An diesem Ort eine unnütze Seele, er wollte sie wohl nach oben zurücksenden. Doch nicht dem Gott seiner Vorfahren hat er sie gegeben, sondern dem grausamen und unersättlichen Betrüger, dem Gottfeind. Sein Gott wurde ihm getötet, sein Gott wurde ausgetauscht.[10]

Und so kam es, daß der Junge, der nun zweifach verwaist war – der Vater und der Gott seines Vaters waren ihm genommen – am Tag, als sein Vater starb, nicht, wie es der Tradition entsprochen hätte, den Kaddisch betete, denn, so erinnert er sich später: »Ich fühlte mich leer und taub: ein nutzloses Objekt, ein Ding ohne Einbildungskraft«. Denn »[i]n dieser stickigen Baracke, mitten im Reich des Todes, den Kaddisch aufzusagen, wäre schlimmste Gotteslästerung gewesen.«[11]

In Buchenwald wurde, wie an allen anderen Orten der Hölle, die Gleichung des Lebens in ihr Gegenteil verkehrt: ›nicht atmen‹ war ›nicht sein‹ war ›nicht sprechen‹. Ein Anti-Gott im Dienste des Anti-Menschen erstickte buchstäblich das menschliche Leben, erdrosselte es. Die Ghettos waren derart überfüllt, das Leben dort so beengt, daß es sich kaum atmen ließ. »Ich übertreibe nicht, wenn ich sage, daß wir einen Zustand erreicht haben, in dem uns der Atem ausgeht. Es ist einfach keine Luft mehr da«, schreibt Kaplan (S. 359). Und in den Lagern strömte das tödliche Gas Tag für Tag aus den Duschen – man hört es geradezu im halluzinatorischen Refrain der *Todesfuge* Paul Celans: »Schwarze Milch der Frühe wir trinken sie abends / wir trinken sie mittags und morgens wir trinken sie nachts / wir trinken und trinken« (I, 41). Man braucht sich nicht zu wundern: Die Verdammten, wie Celan in einem anderen Gedicht schrieb, »erfanden kein Lied«, »erdachten [...] keinerlei Sprache«. Wie auch?

Und dennoch trifft die Behauptung, sie hätten keinerlei Zeugnisse hinterlassen, nicht ganz zu, denn es gibt sie sehr wohl. Wer sie erfassen will, muß die Botschaften betrachten, die sie mit Fingernägeln in die Decken und Wände der ›Duschräume‹ von Auschwitz eingruben und muß versuchen, sich vorzustellen, was da vor sich ging, als diese ikonischen Signaturen entstanden. *Sie* sind es, woraus die Sprache besteht, die das Leben in seinem letzten Augenblick spricht, letzte Äußerungen derer, deren Lunge und Atem und Sprache unter dem Angriff des Gases kollabierten. Wir tun gut daran, diese nackten, ungeschönten Zeugnisse nicht zu nahe an uns herankommen zu lassen, um keinen Schaden zu nehmen und den Verstand zu bewahren, denn, so hat Elie Wiesel gewarnt, wenn wir die versammelte Stille, die auf die Schreie der Opfer folgte, wirklich hören könnten, die Welt würde ertauben.

Ist es nicht unser Privileg, daß wir dieser Gefahr nicht unmittelbar ausgesetzt sind, daß wir statt dessen die Dichter haben, die zwischen uns und dieser Gefahr stehen, und die, ganz nahe am Verstummen, uns vor einer intimeren Kenntnis des Grauens, das jenseits davon liegt, bewahren?

5. Ringen mit einem schweigenden Gott

In einer Aufzeichnung von 1942 versucht Canetti, in einer Notiz die Freiheit in ihrer elementarsten Form zu beschreiben – zu einer Zeit, als in ganz Europa jegliche Form von Freiheit ausgelöscht wurde: »Der Ursprung der Freiheit liegt aber im *Atmen*. Aus jeder Luft konnte jeder ziehen, und die Freiheit des Atmens ist die einzige, die bis zum heutigen Tage nicht wirklich zerstört worden ist.«[1]

Der Gang der Geschichte sollte ihn jedoch eines Besseren belehren, und zwar gründlich. Ein Jahr später, 1943, findet sich in Canettis Aufzeichnungen folgende Notiz: »Es ist sonderbar, für das, was heute geschieht, ist nur die Bibel stark genug, und es ist ihre Furchtbarkeit, die tröstet.« (S. 50) Canetti gibt nicht an, welche Bücher der Bibel er gerade las, aber angesichts des Sterbens, das sich gewaltsam in Europa ausbreitete, hätte er nur bis zur Geschichte von Kain und Abel aus der Genesis zu lesen brauchen. Eine der Wurzeln des hebräischen Namens Abel (»hevel«) ist »Atem«, und so deutet schon die Geschichte des ersten Brudermordes darauf hin, daß die grundlegendste aller menschlichen Freiheiten – die Freiheit, aus dem Atem Leben zu schöpfen – unbarmherzig erstickt wurde. Im 2. Weltkrieg wurde diese Grausamkeit millionenfach überboten, das zeigen vor allem die gegen das jüdische Volk gerichteten Gewaltakte, die Canetti dazu brachten, in dezidiert biblisch gefärbter Rede über die Verflechtungen des menschlichen und des göttlichen Schicksals nachzusinnen: »Man kann nicht mehr Gott sagen, er ist für immer gezeichnet, er hat das Kainsmal der Kriege an seiner Stirn« (S. 62). Warum wird Gott hier derart gebrandmarkt? Die Antwort liegt in einer weiteren Frage, aus dem gleichen Eintrag: »Sieht man sie nicht, Leute, wie sie waggonweise in den Tod geschickt werden?« War es möglich, diese massenhafte Vernichtung losgelöst von der Existenz Gottes zu betrachten? Die Verneinung dieser Frage hat viele Menschen in der Zeit nach dem Holocaust dazu gebracht, sich beunruhigendste theologische Fragen zu stellen.

In seinem Beitrag zum »Symposium über den jüdischen Glauben« (August 1966) schreibt Richard Rubenstein in der Zeitschrift *Commentary* beispielsweise: »Wenn ich sage, wir leben in einer Zeit, in der Gott tot ist, meine ich damit, daß das Band, das Gott und die Menschheit, Himmel und Erde miteinander verbunden hat, gerissen ist. Wir sind ausgesetzt, in einem kalten, schweigenden, gefühllosen Kosmos, allein auf uns gestellt, ohne den Beistand einer wie auch immer gearteten, sinnbehafteten Macht. Was kann ein Jude nach Auschwitz sonst noch über Gott sagen?«[2]

Rubensteins Schlußfrage – »*Was kann ein Jude nach Auschwitz sonst noch über Gott sagen?*« – ist unter anderem auch die Frage, vor der der Dichter steht, und wenn wir sie beantworten wollen, wird ein weiterer Blick auf die Werke von Paul Celan und Nelly Sachs hilfreich sein. Dabei müssen wir jedoch darauf hinweisen, daß es sich bei den hier zur Diskussion stehenden Texten ebensowenig wie bei Canettis Aufzeichnungen um im engeren Sinn theologische Texte handelt. Es ist Dichtung, wenngleich eine, die sich sehr ernsthaft mit theologischen Problemen auseinandersetzt. Die grundlegendste Frage – wenn sie auch von jedem Dichter etwas anders behandelt wird – ist dabei eine Variation der oben zitierten. Eine Untersuchung der Art und Weise, wie die beiden Autoren diese Frage in unterschiedlicher Form stellen und wie sie ihr nachgehen, wird etwas von dem Spektrum der Möglichkeiten aufscheinen lassen, die der poetischen Imagination »nach Auschwitz« noch zur Verfügung zu stehen scheinen.

I

Die Distanz, die zwischen der Welt von Paul Celans Dichtung und der der meisten seiner heutigen Leser liegt, ist so gewaltig, daß eine kurze Einführung in die Biographie des Dichters notwendig sein wird. Celan wurde 1920 in Czernowitz, der Hauptstadt der Bukowina, geboren. Diese Stadt, Heimat auch der jiddisch schreibenden Dichter Eliezer Steinberg und Itzik Manger und des hebräisch schreibenden Aharon Appelfeld, besaß eine große und blühende jüdische Gemeinde, die ungefähr 40 % der Gesamtbevölkerung ausmachte. Wenn man die Juden der Nachbargemeinden der Bukowina – allen voran Sadagora im Norden, Sitz des Ruzhiner Rebbe, und Vizhnitz, am Fuß der Karpaten, Heimat eines ebenso berühmten Chassidischen Gerichts – hinzuzählt, belief sich die jüdische Bevölkerung vor dem 2. Weltkrieg auf vermutlich mehr als 120.000 Menschen. Politisch gehörte Czernowitz zu Rumänien, doch in kultureller Hinsicht blieb es auf mehrfache Weise dem Habsburger Reich verbunden, und die meisten der hier ansässigen Juden betrachteten Wien als ihre kulturelle Hauptstadt und Deutsch als ihre Muttersprache. Celan (dessen Geburtsname Paul Antschel lautete) war als junger Mann nicht besonders religiös, doch in späteren Jahren, als das Czernowitz, das er gekannt hatte, zerstört war und er selbst im Exil lebte, machte er es sich in einigen Gedichten zur Aufgabe, Teile des jüdischen Erbes der Region, in der er geboren worden war, durch seine Vorstellungskraft wiederzubeleben. Er beschreibt sein Heimatland in seiner *Bremer Rede* von 1958:

Die Landschaft, aus der ich – auf welchen Umwegen! aber gibt es das denn: Umwege? –, die Landschaft, aus der ich zu Ihnen komme, dürfte den meisten von Ihnen unbekannt sein. Es ist die Landschaft, in der ein nicht unbeträchtlicher Teil jener chassidischen Geschichten zu Hause war, die Martin Buber uns allen auf deutsch wiedererzählt hat. Es war, wenn ich diese topographische Skizze noch um einiges ergänzen darf, das mir, von sehr weit her, jetzt vor Augen tritt, – es war eine Gegend, in der Menschen und Bücher lebten.[3]

Mit Buber verband Celan nicht allein dieser vertraute Dialog zwischen Büchern und Menschen, sondern auch die deutsche Sprache und die übergeordnete Idee von der Sprache als zerbrechlicher, aber unzerstörbarer Grundlage jeder sinnvollen Existenz. Als Paul Celan schon alles andere genommen worden war, als seine

Heimat von den Nazis besetzt und seine Eltern in eines der Todeslager deportiert worden waren, blieb ihm nur seine Sprache, die ihn mit seinem vergangenen Leben verband. Der Dichter lebte in ihr so dauerhaft und sicher, wie er es nur je in einer wirklichen Landschaft wieder tun würde. Celan beherrschte mehrere Sprachen – er übersetzte aus dem Russischen, Französischen, Englischen, Italienischen, Portugiesischen und Hebräischen – doch das Deutsche blieb, obwohl er die meiste Zeit seines Lebens als Erwachsener in Paris verbrachte, die ihm nächstliegende Form lebendiger Sprache, die er in seinen Gedichten auf oft bestürzende Weise benutzt. Die Sprache war für Celan nicht allein das Medium seiner Dichtung: Sie war ständige Herausforderung, wichtigstes Thema und die authentische Welt dieser Dichtung. Für Celan bedeutete die Sprache Ursprung und Endpunkt, und er besaß ein empfindliches Gespür für die Stellen, wo sie sich in einem Grenzbereich bewegte, an der Schwelle zu Verstummen, Wahnsinn und Tod. Der Druck, sein Leben über die schmale Grenze hinweg in diese zerstörerischen Bereiche hinein zu bewegen, war für ihn real, insbesondere in seinen letzten Jahren. Dichtung, so folgt hieraus, war beinahe identisch mit Ontologie und stellte für Celan den festen Orientierungspunkt dar, von dem aus es möglich war, das Leben bewußt wahrzunehmen, Entscheidungen bewußt zu treffen und eine ganz persönlich artikulierte Sprache zu finden. »[G]eh mit der Kunst in deine allereigenste Enge«, bemerkt er in *Der Meridian*, »Und setze dich frei.«[4] Wie Rilke, für den galt: *Gesang ist Dasein,** versuchte auch Celan, sich eine Heimat aus den Wörtern zu schaffen.

Doch vor allem waren da die »Umwege«, die Wechselfälle eines bewegten Lebens, die den Dichter beständig zwischen den Polen Exil und Suche nach Heimat hin und her trieben. Dazu gehört die Zeit von Studium und Arbeit in Paris, Czernowitz, Bukarest und Wien. Als seine Geburtsstadt 1941 besetzt wurde, wurden Celan und seine Familie ins Ghetto verbannt. 1942 wurden seine Eltern in ein Vernichtungslager deportiert, und er selbst kam in ein Arbeitslager, aus dem ihm die Flucht gelang. 1950 heiratete er und verbrachte seither den Rest seines Lebens in Paris, von wo aus er gelegentlich nach Deutschland reiste, zu Lesungen oder um Literaturpreise entgegenzunehmen (diese Reisen kosteten ihn jedes Mal wieder Überwindung). Im Jahr vor seinem Tod besuchte er Israel, wo er Lesungen abhielt, unter deren Zuhörerschaft sich auch ehemalige Landsleute aus der Bukowina befanden. Im Frühjahr 1970 dann, kurz vor seinem 50. Geburtstag, der letzte Umweg: Man fand die Leiche Paul Celans in der Seine, er hatte offensichtlich Selbstmord begangen – und damit der Welt der Menschen und Bücher auf bestürzende Weise seine Absage erteilt.

Celan starb ungefähr zur gleichen Zeit wie Nelly Sachs, und mit dem Tod dieser beiden bedeutenden Dichter nähert sich die unverwechselbare Linie jüdischer Autoren deutscher Sprache ihrem Ende. Dieser Umstand läßt uns Celans Selbstmord nur um so bitterer spüren, denn solange er noch lebte und schrieb, gab es noch ein kraftvolles Band, das die Juden mit der deutschsprachigen Kultur verband, einer Kultur, zu deren Reichtum und Vielfalt jüdische Autoren in den letzten zwei Jahrhunderten ganz entscheidend beigetragen hatten. Celan war ein wichtiger Exponent dieser Tradition, und die Resonanzwellen seiner verzweifelten Tat, durch die er sie ihrem Ende ein Stück näher brachte, bewegen sich zurück bis zu Heine.

Ein Gedicht Celans trägt als Motto ein Zitat der russischen Dichterin Marina Zwetajewa: »Alle Dichter sind Juden«. Dieses verblüffende Motto verstehe ich so, daß alle Dichter aus einem Zustand der Bedrängnis heraus schreiben, und dies gilt ganz besonders für die jüdischen Schriftsteller, die in deutscher Sprache geschrieben haben – Heine, Kafka, Else Lasker-Schüler, Gertrud Kolmar, Nelly Sachs und Paul Celan, um nur einige zu nennen. Die Dualität dieses Unterfangens barg stets außerordentliche Schwierigkeiten, und allzu vielen dieser Autoren war ein qualvolles Schicksal von Entfremdung, Exil und einem elenden oder gewaltsamen Tod bestimmt. Wenn es jedoch das Schicksal eines jeden Dichters ist, ein Jude zu sein, was läßt sich dann noch weiter über das extreme Los sagen, das das Leben und Sterben der deutsch-jüdischen Dichter war?

Die Gedichte selbst sprechen eine deutliche Sprache. Ich möchte beginnen mit *Zürich, Zum Storchen* aus Celans viertem Gedichtband, *Die Niemandsrose* von 1963. Bezeichnenderweise ist das Gedicht Nelly Sachs gewidmet, die vielleicht die zweite Sprecherin des Gedichts sein könnte.

> Vom Zuviel war die Rede, vom
> Zuwenig. Von Du
> und Aber-Du, von
> der Trübung durch Helles, von
> Jüdischem, von
> deinem Gott.
>
> Da
> von.
> Am Tag einer Himmelfahrt, das
> Münster stand drüben, es kam
> mit einigem Gold übers Wasser.
>
> Von deinem Gott war die Rede, ich sprach
> gegen ihn, ich
> ließ das Herz, das ich hatte,
> hoffen:
> auf
> sein höchstes, umröcheltes, sein
> haderndes Wort –
>
> Dein Aug sah mir zu, sah hinweg,
> dein Mund
> sprach sich dem Aug zu, ich hörte:
>
> Wir
> wissen ja nicht, weißt du,

> wir
> wissen ja nicht,
> was
> gilt.⁵

Dieses Gedicht ist in verschiedener Hinsicht bemerkenswert. Es ist freier zugänglich und direkter, als Celan im allgemeinen schreibt, viel expliziter als die meisten seiner Gedichte, deren Sprache in aller Regel sehr hermetisch ist. Im vorliegenden Gedicht bemüht sich der Dichter um eine Klarheit, die weder durch ungewohnte Syntax noch durch komplizierte Wendungen der Rede getrübt ist – in der dritten und vierten Zeile ist die Wortwahl ungewöhnlich, doch davon abgesehen ist die Diktion des Poems in keiner Weise dunkel oder mehrdeutig. Was seine wesentlichen Stilmittel angeht, sollte das Gedicht tatsächlich den meisten seiner Leser leicht zugänglich sein.

Und trotzdem ist dies kein »einfaches« Gedicht, und man darf sich nicht vorschnell zurücklehnen in der Gewißheit, es verstanden zu haben. Vers und Sprache wirken durchweg klar und eindeutig, und dennoch gibt es hier eine Klarheit, die beunruhigt, es handelt sich, um mit des Dichters eigenen Worten zu sprechen, um eine »Trübung durch Helles«. Was aber ist es, das die Helligkeit trübt und das Verständnis erschwert? Der Tag selbst ist klar, der helle Widerschein des Münsters jenseits des Wassers scheint auf die Sprecher zuzusegeln, so als ob es ihre Aufmerksamkeit auf sich lenken wolle. Es ist Feiertag, die Christen begehen das Fest der Himmelfahrt, und die beiden Gefährten sind sich der Besonderheit des Augenblicks bewußt. Als das Münster nämlich sein Gold über das Wasser zu ihnen herüberschickt, sind sie in ihrem Zwiegespräch abgelenkt, und für einen Augenblick stehen sie ganz im Bann seiner vorbeigleitenden strahlenden Pracht, die Spiegelung vielleicht der himmlischen Fahrt drunten im Wasser. Dies ist der eine magische Augenblick des Gedichts, voll intensiver Farbigkeit, fließender Bewegung und seltener Erleuchtung. Die Spannung, die das Gedicht beherrscht, weicht für einen kurzen Moment und gibt einer Atempause Raum, die Imagination darf für einen Augenblick auf dem glänzenden Aufscheinen einer Transzendenz verweilen. Dies währt jedoch nicht lange, denn in diesem Gedicht geht es nicht um reiche sinnliche Wahrnehmung oder ausgedehnten imaginativen Genuß. Das goldene Schauspiel scheint kurz auf, aber der Text verweilt nicht länger dabei. Und wenn das Gedicht emphatisch auf einer transzendenten Wahrheit beharrt, so ist sie nicht von der Art, die freudig den Tag feiert, an dem der auferstandene Christus gen Himmel gefahren sein soll. Die Natur des Tages und seine reiche Symbolik kontrastieren nämlich scharf mit dem Gespräch, in das die zwei Sprechenden vertieft sind.

Sie sprechen von gewichtigeren Sachen, vom Judentum und vom jüdischen Gott; es erstaunt also nicht, daß von »Zuviel« und »Zuwenig« die Rede war. Das »Aber-Du« wird erwähnt, eine mehrdeutige Formulierung, die auch als »You-Again (Du-Abermals)« ins Englische übersetzt worden ist, die aber auch die Bedeutung von Pseudo-Du haben kann, eben das, was *nicht* »Du« ist. Der Dichter selbst zog in der Tat die zweite Lesart vor* und vielleicht hilft uns dies, eine Vermutung darüber anzustellen, was denn das Licht und die Klarheit trübt: Vielleicht ist es paradoxerweise ja das Münster, der einzige Lichtträger im Gedicht, der in seiner goldglänzenden Helligkeit lockend winkt und die Phantasie himmelwärts lenkt, aber gleichzeitig das Verständnis verdunkelt, zumindest die jüdische Art, die Welt zu begreifen. Und an dieser Stelle sollten wir nun bemerken, daß dieses Gedicht in erster Linie ein Gedicht über das jüdische Weltverständnis ist, genauer gesagt, über dessen Zustand nach dem Holocaust, der in dem Gedicht nirgends Erwähnung findet, doch durchgängig spürbar ist.

Wie kommt das? Zum einen bestehen zwischen *Zürich, Zum Storchen*, obgleich es in einem Restaurant spielt, und Kaffeehaus-Gedichten wie etwa T. S. Eliots *Dans le Restaurant* oder *Conversation Galante*, äußerst artifiziellen Gebilden, in denen die dramatischen »Charaktere« sich in manierierte Konversation vertiefen auf »fiktiven« Schauplätzen bewegen, keinerlei Vergleichsmomente. Die Sprecher in diesem Gedicht sind uns bekannt, wir kennen ihre Namen und ihre Biographie, und von der ersten Zeile an wissen wir ganz genau, worüber sie reden: Die Unterhaltung dreht sich, wie auch in Celans Prosaskizze *Gespräch im Gebirg*, um das Thema, das nahezu immer, wenn zwei Juden aufeinandertreffen, Gegenstand des Gesprächs sein wird: nämlich um den prekären Zustand des Judentums und den Standort Gottes sowie die ganz spezielle Einstellung zu ihm aufgrund dieses Zustands. Es handelt sich um Nelly Sachs und Paul Celan, und ihre Zusammenkunft findet in Zürich statt. Das scheint sich als Ort der Begegnung anzubieten für zwei deutschsprachige jüdische Dichter, die außerhalb ihres natürlichen Sprachraums leben: Nelly Sachs, der es gelungen war, mit ihrer betagten Mutter aus ihrer Geburtsstadt Berlin zu fliehen und sich in Schweden in Sicherheit zu bringen, wenn auch nie wieder zu Hause zu fühlen; und Paul Celan, dessen Flucht in Paris endete, wo er auch keine innere Ruhe finden konnte. Beide Dichter setzen sich nun nicht hin und beklagen ihr Exil, wie Eliot in *Das wüste Land*, doch das Widersinnige ihrer Situation empfinden sie ganz stark.

Für nahezu alle übrigen Menschen in der Stadt bedeutet nämlich der Tag, an dem die beiden sich dort treffen, ein Symbol für den Triumph über den Tod, doch für Celan und Sachs, die weder diese Auffassung von göttlicher Transzendenz teilen noch irgendeine Form von Hoffnung mit diesem Tag verbinden, heißt dieser Tag nicht »Himmelfahrt«, sondern viel distanzierter und neutraler »der Tag einer Himmelfahrt«. Ihnen war es bestimmt, eine andere Form von Himmelfahrt kennenzulernen und deren Dichtung zu schreiben, die von »Israels Leib [...] aufgelöst in Rauch«, der aufwärts zieht durch »die Schornsteine / Auf den sinnreich erdachten Wohnungen des Todes«, wie Nelly Sachs in einem ihrer berühmtesten Gedichte formulierte. Diese zwei Arten von Himmelfahrt kollidieren miteinander und können nicht in Übereinstimmung gebracht werden, und obgleich das Gedicht nur die eine Himmelfahrt ausdrücklich ausspricht, schwingt die andere doch mit.

103

Ein Gespräch der beiden über das Judentum und Gott kann nur vor dem Hintergrund ihrer persönlichen bitteren Erfahrungen mit diesen Größen vonstatten gehen, und das heißt, vor dem Hintergrund ihres beschädigten Status nach dem Holocaust, der beider Leben für immer geprägt und ihnen ihre Berufung als Dichter der Klage auferlegt hat. In beider Werk ist der Holocaust überall spürbar, und er spricht auch aus *Zürich, Zum Storchen*.

Wo spürt man ihn hier? In den Fragen, die aufgeworfen werden, und in den Antworten, die Gott betreffen. Von ihm spricht Celan in zorniger Verachtung, er spricht *gegen* ihn, und doch öffnet sich sein Herz in Hoffnung auf sein »Wort«, das er hier sein »höchstes, umröcheltes, sein / haderndes Wort« nennt. Celan wählt diese verwirrenden Bezeichnungen ganz bewußt, denn auch sein Bild von Gott ist verwirrt: Sein »höchstes« Wort lesen wir als Schöpfung, sein »umröcheltes« als das letzte erstickte Ringen nach Atem vor dem Tod, sein »haderndes« bezieht sich vielleicht auf Abrahams Streit mit Gott über die dem Untergang geweihten Bewohner Sodoms. Sein »Wort« bewegt sich also zwischen Leben und Tod, die Möglichkeit einer Vermittlung zwischen den beiden Polen wird offen gelassen. Der Dichter, innerlich tief aufgewühlt, hört alle drei Bedeutungen gleichzeitig und empfindet sie beinahe als eine. Es erstaunt also nicht, daß er diesen Gott nicht als den seinen, sondern zweimal als »dein Gott« bezeichnet. Es ist eine emphatische Zurückweisung und doch auch ein Ausdruck von Hoffnung: »ich / ließ das Herz, das ich hatte, / hoffen«.

Die ungewöhnliche Formulierung zieht unsere Aufmerksamkeit auf sich: Es heißt nicht »ich hoffte« oder »ich ließ mein Herz hoffen«, sondern »ich / ließ das Herz, das ich hatte, / hoffen«, was bedeuten soll: das eine Herz, das mir noch geblieben war. Was war geschehen, daß ihm nur noch das eine Herz geblieben war? Das sagt das Gedicht nicht, zumindest nicht explizit, doch wer gelernt hat, das Ungesagte in Celans Lyrik zu erkennen und es genau so zu lesen versteht wie die Wörter selbst, der kennt die Antwort. Die Leerstellen stehen bei diesem Dichter stets für das Gleiche. Distanz oder Nähe, in der es umkreist wird, mögen zwar von Gedicht zu Gedicht variieren, aber das Bewußtsein von seinem Ursprung und seiner Beschaffenheit ist immer da: In Celans Welt ist das Leiden stets ein Amalgam aus Schweigen und Asche, sie geben auch der stammelnden Musik seiner *Todesfuge* ihre Gestalt. Hören wir hier, aus *Es war Erde in ihnen*, den Klang, den Ursprung und das Schicksal dieser Leere:

> Sie gruben und gruben, so ging
> ihr Tag dahin, ihre Nacht. Und sie lobten nicht Gott,
> der, so hörten sie, alles dies wollte,
> der, so hörten sie, alles dies wußte.
>
> Sie gruben und hörten nichts mehr;
> sie wurden nicht weise, erfanden kein Lied,
> erdachten sich keinerlei Sprache.
> Sie gruben.

Auch die Gefährtin des Dichters aus *Zürich, Zum Storchen*«, die selbst besessen ist von diesem düsteren Wissen, »lobte nicht Gott«, doch ebensowenig kann sie der Verbitterung zustimmen, die sein Bild vom ihm bestimmt. Sie spricht nicht gegen ihn, sie spricht auch nicht für ihn, sie spricht überhaupt kaum ein Wort zum Dichter, sie wendet nur ihren Blick ab und antwortet verwirrt und resigniert: »Wir / wissen ja nicht, weißt du / wir / wissen ja nicht / was / gilt«. Und an diesem Punkt endet das Gedicht, trauerverhangen und ganz nah am Verstummen, dem Schweigen, aus dem so viele der Gedichte von Paul Celan und Nelly Sachs hervorgegangen sind und in dem sie sich oft wieder verlieren.

Es bestehen Analogien zwischen diesem Schweigen und dem Schweigen, das Hölderlin zu Beginn und Nietzsche gegen Ende des 19. Jahrhunderts wahrnahmen, doch muß man sich vor Augen halten, daß Hölderlins Gefühl, in einer Zeit spiritueller Dürre zu leben, und Nietzsches Diktum, das er dem Wahnsinnigen in *Die fröhliche Wissenschaft* in den Mund legt – »Gott ist tot« –, in krassem Gegensatz stehen zu den historischen und metaphysischen Dimensionen, in denen Paul Celan und Nelly Sachs ihre Dichtungen verfaßten. Wenn Hölderlin in der denkwürdigen siebten Strophe von *Brod und Wein* fragt: »und wozu Dichter in dürftiger Zeit?«, wirft er damit eine Frage auf, die so bedrückend ist, daß eine Antwort darauf zu finden fast unmöglich scheint. Trotzdem gibt es eine, und seine Worte bekräftigen die noch immer gültigen Werte der christlichen und der antiken Weltsicht, die dem Dichter etwas von der Dionysischen Funktion der früheren Priester des Weingottes zuschreiben. Wenn aber Celan in *Tübingen, Jänner*, einem Gedicht, das ganz direkt Hölderlin evoziert, eine ähnliche Frage stellt, wird die Antwort in einer derartig gebrochenen Sprache gegeben, daß sie kaum noch verständlich ist:

> Käme,
> käme ein Mensch,
> käme ein Mensch zur Welt, heute, mit
> dem Lichtbart der
> Patriarchen: er dürfte,
> spräch er von dieser
> Zeit, er
> dürfte
> nur lallen und lallen,
> immer-, immer-
> zuzu.
> (»Pallaksch. Pallaksch.«) (I, S. 226)

Die Unsinnsworte, die das Gedicht beschließen, sind Worte Hölderlins, doch sie stammen vom wahnsinnigen Hölderlin, in dessen Zustand Celan offenbar eine größere Nähe zur Situation des Dichters nach dem Holocaust erkannte. Der historische Abstand zwischen den beiden Dichtern läßt sich konkret benennen: Ging es für den Dichter des 19. Jahrhunderts darum, sich in einer Zeit des Mangels und umfassender Dürftigkeit seine Sprache zu bewahren, so war der Dichter in der Mitte des 20. Jahrhunderts noch ganz anderen Bedrohungen ausgesetzt durch Kräfte, die ihn zu vernichten trachteten. Hölderlin war das Schicksal bestimmt – an dem er letztlich zerbrechen sollte –, als ein Dichter mit einem ausgeprägt religiösen Empfinden in einem Zeitalter zu leben, in dem die Götter die Erde bereits verlassen hatten und keine geheiligten Namen mehr zur Verfügung standen. Celans Prüfung war eine andere, was Hölderlin quälte, war nur ein Teil davon. Die folgenden Zeilen etwa aus Celans Gedicht *Engführung* hätten so im 19. Jahrhundert nicht geschrieben werden können:

> Kam, kam.
> Kam ein Wort, kam,
> kam durch die Nacht,
> wollt leuchten, wollt leuchten.
>
> Asche.
> Asche, Asche.
> Nacht.
> Nacht-und-Nacht. (I, S. 199)

Wie sollen wir solche Lyrik verstehen, Dichtung, deren unentrinnbares Stammeln die Sprache in erschreckende Nähe zu Hölderlins hilflosem »Pallaksch, Pallaksch« treibt? Es reicht nicht aus, diese Dichtung mit der Sprachlosigkeit einer existentiellen Angst erklären zu wollen, denn darüber ist Celans Lyrik weit hinaus. Hölderlins und sogar Nietzsches »Nacht« ging eine radikale Umwertung aller Werte voraus, die beide in einen Zustand des Schreckens und der äußersten ontologischen Verlorenheit stürzte und den Dichter wie den Philosophen am Ende in den Wahnsinn trieb. Celans Nacht war noch undurchdringlicher und noch furchtbarer, denn dieses Mal hatte die historische Wirklichkeit die Nacht buchstäblich und nicht nur metaphorisch herbeigeführt und Millionen unschuldiger Menschen, darunter auch die Familie des Dichters, hinweggefegt in leere Himmelsräume: »Der Ort, wo sie lagen, er hat / einen Namen – er hat / keinen. Sie lagen nicht dort.« (*Engführung*)

In dieser Nacht ist der Poet allein mit der Verpflichtung, das Andenken derer zu bewahren, die in ihr verschwanden, doch wie soll das zu bewerkstelligen sein? Seine Botschaft kommt stammelnd durch die Nacht, soll sie erhellen, enthält aber nur ihre eigene Sprachlosigkeit angesichts des leeren Raums. Und *dort* findet der Dichter seine Aufgabe und sein Vermächtnis: »Alle die Namen, alle die mit – / verbrannten / Namen. Soviel / zu segnende Asche.« (*Chymisch*)

Doch wie spricht man über Rauch und Asche den Segen aus? In manchen Gedichten gelingt es Celan, »Ho, ho- / sianna«, »Ho- / sianna« zu stammeln. In anderen, die erfüllt sind von Zynismus und Erbitterung, liegt ihm der Fluch näher als der Segensspruch. Und dann gibt es wiederum andere, wie *Stehen*, wo der Dichter bar aller Worte, in stummer Zeugenschaft ist, selbst ein stummer Psalm:

> STEHEN, im Schatten
> des Wundenmals in der Luft.
>
> Für-niemand-und-nichts-Stehn.
> Unerkannt,
> für dich
> allein.
>
> Mit allem, was darin Raum hat,
> auch ohne
> Sprache. (II, S. 23)

Dies ist ein bemerkenswertes Gedicht, das, in seiner seltsamen Art, sonderbar affirmativ wirkt, denn obwohl es den Dichter bis an die Grenzen der Sprache treibt, ist es kein nihilistisches Gedicht. Das Gegenteil ist der Fall: Einem alles vereinnahmenden Nihilismus gegenüber behauptet das Gedicht seinen Platz im Sein. »Auch ohne Sprache« wehrt es sich dagegen, einfach hinweggewischt zu werden, und behauptet sich mit einer zwar stummen, doch grimmigen Entschlossenheit. Der Autismus des Textes ist beängstigend, doch die moralische Haltung, die dahintersteht – das Beharren auf dem Überleben und darauf, überlebend zu *dienen*, erschüttert uns und macht uns demütig.

Auch hier ist ein Vergleich mit Hölderlin aufschlußreich. Der ältere Dichter fordert in *Wie wenn am Feiertage...* seine Dichterkollegen auf, »mit entblößtem Haupt unter Gottes Gewittern [...] zu stehen« und »des Vaters Strahl [...] zu fassen und dem Volk ins Lied gehüllt die himmlische Gabe zu reichen«. Hölderlin war sich der Gefahr bewußt, die ein solch eindringliches und unvermitteltes Erlebnis war, dennoch spornte er die Dichter an: »Denn sind nur reinen Herzens, / Wie Kinder, wir, sind schuldlos unsere Hände, / Des Vaters Strahl, der reine, versengt es nicht«. So sieht für Hölderlin die Geburtsstunde erhabenster Dichtung aus, wenn die »hochherstürzenden Stürme[...] / Des Gottes« den Dichter zum Lied entflammen.[6]

Doch zu Celans Zeit gab es keine gottgesandten Stürme mehr, die Stürme wüteten statt dessen gegen Gott. Der Dichter mochte noch so »schuldlos« und »reinen Herzens« wie zu Hölderlins Zeiten sein, doch sein Herz war verbrannt, auch wenn nun kein himmlisches Feuer mehr brennt, das der Dichter trinken könnte. Unbarmherzig strömte nun statt seiner das tödliche Gas, die »Schwarze Milch der Frühe«, in die Gaskammern und vertrieb damit Gott aus dem Himmel. Wo einst der himmlische Thron stand, zeugte nun eine tiefe Narbe in der Luft von dem Riß durch den Kosmos. Dem Dichter oblag jedoch noch immer die Pflicht, seinen Platz dort unten auf der Erde einzunehmen, auch im Bewußtsein, »Für-niemand-und-nichts-[zu-]Stehn«. Die Gefahr bestand nicht darin, wie Hölderlin es vorausgeahnt hatte, daß der Dichter ein zu schwaches Gefäß sein könnte, um die göttliche Last aufzunehmen; sie lag vielmehr darin, daß er erwartungsvoll bereitstand für eine Macht, deren Kraft nicht mehr strömte, für das Wort, das nicht mehr sprach. »Unerkannt«, ganz allein auf sich gestellt, hält der Dichter fest an seiner Berufung und bringt seinen stummen Gesang dar »für dich / allein«.

Die Hingabe, die in diesem Gedicht liegt, dürfte beispiellos in der neueren Literatur sein. Sein Glaube im Angesicht der Leere, das bloße *Da-Stehen* als fundamentale ontologische Wahrheit, findet sein Äquivalent nur in den Psalmen, denen wohl kein moderner Dichter so nahe kam wie Paul Celan. Ein Gedicht wie *Stehen* erfüllt nicht nur Kants Kriterium für die höchste Kunst, die Zweckmäßigkeit ohne Zweck, es verleiht ihm auch eine moralische Dimension: Wer am Rande des Abgrunds seinen festen Stand behauptet, wer stumm seinen Atem verhält vor dem Wort, das »hier vorbeistarb«, tritt ein in die Nacht, doch weigert er sich, sich der Finsternis zu unterwerfen. Theologisch gesehen, findet sich eine Parallele beim Propheten Habakuk, der zwar wesentlich wortreicher mit dem stummen Gott ringt, dessen Haltung aber verblüffende Ähnlichkeit zu der Celans aufweist:

> Herr, wie lange soll ich schreien,
> und du willst nicht hören?
> [...]
> Hier stehe ich auf meiner Worte und stelle mich auf meinen Turm
> und schaue und sehe zu, was er mir sagen und antworten
> werde auf das, was ich ihm vorgehalten habe. (Hab. I,2 / II,1)

Dann und wann, doch in heutiger Zeit nur noch sehr selten, stößt man auf ein Gedicht, das man nicht allein als Sprachakt bewundert, sondern auch für den außergewöhnlichen moralischen Mut, der darin zum Ausdruck kommt. *Stehen* ist ein solches Gedicht, ein der Finsternis Abgerungenes, das ein stummes Gebet ausspricht.

Celan schrieb weitere Gedichte dieser Art, darunter *Psalm*, *Die Schleuse* und *Benedicta* aus *Die Niemandsrose* (1963), *Weggebeizt*, *Schlickende* und *Einmal* aus *Atemwende* (1967) und *Wirk nicht voraus* aus *Lichtzwang* (1970). Jedes einzelne dieser Gedichte ist dem Schweigen so nahe, daß es beinahe ins Verstummen überzugehen scheint, d.h. ins poetische »Aushauchen« [expiration], und doch evoziert jedes einzelne Gedicht so etwas wie einen Verweis auf ein Absolutes, das im Schweigen selbst liegen mag oder auch jenseits von ihm. Das zu erreichen ist das Ziel des Dichters, und er setzt alles ein, was ihm als Dichter zu Gebote steht und macht sich auf, das »kleine[] / unbefahrbare Schweigen« zu durchfahren.

Was erwartet ihn dort? Einige dieser Gedichte erweitern unser Bewußtsein bis zu einem Punkt, an dem es sich erahnen läßt, doch können wir unsere Erkenntnis nur in der Sprache des Paradoxen formulieren, der Sprache, derer sich sowohl die höchste aller Wahrnehmungsstufen bedient, nämlich die tiefste religiöse Erkenntnis, wie auch die niedrigste, der Wahnsinn; beide sind ja auf beunruhigende Weise miteinander verwandt. In *Psalm* einem Gedicht, das von tiefer religiöser Suche bestimmt ist, wird Gott als »Niemand« angesprochen und bestätigt. Die Absenz dieses Niemand aber ist so vehement, daß sie die Fülle und Herrlichkeit der Präsenz des Allmächtigen geradezu in sich zu schließen scheint. In *Die Schleuse* riskiert es der Dichter, die letzte Schleuse zu passieren, um so ein einziges Wort, das ihm verloren gegangen war »in die Salzflut zurück- / und hinaus- und hinüberzuretten«: das hebräische Wort *Jiskor*, das das jüdische Gebet zum Andenken an die Toten einleitet. Auch in *Benedicta* mischen sich hebräische Wörter in den deutschen Text, doch hier kommt das Jiddische hinzu, um eine Segnung zu artikulieren, derer sich der Dichter bedienen kann, nachdem sich seine Stimme schon erschöpft hat: das Gedicht endet mit dem Wort *Ge- / bentscht*, so wie *Jiskor* das vorangegangene beschloß; beide klingen also mit einem Ton traditioneller jüdischer Frömmigkeit aus. Der linguistische Prozeß, der ganz offensichtlich einen geistigen Entwicklungsprozeß nachzeichnen soll, ist ungewöhnlich und doch für Celan charakteristisch: Zunächst einmal muß die deutsche Sprache durchquert werden, um beim Hebräischen und Jiddischen anzulangen, deren Inbrünstigkeit der Sprache des Gebets angemessener ist; im zweiten Schritt findet dann ein totaler Verzicht auf Sprache überhaupt statt, um in einer schauerlich schweigenden, aber vielleicht erleuchteten Andacht verharren zu können. Es scheint, als ob nur eine uneingeschränkte Reinheit, deren Absolutheit sogar die Sprache ausschließt, die Voraussetzung für den Eintritt ins Allerheiligste erfüllen kann, dorthin, wo man sprachlos – oder jenseits der Sprache – in stummem Da-Sein beginnen kann, sich Ihm-dessen-Name-Niemand-Ist zuzuwenden, so wie es ihm gebührt.

Die Literatur der Mystik ist reich an Beispielen solcher Erfahrungen, und es gibt genug Forscher, die die Schriften der jüdischen und christlichen Mystik auf mögliche Quellen durchforstet haben, um einige der problematischen Eigenheiten von Celans Lyrik erhellen zu helfen. Das folgende Zitat, J. L. Perez' Erzählung *Kabbalisten* entnommen, soll hier als Analogiebeispiel und nicht als Quelle verstanden werden. Es kann stellvertretend für viele andere stehen, die das Wesen des Schweigens in einigen von diesen Gedichten zu verstehen helfen mögen und uns ihren ganz eigenen Gebetscharakter klarmachen. Diese Worte eines greisen Meisters der Kabbalistik, die er an seinen jungen Schüler richtet, nähern sich dem poetischen Prozeß, wie er sich in dem von uns untersuchten Gedichten vollzieht:

Es gibt Melodien, die Worte haben müssen... Das ist die niedrigste Stufe. Und es gibt eine höhere Stufe: Die Melodie braucht keine Worte; sie wird ohne Worte gesungen, als reine Melodie... Aber auch diese Melodie bedarf einer Stimme und braucht Lippen, durch die sie dringt! Und Lippen sind – du verstehst mich doch? – etwas Körperliches. Nehmen wir an, daß die Stimme auf der Grenze zwischen Geistigem und Körperlichem steht!

Doch in jedem Falle ist die Melodie, die der Stimme bedarf und von den Lippen abhängt, noch nicht ganz rein, nicht ganz geistig!

Die richtige, höchste Melodie wird aber ganz ohne Stimme gesungen ... Sie tönt im Innern des Menschen, in seinem Herzen, in allen Gliedern. So sind die Worte des Königs David zu verstehen: ›Alle meine Gebeine lobpreisen Gott!‹ Im Mark der Knochen muß es tönen, und das ist das schönste Loblied auf den Herrn, gesegnet sei sein Name! Denn eine solche Melodie ist nicht von einem Wesen aus Fleisch und Blut erfunden. Sie ist ein Teil jener Melodie, mit der Gott die Welt erschaffen hat[7].

Gedichte wie *Stehen*, *Psalm* und *Einmal* lassen uns vielleicht ahnen, daß Celan irgend etwas, was diesem verborgenen Wissen sehr nahe kam, für sich erschlossen hatte, doch wir erschauern bei dem Gedanken an den Preis, den er für dieses Wissen gezahlt haben muß. »Ihn ritt die Nacht«, so heißt es in einem seiner späten Gedichte, und er sträubt sich nicht, wenn sie ihn mit sich nimmt »über / die Menschen-Hürden« hinweg. Dort, wo seine sterbliche Stimme schwieg oder sich vielleicht in eine höhere Musik einstimmte, fand er das Lied, das ihn jenseits der Nacht erwartete – wie auch immer es ausgesehen haben mag:

> FADENSONNEN
> über der grauschwarzen Ödnis.
> Ein baum-
> hoher Gedanke
> greift sich den Lichtton: es sind
> noch Lieder zu singen jenseits
> der Menschen.

II

Nach der Lektüre der Gedichte Paul Celans überkommt den Leser, wenn er sich der Lyrik von Nelly Sachs zuwendet, unweigerlich das Gefühl einer gewissen Ernüchterung. Ihre Dichtung ist der Celans zwar sinnesverwandt, insofern als die Fragen, die sie am meisten beschäftigten, auch die seinen waren, doch sie besaß keine so persönliche Sprache wie er. Ihre Texte hinterlassen, trotz ihrer unbestreitbaren Bedeutung, keine so entschiedene und nachhaltige Wirkung wie die Celans. Anläßlich der Entgegennahme des Nobelpreises im Jahre 1966 gibt Nelly Sachs an, ihr gesamtes Werk gelte dem Bemühen, die Tragödie des jüdischen Volkes zu repräsentieren, und insgesamt gelingt ihr das in ihren Büchern auch, doch gibt es kein einziges Gedicht von ihr, das sich mit Celans besten messen könnte. Eine derartige Charakterisierung bestreitet weder den Reiz noch die Bedeutung ihrer Schriften, sondern unterstreicht nur die Tatsache, daß die Stärke ihrer Lyrik nicht in einzelnen Gedichten, sondern in größeren Blöcken liegt. Es ist nicht die komprimierte Wirkung eines einzelnes Gedichts, die uns von Nelly Sachs' Leistung überzeugt, sondern der Gesamteindruck ihres Werkes, der uns bewegt.[8]

Nelly Sachs macht es sich in ihrer Dichtung zur vorrangigen Pflicht, die »Landschaft aus Schreien« faßlicher und damit auf gewisse Weise erträglicher zu machen. In ihren früheren Bänden läßt sich die Landschaft ganz eindeutig als die des Holocaust identifizieren, in den späteren nimmt sie abstraktere Züge an und wird zu einer Landschaft des reinen Schmerzes, deren exakte historische Herkunft nicht länger erkennbar ist. In dem Maße, wie sie sich aus der Erscheinungswelt zurückzieht, reduziert sich auch die Modulationsbreite der dichterischen Stimme, doch zugleich gewinnt sie an Intensität, insbesondere in den späten Gedichten, wo sie in einer Art Schwebezustand verharrt in unmittelbarer Nähe zum Verstummen, dem ihr bestimmten Ende. Doch anders als das Schweigen in Celans bedeutendsten Gedichten, das auf eine – vielleicht numinose – Macht hindeutet, die sich ganz tief ins Innerste des Schweigens oder in entlegene Ferne jenseits davon zurückgezogen hat, bleibt das Schweigen in Nelly Sachs' Gedichten fast durchweg leer, das erlösende Echo bleibt aus. Die Dichterin entschwindet in die Sprachlosigkeit, ohne eine Spur zu hinterlassen, wir wissen nur, daß sie den Weg bis ans Ende gegangen ist.

Dieses Bewußtsein von der grundlegenden Sprachlosigkeit und Endlichkeit des Lebens kann man in der Lyrik von Nelly Sachs durchgängig ausmachen, obwohl es in ihren früheren Büchern daneben auch Gedichte gibt, die die Existenz eines Transzendenten möglich erscheinen lassen, »ein Geheimnis / das mit der Nacht *beginnt*« (F, S. 64). Nur woraus dieses Geheimnis besteht, und wie man erfolgreich das Grauen der Nacht durchschreiten kann, um dorthin zu gelangen, das wird niemals enthüllt. Zahlreiche Gedichte spielen auf einen verlorenen Geliebten an, der dort wartet, andere auf irgendeine nicht näher bezeichnete Form von Auferstehung. Eine Gruppe von Gedichten über das Land Israel begrüßt die Erneuerung des jüdischen Volkes in der Wiedergeburt des Nationalstaates (gleichzeitig aber warnen sie vor den Exzessen eines übertriebenen Nationalismus). Und ein ekstatisches Gedicht (*Chassidim Tanzen*) hebt emphatisch die läuternden Kräfte hervor, die dem mystischen Gebet innewohnen. Davon abgesehen stehen der Dichterin nur zwei Wege zu Gebote, die Schrecken, die ihre Zeit überfallen hatten, zu verarbeiten: stoisches Ertragen angesichts des unermeßlichen Leidens und das mütterliche Bedürfnis, Trost zu spenden und das unermeßliche Leid in der Welt dadurch zu lindern, daß sie es in sich selbst einschließt.

Beides befähigte Nelly Sachs zu eindrucksvollen Gedichten, doch nichts konnte ihr helfen, die Nacht zu verstehen oder von sich fernzuhalten; das Vermächtnis der Finsternis lastete zu schwer auf ihr. Das folgende Gedicht zeigt überdeutlich, daß es vor allem die Überlebenden der Nacht waren, die einen dunklen Schatten auf die Einbildungskraft der Nelly Sachs warfen und die, wie auch Nelly Sachs selbst, immer wieder heimgesucht wurden von der Erinnerung an jene, die der Vernichtung nicht entgehen konnten:

> DA,
> in den Falten dieses Sterns,
> zugedeckt mit einem Fetzen Nacht,
> stehen sie, und warten Gott ab.
> Ihren Mund hat ein Dorn verschlossen,
> ihre Sprache ist an ihre Augen verlorengegangen,
> die reden wie Brunnen
> darin ein Leichnam ertrunken ist.

> O die Alten,
> die ihre verbrannte Nachfolge in den Augen tragen
> als einzigen Besitz.
> (*Greise*)

Gedichte wie dieses gibt es viele, alle drücken sie die Leere und die Qual eines trostlosen Überlebens aus, das seine Bedeutung verloren hat, das Dasein einer lebenden Toten, »[j]ede Minute mit anderem Dunkel« gefärbt. Eine tiefe Trauer erfüllt die Dichterin, und sie weint wie die biblische Rachel um ihre verlorenen Kinder. Klage und Sehnsucht sind die beiden charakteristischen Grundstimmungen in Nelly Sachs' Dichtung, erstere ist Ausdruck der alles durchdringenden Trauer um die Opfer des Nazi-Holocaust, letztere artikuliert das tiefempfundene Verlangen nach einer Zukunft, deren Geburt noch aussteht. Dazwischen, in der Gegenwart, gibt es wenig, außer Schmerz und Betäubung durch den Verlust. Wenn man von einer Definition von Wirklichkeit ausgeht, die durch exakt angebbare Handlungen in Raum und Zeit bestimmt wird, so findet man kaum etwas davon in diesen Gedichten, alles, was dem Leid und der Sehnsucht der Dichterin äußerlich ist, bleibt inhaltslos und schemenhaft. Wenn die Landschaft der Gedichte keine Landschaft der Schreie ist, setzt sie sich zusammen aus Luft, Sternen, Sand, Samen, Staub, Atem und Schatten, blassen und flüchtigen Dingen, in denen nur selten Leben erwacht. Sie entstammen dem »Sterbestoff« und treiben die dichterische Sprache in immer größere Nähe zum Verstummen, bis zu dem Punkt, an dem sie allein noch den leeren Raum umschließen, »ein kreisender Ring, der seinen Finger verlor« (F, S. 340).

Nelly Sachs war es bestimmt, diese Leere zu besingen, sie lieh dem haltlosen Schmerz und einer Sehnsucht ohne Ort ihre Stimme. »Ich soll im Grauen suchen gehen« (Sp. G., S. 153), heißt es in einem ihrer späten Gedichte, und in einem anderen: »Dies ist nur mit einem ausgerissenen Auge / aufs Papier zu bringen« (Sp. G., S. 220). Diese Aussagen beziehen sich auf ihren eigenen Gemütszustand, doch kennzeichnen sie zutreffend auch die Gefühle, die sich in ihren Gedichten ausdrücken. Wenn es nicht der schiere Schmerz ist, der aus ihnen spricht, tendieren sie dazu, entweder enigmatisch zu werden oder der Wortlosigkeit anheimzufallen und den Tod herbeizusehnen:

> So tief bin ich hinabgefahren
> über meine Geburt hinaus
> bis ich den früheren Tod traf
> der mich wieder verstieß
> in diese singende Pyramide
> um auszumessen das entzündete
> Schweigereich
> und ich sehne mich weiß nach dir
> Tod – sei mir kein Stiefvater mehr –

Von Anfang an war es charakteristisch für die Sprache der Nelly Sachs, mit Ausrufen anzusetzen und zu enden, eher in Erschöpfung als in einer wirklichen

Auflösung. »O die Schornsteine«, »O der weinenden Kinder Nacht«, »O die Staubhügel«, in denen sich der Mund in entsetztem Staunen öffnet, gegenüber einer Erfahrung, die zu grauenvoll ist, um noch von der Sprache erfaßt werden zu können, sind charakteristisch für viele der frühen Gedichte. In den zwei letzten Bänden werden Ausrufe und Anreden jedoch nur noch sehr vereinzelt eingesetzt, das Gefühl einer umfassenden und endgültigen Erschöpfung greift zunehmend um sich: »O-A-O-A / ein wiegendes Meer der Vokale / Worte sind alle abgestürzt –« (Sp. G., S. 191).

Wie auch dieser Text sind viele der späten Gedichte eine Reflexion über den eigenen nahenden Tod, und in ihren Beschreibungen eines langsamen Wenigerwerdens und zunehmender Schwäche, des Hinschwindens der schöpferischen Energie, können sie sehr bewegend sein. Ihr Spätwerk, oft in Formen des Fragments und kurzen enigmatischen Parabeln geschrieben, findet gerade soeben noch einen Weg zum sprachlichen Ausdruck. Ein Gedicht sei hier beispielhaft in seinem vollen Wortlaut zitiert: »Geheimnis an der Grenze des Todes / ›Lege den Finger an den Mund: Schweigen Schweigen Schweigen‹ – « (Sp. G., S. 214). Wozu diese Ehrfurcht vor der Stille? Ein Einzeiler verrät es: »Aber Schweigen ist Wohnort der Opfer – « (Sp. G., S. 206).

In diesem Schweigen – und dem schwer auf ihr lastenden Wissen um seine Ursachen –, lag Nelly Sachs' Berufung als Dichterin begründet – aber auch ihr Scheitern. Wie für Paul Celan bedeutete es auch für Nelly Sachs Privileg und Bürde zugleich, den *Psalm der Nacht* schreiben zu dürfen, doch im Unterschied zu ihm gelang es ihr nicht, im Innern der Nacht irgendeinen verborgenen Punkt auszumachen, von dem so etwas wie ›Sinn‹ ausging, der ein Licht in ihr Leiden tragen und ihrer Dichtung eine Richtung hätte geben können. Die Hartnäckigkeit ihrer Suche spiegelt sich in einem Fragment aus dem Spätwerk – »Rufst du nun den einen Namen verzweifelt / aus dem Dunkel –« (Sp. G., S. 158), doch hier zeigt sich auch, wie fruchtlos ihre Suche geblieben war. Diese Zeile ruft den Anfang von Rilkes 1. Duineser Elegie herauf, aber Nelly Sachs verfügte nicht über die seltenen Gaben eines Rilke, und in ihrer Dichtung gibt es keinen Engel, der sie hört:

> Wer ruft?
> Die eigene Stimme!
> Wer antwortet?
> Tod!
> Geht die Freundschaft unter
> im Heerlager des Schlafes?
> Ja!
> Warum kräht kein Hahn?
> Er wartet bis der Rosmarinkuß
> auf dem Wasser schwimmt!
>
> Was ist das?

> Der Augenblick Verlassenheit
> aus dem die Zeit fortfiel
> getötet von Ewigkeit!
>
> Was ist das?
>
> Schlaf und Sterben sind eigenschaftlos

Es gereicht Nelly Sachs zur Ehre, daß sie an ihrer großen Aufgabe festhielt bis ans Ende ihrer körperlichen und dichterischen Kraft. Ihr letzter größerer Versuch hat den Titel *Die Suchende*, und damit ist ein ganz wesentlicher Bereich ihres Unterfangens auf den Punkt gebracht. Sie war eine Suchende und begann wie Celan, die religiösen Schriften des Judentums zu studieren. Sie suchte vor allem in der Kabbala nach Möglichkeiten, die ihr helfen sollten, »die Wunde lesbar zu machen«, die ihre Zeit entstellte. Ihr Studium des Sohar bestätigte, was sie ohnehin schon gefühlt hatte – »Da ist in der Irre Gold versteckt –« (Sp. G., S. 141) – und sie schreckte auch nicht davor zurück, in Bereiche unterhalb der Ebene abzutauchen, in der unser Bewußtsein gewöhnlich arbeitet – »und arbeitet in der Tiefe für Gott« (Sp. G., S. 113). Allerdings gibt es in ihrer Dichtung kaum Anhaltspunkte, daß sie dort auf etwas gestoßen ist, was es ihr erlaubt haben könnte, wieder aufzutauchen, wiederbelebt durch eine tiefere Erkenntnis des *Leidens Israel* oder ihrer eigenen qualvollen Existenz einer Überlebenden. Es hat vielmehr den Anschein, als ob die tapferen, aber auch heiklen Vorstöße der Dichterin in die finsteren Abgründe ihrer Zeit sie nur noch weiter in die äußerste Einsamkeit getrieben haben, die für ihre Dichtung kennzeichnend ist: »Im Brunnen mit niemand – / verloren –« (Sp. G., S. 134).

Nelly Sachs war dazu ausersehen, diese Verlorenheit zu besingen, sie war Archivarin dieser tragischen Epoche und zugleich ihr Opfer; dies war die Voraussetzung ihrer nahezu unerfüllbaren Berufung: die Hieroglyphen des Leidens zu transkribieren, ohne sie selbst jemals ganz zu verstehen. Gegen Ende, als schon offenbar wurde, daß auch die Sprache selbst zurückwich, blieb ihr nur noch, auf den rohen Ausdruck nackten Schmerzes zurückzugreifen: »Vokale und Konsonanten / schreien in allen Sprachen / H i l f e !« (Sp. G., S. 225).

Dieser allerletzte, hilflose Schrei liegt schon beinahe wieder jenseits der Dichtung, wir sind zurückgekehrt in die Landschaft der Schreie, in die sich die Dichtung ein letztes Mal versenkt, nicht länger auf der Suche nach Bedeutung und Sinn, sondern aus der Welt, in der es so etwas gibt, hinaus. Das einzige Ende für soviel unermeßliche Qual war der Tod und mit ihm kommt auch Nelly Sachs' Dichtung an ein Ende, so wie sie mit ihm begonnen hatte: »O Zeit, die nur nach Sterben rechnet, / Wie leicht wird Tod nach dieser langen Übung sein« (F, S. 28).

III

Die Unausweichlichkeit des Schweigens in der Dichtung der Nelly Sachs hat, wie wir mit Richard Rubenstein schon sehen konnten, ihre Entsprechung in der

Theologie nach dem Holocaust. Es gibt jedoch, wie am Beispiel einiger theologischer Gedichte Celans vorgeführt wurde, noch weitere Optionen, sogar solche des Widerstands. In diesem Zusammenhang halte ich es für angemessen, daran zu erinnern, wie Emil Fackenheim seinen Beitrag zum *Commentary*-Symposium beschlossen hat: »Ist es nicht die Aufgabe eines Juden der Auschwitz-Generation, das zu leisten, was Juden – seit der Zeit Abrahams, Jeremias' und Hiobs – in finsteren Zeiten schon immer getan haben, nämlich zu ringen mit dem schweigenden Gott und eben dadurch seine Gegenwart zu bezeugen?«[9]

Fackenheims Position scheint der Haltung der Holocaust-Dichter näher zu liegen als Rubensteins Standpunkt. Dies trifft vor allem auf einige der besten jiddischen Dichter zu, die, wie wir im nächsten Kapitel sehen werden, ganz besonders entschieden mit Gott ins Gericht gehen. Fackenheims Haltung steht auch dem traditionellen Judaismus näher, dem die Tragödie des Volkes Israel schon immer Thema war und das sowohl die selbstverhüllenden wie die sich offenbarenden Züge Gottes anerkennt. »Wer ist wie Du unter den Sprachlosen, oh Gott / wer kommt Dir gleich in Deinem Schweigen?«, so lautet das Dilemma in der Formulierung eines hebräischen Dichters des Mittelalters. Dieses Problem der Dichtung nach Auschwitz – das identisch ist mit den allgemeinsten Fragen des religiösen Lebens – besteht in der Schwierigkeit, mit diesem Sich-Verhüllen leben zu müssen. Der Dichter steht vor der schwierigen Aufgabe, ein ausgewogenes Gleichgewicht zu finden zwischen Widerstand und Unterwerfung, zwischen dem unvermeidlichen Rückgriff auf Sprache und dem auferlegten Schweigen. Der Dichtung – wie auch dem Glauben – ist das Äußerste abverlangt worden, bis zu einem Punkt, an dem Dichter und Gläubige Wege finden müssen, sich selbst zu behaupten, die völlig jenseits dessen liegen, womit man gemeinhin seine Existenz und seine Authentizität definiert. Aber paradoxerweise liegt genau in dieser Spannung – und vielleicht muß man heute sagen: nur hier – der Punkt, an dem emphatische Wahrnehmung wirklich möglich ist. In seltenen Augenblicken können hier poetische und theologische Einsichten miteinander verschmelzen. Der Sprache beraubt, kann das Schweigen selbst gelegentlich zu einem ausdrucksvollen Werkzeug des Glaubens werden, sogar zu einer Art Gebet, aber nur wenn es ein sich überantwortendes Schweigen ist, gerichtet an die Stimme Gottes, sogar in seinem Schweigen.

6. Dichtung des Überlebens

Nachdem ich den Tod der Menschen geschaut hatte, geriet ich [...] an den der Steine. [...] In der Hauptallee regte ein Dutzend großer, ausgemergelter Hampelmänner [...] die eigenen Knochen und schwere Hämmer. Eine zweite Gruppe war am Karrenschieben. Man zerschlug alte Grabsteine. Unter den dumpfen und blinden Schlägen des Klöpfels zersplitterten die geheiligten Schriftzeichen der vor einem halben Jahrtausend, irgendwelchen Heiligen oder Philosophen gesetzten Sprüche. Ein *Aleph* kam links zu liegen, indes ein *He*, in einen anderen Teil des Steines gehauen, rechts aufschlug. Ein *Gimel* wurde dem Staube vermählt, in seinem Sturze gefolgt von einem *Nun*. Mehrere *Sin*, Symbole des Wunders einer Rettung durch Gott, lagen zerschmettert und getreten unter den Hämmern und unter den Füßen dieser dem Tode geweihten Arbeiter.
PIOTR RAWICZ

Je toter die Sprache ist, um so lebendiger ist der Geist. Geister lieben das Jiddische, und soweit ich weiß, sprechen sie es alle [...] Ich glaube nicht nur an Geister, sondern auch an die Auferstehung. Ich bin sicher, dass sich eines Tages Millionen jiddischsprechender Körper aus ihren Gräbern erheben werden, und ihre erste Frage wird sein: Ist irgendein neues Buch auf Jiddisch erschienen?
ISAAC BASHEVIS SINGER

Wie ich schon in den vorhergehenden Kapiteln zu zeigen versucht habe, implizierte der Genozid für den jüdischen Schriftsteller immer auch die Gefahr des Linguizids, der Ausrottung eines ganz spezifischen Codes als Teil der Vernichtung des jüdischen Lebens in Europa. Das galt vor allem für die jiddisch schreibenden Autoren des Holocaust. Die Endlösung sollte zwar den ganzen Kontinent treffen, die verheerendste Wirkung aber hatten die Verfolgungen für die osteuropäischen Länder, wo das Jiddische sich schon vor Jahrhunderten fest etabliert hatte. Weder Auswanderung noch Assimilation hatten verhindern können, daß das Jiddische als Volkssprache und damit als Sprache des überwiegenden Teils der jüdischen Bevölkerung lebendig weiterlebte. Die Hauptzentren des Jiddischen waren Polen, Rußland und Litauen sowie Teile Ungarns, Rumäniens und der Tschechoslowakei. Das Jiddische war Handelssprache, und jiddische Schulen, Theater, Gemeinden zur Förderung der jiddischen Kultur sowie politische Gruppen blühten in dieser ganzen weiten Region. Somit bedeutete die Auslöschung von buchstäblich Hunderten jüdischer Gemeinschaften Osteuropas das Ende der jiddischen Kultur und damit das Ende eines eigenständigen Erscheinungstyps jüdischer Lebensform mit nahezu tausendjähriger Tradition. Die dichtesten und reichsten Quellen jüdischer Erneuerungskraft, sowohl biologisch wie kulturell, wurden jäh und unbarmherzig eliminiert. Jizchak Katzenelson, der sich schon als hebräisch schreibender Dichter einen Namen gemacht hatte, griff nun wieder auf das Jiddische zurück und ließ all seine Trauer über diese Vernichtung in seinen *Großen Gesang vom ausgerotteten jüdischen Volk* einfließen, ein langes, eposhaftes Gedicht in klassischen Hexametern:

> Es wird die Sonne, wenn sie aufgeht über kleinen Flecken, nie
> Mehr einen Juden treffen, nicht in Litaun und nicht mehr in Poln
> Noch trifft die Sonne einen Alten, der am Fenster steht und strahlt
> Und keinen, der in' Bart sich ein paar Psalmen murmelt, keinen, der
> Zur Betschul eilt. Gewiß, die Morgensonne wird wie eh und je
> Den Bauern mit der vollen Fuhre auf sein'm Weg zur Stadt einholn
> Zum Jahrmarkt, aber lauter Gojim! Ein Gewimmel, was'n Greul
> Denn proppevoll wird's auf dem Markte sein und dennoch tot und leer[1]

Nicht einem jiddischen Dichter ist es gelungen – ob er nun während der Kriegsjahre schrieb oder später – sich gänzlich freizumachen von dieser Tragik. Das Werk dieser Dichter ist, beinahe schon seiner Definition nach, festgelegt auf einen trauernden und elegischen Ton, verdüstert vom Wissen um einen zweifachen Verlust: den der unmittelbaren Vergangenheit, die in hohem Umfang vernichtet worden war, und den einer nicht wiederherstellbaren oder nicht realisierbaren Zukunft. Wer soll die jiddischen Autoren denn noch lesen? Sie sind vollkommen entwurzelt, ein Umstand, der jeden Dichter in tiefe Verzweiflung stürzen muß. Vielleicht ist das auch der Anlaß dafür, sich auf eine panische Suche nach einem Übersetzer zu machen, was natürlich nur ein kümmerlicher Ersatz für Leser in der Muttersprache sein kann, doch vielleicht der einzige Weg, um überhaupt noch Leser zu erreichen.

Cynthia Ozick hat diese qualvolle, verzweifelte Suche, die hin und wieder sogar wahnhafte Züge annimmt, zur Grundlage einer bemerkenswerten Erzählung gemacht (*Neid, oder: Jiddisch in Amerika*). Sie kann uns auch dazu dienen, einen der bedeutendsten jiddischen Dichter des Holocaust, Jacob Glatstein, näher vorzustellen. Wir erleben hier Edelshtein, einen hart arbeitenden, doch unübersetzten – und damit unbekannten – jiddischen Dichter bei einem seiner vielen Versuche, die Hilfe eines Übersetzers für sein Werk zu gewinnen:

Hannah, die Jugend ist doch nichts, wenn sie nicht ihr Versprechen einhält, daß man alt werden wird. Alt zu werden im Jiddischen, Hannah, deine Väter und Onkel mit dir in die Zukunft zu tragen. Mach das. Du, eine von vielleicht zehntausend, die geboren wurden mit dem Geschenk des Jiddischen in deinem Munde, mit dem Jiddischen Alphabet in deiner Hand, mach keine Asche daraus. Vor nicht allzu langer Zeit gab es zwölf Millionen Menschen – die Babys noch nicht einmal mitgerechnet –, die mit dieser Sprache gelebt haben und was ist davon geblieben? ... Jiddisch mußt du wählen, sage ich dir! Jiddisch! ... Hannah, du hast eine starke Zunge, du kannst die Zukunft tragen –[2]

Armer Edelshtein. Er mag es noch so oft versuchen, den Übersetzer, den er braucht, findet er nicht, und so bleiben seine Gedichte versteckt in den wohlgehüteten kryptischen Zeichen seines Jiddisch, das fast niemand zu lesen versteht.

Als ein Autor, der in einer Sprache arbeitet, die die Geschichte auf grausame Weise dezimiert hat, weiß Edelshtein: »Wer auch immer mit Hilfe des Jiddischen zu überleben versucht, ist schon tot.« (S. 67) Aber das Jiddische bedeutet in Edelshteins Leben mehr, als nur das Medium seiner Kunst zu sein, es ist ihm steter Begleiter und Verpflichtung zugleich, ihm überantwortetes Erbe aus der Vergangenheit und sein Vermächtnis an die Zukunft. Er kann nicht von ihm lassen, er ist aus moralischen und auch aus künstlerischen Gründen an das Jiddische gebunden, denn er weiß auch, »wer das Jiddische vergißt, leistet dem Vergessen der Vergangenheit Vorschub.« (S. 61) Jiddisch ist sein Gedächtnis, und genauso wenig wie seine Herkunft abstreifen könnte, kann er die jiddische Sprache hinter sich lassen. Doch indem er seinen Wurzeln treu bleibt, läuft er Gefahr, daß genau die geschichtliche Wirklichkeit, die zu bewahren er sich zur Aufgabe gemacht hat, ihn selbst dem Vergessen anheimfallen läßt. Edelshtein findet keinen Übersetzer, und das bedeutet, daß er auch kein größeres Publikum für sein Lebenswerk finden wird. Die Enttäuschungen einer erzwungenen Einsamkeit bringen ihn am Ende fast um den Verstand.

So wie Cynthia Ozick sie uns erzählt, ist *Neid, oder: Jiddisch in Amerika* eine komische Geschichte, zugleich enthält sie aber auch ein Höchstmaß an leidvoller Erfahrung, denn zuviel an Wahrheit über die jüngste Vergangenheit liegt in ihr: »Und die Sprache war verlorengegangen, ermordet. Die Sprache – ein Museum. Von welcher anderen Sprache kann man denn sagen, daß sie hier, an einem ganz bestimmten Ort, zu einem ganz bestimmten Zeitpunkt, plötzlich, binnen eines Jahrzehnts, für immer gestorben ist?« (S. 42)

Gibt es eine Antwort auf diese Frage, eine spezifisch dichterische Antwort? Der moderne Dichter ist ganz allgemein in einem Dilemma befangen, dessen Kern Robert Frost in einem seiner besten Gedichte so umreißt: »Wie gehen wir mit versehrten Dingen um?« Dem modernen jiddischen Dichter stellt sich diese Frage in viel grausamerer Form, denn er verbindet mit Frosts aufstörendem Vers ganz konkrete historische Zusammenhänge, und er kommt nicht umhin, sie auf seine Sprache, sein Volk und seine Kultur zu beziehen. Alle drei sind vom Holocaust in einem solchen Ausmaß getroffen worden, daß sie nicht nur versehrt, sondern nahezu gänzlich vernichtet worden sind. Der jiddische Dichter hört nicht allein das Klagelied der Versehrung, sondern, weit entsetzlicher noch, den Knall der verheerenden Vernichtung; und die Frage, die er in Worte fassen muß, lautet nicht nur: Wie gehe ich mit der Versehrung um, sondern auch: Wie gehe ich um mit dem nahenden Untergang der mir eigenen Welt?

Die Art und Weise, wie die jiddischen Autoren der Nachkriegs-Ära diesem Dilemma begegnet sind, ist mehr als verblüffend: Die Werke von Jacob Glatstein, Chaim Grade, Itzik Manger, Aaron Zeitlin und Abraham Sutzkever, um nur einige zu nennen, zeigen nämlich, daß die jiddische Dichtung in den Jahrzehnten nach dem 2. Weltkrieg einige ihrer großartigsten Beispiele hervorgebracht hat. Wie Eliezer Greenberg und Irving Howe in der Einführung zu ihrer verdienstvollen Anthologie *A Treasury of Yiddish Poetry* festgestellt haben, ist es Zeit zu schweigen, doch Schweigen ist unmöglich. Nichts kann gesagt, doch alles muß ausgesprochen werden und aus dem Verbot des Wortes gehen machtvolle Worte hervor [...] Die jiddischen Romanciers und die Verfasser von Kurzgeschichten stellte die Vernichtung des europäischen Judentums vor nahezu unlösbare Schwierigkeiten [...] Für die Lyriker aber wurde genau diese Einschränkung zu ihrem großen und auf eine ebenso tragische wie perverse Weise sehr fruchtbaren Gegenstand.[3]

Unter den Lyrikern sticht besonders Jacob Glatstein durch sein Talent und seine ungewöhnliche Ausdruckskraft hervor. Seine Hingabe, mit der er der jiddischen Kultur ein Denkmal setzte und, soweit das möglich war, ihr Erbe bewahrte und es weiterführte, reichte allein schon aus, ihm einen Ehrenplatz innerhalb der modernen jiddischen Dichtung zu sichern. Tatsächlich gebührt ihm jedoch ein vorderer Rang innerhalb der modernen Dichtung insgesamt, denn über das Verdienst um die jiddische Kultur hinaus ist Glatstein als Schriftsteller ein Meister seiner Kunst.

Glatstein wanderte 1914 von Lublin, wo er 1896 geboren wurde, nach Amerika aus. Die meiste Zeit seines Lebens verdiente er sein Brot als Autor und Herausgeber verschiedener in New York erscheinender jiddischer Zeitungen, vor allem *Der Tag*, für die er zweimal die Woche eine Kolumne verfaßte. Daneben gab er verschiedene jiddische Zeitschriften heraus, leitete das für Public Relations zuständige Team des American Jewish Congress und gehörte dem Vorstand des »Farband«, der Interessengemeinschaft der zionistischen Arbeiter an. All diese Tätigkeiten spielten sich innerhalb eines wesentlich jiddisch geprägten Umfeldes ab, das auch Leben und Werk dieses Dichters entscheidend bestimmte. Glatstein empfand eine aufrichtige »Freude über das jiddische Wort«, wie er es nannte, aus der er seine Schaffenskraft und seine persönliche Stärke bezog.

Während seiner Jugend in Osteuropa hatte Glatstein auf Russisch zu schreiben begonnen und während seiner ersten Jahre in den Vereinigten Staaten versuchte er, Gedichte auf Englisch zu schreiben. Schon bald aber knüpfte er Verbindungen zu einigen in New York lebenden jiddischen Dichtern, und unter ihrem Einfluß ging er zum Jiddischen über, der Sprache, in der die zahlreichen Bände seines Werks – Essays, Prosa und Lyrik – geschrieben und veröffentlicht werden sollten.[4] Innerhalb der fünfzig Jahre, die zwischen seinen ersten und seinen letzten Veröffentlichungen liegen, wurde Glatstein zu einem Meister der jiddischen Sprache und zu einem der anspruchsvollsten Dichter mit jüdischem Erfahrungshintergrund, die dieses Jahrhundert hervorgebracht hat. Das Wesen dieser Erfahrung und ihre Konsequenzen sowohl für die jiddische Sprache als auch für die Menschen, die sich ihrer bedienten, gaben Glatstein seine Richtung als Schriftsteller vor und bestärkten ihn an den kritischen Punkten seiner Laufbahn, weiterzumachen.

Eine Geschichte der jiddischen Literatur, die mit der für diesen Gegenstand nötigen Autorität verfaßt werden müßte, steht bisher noch aus,[5] sollte sie aber eines Tages realisiert werden, dürfte Jacob Glatsteins enge Verbindung zu den wesentlichen Strömungen jiddischer Dichtung, insbesondere zu den *Insichistn*, der Introspektivistischen Bewegung, deutlich werden. Jacob Glatsteins Generation gingen mehrere Gruppen jiddischer Dichter voraus. Da waren zum einen die frühen Dichter der Arbeiterbewegung und des sozialen Protests (zu nennen sind hier vor allem Joseph Bovshover, David Edelstadt, Morris Rosenfeld und Morris Winchevsky) und zum anderen eine sehr bunte und lebendige Gruppe junger Schriftsteller, *Die Yunge*, die sich in Absetzung zu den didaktischen, sentimentalen und sozial engagierten Strömungen in der jiddischen Literatur gebildet hatten (Moishe Leib Halpern, Reuben Iceland, David Ignatow, Zisha Landau, Berl Lapin, Mani Leib, Joseph Opatushu, Joseph Rolnick). Es liegt in der Natur literarischer Bewegungen, daß sie Gegenreaktionen hervorrufen und Jacob Glatstein, A. Glanz-Leyeles und N. B. Minkoff, die wichtigsten Figuren der *Insikh [In sich]*-Bewegung, verstanden ihre Dichtung als Gegengewicht zu *Die Yunge* und verhalfen so der jiddischen Literatur zu einem festen Platz innerhalb der literarischen Moderne.

Das Hauptanliegen der Introspektivistischen Gruppe lag in der Erarbeitung einer formal strengen, hochreflektierten Lyrik, die die von ihren Vorgängern gesetzten ideologischen Grenzen sprengen und die jiddische Dichtung von der Beschränkung auf gefühlvolle Sujets, auf die sie bis dahin festgelegt war, freimachen sollte, um sie damit fester in der Welt der Moderne zu verankern. Im Verständnis ihrer Zeit, der frühen Zwanziger Jahre, war »Moderne« gleichbedeutend mit der aggressiven und gelegentlich hemmungslosen Betonung des »Ich«. Ein Verdienst der Insichistn besteht darin, diesem Personalpronomen einen festen Platz in der jiddischen Dichtung erstritten zu haben.

Die Erprobung experimenteller Formen und die Ausschöpfung aller Möglichkeiten der natürlichen Rhythmik der jiddischen Sprache war ihnen weitaus wichtiger als ihren Vorgängern, und so fanden sie denn auch in freien Rhythmen, die sie perfektionierten, ihr geeignetstes Ausdrucksmedium. Neuen Entwicklungen außerhalb der jiddischen Literaturszene standen sie aufgeschlossen gegenüber, sie lasen die neuesten amerikanischen Dichter und waren entschlossen, das beste, was die Literatur auf Englisch hervorbrachte, für ihre eigene Sprache zu adaptieren. In *In Zikh* (*In sich*, 1920), der Anthologie, in der sie zum ersten Mal an die Öffentlichkeit traten – die von ihnen herausgegebene Literaturzeitschrift trug den gleichen Namen –, gaben sie der Zuversicht Ausdruck, daß das Jiddische »ausdrucksstark und differenziert genug für die raffinierteste Lyrik« sei. Sie zeigten sich entschlossen, eine jiddische Dichtung von universeller Bedeutung zu schaffen, die, konzentriert und dicht, in der Lage sein sollte, um es mit ihren eigenen Worten zu sagen, »Werke von hoher, ja höchster Meisterschaft hervorzubringen«.

Welche Rolle dem ganz spezifisch jüdischen Element innerhalb ihres Programms zukommen sollte, legte das *In-Zikh*-Manifest unzweideutig dar:

Was unsere Jiddischkeit anbelangt, möchten wir auf eins hinweisen: Wir sind Juden und schreiben in jiddischer Sprache, das macht uns zu jiddischen Dichtern. Somit ist alles, worüber ein jiddischer Dichter schreibt, ipso facto jüdisch. Wir brauchen also keine spezifisch jüdischen Themen [...] Die Aufgabe des Dichters liegt nicht darin, seine Jiddischkeit unter Beweis zu stellen. Zwei Eigenschaften nur gibt es, in denen sich unsere jüdische Identität ganz eindeutig zeigt: unsere Liebe zum Jiddischen als Sprache und unsere Hochachtung für das Jiddische als poetisches Instrument.[6]

Vielleicht wäre es der Insichistn-Bewegung möglich gewesen, diesen Aspekt des Manifests in ihrer Literatur umzusetzen, doch die Geschichte ließ es nicht so weit kommen. Wahrscheinlicher aber ist, daß ihr Vorhaben, der jiddischen Dichtung eine universalistischere Richtung zu geben, nicht sehr weit geführt hätte. Das Jiddische ist, darauf haben Max Weinreich, Maurice Samuel und andere hingewiesen, eine genuine Volkssprache, in der sich die Eigenheiten der spezifischen Geschichte eines Volkes widerspiegeln.[7] Es ist reich und arm in direkter Proportionalität zu Reichtum und Armut der Juden in Osteuropa, und somit gibt es keine andere Sprache, die in der Lage ist, bestimmte Erfahrungen so angemessen wiederzugeben, wie das Jiddische es vermag, während Erfahrungen anderer Art wiederum eher unzureichend Ausdruck gegeben werden kann. Die natürlichen Quellen, aus denen der jiddische Dichter schöpft, kommen, insofern als sie ihren Ursprung in der Sprache selbst haben, aus dem Volk: Sprichwörter und Redensarten, Legenden, Witze, Volkslieder, die Scherze und Verse der *badchonim*, die chassidischen Erzählungen etc. Zählt man zu diesen Elementen aus dem Volksgut noch eine Quelle hinzu, nämlich die hebräische Bibel, aus der sich die gesamte jüdische Kultur speist, wird klar, daß die wichtigen Entwicklungslinien der jüdischen Geschichte »die Jiddische shul und das Kreuz, die Bürgermeisterwahlen und die Erlasse gegen unsere Sprache« nicht in einem ausgewogenen Verhältnis miteinander vermischen.

Wie Chana Faerstein in ihrer kritischen Würdigung Jacob Glatsteins ausführt, könne der jiddische Dichter ja durchaus behaupten, seine Vorstellungskraft könne ihn »bis an den Ganges und auch nach Japan« tragen, doch »als die Nazis den Rhein überschritten, trat Glatstein wohl seinen Rückzug von den Ufern des Ganges an«.[8] Es ist sicherlich nachzuvollziehen, daß ein Dichter aus der allgemeinen Stimmung der Zwanziger Jahre heraus erklärt, daß »für uns die fruchtlose Frage, ob der Dichter nun über nationale oder soziale oder persönliche Probleme schreiben solle, nicht existiert. Für uns besteht kein Unterschied zwischen einer Dichtung des Herzens und einer Dichtung des Verstandes«. 1938 aber notierte derselbe Dichter angesichts der Ereignisse in Europa, dem Kontinent, auf dem er geboren wurde: »Gute Nacht, du weite Welt, / verdammte Welt, so groß, / Ich, nicht du, schlag zu die Tür.« Mittlerweile hatte der Dichter beschlossen, zu seinen Ursprüngen in der Jiddischkeit zurückzukehren und die »fruchtlose Frage«, was denn das ureigenste Thema sei, das der jiddische Autor seiner Dichtung zugrundelegen solle, konnte er nun guten Gewissens zu den Akten legen. Die Geschichte selbst hatte die Frage für ihn entschieden: »Verflucht sei deine verdammte Kultur, Welt ... Ich geh zurück ins Ghetto«.[9] Ende der dreißiger Jahre gewinnt Glatsteins Dichtung an Entschlußkraft, sie nimmt wechselweise einen aggressiven oder reflektierenden Ton an, das Jüdische spielt eine weit größere Rolle als in seinem früheren Werk. Während dieser Zeit gewann Glatsteins Dichtung noch an literarischer Qualität, er perfektionierte seinen Stil und entwickelte sein eigentliches Thema: das Überleben des jüdischen Volkes, das durch entsetzliche Prüfungen gegangen war und das, wenn auch prekäre, Überleben der jiddischen Sprache.

In seinen Texten stößt man immer wieder auf zwei Probleme, die ihn besonders beschäftigen: die Frage nach den Eigenschaften des jüdischen Gottes und nach der Rolle, die er während dieser letzten und schlimmsten Phase der jüdischen Geschichte gespielt hat, und die Neudefinition der Rolle des jiddischen Dichters, die sich in der Folge des Holocaust nun wesentlich diffiziler gestaltet. Beide beziehen sich auf den Bund zwischen Gott und dem Volk Israel, der durch die Offenbarung auf dem Berg Sinai geschlossen wurde und, wie es eines der bekanntesten Gedichte Glatsteins nahelegt, durch die Gegenoffenbarung unserer Zeit aufgekündigt worden ist:

> Wir bekamen die Torah auf dem Sinai
> und in Lublin gaben wir sie wieder ab.
> Die Toten loben den Herrn nicht,
> die Torah war nur für die Lebenden.
> Und so wie wir alle zusammen standen,
> als man uns gab die Torah,
> so sind wir auch zusammen gestorben in Lublin.

Dieses Gedicht ist eine radikale Kontrafaktur von Psalm 115 – »Nicht die Toten preisen Ihn, / nicht all die, die in die Stille sanken« – aber auch eine zerstörerische Weiterführung von Zeilen aus dem Buch Exodus (2. Buch Mose) und dem Deuteronomium (5. Buch Mose), die die über Generationen sich fortsetzende Antwort der Juden auf die Theophanie auf dem Berg Sinai betonen. Auch beim Holocaust handelt es sich – wie bei der Offenbarung – um ein gemeinsames oder Kollektiv-Erlebnis: In Lublin und an unzähligen anderen Orten wurden ganze Generationen kollektiv ausgelöscht, und es stellt sich die Frage, ob diese Vernichtung nicht eine Widerrufung der Torah impliziert, in der ihr Urheber auf drastische Weise entthront und ins Nichts gestürzt wird? Ein Gedicht wie *Mein Bruder Flüchtling* wirft solche Fragen auf:

> Ich liebe meinen traurigen Gott,
> meinen Bruder Flüchtling.
> Gerne setze ich mich neben ihn auf einen Stein,
> und erzähle ihm wortlos alles,
> denn wenn wir so sitzen, beide verwirrt,
> gehen unsere Gedanken zusammen
> im Schweigen.
> Ein Stern blitzt auf, Buchstabe aus Feuer.
> Sein Körper sehnt den Schlaf herbei.
> Die Nacht, wie ein Schaf, lehnt sich an unsere Füße.

> Mein Gott schläft und ich halte Wacht,
> mein müder Bruder träumt den Traum meines Volkes.
> Er ist klein wie ein Kind
> und ich wiege ihn in den Traum.
> Schlaf, mein Gott, mein Bruder Flüchtling,
> schlaf und verschwinde in unsern Traum. (S. 71f.)

In Glatsteins Holocaust-Gedichten existiert Gott noch, doch er wurde, wie wir hier sehen, erniedrigt und in bescheidenere, traurigere Umstände transponiert. Wie in der Scheschina, der Einwohnung Gottes, die in zahlreichen Midraschim erwähnt wird, ist er auch hier eher Opfer als Herr des Schicksals seines Volkes. Gott hat sich verwandelt in einen heimatlosen und erschöpften Juden, er ist am Ende seiner Kräfte angelangt, die Mühseligkeiten der Geschichte drohen ihn niederzudrücken. Statt Ehrfurcht einzuflößen, erweckt er nur noch Mitleid, und weit davon entfernt, ihn um Tröstung anzusuchen, fühlen wir uns eher dazu geneigt, ihm Trost zu spenden. »Wie liebe ich meinen unglücklichen Gott«, ruft Glatstein mit zarter Ironie aus, »nun, wo er menschlich und ungerecht ist.« (S. 71) Das ist kein Hohn, sondern tief empfundenes Mitleid, eine Art von Mitgefühl, wie man es nur sehr vertrauten, lieben Familienangehörigen gegenüber verspüren kann. Man findet es wieder in *Gott meiner Vorväter*:

> Für uns warst du als Gott
> gar nicht so was Besonderes,
> Wir mußten uns für dich kein Bein ausreißen.
> Ein Jude wachte morgens auf,
> öffnete seine Augen,
> sagte irgendetwas Jüdisches –
> und schon hörte er dich seufzen.
> Es war schöner mit diesem Seufzer.
> Heute: ein Jude seufzt, sein Gott seufzt,
> der Morgen seufzt,
> der Himmel seufzt Gott seine Hymnen
>
> Ungefähr so weit können wir kommen mit unserem Wissen –
> bis zu dem Seufzer.
> Darüber hinaus ist alle Anstrengung sinnlos. (S. 101)

Wenn von Gott nur noch ein kaum wahrnehmbares Seufzen übrig geblieben ist, ist auch das jüdische Leben reduziert und macht eine erschütternde Wandlung durch: »... ohne unseren Gott / sehen wir sonderbar aus: / als sie dich uns abrasierten / liefen wir herum wie Theaterjuden / billige Komödianten.« (S. 100)

Auch Gott blieb nicht verschont von diesem Los, denn in Glatsteins Verständnis von Gottes alttestamentarischem Bund mit den Menschen ist Gottes Schicksal genauso an das seines Volkes geknüpft, wie es umgekehrt der Fall ist. Der Bund beruht nicht nur auf der Versicherung gegenseitiger Treue, er schließt auch eine gemeinsame Geschichte ein, deren brutale Seite durch die Gewalt, die sie den Juden antut, auch das göttliche Wesen reduziert und entstellt. In einem seiner eindringlichsten Gedichte vergegenwärtigt Glatstein uns diese tragische Parität und Interdependenz:

> Ohne Juden gibt es keinen jüdischen Gott.
> Wenn wir aus dieser Welt scheiden,
> Wird das Licht in deinem Zelt verlöschen.
> Seit Abraham dich in einer Wolke erkannte,
> Branntest du im Antlitz jedes Juden,
> Glühtest du im Auge jedes Juden...
> Der eingeschlagene Schädel eines Juden
> Ist ein Fragment der Göttlichkeit.
> Wir, dein strahlendes Gefäß,
> ein faßbares Zeichen deines Wunders.[10]

Als dieses Gefäß zerschmettert wurde – eine historische Katastrophe mit überhistorischen Implikationen –, wurde auch der Wundertäter fast zerstört, der nun selbst zum Opfer eines übermächtigen Schreckens wird. Die Degradierung seines Geschöpfs trifft auch den Schöpfer und beide »sterben gemeinsam«. Die Bildlichkeit ist die des Verlöschens, des langsamen Vergehens, als ob eine Kerze erstickt oder eine Lichtquelle verblaßt. Vor dem Hintergrund der jüdischen esoterischen Gedankenwelt muß man den Text als radikal anti-lurianisches Gedicht sehen, als »Dekabbalisierung« beinahe, denn das Porträt eines gebrochenen Volkes und seines in Fragmente zersplitterten Gottes ist eine Verkehrung der Schöpfungsgeschichte der Kabbala, nach einer anfänglichen apokalyptischen Verheerung folgt Erneuerung und Wiederzusammenführung. Glatsteins Um-Schreibung der Schöpfungsgeschichte nach dem Holocaust kennt keinen *tikkun*, keine Aufhebung des Risses durch den Kosmos; nur noch die Trümmerhaufen der Katastrophe werden aufgehäuft und zeugen vom Verlöschen des göttlichen Funkens, nicht mehr von seinem Glanz:

> Die Zahl der Totenschädel
> Geht nun in die Millionen.
> Die Sterne um dich herum erlöschen.
> Die Erinnerung an dich verblaßt,
> Dein Reich wird bald vergehen....
> Traum und Wirklichkeit der Juden sind hinweggerafft....
> Gott der Juden!
> Du bist fast tot.[11]

Auf den Schock einer so heftigen Reduzierung hin kehren wir zurück zu Robert Frosts beunruhigender Frage: »Wie gehen wir mit versehrten Dingen um?« Jacob Glatstein nimmt diese Frage in seinem Gedicht wieder auf, in seiner Umformulierung lautet sie nun so: Wie überlebt man als jiddischer Dichter angesichts der Tatsache, daß der überwiegende Teil der jüdischen Welt, wie er sie einst gekannt hat, »in den Wäldern Majdaneks zum Verstummen gebracht wurde, / abgeknallt mit ein paar Schüssen« (S. 103)? Oder, und das ist wiederum eine andere Formulierung des gleichen Problems, wie kann man sich als jiddischer Dichter behaupten – was heißen soll, wie läßt es sich als bewußter und sich zu seinem Judentum bekennender Jude überleben –, angesichts der Tatsache, daß ja die gesamte Kindheit »eingekerkert / und gefroren / abgeschieden in einem nicht zu tröstenden / leeren Schweigen« (S. 90) war? Glatstein wußte, daß nun »haltbare Wörter« (S. 94) gebraucht wurden, doch ihm war auch klar, daß »Wörter niemals zuvor so früh kränklich geworden« sind (S. 117) und daß »es genauso schwerfällt, zurückzukehren / zu aus der Mode gekommenen Wörtern / wie zu traurigen Synagogen« (S. 109). Man weiß genau, wo sie sich befinden, doch man kann sich nicht dazu überwinden, sie zu betreten. Es doch zu tun – die alten Wörter weiter so zu benutzen, als ob nichts geschehen wäre – hieße, zum Dichter einer nur noch nostalgischen Jiddischkeit zu werden. Woher aber sollen denn die neuen Wörter kommen, die die nostalgische Jiddischkeit überwinden könnten und einen herausführen aus »dem Käfig des Schweigens«?

Glatsteins Antwort auf dieses Dilemma ist großartig, und die Gedichte, die aus dieser Periode seines Schaffens stammen, gehören zu der anspruchsvollsten Lyrik, die während der letzten Jahrzehnte entstanden ist. Sein Entschluß, sich in die undurchdringliche Finsternis der Sprachlosigkeit vorzuwagen und dort »die vernichteten Millionen / zu erfassen und in sich aufzunehmen« (S. 73), bedeutete eine ganz bewußte Rückkehr, eine Lyrik des Heimkommens und Überlebens. In den beiden Gedichten *Zeichen im Schnee* und *Die Freude des jiddischen Wortes* kündigt sich diese große Leistung schon an, aber kein anderes Gedicht illustriert den bedeutenden Schritt aus der Finsternis heraus so eindringlich wie *In einem Ghetto*:

> Rund um die Uhr im Ghetto
> alles was passiert,
> verhängt oder erkämpft,
> ist jüdisch durch und durch.
> Wir verschachern unsere Tage,
> leihen und verleihen,
> dann löschen wir
> die ängstlichen Nachtlichter
> unserer einsamen Bürden.
> Zu dumm, jiddischer Dichter,
> dir ist es nicht bestimmt
> ein Zitatenschatz zu werden.
> Das Alte Testament, das sie dir zurückgeworfen haben
> über den Zaun
> war schon verwandelt als ich es aufhob vor langer Zeit.
> Jetzt bist du wieder allein.
>
> Allein.

Hier, an dem Punkt, an dem die absolute Einsamkeit ins Bewußtsein tritt, schlägt das Gedicht um und schöpft unversehens neue Kraft aus der Erkenntnis der ganz besonderen Mission des Dichters:

> Dichter, nimm die mattesten jiddischen Worte,
> erfüll sie mit Glauben, mach sie wieder heilig.
> All deine rechtschaffenen Taten kauern zu deinen Füßen
> vertrauensvoll wie Kätzchen;
> sie sehen dich an
> also streichelst du sie und gibst ihnen, was sie nötig haben.
> Du merkst nicht, wieviel auf dem Spiel steht.
>
> Also gibst du ihnen, was sie nötig haben.
>
> Sei auf der Hut. Das Ödland ruft wieder.
> Ein großer Pflug zermahlt alles zu Staub
> und findet das Herz eines Skeletts.
> Und wenn du dich selbst dazu überreden kannst
> daß ein Skelett kein Herz hat,
> dann mußt du wissen, armer Junge,
> daß all das glühende
> strahlende Leben
> auf der anderen Seite des Zauns
> dir nichts geben kann, keine Kraft und keinen Überschwang
> denn es ist ein beinernes Herz
> mit all seiner Fröhlichkeit,
> seinem Mitleid und seiner frommen Melodie.
>
> Dichter, was soll dir die Nacht?
> Unsere Befreiung ist winzig,
> unbewacht und unbeschützt.
> Halt du die Wacht; bewache,
> bewahre –
> dieses Und-so-lebten-sie-glücklich-Lied, halb geglaubt, halb gehofft
> eines nächsten Jahrs
> es steht für immer
> eingeritzt in deine glaubenden Knochen. (S. 110f.)

Jacob Glatsteins resolutes Verständnis von der Macht des jiddischen Dichters und seiner Aufgabe – nämlich Wächter zu sein, zu bewachen und zu bewahren – gibt diesem Gedicht ein erhabenes Ende und hilft dem Dichter, über den Schrecken und die Negativität des Schweigens hinaus zu kommen. Wie gehen wir mit versehrten Dingen um? Man sollte daraus nichts Geringeres zu machen versuchen als ein Ding voller Schönheit, dem man gibt, was es nötig hat und für das man sorgt, das man bewacht und das man bewahrt in seiner Heiligkeit. Glatstein hatte das Privileg, eine solche Antwort zu finden; dadurch fand er zurück ins Leben und zu der Aufgabe des Dichters: voller Freude die Sprache wiederherzustellen.

> Sing hinab ins Tal der beinernen Wörter
> steh auf, Buchstabe für Buchstabe,
> Ich liebe dich, tote Welt meiner Jugend,

> ich befehle dir, steh auf, laß deine Freude auferstehen,
> komm näher, Buchstabe für Buchstabe, warm, pulsierend, bedeutungslos,
> aber der Welt entgegen tanzend,
> lösch die Wolken aus wie helle Vögel. (S. 118)

Mit diesem Bekenntnis schließt sich der Kreis, und wir kehren zurück zu Edelshtein, dem fiktiven Dichter, von dem unsere Überlegungen ihren Ausgang nahmen: Ungeachtet all seiner Probleme – und davon gibt es etliche – sind ihm doch einige grundlegende Gewißheiten geblieben. Eine davon lautet: »Wer nur ein einziges Menschenleben rettet, rettet die ganze Welt, sagt der Talmud. Und was ist mit dem, der eine Sprache rettet? Welten vielleicht. Galaxien. Das ganze Universum.« (S. 83)

Täuschungen und Verzerrungen

7. Das Wort wird geopfert

Wenn es Gott gibt, so weil Er im Buche steht. Wenn Weise, Heilige und Propheten existieren [...], so weil man ihre Namen im Buche finden kann. Die Welt existiert, weil das Buch existiert.
EDMONT JABÈS

Am Abend des 10. Mai 1933, viereinhalb Jahre nach Hitlers Machtantritt, war Berlin Schauplatz einer Szene, wie die westliche Welt sie seit Ausgang des Mittelalters nicht mehr erlebt hatte. Gegen Mitternacht fand ein Fackelzug von Tausenden von Studenten vor der Berliner Universität seinen Abschluß. Auf dem Platz war ein riesiger Bücherhaufen aufgeschichtet worden, an den mit Fackeln Feuer gelegt wurde. Als die Flammen aufloderten, wurden immer mehr Bücher herbeigebracht, bis etwa 20 000 verbrannt waren. In anderen Städten kam es zu gleichen Kundgebungen. Die Bücherverbrennung hatte begonnen.[1]
WILLIAM SHIRER

Schon bei Heine, der sehr hellsichtig in allen Dingen war, die mit Deutschland und den Deutschen zu tun haben, läßt sich nachlesen, wohin ein solches Tun am Ende führen muß. »Das war ein Vorspiel nur«, schrieb er, »dort wo man Bücher / Verbrennt, verbrennt man auch am Ende Menschen.«[2] Nach dem Beginn der Bücherverbrennungen durch die Nazis vergingen keine zehn Jahre, bis die ersten Krematorien in Betrieb genommen wurden; 25 Meter hoch schlugen die Flammen aus ihren Schornsteinen, kilometerweit sichtbar. »Diese Flammen werfen ihr Licht nicht allein auf das Ende einer vergangenen Ära, sondern auch auf den Beginn einer neuen«,[3] so Joseph Goebbels vor den 40 000 Studenten der Berliner Universität, die sich anläßlich der Bücherverbrennung versammelt hatten. Die Worte des Ministers für Propaganda hätten genauso gut in Auschwitz oder Treblinka gesprochen werden können, denn die innere Logik des Autodafés verbindet den literarischen und den menschlichen Holocaust in einer direkten Linie ungebrochener und bösartiger Kausalität.

Natürlich gab es auch ganz andere, die die Nazis für bloße Hooligans ansahen, die man schon bald wieder zur Vernunft bringen würde. André Schwarz-Bart porträtiert diese nachsichtige Haltung in der Figur des Herrn Kremer, eines gütigen Lehrers und »zarten Humanisten«, der den deutschen Faschismus für eine vorübergehende Erscheinung hielt; die Nazis waren für ihn das Gesindel der

Kneipen, das es irgendwie geschafft hatte, in die Regierung zu kommen. Wie alle Auswüchse solcher Art würde auch dieser, so glaubte er, erkannt und die Akteure würden in ihre Schranken gewiesen werden: »Bald werden alle an ihre Stammtische oder in ihre Gefängnisse zurückgeschickt werden«, so lauteten seine Überlegungen, »bald wird die alte Germania ihre schlimmen Kinder züchtigen.« »Die alte Germania« und insbesondere das Deutschland Schillers, »dessen geringster Vers noch staatsbürgerliches Bewußtsein ausstrahlte«, war eine fest im humanistischen Wertesystem verankerte Nation, die sich nicht gerade als Schauplatz einer Neuinszenierung der Schrecken des Inquisitions-Zeitalters anbot. Eine solche Nation, die in Staatsbürgerkunde und Dichtkunst gleichermaßen unterrichtet war, würde als ein »ewige[r] Damm gegen die Barbarei« standhalten. Herrn Kremers Überzeugung stützte sich auf seinen festen Glauben an die humanisierenden Werte der Dichtkunst: »Der Tag, an dem alle Bewohner der Erdkugel Schiller kennen würden, wäre ein schöner Tag.« (S. 219–222)

Die Scheiterhaufen sollten ihn widerlegen. Zentnerweise wurden die Bücher den Flammen übergeben, darunter nicht wenige, deren staatsbürgerliche Gesinnung der eines Schiller ebenbürtig war. Das Ziel dieser Aktionen bestand Goebbels zufolge in der Ausmerzung aller fremden Elemente aus dem deutschen Alltag, an erster Stelle stand dabei die »jüdische Intelligenz«. Und bei den Büchern sollte es nicht bleiben. In einer einzigen Nacht – der des 9. November 1938 – gingen in ganz Deutschland 191 Synagogen in Flammen auf. Kurz darauf setzten die Menschenverbrennungen ein, einige der Hauptschauplätze des Mordens befanden sich in unmittelbarer Nähe zu den bedeutendsten Stätten deutscher Kultur (wie etwa Buchenwald bei Weimar, mit der berühmten »Goethe-Eiche« als sorgsam gehütetem und gepriesenem Mittelpunkt).

George Steiner hat das Nebeneinander von politischer Barbarei und westlicher Bildungstradition außerordentlich überzeugend dargestellt. Er lenkt unsere Aufmerksamkeit auf die zutiefst beunruhigende Tatsache, daß der Massenmord offenbar problemlos Seite an Seite mit Aktivitäten stattfinden konnte, die vordem als Garant humanen Verhaltens gegolten hatten:

Wir wissen jetzt, daß Männer durchaus dazu in der Lage waren, abends Goethe und Rilke zu lesen, Bach und Schubert zu spielen und am anderen Morgen wieder zu ihrem Tagewerk in Auschwitz anzutreten [...] Mehr noch, es ist nicht nur so, daß die Institutionen, die für die Vermittlung von Kulturwerten zuständig waren – die Universitäten, die Künste, die literarische Welt –, darin versagt haben, der politischen Bestialität angemessen Widerstand entgegenzusetzen; häufig erhoben sie ihre Stimme, um sie zu feiern oder zu rechtfertigen. Warum? Worin bestehen die bisher noch kaum verstandenen Verbindungen zwischen den geistigen und psychologischen Gewohnheiten höchster kultureller Bildung und der Anfälligkeit für das Unmenschliche?[4]

Auch wenn wir nicht in der Lage sind, Steiners Fragen zu beantworten, stellen sie doch weiterhin eine beständige Herausforderung für uns dar: Zeugnisse, die die intime Nähe von höchster Kultur und gröbster Unmenschlichkeit belegen, existieren in Hülle und Fülle. Plakate oder Zeitschriften aus dieser Zeit liefern alltägliche Beispiele dafür, wie die Nazis es verstanden haben, alle Disziplinen der Bildung, der Religion und der Kunst der brutalen Ausübung ihrer Macht dienstbar zu machen. Martin Heideggers Antrittsvorlesung als Rektor der Universität Freiburg, in der er die Arbeit des Wissenschaftlers mit der des Soldaten auf eine Ebene stellt, ist ein gern verschwiegenes und wesentlich »raffinierteres« Beispiel für diese Komplizenschaft. Wenn Professor Heidegger jüdischen Studenten Stipendien der Universität verweigerte und bei ihrer Vergabe jene bevorzugte, die der SA oder der SS angehörten, ist dies ein direkteres und noch beunruhigenderes Beispiel für den gleichen Sachverhalt.[5] Heideggers Verhalten ist jedoch bei weitem kein Einzelfall oder gar das gravierendste Beispiel für diese Art der Mittäterschaft. Die direkte Mitwirkung von Intellektuellen, Künstlern, Wissenschaftlern, Juristen und Männern der Kirche an der Umsetzung des Nazi-Programms im Alltagsleben ließe sich tausendfach nachweisen. Der moralische Verfall griff weit um sich und erfaßte alle Bereiche der deutschen Kultur.[6] An keiner Stelle jedoch wird die Korruption so deutlich wie bei der deutschen Sprache selbst.

Victor Klemperer ist einer der ersten, der sich mit der Sprache des Dritten Reichs auseinandergesetzt hat. In seinen scharfsinnigen Analysen führt er aus, wie das Nazi-Deutsch* seinen nachdrücklichsten und charakteristischsten Ausdruck nicht in den Propaganda-Reden Hitlers oder Goebbels' gegen das »internationale Judentum« oder den »Bolschewismus« fand, sondern im alltäglichen Sprachgebrauch, der das totalitäre Denken vollständig in sich aufgenommen hatte und durch und durch von ihm korrumpiert war:

Nein, die stärkste Wirkung wurde nicht durch Einzelreden ausgeübt, auch nicht durch Artikel oder Flugblätter, durch Plakate oder Fahnen, sie wurde durch nichts erzielt, was man mit bewußtem Denken oder bewußtem Fühlen in sich aufnehmen mußte.

Sondern der Nazismus glitt in Fleisch und Blut der Menge über durch die Einzelworte, die Redewendungen, die Satzformen, die er ihr in millionenfachen Wiederholungen aufzwang und die mechanisch und unbewußt übernommen wurden. Man pflegt das Schiller-Distichon von der ›gebildeten Sprache, die für dich dichtet und denkt‹, rein ästhetisch und sozusagen harmlos aufzufassen [...]

Aber Sprache dichtet und denkt nicht nur für mich, sie lenkt auch mein Gefühl, sie steuert mein ganzes seelisches Wesen, je selbstverständlicher, je unbewußter ich mich ihr überlasse. Und wenn nun die gebildete Sprache aus giftigen Elementen gebildet oder zur Trägerin von Giftstoffen gemacht worden ist? Worte können sein wie winzige Arsendosen: sie werden unbemerkt verschluckt, sie scheinen keine Wirkung zu tun, und nach einiger Zeit ist die Giftwirkung doch da. Wenn einer lange genug für heldisch und tugendhaft: fanatisch sagt, glaubt er schließlich wirklich, ein Fanatiker sei ein tugendhafter Held, und ohne Fanatismus könne man kein Held sein. Die Worte fanatisch und Fanatismus sind nicht vom Dritten Reich erfunden, es hat sie nur in ihrem Wert verändert und hat sie an einem Tage häufiger gebraucht als andere Zeiten in Jahren [...] Die nazistische Sprache [...] ändert Wortwerte und Worthäufigkeiten [...] und in alledem durchtränkt sie Worte und Wortgruppen und Satzformen mit ihrem Gift, macht sie die Sprache ihrem fürchterlichen System dienstbar [...].[7]

Klemperer bringt Dutzende von Beispielen für Wörter, die »fanatisiert« oder deren Bedeutung auf andere Weise entstellt wurde. Die Möglichkeiten der Sprache als eines Codes, der der Individualität des Ausdrucks Raum geben kann, wurden somit stark eingeschränkt, der Weg für die Beeinflussung durch die Propaganda geebnet. Andere Wissenschaftler haben in ähnlichen Studien das Ausmaß der linguistischen Manipulationen und Verzerrungen im Dritten Reich nachgewiesen.[8] Eine Folge dieser Korruption war die Ersetzung gedanklich komplexer und durchdachter Redeweisen durch den bloßen Slogan, der schwergewichtige, abstrakte Nomen hervorhob und Prädikate überflüssig machte. Daher rührt die ungeheure Popularität solch bedeutungsloser Parolen wie »Ein Volk, ein Reich, ein Führer«* oder »Das Reich ist der Führer«*. In einer solchen Sprache kann man sich leidenschaftlich erregen, denken kann man in ihr nicht. Das antiphonische »Deutschland erwache, Juda verrecke«* mit seinem nahezu liturgischen Beschwörungscharakter, der Fluch und Segen in eine knappe, fast magisch anmutende Formel von nur vier Wörtern preßte, war sogar noch besser geeignet, suggestiv auf die Massen einzuwirken und ihren unkritischen politischen Beistand zu gewinnen. Eines der Grundelemente des Nazi-Deutsch* bestand aus dem Denken in sprachlichen Schablonen und in der Vorliebe für unpräzise, doch erhaben klingende Wendungen, eine Rhetorik, die kennzeichnend ist etwa für Heideggers Prosa aus dieser Zeit. Michael Hamburger weist auf die Übereinstimmungen zwischen Heideggers Freiburger Vorlesung und der zeitgenössischen politischen Rede hin:

Das Wort Studentenschaft* dient dazu, eine große Zahl von Individuen in eine Kollektivabstraktion zusammenzufassen. Anderswo wird aus diesen Individuen ›der deutsche Student‹ und alle Universitäten werden zu ›die deutsche Universität‹. Allein Heideggers Vokabular erreicht eine Gleichschaltung*, die jede Möglichkeit, irgendein Student könnte einen eigenen Willen haben, ausschließt [...] Heidegger fügt seine eigene existentielle Aura zu solchen Phantomwörtern wie Geist*, Schicksal* und Wesen* hinzu, und die ganze Veranstaltung dient dazu, die jungen Studenten davon zu überzeugen, daß ihre Freiheit in der Konformität liegt und ihr freier Wille im Gehorsam gegenüber den neuen Gesetzen. Was Heidegger uns hier anbietet, ist nicht Philosophie im eigentlichen Sinne, sondern säkularisierte Theologie, und die Religion, die hier ausgelegt wird, ist die Religion des Nationalismus.[9]

Daß der Nationalsozialismus die Politik theologisierte und die Theologie säkularisierte, um sie politisieren zu können, kann man gar nicht genug betonen, wenn man den Erfolg der Nazi-Bewegung verstehen will. In diesem Transformationsprozeß spielte die Sprache eine höchst unrühmliche, aber um so entscheidendere Rolle, denn in der Adaption religiöser Terminologie scheinen Hitler, Goebbels, Rosenberg und andere ganz selbstverständlich die Vorrechte und das religiöse Gefühl des christlichen Glaubens auf ihre eigenen politischen Praktiken ausgedehnt zu haben. Begriffe wie Offenbarung, Glaube, Unsterblichkeit und Gnade* wurden unablässig und ganz massiv eingesetzt. Die Absicht ist offenkundig: Die Loyalität der Christen zu ihrer Religion sollte unmerklich in Gehorsam und

Gefolgschaft dem neuen politischen Machtzentrum gegenüber transformiert werden. Die Masse des deutschen Volkes sollte auf den »Glauben an den Führer«* eingeschworen werden, seine Autorität sollte die gleiche uneingeschränkte Geltung für die Ausrichtung der Lebenspraxis besitzen wie es über Jahrhunderte hinweg die Religion gehabt hatte. Eines der Gesetze der Nazi-Partei lautete »Der Führer* hat immer Recht«, und wenn sich dies erst einmal als ein Dogma durchgesetzt hätte, würde sich alles andere schon innerhalb des von Ehrfurcht und untertänigem Gehorsam geprägten Schemas von selbst einspielen.

Gleichschaltung* – die Nivellierung aller Besonderheiten und individuellen Wesenszüge zugunsten einer angepaßten und autoritätsgläubigen Uniformität – war die Absicht, die hinter dem Nazi-Deutsch* steckte, und zumindest vorübergehend gelang dies. Das Nazi-Deutsch* war seinem Wesen nach darauf angelegt, den Zwecken eines totalen Staates dienlich zu sein, und so erreichte es auch seine größte Effektivität im bürokratischen und militärischen Jargon der Partei und in ihren Programmen, die Kultur, Gesellschaft, Religion und ganz allgemein das politische Leben betrafen. Ihre Rhetorik, dunkel und abstrakt, zugleich aber auch hochtrabend und bombastisch, eignete sich kaum als Instrument der Kommunikation, doch das war ja auch nicht ihr Zweck. Ihre Funktion lag weniger darin, Sachverhalte mitteilbar zu machen als vielmehr sie zu verschleiern, das Denken einzuschränken und zu reglementieren und so das Verhalten entlang vorgegebener Linien auszurichten. An diesem Prozeß der kulturellen Gleichschaltung* waren Mitglieder der Akademie häufig ebenso beteiligt – wenn auch zuweilen auf eher naive Weise – wie die Funktionäre, die für Goebbels und Rosenberg arbeiteten. Sie alle leisteten ihren Beitrag zur Herabsetzung und Ausbeutung des Deutschen als gesprochener Sprache.

Unter den Autoren, die die Anfänge der Nazizeit noch erlebten, war wohl niemand in der Lage, besser zu beurteilen, was hier vor sich ging, als der Wiener Jude Karl Kraus. Als Journalist, Satiriker, Polemiker, Dramatiker und Dichter nahm Kraus eine einzigartige Stellung in der Wiener literarischen Szene ein. In seiner Zeitschrift *Die Fackel*, die er über 37 Jahre hinweg herausgab und für die er dann als alleiniger Autor schrieb, rezensierte und beschimpfte er die literarische Kultur Wiens, die er in gewisser Hinsicht dominierte. Nach der Machtergreifung der Nazis im Januar 1933 erschien die *Fackel* neun Monate lang nicht, um dann schließlich im Oktober in einer aus nur vier Seiten bestehenden Ausgabe herauszukommen, die – unter anderem – ein kurzes unbetiteltes Gedicht von Kraus enthielt mit den Zeilen: »Man frage nicht, was all die Zeit ich machte. / Ich bleibe stumm; / und sage nicht, warum. / [...] Das Wort entschlief, als jene Welt erwachte.« Jene Welt war die Welt Hitlers, welche Kraus zunächst einmal verstummen ließ. Seine erste Reaktion auf Hitler bestand in der Tat aus einer Art von Nicht-Begreifen und Bestürzung: »Ist denn, was hier dem Geist geschah, noch Sache des Geistes?« Seine Antwort war *Die Dritte Walpurgisnacht*: »a work of language about language [...] in [which] Kraus came to grips with Hitler in a manner that was uniquely his: he passed judgement on the Nazis by exposing the depravity of their language«, schreibt Sidney Rosenfeld.[10] Kraus hatte sein ganzes Schaffen der Sprache gewidmet, der »Allerweltshure, die ich zur Jungfrau gemacht«. In Reaktion auf die Verheerungen des 1. Weltkriegs schrieb Kraus sein Drama *Die letzten Tage der Menschheit* (1922), das jeden herkömmlichen Rahmen sprengte. Dieses Werk ist unter anderem eine durchgehende Darlegung der Rolle, die der Sprache durch ihren täglichen Mißbrauch bei der Gewöhnung der Menschen an die Greuel des Krieges zukam und zugleich eine Anklage dagegen. *Die dritte Walpurgisnacht* entstand aus der gleichen Überzeugung, denn Kraus erkannte schon bald, daß der metaphorische Reichtum der Sprache unter den Stiefeltritten des Nazismus zu brutaler Buchstäblichkeit zermahlen werden würde. Dieser »Untergang der Sprache«* war der Maßstab, an dem sich auch der Untergang der Menschheit ablesen ließ, besonders deutlich an dem »Betrug der alten Metapher durch die neue Wirklichkeit«:

Wenn diese Politiker der Gewalt noch davon sprechen, daß dem Gegner ›das Messer an die Kehle zu setzen‹, ›der Mund zu stopfen‹ sei, oder ›die Faust zu zeigen‹; wenn sie überall ›mit harter Faust‹ drohen: so bleibt nur erstaunlich, daß sie noch Redensarten gebrauchen, die sie nicht mehr machen. Die Regierung, die ›mit aller Brutalität jeden niederschlagen will, der sich ihr entgegenstellt‹ – tut es [...]; und vollends erfolgt die Absage an das Bildliche in dem Versprechen eines Staatspräsidenten: ›Wir sagen nicht: Auge um Auge, Zahn um Zahn, nein, wer uns ein Auge ausschlägt, dem werden wir den Kopf abschlagen, und wer uns einen Zahn ausschlägt, dem werden wir den Kiefer einschlagen.‹

Diese Ausbrüche von Gewalt, so fährt Kraus fort, können aber auch ohne die oben erwähnten Vorbedingungen erfolgen. Sie benötigen keine vorher begangenen Missetaten, um sich als Vergeltungsakte dafür ausgeben zu können, sondern sie stellen die originäre Missetat selbst dar. Seine Analyse der sprachlichen Anteile an der Nazi-Gewalt und der sprachlichen Transformationen unter ihrer Einwirkung ist sehr scharfsinnig:

Und diese Revindikation des Phraseninhalts geht durch alle Wendungen, in denen ein ursprünglich blutiger oder handgreiflicher Inhalt sich längst zum Sinn einer geistigen Offensive abgeklärt hat. Keine noch so raffinierte Spielart könnte sich dem Prozeß entziehen – selbst nicht das entsetzliche: ›Salz in offene Wunden streuen‹. Einmal muß es geschehen sein, aber man hatte es vergessen bis zum Verzicht auf jede Vorstellung eines Tätlichen, bis zur völligen Unmöglichkeit des Bewußtwerdens. Man wandte es an, um die grausame Erinnerung an einen Verlust, die Berührung eines Seelenleids zu bezeichnen: das gibt's immer; die Handlung, von der's bezogen war, blieb ungedacht.

Der Nazismus nivellierte den Unterschied zwischen gewalttätiger Ausdrucksweise und der Gewalttat selbst und setzte das »Seelenleid« in brutalste äußere Wirklichkeit um. Zur Veranschaulichung zitiert Kraus einen Bericht aus einem Konzentrationslager, der wiedergibt, wie eine Gruppe von Nazis »aus Spaß« einen KZ-Insassen, der sich beim Kartoffelschälen einen tiefen Schnitt in die Hand zugefügt hatte, dazu zwang, seine blutende Hand in einen Sack mit Salz hineinzuhalten. Die Schreie des armen Mannes bereiteten seinen Peinigern große Freude. Ein solcher Vorgang, fährt Kraus fort, »bleibt unvorstellbar; doch da es geschah, ist das Wort nicht mehr brauchbar [...] Die Floskel belebt sich und stirbt ab.«[11]

Bei solchen Beispielen – und Kraus führt etliche dieser Art an – ist es, als ob »nun etwas wie blutiger Tau an der Redeblume haftet«. »Beglückend«, so Kraus, »wenn dies Blut nur metaphorisch wäre«, doch ihm war klar, daß dem unter den neuen Verhältnissen in Deutschland nicht so war. Unter der Herrschaft des nationalsozialistischen Glaubens vollzog sich eine zerstörerische Verwandlung, die die bildliche Ausdrucksweise wieder auf ihren »unseligen Ursprung« zurückführt, so daß das Blut nun wieder »aus der Sprachkruste zu fließen beginnt«. Der neue buchstäbliche Sinn, auf den die metaphorische Ausdrucksweise zurückgeführt wurde, beraubte die Sprache einer ganz entscheidenden Funktion: Ihres wichtigsten Werts, nämlich Medium des gesellschaftlichen und kulturellen Diskurses zu sein, ging sie verlustig.

Eine Folge dieser Entwicklung war, daß die deutsche Sprache als Literatursprache während des Dritten Reichs praktisch nicht existierte. Der Exodus der deutschen Schriftsteller war beispiellos: Nach manchen Schätzungen gingen nicht weniger als 2 500 Autoren ins Exil, darunter Thomas und Heinrich Mann, Bertolt Brecht, Stefan George, Robert Musil, Erich Maria Remarque, Franz Werfel und viele andere gleichermaßen prominente Künstler. Andere endeten im Selbstmord – zu den bekanntesten unter ihnen gehörten Stefan Zweig, Walter Hasenclever, Ernst Toller, Kurt Tucholsky und Walter Benjamin. Die, die blieben, wählten in der Regel den Rückzug in eine schweigende »innere Emigration«, oder sie kompromittierten sich und schrieben minderwertige Texte. Ein Charakteristikum des Dritten Reichs bestand in der Tat in dem Umstand, daß auf seinem Boden praktisch kein Werk von literarischem Rang entstanden ist. Es fehlte gewiß nicht an den entsprechenden Bemühungen, denn Goebbels' Ministerium für Volksaufklärung und Propaganda setzte alles daran, die literarischen Ressourcen der Nation zu mobilisieren: unter seiner Leitung gab es ca. 2 500 Verlage, 23 000 Buchhandlungen, 3 000 Autoren, 50 nationale Literaturpreise und 20 000 Neuerscheinungen pro Jahr. Die Zahl der öffentlichen Büchereien stieg von 6 000 im Jahr 1933 auf 25 000 zum Höhepunkt der Kriegsjahre, und mehr als 43 Millionen Bücher wurden der Wehrmacht* von Zivilpersonen als Schenkung überlassen. Diese Zahlen sind überwältigend, doch der Erfolg von Hitlers *Mein Kampf*[12] stellte mit einer Auflage von mehr als 6 Millionen verkauften Exemplaren alles andere in den Schatten. Die Literatur verließ Deutschland nach Hitlers Machtantritt stillschweigend und sollte in nennenswerter, unkompromittierter Form nicht wieder zurückkehren, bis er tot und der Krieg vorbei war.

In der Zeit nach dem Krieg sah sich die deutsche Literatur dann vor die schwierige Aufgabe gestellt, die Schändung der deutschen Sprache als Realität anzuerkennen. Daß diese nicht einfach rückgängig zu machen war, hat erneut George Steiner am provokantesten formuliert. »Die deutsche Sprache war an den

Schreckenstaten des Nazimus nicht ganz unschuldig«, betont Steiner, sie ließ sich benutzen, um »der Hölle eine Muttersprache zu geben«:

> So wurde zwölf Jahre lang immer wieder das Unaussprechliche ausgesprochen, das Undenkbare aufgeschrieben, registriert, tabellisiert und zur Akte genommen [...] Eine Sprache, aus der die Hölle spricht, nimmt auch die Gewohnheiten der Hölle in ihrer Syntax an. Sie wurde benutzt, um das Menschliche im Menschen zu zerstören und das Tierische in ihm wieder die Oberhand gewinnen zu lassen. Allmählich verloren die Worte ihren ursprünglichen Sinn und nahmen alpdruckhafte Bedeutung an. Aus *Jude, Pole, Russe* wurden ›zweibeinige Läuse‹, faules Ungeziefer, die nach einem Leitfaden der Partei von jedem Arier zerquetscht werden müssen, ›wie Wanzen an einer dreckigen Wand‹. Das Wort ›Endlösung‹ bedeutet den Tod von sechs Millionen Menschen in Gaskammern. (S. 134f.)**

Über Steiners Behauptung, die deutsche Sprache sei unter Hitler derart verkommen, daß sie sich davon wohl kaum wieder erholen werde, läßt sich streiten. Nicht leugnen läßt sich, daß diejenigen, die die »Hölle«, von der Steiner spricht, wirklich selbst erlebt und auch überlebt haben und es nun fertigbringen, über sie zu schreiben, ganz oft von einer dunklen und beinahe unverständlichen Redeweise berichten, der sie häufig begegnet sind. Wie Eugen Kogon bezeugt, war es üblich, den Neuankömmlingen im Konzentrationslager Buchenwald bei der ersten Vernehmung folgende Frage zu stellen: »Welche Hure hat dich zur Welt geschissen?«, worauf der entgeisterte Gefangene mit dem Namen seiner Mutter hätte antworten müssen.[13] In Kogons Bericht findet sich auch die Frage, die die Lagerwachen einander bei der Ankunft eines neuen Transports zu stellen pflegten: »Wieviel Stück?« Diesen Wendungen begegnete man oft, denn es war allgemein üblich, die Juden nicht als Menschen, sondern als ›Sachen‹ oder ›Material‹ zu bezeichnen. In *Der Letzte der Gerechten* gibt Schwarz-Bart eine denkwürdige Darstellung dieser Tendenz zur Dehumanisierung. Er schildert dort, was einer Frau widerfuhr, als sie bei ihrer Ankunft die Rampe von Auschwitz betrat: »Sogleich stellte sich ein Deutscher mit einem der bellenden wilden Tiere an der Leine neben sie hin und sich offensichtlich an den Hund wendend, schrie er [...]: ›Mensch, zerfleische diesen Hund!‹« (S. 394) Was bleibt nach einer so extremen Umkehrung noch zu sagen übrig? Die gewöhnliche Sprache des Menschen, die sich wenigstens auf ein Minimum an menschlichen Standards gründet, wird untauglich in Situationen, in denen die sozialen Modulationen der Sprache bewußt vergessen oder schamlos demoliert werden. Wiesel berichtet, wie sein Vater von einem älteren Lagerinsassen niedergeschlagen wurde, an den er sich mit der ihm üblichen Höflichkeit gewandt hatte, so als ob das bloße Festhalten an Ausdrücken wie ›bitte‹ oder ›Verzeihen Sie‹ schon eine hinreichende Beleidigung darstelle, die dem Sprecher Prügel einbringen konnte. »Vielleicht war das einzige Wort, das hier Sinn hatte«, schreibt Wiesel, das »Wort ›Schornstein‹, [...denn] er schwebte rauchumwölkt in der Luft.«[14] Die Sprache hatte ihre einstige zivilisierende Funktion verloren, die Wörter fielen aus dem Vokabular des Lagers einfach heraus oder verwandelten sich in barsches Gebrüll:

Die Sprache der Nacht war keine menschliche Sprache; sie war primitiv, fast bestialisch – heiseres Geschrei, Kreischen, ersticktes Stöhnen und entmenschlichtes Seufzen, Schläge und Hiebe ... Ein Hieb einer Bestie, und ein Toter fällt zu Boden; ein Offizier hebt seine Hand, und eine ganze Gemeinde marschiert in ein Massengrab; ein Soldat zuckt mit den Schultern, und tausend Familien werden auseinandergerissen [...] Dies ist die Sprache des Konzentrationslagers. Sie negierte jede andere Form von Sprache und setzte sich an ihre Stelle.[15]

Die Sprache des freien Menschen, darauf weist Primo Levi nachdrücklich hin, ist in ihren Konnotationen so unendlich weit von der in den Lagern gesprochenen Sprache entfernt, daß sie dort als Verständigungsmittel nahezu untauglich ist. *Selekcja, Kapo, Muselmann* – diese Begriffe lassen sich tatsächlich nicht übersetzen. Doch auch weniger spezifische Vokabeln – »Hunger«, »Müdigkeit«, »Angst«, »Schmerz«, »Winter«, »Arbeit« – treffen die Dinge nicht mehr, betont Levi. Wenn diese Wörter in ihrer Alltagsbedeutung oder ihrem normativen Sinne nach verwendet werden, setzt dies eine Kategorie von Erfahrung voraus, die für das Lager nicht gegeben war; seine Insassen lebten für gewöhnlich in dem Gefühl, sich entweder in einer vollkommen absurden Welt oder in der Hölle zu befinden. Wie auch immer, unser herkömmliches Alltagsvokabular ist nicht in der Lage, das Universum des Holocaust begrifflich zu erfassen und auszudrücken. »Hätten die Lager länger bestanden«, so Levi, »wäre eine neue, harte Sprache geboren worden«, und allein diese Sprache wäre vielleicht dazu in der Lage gewesen, die Extremsituationen eines Martyriums wiederzugeben, das Millionen Menschen erlitten haben.[16]

Ein Teil des Dilemmas, dem sich deutschsprachige Schriftsteller in der Zeit nach dem Holocaust ausgesetzt sahen, erwuchs aus der unausweichlichen Verbindung ihrer Sprache mit dieser »neuen, harten Sprache«. Fest steht nämlich, daß diese andere Sprache nicht nur »geboren«, sondern auch täglich benutzt wurde. Klemperer, Steiner und andere stimmen darin überein, daß die deutsche Sprache »infiziert« wurde durch die Falschheiten und Perversitäten des nazistischen Umgangs mit ihr und daß sie diese Kontaminierungen so schnell nicht wieder los würde. Steiners Urteil fällt in diesem Punkt besonders hart aus:

Sprachen besitzen starke Lebensreserven, mit deren Hilfe sie große Mengen von Hysterie, Analphabetentum und Gemeinheit absorbieren können [...] Aber es gibt auch eine Belastungsgrenze. Benutzt man eine Sprache dazu, um Belsen zu organisieren, zu ersinnen und zu rechtfertigen, benutzt man sie dazu, um den Menschen in zwölfjähriger wohlüberlegter Bestialität zu entmenschen – dann passiert etwas mit ihr [...] und mit den Worten passiert etwas. Etwas von der Lüge und dem Sadismus setzt sich im Mark der Sprache fest. (S. 136f.)

Günter Grass ist es gelungen, etwas von dem hier angesprochenen spezifischen Tonfall und der eigenen Diktion der entmenschlichten Sprache für die Prosa seiner *Hundejahre* einzufangen. Auch Heideggers charakteristische Version dieser Sprache konnte er in einigen parodistischen Passagen seines Romans nachzeichnen. (Einen ähnlichen Versuch hat Walter Abish in *Der Englische Garten* unternommen, der Eröffnungserzählung von *Quer durch das große Nichts*). Diese tiefgreifenden Störungen der Sprache stellen für die Dramatiker ein noch weitaus größeres Problem dar als für die Romanciers, denn für das Drama ist die gesprochene Sprache die entscheidende Ausdrucksform, die den Hauptbestandteil des dramatischen Dialogs ausmacht. Niemandem hat sich das Problem deutlicher gestellt als jenen Dramatikern, die versucht haben, Auschwitz auf die Bühne zu bringen. Das herausragendste Beispiel für unser Thema ist Rolf Hochhuth, der – implizit wie explizit – zugegeben hat, daß ein solches Vorhaben letztendlich unmöglich ist. Hochhuth betont diese Tatsache noch einmal nachdrücklich in seinen Anmerkungen zum fünften Akt von *Der Stellvertreter* sowie in *Historische Streiflichter*, dem Nachwort zu diesem Stück:[17]

[D]ie Frage, ob und wie Auschwitz in diesem Stück sichtbar gemacht werden soll, [hat] uns lange beschäftigt. Dokumentarischer Naturalismus ist kein Stilprinzip mehr [...] Nachahmung der Wirklichkeit [wurde] nicht angestrebt [...] – und [darf] auch im Bühnenbild nicht angestrebt werden [...]. Andererseits schien es uns gefährlich, im Drama zu verfahren wie etwa Celan in seinem meisterhaften Poem ›Todesfuge‹, das die Vergasung der Juden völlig in Metaphern übersetzt hat [...] Metaphern verstecken nun einmal den höllischen Zynismus dieser Realität, die in sich ja schon maßlos übersteigerte Wirklichkeit ist – so sehr, daß der Eindruck des Unwirklichen, der von ihr ausgeht, schon heute [...] unserer ohnehin starken Neigung entgegenkommt, diese Realität als Legende, als apokalyptisches Märchen unglaubhaft zu finden, eine Gefahr, die durch Verfremdungseffekte noch verstärkt wird. Hält man sich so weit wie möglich an die historische Überlieferung, so sind Sprache, Bild und Geschehen auf der Bühne schon durchaus surrealistisch. (S. 174f.)

»Keine Phantasie reicht aus, um Auschwitz [...] vor Augen zu führen«, folgert Hochhuth daraus, und daher ist der Dramatiker auf andere Mittel angewiesen, um die Beschränkungen von Naturalismus einerseits und Surrealismus andererseits zu überwinden. Ersteres wäre möglicherweise zu leisten, indem die Dramaturgie entweder bewußt die »fast unglaublichen Ereignisse des Hitler-Krieges und die Zahl seiner Opfer« heruntergespielt oder sonstwie »untertreibt«, letzteres, indem »die Geschehnisse nach dem Maßstab menschlicher Vorstellungsfähigkeit [...] verkleiner[t]« und »[ge]milder[t]« werden (S. 228). So zumindest lauteten erklärtermaßen Hochhuths Absichten, und angesichts der vor ihm liegenden Schwierigkeiten schien diese Lösung auch durchaus sinnvoll zu sein, da eine Zurückhaltung in der dichterischen Phantasietätigkeit eher dazu angetan schien, das oben angesprochene Dilemma zu überwinden. Der Imagination freies Spiel zu lassen hätte dagegen nur zu theatralischer Hyperbolik geführt, und wäre dem Versuch gleichgekommen, das Chaos selbst oder sein kosmologisches Äquivalent, die Hölle, inszenieren zu wollen. Tatsächlich drängt sich im Stück mehrfach die Assoziation ›Hölle‹ auf, es ist Hochhuth nicht gelungen, diese Assoziation zurückzuhalten. Daraus ergeben sich für ihn neben Schwierigkeiten dramaturgischer Art auch Probleme bezüglich der historischen Interpretation der Ereignisse. Wenn wir nämlich der Argumentation allegorischer oder mythischer Darstellungsweisen folgen, lassen wir die historische Sicht der Dinge hinter uns und bewegen uns hin auf ein apokalyptisches Denken. Und das entspräche sicherlich nicht dem Moralismus des Autors.

Gerade weil er ein so entschiedener Moralist ist, liegt der Schwerpunkt der Darstellung nicht auf Auschwitz und seinen Höllenqualen, sondern rückt statt dessen diejenigen in den Mittelpunkt, die den Folterknechten freie Hand ließen, eine Hölle auf Erden zu errichten, praktisch vor den Augen der Öffentlichkeit. Zweifelsohne leiten sich alle antreibenden Fragen, die hinter dem Stück stehen, von dem Faktum Auschwitz her, doch es gibt dahinter noch eine Vielzahl von Fakten, die dieses Faktum erst möglich gemacht haben – ganz oben auf der Liste steht dabei der skandalöse Umstand, daß es einflußreiche gesellschaftliche Kräfte und Institutionen gegeben hat, die mit den Nazis kooperierten und so bei der Durchführung ihres Programms Hilfestellung leisteten. Was die Institutionen angeht, ist dabei aus Hochhuths Sicht in erster Linie die Kirche zu nennen. Angesichts von Hitlers »Endlösung«* bewahrte sie Stillschweigen und stellte sich damit nicht nur als Instanz der »höchsten spirituellen Autorität des Jahrhunderts« in Frage, sondern untergrub so auch die wesentlichen Wertesysteme, die die europäische Zivilisation trugen.

Wenn man – zusätzlich zu den Problemen, die sich aus der Unmöglichkeit ergeben, Auschwitz in glaubwürdiger Form szenisch darzustellen – auch noch die eben angesprochenen Punkte berücksichtigt, ist es verständlich, daß die zentralen Konflikte im *Stellvertreter* in erster Linie rhetorischer Art sind, wie es etwa in den stark kontrastierenden Reden der wichtigsten Antagonisten zum Ausdruck kommt. In diesem Stück über die verbrecherische Handlungsweise, die in einer Haltung des Sich-Heraushaltens liegt, hat die Sprache Vorrang vor der dramatischen Aktion, ja, man könnte sie geradezu als ihr auslösendes Moment betrachten, als den Brennpunkt, an dem nicht nur die Widersprüche einander gegenüberstehender dramatischer Figuren sich entzünden, sondern ganze Weltanschauungen und metaphysische Einstellungen aufeinanderprallen. Beim *Stellvertreter* handelt es sich unverblümt um eine einzige lange polemische Stellungnahme, um die Dramatisierung historischer, politischer und theologischer Auseinandersetzung. Das Stück bezieht seine Stärke über weite Strecken fast ausschließlich aus den Worten, die gegeneinander streiten und gegen das Schweigen, das sich moralisch aus der Verantwortung zu stehlen versucht.

Der Stellvertreter ist hauptsächlich in einer modifizierten Form von Blankversen geschrieben,[18] doch Hochhuth setzt sowohl ein breites Spektrum an Idiomen als auch eine Vielzahl unterschiedlicher Redestile ein, die die Sprache des Stückes bereichern und komplexer gestalten. Schon ein flüchtiger Blick auf seinen Sprachgebrauch enthüllt einen bewußt eingesetzten und zuweilen massiven Rückgriff auf dialektale Sprechweisen, militärischen Argot, die Geschäftssprache von Industrie und Handel, diplomatischen und kirchlichen Jargon sowie das Vokabular theologischer Beweisführungen. Dieser Einsatz ausdifferenzierter

Redeweisen ist von Bedeutung, denn er erlaubt dem Autor, die Hierarchie der Schuld klassen- und berufsgruppenübergreifend von den obersten bis zu den unteren Rängen zu untersuchen und bloßzustellen. Auf der niedersten Ebene rangieren untergeordnete SS-Funktionäre wie Witzel, dem Hochhuth in seinen Regieanweisungen einen »rüde[n], zotenfreudige[n], bramarbasierende[n] Ton« zuschreibt, eine »brutale Geschwätzigkeit«, die er »von seinem Vorgesetzten übernommen« hat (S. 103). Witzel spricht »keinen bestimmten Dialekt, nur gänzlich verwahrlostes Deutsch« (S. 104), was seinen vulgären Charakter enthüllen soll:

> Einpacken hier [...]
> Los – pack deinen Kram zusammen.
> [...]
> Fuffzich Pfund Gepäck pro Judennase –
> und nur Wäsche und Fressalien.
> Alles annere wird ausgebackt, 'n bisschen
> plötzlich – los – avanti!
> [...]
> Mir haam viel Familiensinn, verstehnse.
> Die beiden Kinner komm och mit [...]
> Wer nich arbeiten kann, wird extra –
> wird sonderbehandelt. (S. 104f.)

Die Gefühllosigkeit, mit der Witzel seine groben Kommandos herausbellt, bringt die Grobheit dieser Rede deutlich zum Ausdruck. Er benutzt die niedrigsten Register des Nazi-Deutsch, und der erniedrigende Ton, mit dem er seine Befehle erteilt, die primitive Drohung, die in seiner Anspielung auf die Sonderbehandlung* liegt, wird wohl niemandem entgehen, der ein Gespür für die Besonderheiten dieser Sprache besitzt. Das gleiche gilt für die Dialoge, an denen Salzer, der SS-Polizeichef aus dem dritten Akt, beteiligt ist, und weitgehend auch für die Hänseleien in der Kegelbahnszene aus dem ersten Akt, zu deren Verständnis ebenfalls ein aufmerksames Ohr für die Grobheiten und Obszönitäten der hier verwendeten Rede vorausgesetzt wird. Wie Hochhuth in seiner langen Nachschrift anmerkt, basiert der Dialog im Offiziersklub auf im Krupp-Prozeß verwendeten Unterlagen wie auch auf Dokumenten aus wissenschaftlichen Zusammenstellungen von Nazi-Quellenmaterial (S. 261). So gesehen, strebt er offensichtlich eine Art von Naturalismus auf der Bühne an, dessen Wirkung durch den Einsatz von nazistischen Liedern in der 3. Szene des ersten Aktes noch verstärkt wird. In dieselbe Richtung gehen auch verschiedene Bezugnahmen auf Himmlers berüchtigte Posener Rede vor Angehörigen der SS (zitiert in Kapitel 2 der vorliegenden Studie). Hirts Gerede von seiner ›Sammlung interessanter menschlicher Schädel‹, vom menschlichen ›Material‹ und Eichmanns Formulierung von den gut acht Millionen Juden, die in Europa »zu bearbeiten« seien (S. 40, 42, 49), sind gleichermaßen Teil der perversen Sprachwelt des Dritten Reichs. Wenn der Doktor am Ende des Stückes auf Carlotta deutet, eine junge Italienerin, die er gerade erschossen hat, und eine Wache anweist, »Und lassen Sie *das* auch noch holen« (S. 221), ist uns klar, daß wir nun den äußersten Grad an Verderbtheit erreicht haben. Das mahlende Geräusch einer Betonmischmaschine und das Kreischen einer Kreissäge, die im Hintergrund zu hören sind, steigern noch die Gewalttätigkeit dieses rohen Argot und unterstreichen gleichzeitig seine düsteren, mechanistischen Elemente.

Der ungehobelte, brutale Aspekt des Nazi-Deutsch* steht in scharfem Kontrast zu dem gehobeneren Sprechstil, der im *Stellvertreter* ansonsten vorherrscht. Der junge Priester Riccardo, der als der tragische Held des Stücks konzipiert ist, spricht im leidenschaftlich erregten Ton des idealistischen Märtyrers, der zu werden er bestimmt ist, ein beschwörend-didaktischer und mahnender Tonfall, den er Gerstein abhört, um ihn sich dann selbst anzueignen. Seine deklamatorischen, streitbaren Reden sind auf Provokation angelegt, und seine polemischen Ausfälle, vor allem im vierten Akt, sind die gequältesten Partien innerhalb der Argumentationsstruktur des Stückes.

Riccardos Gegenspieler – der Papst und der Doktor – bilden (zusammen mit Gerstein) die Gruppe der wichtigsten Figuren des Stücks. Hochhuth grenzt die Figuren mit Hilfe verschiedener dramaturgischer Mittel deutlich voneinander ab – ihre Arbeitsräume sind räumlich voneinander getrennt, ihre Bühnenkostüme könnten kaum unterschiedlicher sein, und ihre Redeweise differiert stilistisch außerordentlich –, doch gleichzeitig sind sie einander auch erschreckend verwandt, und es scheint fast so, als machten sie zwei verschiedene Seiten einer Persönlichkeit aus. Wenn wir uns vergewissern wollen, wer sie wirklich sind und welche Rolle Hochhuth ihnen zugedacht hat, müssen wir uns nur noch einmal den Untertitel des Stücks (*Ein christliches Trauerspiel*) vergegenwärtigen.

Wie läßt sich eine solche Konzeption vereinbaren mit Hochhuths Zielsetzung, ein historisches Drama zu schreiben, noch dazu eines, das sich auf dokumentarische Quellen stützt? Nach eigenen Angaben faßte Hochhuth den Plan zu diesem Stück, als er bei seiner Lektüre von Untersuchungen zur Nazi-Zeit auf die Figur des Kurt Gerstein stieß, eines Mitglieds der Bekennenden Kirche, der sich schon früh der Opposition gegen Hitler und der SS anschloß, in der Absicht, sie von innen zu unterwandern. Gerstein war in Belzec und Treblinka als Chemieingenieur eingesetzt und hat den Massenmord an den Juden persönlich miterlebt. Seine Beschreibung der Vorgänge in den Gaskammern gehört zu den wenigen Augenzeugenberichten, die wir von dem Vernichtungsprozeß selbst haben.[19] Diese Schilderung der Greuel erschütterte Hochhuth zutiefst, ebenso wie die Agonie des Mannes, der davon berichtet hatte, einer Gestalt, von der Hochhuth meinte, »daß man sie eher bedichten als beschreiben kann [...], ein so ›moderner‹ Christ, daß zu seinem vollen Verständnis die Lektüre Kierkegaards notwendig ist« (S. 14).

Das Schicksal zweier weiterer christlicher Märtyrer rührte Hochhuth ebenfalls zutiefst an: Pater Maximilian Kolbe, ein polnischer Priester, der als Häftling in Auschwitz sein Leben opferte, um das eines Mitgefangenen retten zu können, und Propst Bernhard Lichtenberg von der Berliner St.-Hedwigs-Kirche, der sich öffentlich auf die Seite der verfolgten Juden stellte und so weit ging, darum zu bitten, einen Transport nach Dachau begleiten zu dürfen. Diesen zwei christlichen Gegnern des Nazi-Regimes ist *Der Stellvertreter* gewidmet, und sie sind es auch, die – zusammen mit Gerstein – hinter der Figur des Riccardo stehen, einer ansonsten völlig fiktionalen oder erfundenen Figur. Diesen Vorbildern verdankt er viel von der moralischen Willenskraft, die ihn antreibt.

Riccardo wird flankiert von der Figur des Doktors und der des Papstes, die als klassische Verkörperungen des Bösen bzw. Guten in radikalem Ungleichgewicht zueinander stehen sollten, sich de facto jedoch fast als Verbündete erweisen. Diese Allianz schockiert, was nicht zuletzt dazu beitrug, den *Stellvertreter* zu einem so kontroversen Stück zu machen, das eine Debatte initiierte, die Eric Bentley als den »größten Sturm, der je von einem Stück in der Geschichte des Dramas ausgelöst worden ist«, bezeichnet hat. Die Figur des Doktors ist zumindest teilweise dem berüchtigten Dr. Mengele aus Auschwitz nachempfunden, und so hätte Hochhuth in seiner dramatischen Bearbeitung der Figur sich durchaus auf gesichertem, historisch verbürgtem Terrain bewegen können, doch er zog »bewußt von der Historie abweichende Vorstellungen von diesem geheimnisvollen ›Chef‹« vor, den er als »unheimliche Erscheinung aus einer anderen Welt« betrachtete. Der Doktor ist Hochhuths Teufelsfigur, jemand, dem er »das Format des absolut Bösen« zuerkennt, »viel eindeutiger als Hitler […]«. Als allegorische Figur ist der Doktor in Hochhuths Auffassung eine Persönlichkeit, die sich vom »Menschen und auch von allen Erfahrungen, die man bisher mit Menschen gemacht hat, so völlig abhebt«, daß die Annahme naheliegt, »daß hier eine uralte Figur des Theaters und des christlichen Mysterienspiels die Bühne wieder betreten habe« (S. 27–28). Riccardo gegenüber beschreibt Gerstein den Doktor als nicht menschlich: »kein Mensch, kein Mensch. / Sie sind dem Todesengel von Auschwitz begegnet« (S. 60).

Ganz anders als ein gefallener Engel gibt der Doktor im gesamten Verlauf des Dramas den Ton an und übt als Personifikation des Bösen auf allen Ebenen – inklusive der rhetorischen – seine Macht aus. Als Charmeur und geborener Verführer ist es ihm ein leichtes, sich sexuelle Abenteuer zu erschmeicheln; unter seinen Offizierskollegen von der SS, die ihn respektieren und fürchten, ist er eine großsprecherische Erscheinung, die in einem Augenblick höflich und zuvorkommend sein kann, um schon im nächsten Moment die unflätigsten und abscheulichsten Sauflieder anzustimmen. Für die verängstigten Frauen und Kinder auf der Rampe von Auschwitz verstellt er sich als Beschwichtiger und beruhigt sie auch dann noch, wenn er sich gerade daran macht, sie in den Tod zu schicken. Die höchste Lust findet er jedoch nicht bei Frauen, die er verführt, auch nicht bei den Männern der SS, die er durch die Reihe verachtet. Er liebt es vielmehr über alles, Gott herauszufordern oder Riccardo, einen Diener Gottes, zu verhöhnen, den er in niederträchtige theologische Erörterungen verwickelt, um ihn dazu zu bringen, seinem Glauben abzuschwören. Mal charmant, dann wieder ironisch und zynisch, brillant und tödlich: Wer auch immer seinen Weg kreuzt, dem Doktor wird es gelingen, geschickt und eloquent seinen Widerstand zu brechen. Bis zum Ende des Stücks bleibt er unbesiegt, ein absoluter Nihilist, uneingeschränkter Herrscher über das Reich des Todes.

Die Rolle, die dem Doktor in Hochhuths ganz entschieden christlichem Entwurf des *Stellvertreters* zukommt, liegt auf der Hand: »Er verkörper[t] [...] das böse Prinzip« (S. 57), den Anti-Christ, der als dramatische Folie dem Prinzip des Guten unterlegt ist. Letzteres verkörpert Kraft seines Amtes der Papst, der, als Statthalter Christi auf Erden, dazu berufen ist, für die Unantastbarkeit menschlichen Lebens einzustehen, dessen Schweigen gegenüber Hitler ihn jedoch statt dessen zum »Verbrecher« (S. 80) macht. *Der Stellvertreter* beruht auf dieser Anklage, die polemische Stoßkraft des Stückes speist sich aus dieser Quelle, und jedes einzelne seiner historischen, politischen, ethischen und theologischen Argumente bezieht sich auf diesen einen Punkt. Auch wenn die Figur des Papstes selbst nur für eine kurze Zeit die Bühne betritt – und auch das erst im vierten Akt – ist seine Gegenwart in diesem Drama doch von Anfang bis Ende spürbar. Der Schuldspruch, der über ihn gefällt wird, ist zugleich Auslöser und treibende Kraft des Stückes und der Grund für die Debatte, die der Text weltweit in Gang gebracht hat und die, lange nachdem das Stück nicht mehr ständig auf dem Spielplan stand, fortgeführt worden ist.

Diese Tatsache unterstreicht die epische Konzeption des Hochhuthschen Dramas – episch hier verstanden als Verhandlung, die die Historie mit einschließt. Erwin Piscator, der für die Welturaufführung des Stückes in Berlin verantwortlich war, stellte in seiner Inszenierung die spezifisch politische Dimension der Geschichte in den Vordergrund, doch Hochhuths vorrangiges Interesse und seine Intention gehen in eine andere Richtung. Er setzt die Akzente vielmehr auf die ethischen und spirituellen Aspekte der Geschichte und will sein Stück weniger als politisches denn als religiöses Drama verstanden wissen. Vielleicht sollte man aber auch zutreffender sagen, daß er sein Drama an genau dem Punkt angesiedelt hat, wo Politik, Ethik und Glauben sich kreuzen – und versagen. Der Brennpunkt dieses epischen Einflusses – und des epischen Scheiterns – ist der Papst.

»Die Geschichte«, so Hochhuth, »ist ein so weites Feld, ein so verheerendes Phänomen, daß sich das menschliche Verhalten wahrscheinlich nur von diesen extremen, diesen polaren Situationen her, in die die Geschichte uns hineinstellt, gedeutet werden kann.« (Storm, S. 56) Im Doktor haben wir, wie schon gesehen, eine allegorische Darstellung eines dieser Extreme vor uns. Der Papst soll das andere Extrem verkörpern. Die Frage muß lauten: Repräsentiert die Figur des letzteren nun die historische Persönlichkeit, oder handelt es sich ebenfalls um eine mythische Darstellung? Es steht außer Zweifel, daß Hochhuth sich bei seiner Figur an Papst Pius XII. orientiert; in seinen *Historischen Streiflichtern* nehmen die Zitate aus dokumentarischen Quellen zu Pacelli, dem Konkordat und der Politik des Vatikans während des Kriegs den größten Raum ein. Und natürlich ist es die Gleichsetzung mit Pacelli, die derart wütende Zurückweisungen des Stükkes ausgelöst hat, oftmals vorgebracht von höchstrangigen Vertretern der Kirche, die nach eigenen Angaben das Stück weder gesehen noch gelesen hatten. In einem offenen Brief an eine englische Monatszeitschrift attackierte Kardinal Montini das Stück wegen der Verleumdung des Papstes, Kardinal Spellman tat desgleichen in einem Brief an die *New York Herald Tribune*. Es gab zahllose Reaktionen, die in die gleiche Richtung gingen. Alle diese Proteste wurden hervorgerufen durch das, was sich spezifisch, und sicher nicht zu Unrecht, als Anschuldigungen gegenüber Pius XII. lesen ließ. Man kann auch nicht leugnen, daß es Hochhuths Absicht war, mit seiner dokumentarischen Darstellung Pacelli öffentlich anzuklagen.

Bei *Der Stellvertreter* handelt es sich dennoch keineswegs um ein Traktat, das Stück ist irgendwo in der Mitte zwischen Dokumentation und Kunst angesiedelt, wie es jede imaginativ-literarische Darstellung des Holocaust zu sein hat. Diesen Zwischenbereich zu besetzen ist nicht einfach, denn hier geht es darum, den Ansprüchen sowohl der Geschichtsdarstellung als auch der Deutung der Geschichte gerecht zu werden. Hochhuth selbst war sich der Probleme bewußt, die auftreten, wenn historisches Material für das Theater benutzt wird; in den ersten Abschnitten seines Nachworts zum *Stellvertreter* spricht er sie explizit an:

Die folgenden Anmerkungen zu umstrittenen Geschehnissen und Aussagen sollen aber beweisen, daß der Verfasser des Dramas sich die freie Entfaltung der Phantasie nur so weit erlaubt hat, als es nötig war, um das vorliegende historische Rohmaterial überhaupt zu einem Bühnenstück gestalten zu können. Die Wirklichkeit blieb stets respektiert, sie wurde aber entschlackt.

Wer die von Leichen und Trümmern bedeckten Rollbahnen geschichtlicher Ereignisse zurückverfolgt; wer die widerspruchsvollen, die selbstgefälligen oder verstörten Aussagen der Sieger und Opfer abwägt, der erfährt bei jedem noch so bescheidenen Versuch, durch den Schutt und die Zufälligkeiten der sogenannten historischen Tatsachen zur Wahrheit, zum Symbol vorzustoßen, daß der Dramatiker ›kein einziges Element aus der Wirklichkeit brauchen kann, wie er es findet, daß sein Werk in *allen* seinen Teilen ideell sein muß, wenn es als Ganzes Realität haben soll‹. (S. 225)

Die Einhaltung dieser Prinzipien veranlaßt Hochhuth, wie wir im vorhergehenden bereits sehen konnten, Charaktere von ihrer historischen Festlegung loszulösen und sie in eher mythischen Begriffen neu zu fassen, insbesondere in solchen der christlichen Mythologie. Ganz gleich, was für ein Mensch der historische Kurt Gerstein gewesen sein mag – er war eine so unheimliche Persönlichkeit, daß sich die Forschung bis auf den heutigen Tag über seinen Charakter nicht einig ist –, der Gerstein des Stellvertreters ist ein Akteur in einem christlichen Drama, eine Gestalt, die man »eher bedichten als beschreiben kann«, wie Hochhuth selbst sagt (S. 14). Genauso wenig läßt sich die Figur des Doktors erfassen, wenn man für sie in erster Linie den historischen Josef Mengele als Modell heranzieht. Seine Rolle im Stück ist eher nach einem mephistophelischen oder luziferischen Modell konzipiert. Die gleiche Freiheit in der künstlerischen Gestaltung nimmt Hochhuth bei der Figur des Papstes in Anspruch. Um das zu erlangen, was er einmal als »symbolische Wahrheit« bezeichnet, ist es notwendig, von Zeit zu Zeit eine gewisse Distanz zu den dokumentarischen Quellen einzunehmen. Hiermit will ich die historisch-politische Lesart des Stückes keineswegs für ungültig erklären, sondern möchte vielmehr den Blick öffnen für die Transformationen, die die historische Gestalt Pacelli notwendigerweise durchlaufen muß, wenn sie für die übergeordneten imaginativen Zwecke des Dramas adaptiert werden soll. Er selbst formuliert es so: »Für mich ist Pius ein Symbol, nicht nur für alle Führer, sondern für alle Menschen [...], die untätig bleiben, wenn ihr Bruder in den Tod deportiert wird.« (Storm, S. 43)

Wenn wir in dieser Richtung weitergehen, ist es nicht schwierig zu erkennen, welche Rolle dem Papst in Hochhuths symbolischem religiösem Trauerspiel zukommt: Er ist Kain, der seinen Blick stumm von seinem sterbenden Bruder abwendet und alle Verantwortung für dessen Tod von sich weist.[20] Dies ist eine vernichtende Anschuldigung, trotzdem wird sie im Stück immer wieder erhoben, und stets fußt sie auf dem gleichen Tatbestand: auf der Weigerung des Papstes, auf die Herausforderung durch die Geschichte zu antworten. Wenn man die Geschichte unter ethischen Gesichtspunkten betrachtet – und die wesentlichen Kategorien dieses Dramas sind ethischer Natur –, läuft alles auf einen zentralen Punkt hinaus: auf den der Verantwortung, die der Mensch für sein Handeln trägt und zu der er sich bekennen muß. Daher auch darf der Brudermord um keinen Preis in die Geschichtsschreibung eingehen, wie die Rede Himmlers, die im zweiten Kapitel angeführt wurde, lebhaft illustriert. Hochhuth zitiert diese Rede an hervorgehobener Stelle gegen Ende des dritten Aktes und weist damit noch einmal auf Himmlers Entschlossenheit hin, die Vernichtung der europäischen Juden kategorisch zu leugnen: Sie sollte »ein *niemals geschriebenes* und *niemals zu schreibendes* Ruhmesblatt der deutschen Geschichte« sein (S. 142). Dieses Schweigen findet seinen Widerhall im Schweigen des Papstes, das, wie Riccardo sich ausdrückt, »der Kirche eine Schuld auf[bürdet], / die wir sühnen müssen« (S. 120). Dieses unnachsichtige Urteil wird schließlich von Riccardos schwerstwiegender Anschuldigung gegen den Papst noch übertroffen, mit der er ihm wegen seiner Vertuschungspolitik in noch größere Nähe zu dem Verbrechen des Brudermordes rückt:

> Ein Stellvertreter Christi, der *das*
> vor Augen hat und dennoch schweigt, aus Staatsräson,
> der sich nur *einen* Tag besinnt,
> nur eine *Stunde* zögert, die Stimme seines Schmerzes zu erheben
> zu einem Fluch, der noch den letzten Menschen
> dieser Erde erschauern lässt –: ein solcher Papst
> ist ... ein Verbrecher. (S. 80)

Ironischerweise ist es gerade einer der hochrangigeren Vertreter der Kirche, der im *Stellvertreter* diesen Gedankengang bis zu seinem Ende verfolgt und den Verbrecher schließlich auch bei seinem Namen nennt, allerdings unfreiwillig und in eher entschuldigendem Ton. Es ist der Kardinal, der Kain namentlich ins Spiel bringt, wenn auch selbstverständlich ohne einen direkten Zusammenhang mit dem Papst herzustellen. Dies geschieht in der zweiten Szene des dritten Aktes, in der dem Kardinal mitgeteilt wird, die römischen Juden würden von den Nazis ergriffen und direkt unter den Fenstern des Papstes abtransportiert. »Treibt ihr es nun so weit«, so der Kardinal zu Gerstein, »daß auch der Papst / euch jetzt vor aller Welt blamieren muß! / [...] nun / *zwingt* ihr den Papst, nicht wahr, / von den Verbrechen öffentlich / Kenntnis zu nehmen« (S. 114). Es stellt sich jedoch heraus, daß der Kardinal irrt, denn der Papst wird zu den Vorgängen schweigen, oder zumindest wird er sich nur sehr vage äußern. Das kann der Kardinal jedoch nicht wissen, und er fährt in seiner Rede fort und bringt Gründe vor, um Gersteins beharrliche Behauptung zu widerlegen, »Gott wäre ja / nicht Gott, wenn er sich eines Hitlers bediente ...«:

> Doch, doch, gewiß doch – lieber Freund!
> War nicht auch Kain, der seinen Bruder mordete,
> das Werkzeug Gottes? Kain sprach zum Herrn:
> meine Sünde ist größer, als daß sie mir
> vergeben werden könnte, ja. Und doch machte Gott,
> nicht wahr, ein Zeichen an Kain,
> daß ihn niemand erschlüge, wer ihn fände, ja.
> Wie sagt doch euer Luther:
> Das weltliche Regiment kommt von Kain her, nicht wahr.
> [...]
> was wissen wir von den entsetzlichen Umwegen des Herrn!
> (S. 115)

Im folgenden nun wird in *Der Stellvertreter* eine Verbindung hergestellt, die ihresgleichen sucht in der Geschichte der religiösen Theaterliteratur: Die einzige Figur, die während des gesamten Stückes durch ein sichtbares Zeichen der Schuld gekennzeichnet wird, ist der Papst, der sich im vierten Akt mit Tinte befleckt, eine unmißverständliche, symbolische Brandmarkung, mittels derer ein direkter Bezug zunächst zu Kain, dann zu Pontius Pilatus hergestellt wird. Bekräftigt wird diese Identifikation mit Kain durch die Kennzeichnung des Papstes als obersten Bürger der Ewigen Stadt (Kain, so erinnern wir uns, gilt als der Begründer der Städte) und durch die Vernachlässigung der Verantwortung seines geistlichen Amts, um die diplomatischen und wirtschaftlichen Verpflichtungen der säkularen Weltordnung nicht aufs Spiel zu setzen: »Die Staatsräson verbietet, / Herrn Hitler als Banditen anzuprangern.« (S. 161) Der entscheidende Punkt der Anklage aber gründet sich letztlich auf den Umstand, daß der Papst seiner ethischen Pflicht, sich unmißverständlich und mit allem Nachdruck für die verfolgten Juden einzutreten, nicht nachgekommen ist. Diese Weigerung spiegelt sich auch in seiner Sprechweise, die herrisch und überladen, eigentlich aber vollkommen inhaltslos ist. Nachdem er sich symbolisch die Hände gewaschen hat, erklärt er in einem beinahe liturgischen Gesang:

> Wir sind – Gott weiß es – unschuldig am Blut,
> das da vergossen wird. – Wie die Blumen
> des Landes unter der dicken Schneedecke des Winters
> auf die lauen Lüfte des Frühlings warten,
> müssen die *Juden* betend und vertrauend
> zu harren wissen der Stunde
> himmlischer Tröstungen. – Wir wollen
> *(er hat sich die Hände abgetrocknet, jetzt erhebt er sich)*
> die wir in Christi Namen hier versammelt sind,
> zum Abschluß beten ... (S. 172)

Derlei Rede kommentiert Hochhuth in seinen Bühnenanweisungen so: »Worte, Worte, eine vollständig degenerierte Sprache als klassisches Mittel, zu reden, ohne etwas zu sagen.« (S. 166) Wie jeder anständige Dramatiker weiß, ist die Sprache immer entlarvend, und die Sprache des Papstes, deren Kennzeichen hochtrabende Gemeinplätze und dekorative, aber nichtssagende Redewendungen sind, führt ihn vor als gleichermaßen gefühllosen wie gleichgültigen Charakter. Diese rhetorische Tendenz tritt in der zitierten Rede so deutlich hervor, daß man sich kaum vorstellen kann, es handle sich nicht um eine fingierte Rede, doch entgegen allem Anschein stützt sich Hochhuth hier auf historisch verbürgte Fakten, nämlich auf die am 25. Oktober 1943 im *Osservatore Romano* veröffentlichte Transkription einer Ansprache von Pius. Hochhuth übernimmt diesen Text wortwörtlich in sein Stück – mit Ausnahme einer einzigen Änderung: Statt von »Juden«, wie bei Hochhuth, sprach der Papst von »Polen« (S. 267; *Storm*, S. 350). Abgesehen von diesem einen Punkt folgt der Text hier dem Prinzip strikter dokumentarischer Faktentreue und bekräftigt so Hochhuths Vorwurf, Stillschweigen zu bewahren angesichts von Hitlers Verbrechen komme einer Duldung seiner Taten gleich und bedeute, Kains Verbrechen noch einmal zu begehen.

Das zentrale didaktische Anliegen des Stückes liegt somit auf der Hand: Wer dem Genozid tatenlos zusieht, ist keinesfalls »unschuldig am Blut, das da vergossen wird« (S. 172), und insbesondere diejenigen unter den Zuschauern, die eine einflußreiche Position bekleiden, tragen die gleiche Schuld wie die Täter selbst. In Hochhuths moralistischer Auslegung der historischen Ereignisse trägt der Papst mit seinem Bekenntnis zur ›Neutralität‹ direkt zur ›Endlösung‹* bei, denn angesichts eines solchen Vorgangs immer noch Stillschweigen zu bewahren, bedeutet in seiner Wirkung, die Täter zu exkulpieren. Auf der spirituellen Ebene, in der typologischen oder allegorischen Lesart des Autors, bedeutet das Schweigen des Statthalters Christi, daß die höchste geistliche Autorität der Christenheit darauf verzichtet, ihre Macht über die Menschen geltend zu machen und sie dem Antichristen überträgt und damit »de[n] Teufel auf de[n] Thron aus Feuer und Rauch« (S. 218) setzt. Mit diesen Attributen porträtierte, wie wir gesehen haben, der Dramatiker den Doktor in Auschwitz, das mit dem über dem Lager »stagnierende[n] Rauch« und dem »Feuerschein und Funkenregen« (S. 178) Hochhuths moderne Vision der Hölle darstellt. Auf der Suche nach älteren

Vorbildern oder Vorläufern in der Geschichte kommt Hochhuth – in völliger Übereinstimmung mit der religiösen Anklage des Stücks – zu der schockierenden These, nicht Heinrich Himmler sei der geistige Vater von Auschwitz gewesen, sondern Ignatius von Loyola, dessen *Geistige Exerzitien* im 5. Akt des Stückes als genuine »Krematoriumslektüre« bezeichnet werden, und die als Entwurf einer Art von Prototyp eines Konzentrationslagers zitiert werden:

> Ich schaue mit den
> Augen der Einbildungskraft die gewaltigen Feuergluten
> und die Seelen in *brennenden* Leibern eingeschlossen.
> Ich rieche mit dem Geruchssinn Rauch, Schwefel, Unrat
> und faulende Dinge. (S. 218)

Bei der Fülle an Dokumentarmaterial, auf das Hochhuth sich stützt, liefert diese Quelle vielleicht das Argument mit der vernichtendsten Wirkung, denn Hochhuth bringt nicht nur den Papst mit dem Holocaust in Verbindung, sondern auch eine der großen Heiligenfiguren, deren ausdrucksstarke Bilder eines Autodafés die christliche Praxis über Jahrhunderte hinweg umschließen und sie als Vorwegnahme der Verbrechen der Nazis erscheinen lassen.[21] Die Rede des Doktors bringt die Sache auf den Punkt:

> Was berechtigt *Priester*, auf die SS herabzusehn?
> Wir sind die Dominikaner des technischen Zeitalters.
> Kein Zufall, daß so viele meinesgleichen, Prominente,
> sehr guter katholischer Provenienz sind.
> [...]
> Hitler, Goebbels, Bormann, Kaltenbrunner [...]
> Höß, der Kommandant, hat Priester werden sollen...
> und Himmlers Patenonkel –: Weihbischof in Bamberg!
> [...]
> Ein Kulturkreis, der um die Seele seiner Jugend
> mit einer Kirche wirbt, auf deren Konto
> die Herren Inquisitoren fallen – endet folgerichtig,
> wenn er zu seiner Leichenfeier die Fackeln
> aus unseren Menschenöfen holt
> [...]
> Erst Ihre Kirche hat gezeigt, daß man
> die Menschen verheizen kann wie Koks.
> Allein in Spanien habt ihr ohne Krematorien
> dreihundertfünfzigtausend Menschen eingeäschert,
> fast alle lebendig: *dazu* braucht man –
> den Beistand Christi. (S. 194f.)

Etwas hilflos muß Riccardo daraufhin zugeben, daß die Kirche sich in früheren Zeiten in der Tat schuldig gemacht hat, und in einer verzweifelten Anstrengung, dem Doktor etwas entgegenzusetzen, beharrt er auf der Existenz Gottes, denn: »Da es / den Teufel gibt, gibt es auch Gott: / sonst hätten *Sie* ja längst gesiegt.«

(S. 198) *Der Stellvertreter* repräsentiert den Streit zwischen dem christlichen Glauben und seinem Gegenspieler von alters her – um was geht es denn in diesem Stück, wenn nicht um die schonungslose Prüfung christlicher Glaubensgrundsätze ›nach Auschwitz‹ – und der Teufel siegt. Am Schluß des 5. Aktes ist Riccardo tot, Gerstein wird von einem SS-Mann abgeführt und sieht seinem Tod entgegen, und der Papst hat sich längst in eine leere Spiritualität zurückgezogen. Der Doktor verläßt als letzter die Bühne, lächelnd, die *Geistigen Exerzitien* unter den Arm geklemmt.

Das Schicksal der Menschen und das Schicksal der Bücher sind stets eng miteinander verknüpft, doch die Beziehung, die Hochhuth am Ende seines Stückes herstellt, ist in ihrer Perversität wohl beispiellos. In den *Historischen Streiflichtern* geht er näher auf das Material ein, auf das er sich dabei stützt, und zitiert dort Schellenberg, Himmlers engsten Vertrauten. Einmal mehr muß sich der Autor auf die Glaubwürdigkeit seines Quellenmaterials berufen, um eine der ansonsten unwahrscheinlichsten Thesen seines Textes zu untermauern:

Himmler besaß die beste und größte Bibliothek über den Jesuitenorden und hatte die umfangreiche Literatur jahrelang in nächtlichen Stunden studiert. So wurde die SS-Organisation von ihm nach den Grundsätzen des Jesuitenordens aufgebaut. Als Grundlagen dienten die Dienstordnung und die Exerzitien des Ignatius von Loyola: das oberste Gesetz war das des absoluten Gehorsams, die Ausführung eines jeden Befehls ohne Widerspruch. Himmler selbst, als Reichsführer der SS, war der Ordensgeneral. Der Aufbau der Führerschaft lehnte sich an die hierarchische Ordnung der Katholischen Kirche an. (S. 239)

Um diese äußerst gewagte Behauptung nachvollziehen zu können, wüßte man einerseits gern mehr über Himmler, und andererseits wäre es wünschenswert, daß wir über irgendeine Möglichkeit verfügten, das Verhältnis von Ursache und Wirkung zu überprüfen, in welchem Lesen und Handeln hier zueinander stehen. Die Tatsache aber, daß Hochhuth diese These übernimmt, ist von entscheidender Bedeutung für sein Stück, das in extremer Weise eine Verbindung herstellt zwischen einem hohen Grad von religiöser Bildung und den untersten Stufen antireligiöser Handlungsweisen. Der Doktor rühmt sich, »eine theologische Natur« zu sein, und gibt an, einmal ein Priesterseminar besucht zu haben (S. 193). Seine schwarze Uniform ist dramaturgisch das exakte Pendant zur schwarzen Soutane Riccardos, den er ja auch, wie er selbst sagt, als »Partner« akzeptiert. Der Doktor kleidet seine Rede gern mit religiös besetzten Wendungen aus, kehrt diese dabei jedoch um, parodiert sie und ist bemüht, sie zu zerstören. All das sind Beispiele für den ›Widerruf‹,[*] für die extreme Zurückweisung des überkommenen Symbolgehalts, ein dramaturgisches Prinzip, das sich durch das ganze Stück zieht. Im übrigen gilt ein solches Umkehrungsprinzip auch für die Historie selbst, es hat eine wesentliche Funktion in der Sprachgeschichte des Dritten Reichs, wie wir schon zu Beginn dieses Kapitels gesehen haben. Hierauf bezog sich auch der Vorgänger Pacellis, Pius XI., in seiner Enzyklika vom März 1937

(*Mit brennender Sorge**), in der er die nazistische Praxis verurteilte, die das Vokabular der christlichen Lehre auf ein zutiefst antichristliches Programm übertrug. Zwar nannte dieser Papst den Namen Hitler nicht, doch es ist offenkundig, daß er ihn gemeint hat, als er Einspruch dagegen einlegte: »Wenn er nicht Christ sein will, sollte er wenigstens darauf verzichten, den Wortschatz seines Unglaubens aus christlichem Begriffsgut zu bereichern.«[22] Obwohl sich aus dieser kritischen Bemerkung nahezu keine Konsequenzen für die politische Praxis ergeben sollten, zeigt sie doch, daß der Papst sich darüber im klaren war, daß der Nationalsozialismus deutscher Ausprägung nicht nur eine rivalisierende politische Bewegung war, sondern genauso eine religiöse – diese Erkenntnis kommt im *Stellvertreter* durchgehend zum Ausdruck. Wenn es den Nazis tatsächlich gelungen wäre, ihre gegen die Juden gerichtete Vernichtungsaktion bis zum Ende durchzuführen, wäre die Kirche wahrscheinlich ihr nächstes Angriffsziel gewesen. Hochhuth läßt hieran keinen Zweifel, wenn er in seiner Nachbemerkung darauf hinweist, daß Himmler, obwohl er ja sozusagen an den christlichen religiösen Texten geschult war, prahlte: »Wir werden nicht ruhen, bis das Christentum ausgerottet ist.« (S. 236) In seiner brillanten kleinen Erzählung *Deutsches Requiem** gibt Jorge Luis Borges eine äußerst scharfsichtige Einschätzung dieser potentiellen Selbstzerstörung einer Religion. Die zentrale Einsicht dieses Textes kann vielleicht als Schlußbemerkung zu diesem Komplex dienen: »Auch die Geschichte der Völker läßt eine geheime Kontinuität erkennen [...] Luther, der Übersetzer der Bibel, ahnte nicht, daß er dazu ausersehen war, ein Volk zusammenzuschmieden, das auf immer die Bibel vernichten sollte.«[23]

Ob die Auswirkungen, die der Nazismus auf den christlichen Glauben hatte, tatsächlich von einer so umfassenden Zerstörungskraft gewesen sind, hat sich noch nicht endgültig herausgestellt. Zumindest aber – und das bringt *Der Stellvertreter* ganz deutlich zum Ausdruck – kann der Untergang nicht mehr fern sein, wenn die obersten Vertreter der Kirche tatenlos zusehen, wie die moralischen Grundsätze des biblischen Glaubens zum Verstummen gebracht werden.

Für die Juden, Urheber der Bibel und auch das Volk, dessen Geschichte sich stets in enger Verbindung mit ihr vollzog, setzte die Zerstörung, wie schon weiter oben dargestellt, mit der Verbrennung der Bücher ein. Bei den Büchern, die den Flammen der Inquisition zum Opfer fielen, handelte es sich, genau wie bei den Bücherverbrennungen der Nazis, nicht ausschließlich um jüdische religiöse Schriften, doch im Zentrum der religiös motivierten Autodafés auf europäischem Boden standen stets die Hebräische Bibel und ihre Kommentare. Borges illustriert uns das in der oben zitierten Stelle, wie auch Jabès im Motto, das diesem Kapitel vorangestellt ist. Beschließen möchte ich es mit einigen Zitaten, die zeigen, wie eng das Schicksal der Bücher und das Schicksal der Männer und Frauen in der Geschichte des jüdischen Volkes miteinander verknüpft sind.

Wer *Der Letzte der Gerechten* gelesen hat, wird sich an die Schilderung eines Pogroms in Stillenstadt, einem verschlafenen deutschen Provinzstädchen im Rheinland, erinnern. Diese Szene hätte sich genauso gut irgendwo anders in

Deutschland abspielen können, denn in der Nacht zum 10. November 1938 wurden Hunderte von Synagogen und jüdischen Bibliotheken in Brand gesteckt. In Schwarz-Barts erzählerischer Darstellung der »Kristallnacht«* hockt die Familie Levy dicht zusammengedrängt auf dem Dachboden ihres Wohnhauses, in Erwartung ihres Schicksals. Was mag der Mob dort unten von ihnen wollen? Ein »freundlicher« Deutscher gibt ihnen einen Rat: »Sie sind sehr *gereizt,* Sie müssen uns wenigstens Ihre Gebetbücher für den Scheiterhaufen auf der Straße geben. Das wenigstens müssen Sie tun.« Benjamin Levy erwägt, ihnen die Bücher zu opfern, um so das Leben der Familie zu retten. Er fragt: »Nur die Bücher?«, worauf sein alter Vater spottend antwortet: »Die Bücher zuerst.« Dann ergreift dieser eine Eisenstange, schwingt sie unerschrocken und stößt die Antwort hervor, die die Juden der Barbarei seit jeher entgegenhielten: »Seit tausend Jahren, he, versuchen die Christen alle Tage uns zu töten, he, he! und alle Tage versuchen wir zu leben, he, he, he! ... und alle Tage gelingt es uns [...] Wißt ihr, warum? [...] *Weil wir die Bücher niemals herausgeben!* [...] *niemals, niemals, niemals«* [S. 288f.]

Schwarz-Bart romantisiert diese Szene zweifellos ein wenig, aber der entscheidende Punkt ist sicherlich getroffen: In der Geschichte des jüdischen Volkes ist das Buch stets ein Schutzschild gegen die Barbarei gewesen, denn es half ihm, dem Angriff der Finsternis standzuhalten; und es gilt, die Bücher mit der gleichen Entschlossenheit und unter Aufgebot aller Kräfte zu verteidigen, als gälte es das Leben selbst. Ohne sie, so notiert Chaim Kaplan in seinem Tagebuch, wären die Juden gleich zweifach der Finsternis ausgeliefert: »einer physischen Finsternis, weil der elektrische Strom abgestellt wurde; und einer geistigen Finsternis« (S. 50). Keiner seiner Zeitgenossen erkannte die Absolutheit des Nazi-Terrors so klar wie Kaplan, und niemandem sonst war die unausweichliche Vernichtung der polnischen Judenheit so deutlich bewußt wie ihm: »Das ist nicht der Beginn der Zerstörung, sondern die Zerstörung selbst [...] Genauso wie die Finsternis über den Straßen Warschaus liegt, beherrscht sie auch unser Gemüt. Der Eroberer entkräftet den Geist zusammen mit materielleren Dingen. Jeder Lichtfunken ist ein möglicher Einbruch in das finstere Reich des bestialischen Nazismus« (S. 79f.).

Deshalb wurde jeder einzelne solcher »Lichtfunken« von den Agenten der Finsternis systematisch ausgelöscht, und es genügte Kaplan, mitanzusehen, wie die Schulen und Synagogen geschlossen wurden, wie die Zeitungen ihr Erscheinen einstellten und die Radiosender verstummten, wie die Tlomackie- und Sejm-Bibliotheken geplündert und versiegelt wurden, um die Absichten des Feindes zu durchschauen. Als er erkannte, daß die Juden, wenn sie erst einmal ihrer ganzen Kultur beraubt waren, ihren Feinden schutzlos ausgeliefert sein würden, brach es ihm das Herz: »Ich fürchte solche Menschen! Wo das Plündern auf Ideologie beruht, auf einer Weltanschauung, die ihrem Wesen nach geistig ist, kann ihnen nichts an Stärke und Ausdauer gleichkommen [...] Der Nazi hat uns nicht nur unserer materiellen Besitzungen beraubt, sondern uns auch um unseren guten Namen als ›das Volk des Buches‹ gebracht« (S. 108).

In einem entscheidenden Punkt jedoch sollte Kaplan Unrecht behalten: Er war sich dessen gewiß, daß ein Volk, das »sowohl das Buch wie das Schwert« besitzt, »nicht untergehen« wird (S. 108). Das Tausendjährige Reich, das aus der Mitte eines Volkes mit großer kultureller Tradition erwachsen war, ging nach nur zwölf Jahren unter. Was war die Ursache: War das Schwert von schlechter Qualität oder war das Buch minderwertig? Der Autor von *Mein Kampf* brachte zuerst Zerstörung über Europa, dann beging er Selbstmord. Sein Buch kann man heute als Teil einer Literatur der Infamie lesen, davon abgesehen ist es belanglos. Heine blieb die Lektüre dieses Machwerks erspart, aber das Phänomen, das Borges als die verborgene Kontinuität in der Geschichte der Völker bezeichnete, war auch ihm gut genug bekannt, um das Kommende schon vorauszusehen: »Der deutsche Donner ist freilich auch ein Deutscher und ist nicht sehr gelenkig, und kommt etwas langsam herangerollt; aber kommen wird er, und wenn Ihr es einst krachen hört, wie es noch niemals in der Weltgeschichte gekracht hat, so wißt: der deutsche Donner hat endlich sein Ziel erreicht [...] Es wird ein Stück aufgeführt werden in Deutschland, wogegen die französische Revolution nur wie eine harmlose Idylle erscheinen möchte [...] Und die Stunde wird kommen.«

8. Die Ausbeutung des Grauens

Keinem Theaterstück wird es je gelingen, das ganze Ausmaß des historischen Krachens wiederzugeben, das Heine voraussah und das sich unter Hitler dann schließlich vollziehen sollte. Eines aber *kann* Literatur leisten: Sie kann dazu beitragen, etwas von den Stoßwellen, die dieses Krachen ausgelöst hat, aufzufangen und zu vermitteln. Voraussetzung dafür aber ist die Bereitschaft eines Autors, sich auf die Sache einzulassen und eigene Interessen, wie auch immer die aussehen mögen, außer acht zu lassen. Alles andere würde bedeuten, daß man das Grauen nur benutzt, um vor seinem Hintergrund eigene private oder politisch motivierte Ziele verfolgen zu können. Alle Versuche aber, den Holocaust zu instrumentalisieren, sind von vornherein zum Scheitern verurteilt: einmal in ästhetischer Hinsicht, weil das unweigerlich zu begrifflichen Verfälschungen führt, und zweitens auch in moralischer Hinsicht, da das Leiden anderer dadurch mißbraucht wird. Alle in diesem Kapitel zu untersuchenden Werke tragen zwar Züge einer solchen unrechtmäßigen Aneignung, doch wurde dies nicht in jedem Fall auch von der Kritik so gesehen.

Das sinnfälligste Beispiel aus dieser Gruppe ist wohl Peter Weiss' *Die Ermittlung*, ein Stück, das vorgibt, »nichts anderes [zu] enthalten als Fakten«, tatsächlich aber diese Fakten bearbeitet – und sie dabei nicht selten entstellt –, um sie einer spezifischen ideologisch geprägten Geschichtsauffassung dienstbar zu machen.[1] Weit mehr noch als *Der Stellvertreter* kann *Die Ermittlung* als ein Beispiel für dokumentarisches Theater gelten, eine Ausdrucksform, die Weiss besonders geeignet erscheint, politische Sachverhalte darzustellen. Diese Ansicht führt er in dem Aufsatz *Notizen zum dokumentarischen Theater* näher aus: »Das dokumentarische Theater ist parteilich [...] Eine dokumentarische Dramatik, die vor einer Definition zögert, die nur einen Zustand zeigt, ohne die Gründe seines Entstehens und die Notwendigkeit und Möglichkeit zu dessen Behebung deutlich zu machen, eine dokumentarische Dramatik, die in der Geste eines desperaten Angriffs verharrt, ohne den Gegner getroffen zu haben, entwertet sich selbst.«[2]

Ungeachtet der erklärtermaßen politischen Zielsetzung des dokumentarischen Theaters erhebt Weiss den Anspruch strikter Objektivität und betont nachdrücklich seine Absicht einer »wissenschaftlich genauen Untersuchung der Wirklichkeit von Auschwitz, um dem Publikum bis in die kleinsten Einzelheiten hinein das zu zeigen, was geschehen ist.«[3] Dies ist ein ehrenwerter Vorsatz, doch läßt er sich nur schwer mit der Forderung nach »Parteilichkeit« vereinbaren. Otto F. Best faßt die Schwierigkeiten, die sich aus den einander widersprechenden Intentionen ergeben, so zusammen:

> [...] daß die Wirkungsweise des konzipierenden Sinnes die Sache so oder so verändert. Um so mehr Bedeutung gewinnt die Rolle des Autors, von dessen Einstellung die Bewahrung des Dokumentations- und Argumentationswertes abhängt [...]

Die dem Begriff Dokumentation innewohnende Objektivität löst sich in dem Maße auf und macht damit die Zielsetzung der Dokumentation sinnlos, wie der Autor, ihm zur Bühnenwirklichkeit verhelfend, dem Stoff nicht mehr dient, sondern sich des Stoffes bedient und dessen Autonomie aufhebt. Gericht wird zum Schauprozeß, der Zuschauer nicht aufgeklärt, er wird agitiert, reduziert.[4]

Das Ermittlungsverfahren, auf das *Die Ermittlung* sich bezieht, waren die Auschwitz-Prozesse in Frankfurt am Main in den Jahren 1963–1965. Weiss wohnte einer Reihe von Sitzungen selbst bei und verfolgte auch Bernd Neumanns Berichte in der *Frankfurter Allgemeinen Zeitung*.[5] Aus ihnen und aus den Augenzeugenberichten, die er im Gerichtssaal mitanhörte, entnahm er das Material für sein Stück – notwendigerweise eine selektive und hochkonzentrierte Version der Vorgänge im Prozeß. Das Resultat ist ein Theaterstück in 11 Cantos oder »Gesängen«, von denen jeder einzelne jeweils einer der in Auschwitz angewandten Torturmethoden gewidmet ist: »Gesang von der Rampe«, »Gesang vom Lager«, »Gesang von der Schaukel« etc. In Dantescher Manier schrauben sich diese Gesänge immer tiefer hinab, um schließlich beim »Gesang vom Zyklon B« und dem »Gesang von den Feueröfen« anzulangen, ein Abstieg, der das Schicksal von Millionen Menschen in all seinen entsetzlichen und abstoßenden Einzelheiten nachzeichnet. Terror der schlimmsten Sorte begleitete jene, die den Weg über diese mit unsäglichen Qualen verbundenen Stationen zu gehen hatten und Weiss erspart dem Leser nichts in seiner Chronik ihres Martyriums. Dabei orientiert er sich am Prinzip eines Gerichtsverfahrens und läßt einen Richter auftreten, einen Staatsanwalt, Verteidiger, neun Zeugen (im tatsächlichen Prozeß in Frankfurt waren es 359 Zeugen) und 18 Angeklagte (von eigentlich 23). Diese stellen das Personal des Stücks dar; wer zur letzten Gruppe gehört, wird mit Namen bezeichnet, die übrigen bleiben namenlos. Diese generelle Anonymität wird während des ganzen Stückes gewahrt, gemäß der Absicht des Autors, die Zeugen weniger als Individuen denn als »bloße[ ] Sprachrohre[ ]« (*Anmerkung*) erscheinen zu lassen. Selbst die namentlich bezeichneten Angeklagten weisen im allgemeinen keine nennenswerten individuellen Charakterzüge auf und hinterlassen am Ende den Eindruck eines leicht sinistren Chores krimineller Gestalten, die alle die Verantwortung für ihre Verbrechen weit von sich weisen und behaupten, nur »Befehle ausgeführt« und »ihre Pflicht getan« zu haben. Auch wenn sie Namen tragen mögen wie »Mulka«, »Kaduk« oder »Boger«, führt Weiss die Angeklagten weniger als Personen vor, deren Handlungen jeweils individuell motiviert sind, sondern als nicht genauer zu bezeichnende, nahezu anonyme Figuren, die selbst zu Opfern geworden sind – »Symbole«, so heißt es bei Weiss, »für ein System, das viele andere schuldig werden ließ, die vor diesem Gericht nie erschienen« (S. 259, *Anmerkung*).

Der eigentliche Angeklagte in Weiss' Stück ist in der Tat dieses »System«, das selbst keinen Namen bekommt, aber doch eigentlich im Zentrum seines Interesses steht. Denn Weiss beläßt es nicht dabei, in einer distanziert wirkenden, knappen und nüchternen Sprache ein endloses Verzeichnis der Greuel anzulegen, es geht ihm vielmehr darum, die Strukturen bloßzulegen, die er als »Gründe [ihres] Entstehens« ausmachen will – das »System«, das Auschwitz errichtet und betrieben hat. Er leitet es folgendermaßen her:

> Viele von denen die dazu bestimmt wurden
> Häftlinge darzustellen
> waren aufgewachsen unter den selben Begriffen
> wie diejenigen
> die in die Rolle der Bewacher gerieten
> Sie hatten sich eingesetzt für die gleiche Nation
> und für den gleichen Aufschwung und Gewinn
> und wären sie nicht zum Häftling ernannt worden
> hätten sie auch einen Bewacher abgeben können
> Wir müssen die erhabene Haltung fallen lassen
> daß uns diese Lagerwelt unverständlich ist
> Wir kannten alle die Gesellschaft
> aus der das Regime hervorgegangen war
> das solche Lager erzeugen konnte
> Die Ordnung die hier galt
> war uns in ihrer Anlage vertraut (S. 335)

Bei der *Ermittlung* handelt es sich weitgehend um eine zwar stilisierte, aber ansonsten tatsachengetreue Wiedergabe der Auschwitz-Prozesse; die eben zitierte Rede hingegen ist eine Interpolation des Autors, ein Beispiel für dessen »Parteilichkeit«. Eingriffe dieser Art nimmt Weiss nicht häufig vor, doch wenn es geschieht, liegt die damit verfolgte Absicht klar auf der Hand: Es ist das Ziel des dokumentarischen Theaters, so schreibt er, aufzuzeigen, »daß die Wirklichkeit, so undurchschaubar sie sich auch macht, in jeder Einzelheit erklärt werden kann.«[6] Weiss' pauschale Erklärung lautet, der Nazismus sei eigentlich nichts anderes als der Kapitalismus, eine ideologische Position, die der Autor in Äußerungen außerhalb des Stückes immer wieder bekräftigt hat. »Ich will den Kapitalismus brandmarken«,[7] verkündet Weiss, denn er ist es, der aus seiner Sicht das System hervorgebracht hat, das, in der Absicht, größtmöglichen Profit zu erzielen, die Lager eingerichtet hat.

Wie unangemessen dies als Erklärung für Auschwitz ist, wird jedem, der die Literatur über die Lager gelesen hat, unmittelbar klar – aber auch jedem, der genau hingehört hat, was bei den Frankfurter Kriegsverbrecherprozessen gesagt wurde. Alles deutet darauf hin, daß es eben nicht um die Erzielung von Profit ging, sondern das Gegenteil ist der Fall: Es fand eine willkürliche Verschwendung und sinnlose Vernichtung menschlicher Arbeitskraft statt. Die Lager, weit entfernt von dem Zweck, mit Hilfe von Sklavenarbeit billig produzieren zu können, ermordeten ihre Sklaven massenhaft und produzierten kaum etwas anderes als Leichen. Als überzeugter Sozialist braucht Weiss jedoch eine Erklärung, die sich mit den Grundsätzen des dialektischen Materialismus besser in Einklang bringen ließ, und so findet er seine »Erklärung« im System des Kapitalismus, in welchem, so behauptet er, die Häftlinge und ihre Wärter praktisch austauschbar sind.

In dieser Konzeption liegt wohl auch einer der Gründe für die merkwürdige Leblosigkeit aller im Drama auftretenden Figuren, die weniger als Individuen denn als Stellvertreter für die nicht faßbaren und fast hypothetischen »Herrscher« und »Opfer« des »Systems« dargestellt werden. Otto F. Best, der seiner Studie der »Ermittlung« den Titel »Bewußtmachung des (kapitalistischen) Inferno als Bedingung des (sozialistischen) Paradiso« gegeben hat, zieht denn auch die einzig mögliche Schlußfolgerung, die diese Darlegung zuläßt:

Das krampfhafte Bemühen, die Schuld an der Existenz der Vernichtungslager nicht Nazideutschland allein, sondern dem kapitalistischen System überhaupt anzulasten, muß deshalb als Intention des Autors gedeutet werden, der Faschismus und Kapitalismus unter einem Nenner sieht [...]

Was haben wir durch dieses Oratorium erfahren? Daß Auschwitz die Hölle war, von Menschen für Menschen bereitet, gewiß. Doch die Frage nach dem Warum bleibt ausgespart, wird mit dem Klischee, daß ein Auschwitz zwangsläufig Folge des kapitalistischen Ausbeutungsprozesses sei, überdeckt. Zusammenhänge zwischen Auschwitz und dem nationalsozialistischen Ideologienkonglomerat werden nicht sichtbar, die historischen Bezüge fehlen. Ein ›objektives‹ Sachbuch hätte der Bewußtmachung fraglos besser gedient.[8]

Die historischen Bezüge fehlen, weil die Lesart der Geschichte, die Weiss in *Die Ermittlung* vorführt, an den Tätern und Opfern von Auschwitz kein wirkliches Interesse hat. Von ganz wenigen Ausnahmen abgesehen, sind die Verse tonlos und wenig ausdrucksvoll, eine im großen und ganzen emotionslose Sprache, die nicht in der Lage ist, echte Charaktere zu zeichnen. Weiss benutzt einige der stereotypen Wendungen des Nazi-Deutsch,* davon abgesehen aber ist die Sprache der *Ermittlung* leidenschaftslos, konturlos und hohl – ihre Funktion beschränkt sich fast ausschließlich auf die mechanische Wiedergabe der Augenzeugenberichte einerseits und der vorhersehbaren Ausflüchte und Dementis der Angeklagten andererseits. Eine solche Sprache steht in krassem Gegensatz zu der tatsächlich in den Auschwitz-Prozessen verwendeten, die Weiss erklärtermaßen als Vorbild gedient hatte. Denn dort, so notiert der Autor selbst, waren die Gegenüberstellungen von Zeugen und Angeklagten, sowie die Reden und Gegenreden der Verteidiger und Staatsanwälte »von emotionalen Kräften überladen« (*Anmerkung*). Weiss entzog den Reden ihren emotionalen Gehalt, er reduzierte sie von der Ebene der tatsächlichen menschlichen Rede auf einen Datencode, der seiner politischen Konzeption entsprach. Damit aber nahm er den Schmerz weg von den einzelnen Menschen, die ihn zu erleiden hatten, und führte ihn in ein abstraktes ideologisches Raster ein. Weiss überträgt die Geschehnisse in den leeren Raum eines politisch geprägten Denkmusters und entfernt sich dabei so extrem von der geschichtlichen Wirklichkeit, daß das Wort ›Jude‹ im gesamten Stück nicht einmal vorkommt. Statt dessen erfährt man, daß »von den 9 Millionen 600 Tausend Verfolgten / die in den Gebieten lebten / die ihre Verfolger beherrschten

/ [...] 6 Millionen verschwunden« sind (S. 445). Die jeweils individuelle Identität der »Verfolgten« und ihrer »Verfolger« interessiert Weiss nicht im mindesten. Sie sind ihm wenig mehr als bloße Variablen in seiner politischen Arithmetik, noch dazu beliebig gegeneinander austauschbar, wie er in einem Interview erklärt:

> Die Nazis haben sechs Millionen Juden umgebracht, gewiß, aber sie haben auch Millionen andere ermordet. Das Wort »Jude« wird im Stück tatsächlich nicht verwendet [...] Ich identifiziere mich mit den Juden nicht mehr als mit dem vietnamesischen Volk oder mit den Schwarzen in Südafrika. Ich identifiziere mich ganz einfach mit den Verfolgten dieser Welt [...] ›Die Ermittlung‹ behandelt den extremen Mißbrauch von Macht, der die Menschen ihrem eigenen Handeln entfremdet. Zufällig handelt es sich um deutsche Macht, aber auch das ist nebensächlich. Ich betrachte Auschwitz als eine durchrationalisiertes Instrument [scientific instrument], mit dem jeder beliebige jeden beliebigen hätte ausrotten können. Was das anbetrifft, hätten die Juden unter etwas anderen Umständen ebensogut auf der Seite der Nazis stehen können. Sie hätten ebensogut die Rolle des Auslöschers spielen können. ›Die Ermittlung‹ behandelt ein universelles menschliches Problem.[9]

Auschwitz so zu verstehen, bedeutet, es überhaupt nicht verstehen zu wollen – ein Scheitern der ästhetischen wie der moralischen Vision gleichermaßen, das Weiss' Stück in jeder abschließenden Analyse charakterisiert, die nicht durch des Autors eigene doktrinäre Auslegung der Geschichte gebunden ist. Hochhuth legt einer seiner Figuren zu Beginn des *Stellvertreters* folgende Worte in den Mund: »Untersuchung! Was denn noch untersuchen? – Asche?« (S. 33) Die Antwort auf diese Frage kann nur lauten: »Jawohl, Asche, und wer sie produziert hat und wer sie war, bevor sie in Asche verwandelt wurde.« Bei aller Detailversessenheit, mit der Weiss auf die Prügel und die Phenolinjektionen ins Herz der Opfer eingeht, geht es ihm doch weniger darum, die Grausamkeiten historisch konkret zu lokalisieren und zu analysieren als vielmehr darum, sie seinen politischen Zwecken anzupassen. Die Aufzählung der Torturen in der *Ermittlung* ist entsetzlich, und man fühlt sich geradezu betäubt von der Vorstellung, welchen Qualen Weiss sich wohl bei der Abfassung seines Stücks ausgesetzt haben mag, gleichzeitig aber zweifelt man daran, daß er sich die Toten jemals als lebendige Menschen vorgestellt hat.[10] Die Asche ist für Weiss viel zu sehr Quellenmaterial, er sieht sie als Rückstände eines ausgebrannten Systems. Die Menschen, Opfer wie Täter gleichermaßen, erscheinen nur noch als entpersonalisierte »Sprachrohre« in einem politischen Moralitätenspiel.

Sophies Entscheidung, William Styrons Bestseller-Roman über den Holocaust, ist ein weiteres prominentes Beispiel für die Tendenz, Auschwitz als einen mörderischen Anschlag gegen »die Menschheit« zu universalisieren. Eine solche Sicht beabsichtigt, den Holocaust aus seinem Platz innerhalb sowohl der jüdischen wie der christlichen Geschichte herauszulösen und in eine viel allgemeinere Geschichte des Bösen zu verlagern, für die niemand im besonderen zur Rechenschaft gezogen zu werden braucht. Auschwitz war sicherlich schrecklich, »ein überragendes Grauen«, wie Styron es nennt, aber »es ging von der menschlichen Rasse überhaupt aus«. »Ich glaube nicht«, so Styron, »daß man ein ganzes Volk, in diesem Fall das deutsche, für die Konzentrationslager verantwortlich machen kann.« Es scheint, als hätte Auschwitz sich selbst erzeugt, mit Unterstützung moderner Technologie, zugegeben, doch davon abgesehen ist es – um die etwas hochgestochene Sprache zu zitieren, die Styron so liebt – die Apotheose der »titanischen und finsteren Mächte, die in der Geschichte wie im modernen Alltagsleben am Werk sind und eine Bedrohung für *alle* Menschen darstellen, nicht allein für die Juden.«[11]

Es mag schon sein, daß der Holocaust das Werk des »absolut Bösen« war, aber dann war er es als Resultat bestimmter Verbrechen gegen bestimmte Menschen. Weder hat Hitler sich jemals gescheut, diese Menschen beim Namen zu nennen, noch ließ Himmler bei der Errichtung der Lager, in denen sie ermordet werden sollten, irgendeinen Zweifel, welchen Zwecken sie dienen sollten. Weshalb also scheut sich ein Autor wie Styron, Jahrzehnte nach dem blutigen Geschehen, die Tatsachen zu benennen? Was mag ihn dazu veranlassen, statt dessen die »philosophische und historische *Weitläufigkeit*«, um ihn abermals zu zitieren, vorzuziehen, die ihn vom Verbrechen gegen die Juden abstrahieren läßt zugunsten einer »Bedrohung für die gesamte menschliche Familie«?

»Das Böse der nationalsozialistischen Organisation und ihre Entweihung des menschlichen Lebens nur als Konsequenz des Nazi-Antisemitismus zu sehen, verkleinert es«, meint Styron. »Wer behauptet, nur die Juden hätten dort gelitten, verbreitet einfach eine historische Lüge.« »Ich habe nicht die Absicht, die Gefühle der Juden zu verletzen«, so betont er, wenn er an die »zahllosen Nichtjuden« erinnert, »die das Schicksal der Juden teilten und ebenfalls der Vernichtung zum Opfer fielen.« Das ist nicht zu bestreiten, doch der Holocaust betraf Juden und Nichtjuden nicht in gleichem Umfang. Der größte Teil der Juden Europas wurde ermordet. Ihre Mörder waren europäische Nichtjuden, von denen einige ebenfalls umkamen. Das Ausmaß des Sterbens und seine Motive waren nicht die gleichen, und es macht keinen Sinn, die Leichen einfach unterschiedslos zu addieren und sie zu einem abstrakten Leichenberg mit Namen »Menschheit« aufzutürmen. Wer die Opfer des Holocaust auf diese Weise generalisiert und abstrahiert, profaniert nicht allein ihr Andenken, sondern entlastet überdies auch noch ihre Mörder, die, wenn man die oben skizzierte Argumentation konsequent weiterführt, ebenfalls im Nebel einer gesichtslosen Menschheit verschwinden.

Es verwundert nicht, daß Styron die Identität der Täter genau dort belassen möchte, denn er ist der festen Überzeugung, die er u.a. auch in *Sophies Entscheidung* vertritt, daß es »unentschuldbar [...] ist, irgendein Volk wegen irgend etwas zu verurteilen«, wie er eine seiner Figuren aussprechen läßt, »[u]nd das gilt für *jedes* Volk [...], sogar für die Deutschen.«[12] In einem Interview ging Styron sogar so weit zu behaupten, »das Erstaunliche und Erschütternde an der ganzen Geschichte [sei], wenn man sich näher mit Nazideutschland befasse, die große Anzahl der Deutschen, die Widerstand gegen den Nazismus geleistet [hätten] und ihm als Märtyrer zum Opfer gefallen [seien]«. Für diese Sicht Nazi-Deutschlands gibt es keine Entschuldigung; sie ist als eine neue und extravagante Mythenschöpfung eine Fiktion, denn Styrons Loblied auf die deutsche Bevölkerung unter Hitler hält – das geht aus jeder verläßlichen Studie dieser Zeit hervor – den Fakten nicht stand. Zweifelsohne hat es einige echte Helden und Märtyrer gegeben, doch die große Mehrheit der Deutschen dachte gar nicht an Widerstand gegen den Nazismus und verhielt sich entweder auffallend ruhig oder unterstützte Hitler leidenschaftlich.

Die Fiktion oder »die Geschichte(n)«, wie Styron es im obigen Zitat bezeichnet, gerät in Verruf, wenn sie mit der Historie so frei phantasierend umgeht. Und dennoch trifft es wohl zu, daß die Literatur dank ihrer affektiven Kraft und ihrer Fähigkeit, ein gewisses Verlangen nach mythologischen Erklärungen, das wir alle haben, zu befriedigen, eine viel unmittelbarere und anhaltendere Wirkung auf uns ausübt, als die Geschichte selbst es vermag. Aus genau diesem Grund müssen literarische Darstellungen des Holocaust einer besonders sorgfältigen Prüfung des historischen Wahrheitsgehalts unterzogen werden, denn gerade heute leben wir in einer Zeit, in der es nicht selbstverständlich ist, die Historizität des Holocaust als verbürgt anzusehen, und einige leugnen ihn sogar ganz bewußt.[13] Die Grenze zwischen dem Bereich der historischen Wahrheit und dem der literarischen Fiktion muß daher sehr genau beachtet werden, um nicht einer ohnehin schon bestehenden Tendenz, den Holocaust zu leugnen, noch Vorschub zu leisten, indem man ihn gänzlich in das Reich der Fiktionen verweist.

Es ist hier nicht möglich, die zahllosen Stellen aufzuzeigen, an denen Styron in *Sophies Entscheidung* Fakten und Fiktion miteinander vermengt, einige Beispiele, an denen dies besonders deutlich wird, sollen aber herausgegriffen werden. Unter anderem betrifft dies die Tatsache, daß Styron Hans Frank, den nationalsozialistischen Generalgouverneur eines großen Teils des besetzten Polen, als Juden darstellt. In keinem der mir bekannten Geschichtsbüchern läßt sich ein Beleg für diese Behauptung finden, doch ist nicht auszuschließen, daß Styron Zugang hatte zu Quellen, die der Forschung nicht bekannt sind. Wenn dies zutrifft, sollte er sie auch angeben. Sollte Franks jüdische Abstammung jedoch eine reine Fiktion sein, wäre dies unverzeihlich. Diese Konstruktion wäre auf dem gleichen Niveau wie schon frühere böswillige Behauptungen anderer Autoren, Hitler sei Jude gewesen, Heydrich sei Jude gewesen, Eichmann sei Jude gewesen usw. In der Logik dieser Argumentation wären die schlimmsten Verfolger der Juden andere Juden, und die ganze furchtbare Sache könnte als innere Angelegenheit abgetan werden, für alle anderen ohne jede Relevanz und ohne Konsequenzen für den Rest der Welt.

Die Geschichtsschreibung aber ist natürlich anderer Ansicht und nennt die Folterknechte beim Namen. Einen von ihnen, Rudolf Höß, den Kommandanten von Auschwitz, läßt Styron unter seinem realen Namen in der Erzählung auftreten. Unglücklicherweise hat er sich dabei hauptsächlich auf Höß' Autobiographie verlassen, einen Text, den Höß zu seiner Entlastung und Rechtfertigung während seiner Zeit in einem polnischen Gefängnis abgefaßt hat, während er auf die Hin-

Die Ausbeutung des Grauens

richtung wartete. Mit Samuel Johnson kann man sicher sagen, der Verstand eines Menschen arbeite niemals so klar wie unter dem Galgen, doch dabei ist ein Bemühen, die eigenen Taten rückblickend rechtfertigen zu wollen und eine Neigung zu frömmelnden Gedanken auch keineswegs auszuschließen. In seinen Memoiren, die im allgemeinen präzise sind, wenn es um die Taten anderer geht, behauptet er von sich selbst, »unbewußt ein Rad in der großen Vernichtungsmaschine des Dritten Reichs geworden« zu sein.[14] In ihrem typischen, sehr förmlichen und zurückgenommenen Ton appellieren Höß' Reflexionen über den Werdegang eines Nazis an die Nachwelt, zu erkennen, daß der Kommandant von Auschwitz »auch ein Herz hatte, daß er nicht schlecht war«.[15] Dies sind seine eigenen Worte, sie gehören zu den letzten, die er geschrieben hat. Styron geht auf diese Selbstdarstellung ausführlich und mit großer Nachsicht ein. Sein literarisches Porträt von Höß entspricht über weite Strecken dem Bild, das Höß gerne von sich selbst zeichnen wollte, indem es uns zeigt, daß er ein Massenmörder war, jawohl, jedoch ohne besondere persönliche Grausamkeit. Außerdem, so will uns der Roman weiter zeigen, konnte er Tieren gegenüber sehr sanft sein, er liebte sein Pferd und konnte einer Frau zärtliche Gefühle entgegenbringen. Konnte ein solcher Mann von Grund auf schlecht sein?

Das bedenklichste Porträt, das Styron von einem Nazi entwirft, ist aber nicht das von Hans Frank, der nur beiläufig erwähnt wird, oder das von Rudolf Höß, sondern die Schilderung der Figur eines in Auschwitz tätigen Arztes, den er »Hauptsturmführer Fritz Jemand von Niemand« nennt. Dr. Jemand von Niemand ist zur Arbeit an der Rampe eingeteilt, wo er, genau wie sein reales Vorbild Dr. Mengele, die Macht hat, sofort und auf der Stelle, mit einer bloßen Handbewegung, über Leben und Tod der Ankommenden zu entscheiden. Er ist ein betrunkener, degenerierter Sadist, der ein grausames Spiel mit Sophie spielt und sie zwingt, eine Entscheidung zwischen ihren beiden Kindern zu treffen: Eines von ihnen muß sofort in den Ofen, das andere wird noch eine Weile am Leben bleiben. »Welches willst du behalten?« (S. 541), fragt der Arzt höhnisch. So etwas kam vor in Auschwitz, und so abstoßend diese Dinge auch sein mögen, sie müssen festgehalten werden und dürfen nicht in Vergessenheit geraten. Werden sie aber in einen Roman eingearbeitet als Taten eines »Niemand«, verlagert man damit die konkreten Vorkommnisse in den Bereich des Abstrakten und macht sie damit nahezu ungeschehen. Auschwitz hat uns schmerzhaft gezeigt, daß es menschliche Verbrecher waren, die die unmenschlichen Verbrechen begangen haben und zwar bestimmte Menschen, Männer und Frauen, die andere Männer und Frauen umgebracht haben. Es anders zu sehen, nämlich als Teil eines modernen Mysterienspiels über ein riesiges und undifferenziertes Böses, bedeutet, es überhaupt nicht sehen zu wollen. Es gibt bestimmte Züge in der christlichen Erlösungslehre – Styrons religiöse Passagen sind ein Beispiel dafür –, die diese Sichtweise vorziehen und die Existenz des Bösen, wenn es denn schon nicht zu bestreiten ist, auf den »spirituellen« Bereich beschränkt wissen möchten. Als Beleg dafür mag Styrons Darstellung des SS-Arztes dienen:

Der Doktor mußte in der Hoffnung, seine raffinierte Tat auszuführen, lange Zeit darauf gewartet haben, jemanden wie Sophie und ihre Kinder zu Gesicht zu bekommen. Und wonach es ihn in der tiefsten Nichtswürdigkeit seines Herzens am meisten gelüstete, war, glaube ich, Sophie oder jemandem wie ihr – einer zerbrechlichen und anfälligen Christin – diese völlig unverzeihliche Sünde abzuringen. Und gerade weil er sich offenbar mit solcher Leidenschaft danach gesehnt hatte, diese teuflische Tat zu begehen, glaube ich, daß der Doktor unter all den SS-Automaten ein Ausnahmefall, vielleicht auch wirklich einmalig war: Er war weder ein guter noch ein rein böser Mensch, sondern in ihm schlummerte die grundsätzliche Fähigkeit zu Gutem ebenso wie zu Bösem, und sein erbittertes Streben war im wesentlichen religiöser Natur. (S. 542f.)

Dr. Jemand von Niemand, diese mörderische Abstraktion, »bemühte« sich »um sein Seelenheil« (S. 544), und obschon er Tausende und Abertausende von Menschen in den Tod geschickt haben mag, »dürstete« »seine Seele nach ewigem Heil« (S. 545). Dieser Arzt, der »die Krise seines Lebens durchmachte« (S. 544), hätte es *vorgezogen*, »einer normaleren ärztlichen Tätigkeit nachzugehen«, doch statt dessen schickte er die Verdammten scharenweise in die Krematorien. Und dennoch – und in diesem Punkt übertrifft Styrons christliche Nächstenliebe sich selbst –: »Es mag schwerfallen, es zu glauben, aber in der riesigen Ausdehnung und komplexen Struktur von Auschwitz lag die Möglichkeit zu einer positiven ärztlichen Betätigung ebenso wie zu diesen unsagbar grauenhaften Experimenten, von denen Dr. von Niemand – vorausgesetzt, er hatte eine gewisse Sensibilität – sich wohl ferngehalten hat.« (S. 544) Derart unbefangen hebt Styron seinen Roman über den Holocaust – indem er eine großherzige, verallgemeinernde, spirituelle Sichtweise einnimmt – auf die Ebene einer allgemeinen Parabel über das mühevolle Los des Menschen.

»Der Mensch« wird in *Sophies Entscheidung* in erster Linie repräsentiert von einer Frau – Sophie Zawistowska, eine polnische Katholikin, die Auschwitz überlebt hat. Wieso gerade Sophie stellvertretend für die Opfer der Lager? »Obwohl sie keine Jüdin war«, so erfahren wir vom Erzähler, »hatte sie im gleichen Maß wie irgendein Jude, der überlebt hat, die gleichen Leiden erlitten und [...] in gewisser folgenschwerer Hinsicht mehr gelitten als die meisten.« (S. 247) Um dies besser zu veranschaulichen, muß die arme Sophie durch die Hölle gehen, nicht nur in Auschwitz, wo sie, wie nicht anders zu erwarten, von den Nazis grausam mißhandelt wird, sondern auch noch nach ihrer Befreiung; in New York, im »Königreich der Juden« (womit Styron Flatbush meint), wird sie aufs neue schikaniert. Erster in der Reihe ihrer Unterdrücker nach Ende des Krieges ist Nathan, ihr jüdischer Geliebter, ein genialer, aber etwas wirrer Typ, der an eine kühne Kreuzung aus Othello und Svengali denken läßt. In der Figur des Nathan trifft die Furcht der Weißen vor der Potenz der Schwarzen mit der christlichen Furcht vor jüdischem Teufelswerk zusammen. Nathan kennt nur das Extreme: Er ist extrem fürsorglich und gleichzeitig extrem grausam, extrem begabt und extrem unberechenbar und verrückt. Am Ende, nachdem er Sophie wechselweise mit überschwenglicher Liebe überschüttet und dann wieder erbarmungslos geschlagen hat, stellt er sie vor ihre verzweifeltste Entscheidung: Sie wird seine Partnerin in einem romantischen Selbstmordpakt. Bevor sie aber mit ihm in den exquisiten Liebestod* geht, bei dem ein Plattenspieler für dezente Hintergrundmusik sorgt, muß die arme Sophie eine ganze Serie von körperlichen, sexuellen und psychischen Gewaltakten über sich ergehen lassen. Sie wird der Reihe nach von ihrem despotischen und rassistischen Vater, von Rudolf Höß, von seinem lesbischen Hausmädchen, von einem Mann, der sie in der New Yorker Subway mit dem Finger vergewaltigt, von einem heruntergekommenen polnischen Meuchelmörder, ihrem frigiden Ehemann, einer weiteren lesbischen Waffengefährtin und Nathan attackiert. Während ihres zwanzigmonatigen Aufenthalts in Auschwitz (sie kommt dorthin, weil sie einen Schinken gestohlen hat!) verliert sie ihre beiden Kinder und ihre Zähne; die kurze Zeit der ersehnten Rehabilitation im jüdischen New York bringt sie um die letzten kümmerlichen Reste ihres Glaubens, zumindest teilweise um ihren Verstand und um das allerletzte bißchen an Lebenswillen, das ihr vielleicht noch geblieben war. Über alle Stationen ihres Leidenswegs hinweg gelingt es ihr aber immer wieder, sich mit ihrem überdrehten jüdischen Geliebten von einem Höhepunkt sexueller Ekstase zum nächsten zu arbeiten. Sie paradiert in teurer, maßgeschneiderter Garderobe im Stil der zwanziger, dreißiger und vierziger Jahre über die Straßen und Strände von New York, hat einen Job bei einem jüdischen Arzt, verbringt endlose Stunden mit dem Hören von klassischer Musik, erzählt zwischendurch die Geschichte ihres kurzen, leidvollen Lebens und schafft es auch noch, einem jungen aufstrebenden Schriftsteller aus den Südstaaten, der im Sommer 1947 »das Königreich der Juden« durchstreift – genau zum rechten Zeitpunkt, um all dieses mitzuerleben und selbst vorantreiben zu können – zu künstlerischer und sexueller Reife zu verhelfen.

Nun könnte man sich natürlich fragen, was denn diese endlose erotische Rangelei mit Auschwitz zu tun haben soll? Im großen und ganzen: überhaupt nichts. Der alte Süden aber, wo die Jugend mit den »phantastischen Geschichten und betrügerischen Greueln der protestantisch-jüdischen Bibel« (S. 49) aufwuchs, hatte die erotische Phantasie Stingos, des Protagonisten der Erzählung, ziemlich verbogen, so daß er sich Jahre später als »ein unfähiger und lüsterner Calvinist unter all diesen Juden« (S. 46) wiederfand. Mehr als um alles sonst geht es in *Sophies Entscheidung* darum, Stingo seine erotischen Zwangsvorstellungen auszutreiben. Dieser Kraftakt, der ihn permanent beschäftigt, wird immer wieder hinausgezögert und gelingt dann letztlich wieder einmal nur auf Kosten der armen Sophie.

An dieser Stelle ist zu bemerken, daß es sich bei Sophie um eine neuartige, ganz besonders perverse Form der Darstellung der Frau als Sexobjekt handelt, wie sie seit einiger Zeit in den Texten verschiedener Autoren in Erscheinung tritt, die sich von einem der abstoßendsten Aspekte des Holocaust angezogen fühlen: Sophie steht nämlich mit ihrem mißbrauchten und zerbrochenen Körper für das sexuelle Verlangen nach der verstümmelten Frau. In den Lagern, darin stimmen so gut wie alle Darstellungen Überlebender überein, gab es nur ein zentrales Verlangen, das nie befriedigt und daher stets wachgehalten wurde: das Verlangen nach Essen. Alle anderen Leidenschaften waren daneben zweitrangig und, so scheint es, bei den meisten nur latent vorhanden. Infolgedessen bleiben die meisten und gerade die authentischsten Texte der Holocaust-Literatur ohne jede Erwähnung der Sexualität. Hierin liegt sicherlich einer der Gründe, weshalb es jüngeren Autoren, denen die direkte Erfahrung der Lager aus erster Hand erspart blieb, so schwerfällt, über die Lager zu schreiben: Unsere Imagination ist in einem solchen Ausmaß von euphorisierten sexuellen Phantasien entflammt, daß man sich eine Welt, in der Eros eine so untergeordnete Rolle spielt und der Geschlechtstrieb dermaßen verkümmerte, kaum vorstellen kann. Dennoch aber stellt gerade das Unwahrscheinliche eine Herausforderung von besonderem Reiz dar, und, wie wir am Beispiel von *Sophies Entscheidung* sehen, erleben wir gerade die Entstehung einer Literatur über die Erotik von Auschwitz. Was wie ein Strom der Sympathie für die gequälten Überlebenden der Lager beginnt, endet in einer Flutwelle von beinahe kannibalistischer Begierde:

Sie streckte ihre Hand aus [...] Dabei sah ich zum erstenmal die tätowierte Nummer auf der sonnenverbrannten Haut ihres Unterarms – eine rote, mindestens fünfstellige Nummer [...] Zu der schmelzenden Liebe in meinem Magen gesellte sich ein plötzlicher Schmerz [...]

Während sie langsam die Treppe hinaufging, betrachtete ich ihren Körper in dem enganliegenden Sommerkleid. Obwohl es ein schöner Körper war, ausgewogen und mit dem richtigen Zusammenspiel von Wölbungen und Kurven, war etwas darin ein wenig seltsam – sichtlich fehlte nichts, und er wirkte auch nicht irgendwie fehlerhaft, eher so, als habe er sich erst wieder gesammelt. Und genau *das* war es, das konnte ich sehen. Das Seltsame lag in der Haut. Sie hatte die kränkliche Plastizität eines Menschen (auf der Rückseite ihrer Arme war das besonders stark erkennbar), der unter schwerer Abmagerung gelitten hat und dessen Fleisch sich erst jetzt im letzten Stadium der Wiederherstellung befand. Ich spürte auch, daß unterhalb dieser gesunden Sonnenbräune noch die Fahlheit eines Körpers war, der sich noch nicht ganz von einer schrecklichen Krise erholt hatte. Doch nichts von alldem mindert eine Art von wunderbar sorgloser Sexualität, die zum mindesten im Augenblick durch die nachlässige und dabei so offene Art zum Ausdruck kam, mit der ihr Becken und ihr wirklich herrliches Hinterteil sich bewegten. Trotz früherer Hungersnot war ihr Hintern so vollkommen geformt wie eine phantastische preisgekrönte Birne; er vibrierte mit magischer Beredsamkeit und brachte mein Inneres so in Erregung, daß ich im Geist ein Viertel meiner künftigen Einnahmen als Autor feierlich den presbyterianischen Waisenhäusern von Virginia versprach dafür, daß ich diesen nackten Po für kurze Zeit – dreißig Sekunden würden genügen – in meinen Händen wie in einer Schale halten dürfte. (S. 61/63)

Beschreibungen dieser Art finden sich reichlich in dem Roman, auch wechselt der Erzähler beständig zwischen der Schilderung von Details aus dem Auf und Ab von Sophies hochexplosiver Affäre mit Nathan und der Darstellung seines eigenen Verlangens, selbst den Platz des Juden einzunehmen und seine sexuellen Ansprüche auf dessen Frau geltend zu machen. Die Sprache, in der Stingo die geräuschvollen Liebesspiele der beiden beschreibt, sagt eine Menge über die Rolle, die er sich selbst in der Affäre zugedacht hat: »Doch dann spürte ich einen anderen Nagel, der meine Kreuzigung noch verschlimmerte: Sie waren oben wieder dabei, auf der verdammten Matratze. ›Aufhören!‹ brüllte ich zur Decke empor und steckte mir die Zeigefinger in die Ohren. *Sophie und Nathan!* dachte ich. Diese verfickten jüdischen Karnickel!« (S. 55f.)

Wenn wir aus diesem Buch überhaupt etwas über den Holocaust lernen können, dann wohl, daß es nicht ausreicht, ein paar erotische oder ästhetische Motive über einer Landschaft des Grauens auszustreuen, um in ein solch extremes Geschehen eindringen zu können. Mit dieser Geschichte eines polnischen Mädchens, das einen Schinken stahl und für den Rest ihres Lebens von anderen sexuell, moralisch und psychisch mißbraucht und gequält wird, hat Styron anstelle eines Romans über den Holocaust eher eine unfreiwillige Parodie eines solchen geschrieben. Mit seiner Darstellung einer Auseinandersetzung auf sexueller Ebene verharmlost er den Krieg gegen die Juden und mißbraucht Auschwitz als Versatzstück, als erotischen Mittelpunkt einer neuen Gothic Novel aus dem amerikanischen Süden.

Wie wir aus dem Beispiel von *Sophies Entscheidung* nur zu deutlich ersehen können, läßt sich die literarische Imagination von der erotischen Unterseite des totalitären Terrors gern dazu verlocken, sie als eine Metapher für all jenes einzusetzen, was außerhalb der Normen unserer gewöhnlichen sozialen und sexuellen Praktiken existiert. Wenn man sie in differenziertem Licht betrachtet, kann die Erkenntnis dieser Zusammenhänge viel dazu beitragen, *einen* Aspekt der besonderen Faszination zu erklären, die von der Nazi-Ideologie ausging. Schließlich läßt sich nicht bestreiten, daß gewisse Züge der von den Nazis im politischen Programm des Dritten Reichs propagierten Idee absoluter Herrschaft bzw. absoluter Unterwerfung dazu angelegt sind, bestimmte nachhaltig wirksame und, so scheint es, weit verbreitete sexuelle Wünsche anzusprechen. Lina Wertmüller hat etwas von dieser Entsprechung in ihrem *Pasqualino Settebellezze* erkannt, dann aber daraus einen Film gemacht, der über das Niveau einer Karikatur kaum hinauskommt.[16]

Wertmüllers Fragestellung betrifft die Bedingungen des wechselseitigen Ineinanderspielens von Politik und Sexualität und stellt somit eine durchaus ernstzunehmende Problematik dar. Diese Beziehungen können von enormer Wirksamkeit sein, weshalb sie im allgemeinen zumeist der Regulierung durch gesellschaftliche Spielregeln, religiöse Anschauungen, kulturelle Normen und gesetzliche Verordnungen unterliegen, die das zivilisierte Leben begründen. Mit dem Aufkommen der Nazi-Herrschaft aber verloren diese Steuerungselemente an Gültigkeit, und extreme politische und sexuelle Verhaltensmuster konnten sich frei entfalten. Ergebnis war ein neuartiges Herrschaftsinstrument – das Konzentrationslager –, in dem der unterdrückten Klasse die Freiheit zu politischer und sexueller Betätigung fast vollständig versagt wurde, die Herrscher dagegen ihren Vorlieben bis hin zur Perversion vollkommen freien Lauf lassen konnten.

Für die Häftlinge reduzierte sich das Begehren auf den Kampf um ein zusätzliches Stück Brot oder eine größere Portion Suppe; der Appetit ihrer Herrscher dagegen ließ sich durch sadistische Lüste zusätzlich anstacheln. Die Entbehrungen des einen und die Ausschweifungen des anderen konvergierten auf der Ebene des Terrors, und sie fanden ihren Abschluß im Tod – Tod jedoch nicht als natürliche Instanz, die alle Menschen einander gleich macht, sondern als allerletzte Gewalt, die von Rechts wegen in den Händen derer lag, die die Kontrolle über sie hatten und sie jederzeit gegen die ihnen Unterstehenden einsetzten.

Zweifelsohne bietet ein solches Entsprechungsverhältnis Raum für metaphorische Ausformungen, doch wer auch immer so etwas versucht, muß erkennen, daß die geschichtliche Wirklichkeit eher da war. Man erinnere sich an Karl Kraus' Erkenntnis, daß eine Metapher, die in die Realität umgesetzt wird, stirbt. Jede figurative Entfaltung von menschlicher Ausbeutung und Grausamkeit muß sich also an den von den grauenhaften Ereignissen völlig neu gesetzten Maßstäben messen lassen. Eine Darstellung dieser Ereignisse, und das gilt besonders für die bildliche Darstellung, muß die Aufmerksamkeit vorrangig auf ihren historischen Anlaß und nicht auf ihre metaphorischen Folgerungen zu lenken versuchen. Und bevor das erste nicht vollkommen in unser Bewußtsein eingedrungen ist, können wir unmöglich zu diesem zweiten übergehen. Die Feststellung, die Welt sei ein Tollhaus oder ein Bordell, ist zulässig, wenn man die Welt nun einmal so sieht, wenn der diesem Vergleich zugrundeliegende Maßstab aber an einem Nazi-Konzentrationslager ausgerichtet ist, muß der metaphorische Sprung in weiter gefaßte Zusammenhänge scheitern. Genau das geschieht in *Pasqualino Settebellezze*, einem Film, der in seiner politisch-sexuellen Fokussierung die Welt des Lagers und die Welt draußen mit den gleichen Kriterien zu erfassen sucht, beinahe so, als gäbe es keinen Unterschied dazwischen.

Das verbindende Glied ist nach Wertmüllers Ansicht der Akt der Vergewaltigung, wie Pasqualino, der Protagonist des Films, ihn begeht und wie er an ihm begangen wird. Pasqualino ist eine durch und durch schäbige und ziemlich einfältige Figur, abwechselnd pathetisch und komisch, und der Film gibt uns keinen klaren Hinweis darauf, daß er als positive Figur dargestellt werden soll; meist verhält es sich genau umgekehrt, denn der Preis, den er für sein Überleben zu zahlen hat, ist erschreckend hoch, wie Wertmüller immer wieder betont. Insoweit Wertmüllers Streifen ein Film über das Überleben ist, scheint er tatsächlich eine Verurteilung der Art und Weise, wie Pasqualino sich seine Freiheit erkauft hat, nahelegen zu wollen.

Dieser Punkt aber ist nur Teil eines wesentlich umfassenderen Themenkomplexes in *Pasqualino Settebellezze*, und das hat etwas zu tun mit der politisch-sexuellen Ausbeutung des Menschen ganz allgemein. Wertmüllers »Metapher« dafür ist die Lagererfahrung, die sie als paradigmatisch für die äußerste Form menschlicher Grausamkeit skizziert. In diesem letzteren Punkt hat sie recht, und aus genau diesem Grund darf die Lagererfahrung auch niemals auf eine nachgeordnete Position verwiesen werden und als »Hintergrund« herhalten zur Illustration anderer sozialer Mißstände. Als extreme Äußerungsform politischer und sexueller Verrohung müssen die Lager unbedingt im Vordergrund stehen, denn sie sind weniger ein »Beispiel für« oder eine »Metapher für« als vielmehr die Sache selbst. John Simon, der *Pasqualino Settebellezze* in einer ausführlichen Besprechung geradezu gefeiert hat,[17] sieht das anders und pocht darauf, daß »der Künstler das Recht hat, sogar die Todeslager als Metapher einsetzen zu dürfen und seiner Vorstellung entsprechend neu zu schaffen oder neu zu erfinden«.[18] Ganz abgesehen von Fragen des ästhetischen Geschmacks oder des moralischen Feingefühls: eine Metapher für was, eine Vision von was, eine Reimagination zu welchem Zweck? Die Todeslager können nicht einfach als Symbol zur Veranschaulichung ganz anderer Themen »benutzt« werden, denn neben ihnen erscheint alles andere als trivial; genauso wenig ist es möglich, die Lager auf der Bühne oder auf der Leinwand neu zu schaffen, ohne daß der Eindruck hoffnungsloser Künstlichkeit entsteht, ein Effekt, den Wertmüller kaum vermeiden kann, sobald sich die Kamera auf Szenen aus dem Lager richtet. Weil sie genau weiß, daß der Anschein von realistischer Authentizität nicht zu erreichen ist, taucht sie diese Szenen durchweg in eine Art dichten Nebel, so als ob sie damit suggerieren wollte, daß die Lager eine seltsame Unterwasserexistenz gehabt hätten. Eine Art Behemoth oder Leviathan steht diesen dunklen Gefilden vor, eine monströse Lagerkommandantin, die nur »die Bestie« genannt wird. Aber Täuschung und Verfremdung sind hier gleichermaßen untauglich, und so kommt der Film denn auch nicht über das hinaus, was ein Kritiker – beifällig – eine »Todeshaus-Komödie« genannt hat.[19]

Von mehreren möglichen Beispielen sei hier nur eines zitiert – das erste Eindringen der Kamera in die Lagerwelt:

Konzentrationslager – außen – innen – Tag. Dichter Nebel und dunkle Wolken über dem Lager. Wagners *Walküre* läuft noch immer. Durch den Nebel erkennen wir die nackten Menschenmassen, die darauf warten, geschoren, desinfiziert und gewaschen zu werden. Knochengestelle, lebende Skelette, wandern ziellos umher. Zwangsarbeiter. Ein Häftling hängt an einem Balken, er schaukelt leicht hin und her. Stacheldraht umgibt alles. Hunderte nackter skelettierter Leichen. (S. 289)

Sprachlich gesehen handelt es sich bei dieser Beschreibung um eine bloße Aufzählung von Klischees; in bildlicher Hinsicht bleibt die Darstellung auf dem Niveau eines Horror-Comics. Die Wiedergabe naturalistischer Einzelheiten beschränkt sich auf eine Ansammlung von Dummies und Requisiten, die surrealistischen Qualitäten des Films kommen über die schwächsten aller danteskken Visionen nicht hinaus. Um Mr. Simons Argumentation zu widersprechen: Es geht nicht so sehr um die Frage nach der Berechtigung des Künstlers oder der Künstlerin, die Todeslager zu reimaginieren, sondern um seine Fähigkeit, das zu leisten. Wenn diese Voraussetzung fehlt, hat sich die Frage nach der Berechtigung schon erledigt. In solchen Fällen ist es klüger, Hochhuths Vorgehensweise zu folgen, der sich, da er unsere Unfähigkeit, eine bildhafte Vorstellung von Auschwitz zu bekommen, eingesehen hat, in solchen Momenten zurückzog.

Diesen Weg hat Wertmüller leider nicht gewählt, und herausgekommen ist eine antiromantische Farce, die die Greuel der Nazilager ausbeutet, um groteske Effekte zu erzielen – das, was ein anderer Rezensent als »Todeshaus-Chic« bezeichnet hat.[20] Der politisch-sexuelle Wettstreit zwischen Pasqualino, »dem Wurm«, und der Kommandantin, »der Bestie«, benötigt den Hintergrund des Lagers nicht, dessen Abscheulichkeit nicht einmal dazu beiträgt, diesen Konflikt voranzutreiben. Der Leichnam, der, von einem Balken herabhängend, »leicht hin und her schaukelt«, ist eben kein Metronom, das ihrem Liebesspiel den Rhythmus vorgibt, sondern buchstäblich eine tote Last, die für diesen Film viel zu gewichtig ist. Wenn es denn eine Metapher gibt in *Pasqualino Settebellezze*, die so etwas wie eine Wahrheit dieses Films ausmacht, dann liegt sie darin begründet, daß der Film aufzeigt, daß es sich bei solchen Verbindungen von Leichenhalle und Bordell um Anverwandlungen von Abscheulichkeiten handelt, die die Kunst in ihrem jetzigen Stadium noch nicht zu meistern vermag.

Wir können diesen Film nicht verlassen, ohne kurz auf seine herausragende Figur zu sprechen zu kommen. Hierbei handelt es sich nicht um Pasqualino, der, sowohl was seine Empfindungen als auch was seine Handlungen angeht, als Inbegriff der Mittelmäßigkeit gelten kann, sondern um seine Bezwingerin, »die Bestie«. Dieses weibliche Ungeheuer, eine unmögliche Kreuzung zwischen Ilse Koch, der Frau des Kommandanten von Buchenwald, und Marlene Dietrich, ist Wertmüllers originellste Schöpfung in *Pasqualino Settebellezze*, die mit ihrer symbolischen Präsenz den ganzen Film beherrscht. Da es natürlich niemals einen weiblichen Lagerkommandanten in einem Nazi-Konzentrationslager gegeben hat und auch niemals einen hätte geben können, handelt es sich in diesem Punkt ganz eindeutig um reine Erfindung der Filmemacherin. Die Frage ist nur: Was erfindet sie? Welche Phantasien bedient sie, wenn sie eine Frau zur führenden Repräsentantin des Nazismus in ihrem Film macht? Tatsächlich wäre zumindest dieser Film nicht möglich gewesen, wenn Wertmüller sich an die realen Vorbilder gehalten und einen Mann als Lagerkommandanten eingesetzt hätte. Dann nämlich hätte die entscheidende Szene der sexuellen Begegnung, auf die alles hinausläuft, gar nicht stattfinden können oder wäre noch perverser erschienen als ohnehin. Nein, es mußte schon eine Frau sein, eine Frau mit ganz besonderer Symbolkraft allerdings, da sie sowohl als Streiterin im Kampf der Geschlechter fungieren als auch höchste politische Gewalt ausüben sollte. Was für eine Art von Frau ist das?

Diese Frage hat Wertmüller beantwortet, als sie in einem Interview ihr Selbstbild enthüllte: »Ich bin die letzte Männermörderin.«[21] Ernest Felita und John R. May gehen diesem Hinweis nach und erläutern die Konsequenzen, die sich hieraus für *Pasqualino Settebellezze* ergeben:

»Sie haben mir die Eier zerschlagen«, sagt der Anarchist in *Pasqualino Settebellezze*. Jetzt scheint die Reihe an Pasqualino zu sein. Die Kamera erfaßt ihn von oben, in spitzem Winkel über Rücken und Schulter der sitzenden Kommandantin hinweg. Die Kommandantin erscheint Pasqualino wie ein riesiges, drohendes Gebirge. Sollte er es wagen, diesen Berg zu besteigen? [...] Es ist gar nicht einmal so sehr die enorme *Größe* dieser Männermörderin, die ihn einschüchtert, sondern vielmehr ihre *Verachtung*. Gerechtfertigt oder nicht, Verachtung ist ihre stärkste Waffe. Als die Kommandantin Pasqualino befiehlt, die Hose herunterzulassen und mit kalter Gelassenheit sein Hemd beiseite schiebt, um sein Glied zu inspizieren, ist es ihr Blick, der ihn vernichtet, der Blick einer Frau, mochte sie nun schön sein oder nicht, die sein Leben in der Hand hat. Doch selbst eine Männermörderin kann etwas von einem Opfer an sich haben. Pasqualino ist sich kaum bewußt, was er da sagt, als es aus ihm herausbricht: »Vielleicht sind Sie nur ein Opfer Ihres Pflichtgefühls.«[22]

In der gesamten Holocaust-Literatur gibt es wohl nichts, das dieser Szene in ihrer Reduzierung des Nazismus auf eine sexuelle Karikatur auch nur annähernd vergleichbar ist, es sei denn die Pornographie in Julius Streichers *Der Stürmer*. Dort allerdings finden sich Illustrationen solcher Phantasien in Hülle und Fülle, wenngleich die sexuelle Bedrohung dort natürlich von den Juden und nicht von den Nazis ausgeht. Lina Wertmüller kehrt diese Konstellation um, davon abgesehen aber behält sie den pornographischen Charakter bei und steigert ihn sogar noch. Wenn sie, wie beiläufig auch immer, andeutet, daß es sich bei dem Ungeheuer selbst auch bloß um ein Opfer handeln mag, unterlegt sie das Ganze mit einem gleichsam entschuldigenden Unterton, denn wenn »die Bestie«, wie Pasqualino vermutet, keine Bestie ist, sondern »nur ein armes Opfer, das Menschen hier nur aus reinem Pflichtgefühl tötet«, drängt sich unwillkürlich die Schlußfolgerung auf: »Sie sind ein Opfer! [...] Genau wie wir alle [...]« (S. 322). Der Sex und der Tod, diese beiden großen Gleichmacher, verschmelzen in der Figur der Lagerkommandantin, sacken aber durch den Einbruch dieser sentimentalen Elemente schon wieder in sich zusammen, bevor noch die Phantasie zu einem anderen Bereich übergehen kann, der alle gleichmacht: zu den Exkrementen. Pedro, der Anarchist, dessen Hoden zerschlagen worden waren, springt, um Selbstmord zu begehen, in die Lagerlatrine und schreit dabei: »Jetzt stürze ich mich in die Scheiße!« (S. 329). Innerhalb der Symbolwelt von *Pasqualino Settebellezze* läßt sich dieses Abtauchen in den absoluten Schmutz als Metapher lesen, mit der der Film seine eigenen Phantasien zusammenfaßt.

Die Tendenz, den Holocaust zur Unterhaltung einzusetzen, läßt sich mit Leslie Epsteins Roman *Der Judenkönig* sogleich weiterverfolgen. Der Hintergrund, vor dem sich die Romanhandlung über weite Strecken abspielt, orientiert sich in groben Zügen am Ghetto von Lodz, dem ersten, das die Nazis errichteten, und gleichzeitig dem letzten, das wieder aufgelöst wurde. Lodz wurde geleitet von Mordechai Chaim Rumkowski, dem Vorsitzenden des Judenrats,* der die Ghettoangelegenheiten verwaltete. Mit der Behauptung, daß Lodz von Rumkowski »geleitet« wurde, sagt man mehrere in sich widersprüchliche Dinge zur gleichen Zeit: Er sorgte dafür, daß die Wirtschaft des Ghettos nicht zusammenbrach, indem er mit den Nazis kollaborierte und ihre Todesfabriken mit Nachschub versorgte; er kümmerte sich um etliche Waisen, während viele ihrer gleichaltrigen oder älteren Familienmitglieder deportiert und umgebracht wurden; er selbst umgab sich mit fürstlichem Prunk, während Typhus und Hunger die Zahl seiner Untertanen Tag für Tag dezimierten; er war schwer kompromittiert – moralisch, politisch, religiös –, rettete aber tatsächlich einige Juden vor dem Zugriff des Nazi-Herrschers, dessen Ziel es war, alle Juden zu vernichten. Rumkowski setzte sich in seiner seltsamen Rolle als oberster Herrscher des Ghettos mit feinem Gespür und ostentativem Gepränge in Szene; er ließ sein Porträt auf die im Lager gebräuchlichen Briefmarken und Banknoten drucken, ließ sich in einer großen Kutsche durch die Straßen fahren oder zeigte sich hoch zu Roß auf einem weißen Pferd und bot so das Bild eines jovialen Lokalpolitikers, Karnevalsprinz und messianischer Scharlatan in einer Figur. Der polnische Schriftsteller Adolf Rudnicki schrieb über Rumkowski in seinem Buch *Der Kaufmann von Lodz*; in Josef Zelkowicz' Augenzeugenbericht aus dem Lodzer Ghetto, *Days of Nightmare*, gibt es eine genaue Beschreibung von ihm; Lucy Dawidowicz' Geschichte und Isaiah Trunks Studie der Judenräte* halten seine Existenz fest, Photographien von ihm finden sich in Mendel Grossmans *A Camera in the Ghetto*. Ringelblum streift seine Erscheinung in einigen Zeilen seines Journals, zwei bemerkenswerte Aufsätze in *Commentary* ziehen ihn – in seinem Leben und in seinem Sterben – zur Rechenschaft, und er ist eine Hauptfigur in Leonard Tushnets *A Pavement in Hell*, wo sich auch eine Abbildung von ihm findet, usw. Rumkowski oder »König Chaim«, wie er gemeinhin etwas spöttisch genannt wurde, ist also kein Unbekannter, genauso wenig wie die todgeweihte Stadt Lodz uns unbekannt ist. Beide spielen eine wichtige Rolle in der tragischen Geschichte des Schicksals der Juden unter den Nazis.

Was nun geschieht, wenn Schriftsteller diese Geschichte als Vorwurf für ihre Romanhandlung benutzen, hängt selbstverständlich ganz davon ab, in welchem Maße es ihnen gelingt, einige dieser entsetzlichen Ereignisse zu begreifen und literarisch umzusetzen. Das Verrückte und Theatralische an Rumkowskis Person veranlaßte Saul Bellow, ihm ein, zwei Seiten in *Mr. Sammlers Planet* zu widmen; er war jedoch klug genug, es dabei dann auch zu belassen. Anders Leslie Epstein, der bereitwillig auf die clowneske und phantastische Seite der Megalomanie Rumkowskis eingeht. Er läßt ihn als Karikatur wieder auferstehen und gibt ihm die Hauptrolle in einer von Grund auf falsch angelegten Slapstickversion des Holocaust.

Bei dem Problem, das wir hier vor uns haben, geht es weniger darum, inwieweit sich ein solches Thema mit den Mitteln der Komik angemessen erfassen läßt – Rachmil Bryks hat mehrere gelungene humoristische Erzählungen über das Lodzer Ghetto geschrieben –, es handelt sich vielmehr darum, in welcher Weise der Modus des Komischen in einem ernst gemeinten Roman eingesetzt wird. Was seine Absicht betrifft, das schmerzliche moralische Dilemma, in dem sich der Judenrat* befand, eingehender zu beleuchten, so handelt es sich beim *Judenkönig* um einen Roman, dem ein ernsthaftes Interesse an seinem Gegenstand zugrunde liegt. Epstein begeht aber einen schwerwiegenden Fehler, wenn er glaubt, das Verfahren der Farce, auf das er immer wieder als vorrangiges Mittel der Darstellung zurückgreift, sei geeignet, die persönliche und historische Tragödie angemessen wiederzugeben. Man hat den Eindruck, als ob das spielerische Element des Romans sich nie ganz unter Kontrolle bringen ließe: Kühe purzeln in Gräber, Schüsse lösen sich, oder Pistolen versagen im falschen Augenblick, ständig stolpert jemand, Knöpfe platzen ab, Irre streunen in krummen Gassen umher, hungernde Mütter werden zur Zielscheibe deplazierter Witze über Kannibalismus, scheinbar Tote kehren auf sonderbare und völlig unglaubwürdige Weise wieder ins Leben zurück, selbst Sonne und Mond geraten aus ihrer Bahn und lenken ständig die Aufmerksamkeit auf sich. Im gesamten *Judenkönig* gibt es wohl kaum eine Figur, die nicht den Eindruck erweckt, sie wolle sich in irgendeiner Form für eine Auszeichnung als komischer Darsteller qualifizieren: das Waisenkind mit traurigen Augen, der kulleräugige Hanswurst, der alberne Scharlatan oder der arrogante Schurke, der Spaßmacher mit der Narrenkappe oder der glücklose Schlemihl, alle sind sie hier vertreten. Den phantastischen Stil scheint Epstein bei Malamud abgeschaut zu haben, der diese Ausdrucksform vollendet beherrscht und im allgemeinen genau weiß, wo er sie einzusetzen hat und wo nicht. Dienen diese Mittel aber dazu, die Gewissensqualen auszuloten, denen die jüdischen Anführer in den Ghettos täglich ausgesetzt waren, so wirkt dieser Stil – noch dazu, wenn die Komik dabei bis zum Exzeß ausgereizt wird – wie ein übler Mißgriff und spiegelt die Ereignisse in einem viel zu nachsichtigen Licht wider.

Epsteins Wahl der Slapstickkomödie als vorrangiges Stilmittel seiner Erzähltechnik läßt sich, zumindest teilweise, auf seine Lektüre von Ringelblums Journal zurückführen, in dem Hitler als »Horowitz« oder Mussolini als »Moshe Ber« auftauchen. Diese seltsamen Decknamen haben etwas Drolliges und irgendwie auch typisch Jüdisches an sich. Bei Ringelblum findet sich auch eine Auswahl jüdischer Witze, die in den Ghettos zirkulierten, von denen einige im *Judenkönig* wörtlich zitiert werden. In Ringelblums Aufzeichnungen stehen diese Witze unmittelbar neben beklemmenderen Notizen, in denen der Historiker Einzelheiten der verheerenden Auswirkungen stenographisch festhält, die Krankheit, Schikane, Hunger und Verzweiflung im jüdischen Alltag haben, aber auch die Anstrengungen, die die Gemeinde unternimmt, um diesen übermächtigen Umständen wider alle Logik zu trotzen. Für Ringelblum, der mit seinem Schreiben jeden Tag aufs Neue sein Leben aufs Spiel setzte, bedeuteten diese verschlüsselten Bezeichnungen eine Vorsichtsmaßnahme, es ist zu bezweifeln, daß er wünschte, man möge sie als irrsinnig komisch ansehen. Die zahlreichen Witze, die er für die Nachwelt festhielt, *sind* komisch, aber von der verzweifelten und beklemmenden Komik des Galgenhumors, bei dem einem das Lachen im Hals steckenbleibt. Bei Ringelblum ist die Verzweiflung greifbar, und sie allein rechtfertigt die Komik. Bei Epstein wirkt sie größtenteils künstlich, als seien die Witze den Toten entrissen und willkürlich, um des bloßen komischen Effekts willen, eingesetzt worden.

Dieser Eindruck, alles stamme aus zweiter Hand, markiert einen wesentlichen Schwachpunkt im *Judenkönig*. Der Roman stellt nämlich in zweierlei Hinsicht nur ein Derivat dar: Er entnimmt sein Material nicht nur historischen Darstellungen des Holocaust, sondern auch Texten, in denen Aspekte der Geschichte bereits literarisch bearbeitet worden sind. Über weite Strecken liest sich Epsteins Roman wie eine Anthologie und auch Parodie einiger klassisch gewordener Szenen und Sentenzen der Holocaust-Literatur. Ein aufmerksamer Leser dieser Literatur wird hier etwas von Kosinski und Schwarz-Bart, dort Anspielungen auf Lind, Rawicz oder Lustig erkennen ebenso wie wiederholte Anleihen bei Ringelblum oder Dawidowicz. Himmlers berüchtigte Rede vor den SS-Offizieren wird ebenso zitiert wie einige überlieferte Äußerungen Rumkowskis. An sich ist an derlei Anleihen nichts weiter auszusetzen, solange die inhaltliche Aussage dieser Bruchstücke, wenn sie aus ihrem ursprünglichen Textzusammenhang herausgelöst werden, keine grobe Verzerrung erfährt und in sich schlüssig in ein kohärentes neues Textgefüge integriert werden kann. In Epsteins Roman aber scheinen die Nahtstellen überall durch und rufen so den Eindruck eines literarischen déjà vu oder einer Darstellung aus zweiter Hand hervor.

Eine der problematischen Folgeerscheinungen einer solchen Vorführung ist die Tatsache, daß der »Holocaust-Roman« nun zumindest von einigen zu einem beliebigen Subgenre der Gegenwartsliteratur gemacht worden ist, und von jedem beliebigen, der es darauf anlegt und das entsprechende »Rezept« kennt, geschrieben werden kann. Leslie Epsteins Roman wird vermutlich nie ein Millionenpublikum finden, aber zweifellos wird dieser »Roman über den Holocaust« viele Leser finden, denen eine Cartoon-Version vom Leben und Sterben im Ghetto beunruhigend nahe gebracht wird. Sie werden ziemlich flüchtig und ohne daß ihnen irgendwelche Anstrengungen abverlangt würden, durch das ganze »Muster« hindurchgeführt: Die Normalität der Vorkriegszeit und die ersten Anzeichen des Unheils; die Anfänge des Propagandafeldzugs gegen die Juden und die rassische und religiöse Hetze gegen sie; der anfänglich verstohlene Druck gegen wenige und die darauf folgende unverhohlene Bedrohung der Gesamtheit; die Bürokratisierung des Terrors und die zunehmende »Banalität des Bösen«; die Einführung der Zwangsarbeit und die Entstehung der Kinderschmuggelbanden; die Allgegenwart von Krankheit und Hunger; die Zwangsquoten; die Streiks und andere sporadische Anzeichen von Widerstand; die Razzien und Deportationen; die Lager; die Leichen; und ein paar Überlebende. All das ist nicht »einfach«, aber es liegt auch nicht außerhalb der Möglichkeiten eines begabten und sachkundigen Schriftstellers. Wer dies alles aber auch lebendig und überzeugend vermitteln will, muß noch andere Voraussetzungen mitbringen als nur Geschicklichkeit und die Beherrschung seines Handwerks. An handwerklichem Geschick mangelt es dem Verfasser vom *König der Juden* nämlich nicht, er besitzt auch soviel Erfindungsreichtum, Rumkowski »Trumpelman« zu nennen und die Nazis »Eroberer« oder »Totenkopfmänner«. Was ihm aber fehlt, ist ausreichend Phantasie, seine Akteure in einen soliden Kontext zu stellen, der im Gedächtnis haften bleiben könnte. Statt dessen begnügt er sich damit, sie als bloße Marionetten oder Karikaturen der »Typen« auftreten zu lassen, die sie repräsentieren sollen. Den Offenbarungseid leistet er immer wieder in den Dialogen, die zum Großteil aus überdrehten Ausrufen bestehen. Man betrachte beispielsweise einmal die Rede Trumpelmans in der Szene, die vielleicht der Höhepunkt des Romans sein soll:

Ich, Trumpelman, bin wie ein Dieb zu euch gekommen, um euch das Liebste zu rauben. Ich, Trumpelman, hab' euch an die Hand genommen, um euch zum Sterben zu führen. Es war Trumpelman, der euch bis zum Zerbersten eurer Herzen hat arbeiten lassen. Kein Wunder, daß ihr euch jetzt von ihm abwendet! Verlaßt ihn! Er ist ein Ungeheuer! Sperrt ihn in einen Käfig! Ha! Ha! Das ist euer Irrtum, Juden! Ein großer Irrtum! Wir sitzen zusammen im selben Käfig. Es gibt keine Schranken zwischen euch und mir! Und seht nur! Im selben Käfig mit uns sitzt ein hungriger Löwe! Er will uns alle verschlingen! Er ist bereit zum Sprung! Und ich? Trumpelman? Ich bin der Löwenbändiger. Ich stopfe ihm das Maul mit Fleisch! Es ist das Fleisch meiner eigenen Brüder und Schwestern! Der Löwe frißt und frißt! Er brüllt! Aber er springt nicht! So rette ich mit zehn Juden tausend. Mit tausend zehntausend weitere. Meine Hände sind blutig. Meine Augen sind blind von Blut. Wenn eure Hände sauber sind, so nur, weil meine schmutzig sind! Ich habe kein Gewissen! Deshalb ist euer Gewissen rein! Ich bin ganz und gar mit Blut bedeckt![23]

Was ist denn das für ein Theaterjude? Was für ein Aufschneider redet denn so? Und in was für einer Prosa? Seine Sprache ist ebenso künstlich wie sein Auftreten theatralisch, aber Abschnitt für Abschnitt stoßen wir immer wieder auf diese Mischung aus heroischer Melodramatik und billigem Schwank. Epstein orientiert sich hier am Kabarett-*Shtick*, wo alles entweder über- oder untertrieben wird und oft beides zugleich. In diesem speziellen Fall bezieht sich Epstein auf ein historisches Vorbild. Es handelt sich bei Trumpelmans Rede um die Bearbeitung einer überlieferten Rede von Jacob Gens, dem Vorsitzenden des Judenrats im Wilnaer Ghetto:

Viele Juden halten mich für einen Verräter, und viele von euch werden sich fragen, warum ich mich auf dieser literarischen Versammlung blicken lasse. Ich, Gens, führe euch in den Tod, und ich, Gens, will Juden vor dem Tod retten. Ich, Gens, [...] bemühe mich, mehr Lebensmittel, mehr Arbeit und mehr Berechtigungsscheine für das Ghetto zu bekommen. Mein Saldo rechnet sich nach jüdischem Blut und nicht nach jüdischem Respekt. Wenn man tausend Juden von mir verlangt, gebe ich sie, denn, wenn die Deutschen selbst kämen, würden sie nicht tausend, sondern Tausende und Abertausende gewaltsam holen, und mit dem ganzen Ghetto wäre es aus. Mit hundert rette ich tausend, mit tausend rette ich zehntausend. Ihr seid Leute mit Geist und Bildung. Von solchen schmutzigen Angelegenheiten in unserem Ghetto haltet ihr euch fern. Ihr bleibt sauber. Und wenn ihr das Ghetto überlebt, werdet ihr sagen, »Wir sind mit reinem Gewissen davongekommen«, aber ich, Gens, wenn ich überlebe, werde ich mit Schmutz bedeckt sein, von meinen Händen wird Blut triefen. Trotzdem wäre ich bereit, mich vor den Juden zu verantworten. Ich würde sagen, daß ich alles getan habe, um so viele Juden zu retten wie möglich, und daß ich versucht habe, sie in die Freiheit zu führen. Und um auch nur einen kleinen Teil des jüdischen Volkes zu retten, mußte ich andre in den Tod schicken. Und damit ihr mit reinem Gewissen davonkommt, muß ich meines vergessen und im Schmutz wühlen.[24]

Auch Gens' Worte sind auf grelle Wirkung hin angelegt, doch Epstein waren sie offensichtlich zu blaß: Um sie seinem Roman einzupassen, umgibt er sie gewissermaßen mit einer Rummelplatz- oder Zirkusatmosphäre, fügt noch wilde Tiere hinzu, rohes Fleisch und das groteske Lachen eines Schaubudendarstellers. Auch Gens' pathetische Rede entbehrt nicht einer gewissen Theatralik, aber in seinem Fall gehen die Worte über bloße Effekthascherei hinaus. Bei Epstein aber ist alles nur noch Schaumschlägerei und Show – die ganze Rhetorik schwelgt geradezu in der Lust an der Selbstverherrlichung. Novellistischer Gebrauch dieser Art ist gleichbedeutend mit Mißbrauch, denn historisches Leid wird dazu benutzt, Clownsfiguren zu erzeugen.

Wie zu erwarten, zeigen sich die Probleme eines metaphorischen Umgangs mit diesem Thema am deutlichsten in der Lyrik, wo das Vokabular der Ghettos und Lager häufig dazu benutzt wird, als allgemein bekannte Referenz nicht länger auf das historische Leid der Menschen, sondern auf das private Leid des Einzelnen zu verweisen.[25] Anders als Peter Weiss, der das Leid der Juden in seinem Stück mit keinem Wort anspricht, greifen die Lyriker weit häufiger darauf zurück, doch geschieht dies oft in einer Art und Weise, die eher dazu angelegt ist, die ganz persönlichen Qualen zu überhöhen als an die Greuel der Geschichte zu erinnern. Insbesondere einige Bekenntnislyriker der jüngeren Vergangenheit neigen dazu, ihr individuelles Leid in Bildern aus der extremen Erfahrungswelt der Konzentrationslager auszudrücken. Auf der einen Seite besteht unbestreitbar die Chance, die Texte sehr viel eindringlicher zu machen, doch gleichzeitig nehmen sie so auch stark pathologische Züge an. In keinem Werk sind diese beiden Tendenzen so deutlich und so eng miteinander verwoben wie in dem von Sylvia Plath.

Plaths Gedichte vermitteln stets so etwas wie Verwundetsein, etwas Kränkliches spricht aus ihnen, denn viele ihrer bemerkenswertesten Gedichte öffnen sich hin auf eine Wunde. Was ihre Gedichte so befremdlich macht, aber auch gleichzeitig so fesselnd, ist, daß dies mit einer offensichtlichen Lust geschieht. Dinge, die im allgemeinen erschrecken und uns deprimieren, werden von dieser Dichterin mit disziplinierter Wonne ausgedrückt. *Geschnitten* (*Cut*) ist dafür ein Beispiel:

> Wie das durch und durch geht –
> Mein Daumen statt einer Zwiebel.
> Die Kuppe ganz ab
> Bis auf eine Art Scharnier.
>
> Aus Haut,
> Ein Lappen wie ein Schlapphut,
> Totes Weiß.
> Dann dieser rote Plüsch.[26]

In diesem Tonfall wohldosierten Überschwangs geht das Gedicht weiter und verweilt mit spielerischer Heiterkeit beim Blutvergießen; die Verletzung erscheint fast wie ein glücklicher Zufall, denn aus der Wunde strömt nicht nur das Blut, sondern im gleichen Maß auch schöpferische Energie. »Ein Fest ist das«, heißt es in einer Zeile etwa in der Mitte des Gedichts, und bald lernen wir, in dem Blutopfer Anlaß für eine Art Glücksgefühl zu sehen. Normalerweise erschiene das pervers, doch in Sylvia Plaths Lyrik werden mit dem ausströmenden Blut immer auch starke kreative Energien freigesetzt. Bei ihr hatte Freiheit, sich im Fluß befinden, stets etwas mit Loslassenkönnen zu tun, obschon diese Freiheit auch in eine gefährliche Richtung gehen sollte.

Der dichterische Weg geht nach innen, aber Plath wollte andere Entsprechungen zwischen ihren Wunden und ihren Worten finden – sie suchte nach äußeren Bezugspunkten für ihren inneren Schmerz. In *Geschnitten* konzentriert sich alles sehr phantasievoll – um nicht zu sagen: zu phantasievoll – auf Bilder vom Skalpiertwerden, Sturmangriffe von britischen Soldaten, selbstmörderische Kamikaze-Missionen, Ku-Klux-Klan-Terror. Ziemlich viel Gewalt für so ein kurzes Gedicht, zuviel, um genau zu sein, und so unterminiert *Geschnitten* sich selbst durch seine hartnäckige Suche nach Analogien. Das rhetorische Verlangen nach Grausamkeit zeigt sich in diesem Gedicht zu ungestüm, und die Unverhältnismäßigkeit, in der die Bilder des historischen Beispiels zu dem privaten (und in diesem Fall banalen) Anlaß stehen, der sie ausgelöst hat, läßt den Text schließlich völlig aus dem Gleichgewicht geraten.

Das Verlangen, die Konturen des Selbst nach außen in eine größere Welt zu projizieren, kennzeichnet eine Form von lyrischer Dichtung, die im allgemeinen einen wesentlich offeneren und deklamatorischeren Stil bevorzugt als Plath. Jewtuschenko führt das exemplarisch in seinem berühmten *Babi Jar* vor, worin er die Jahrhunderte jüdischen Leidens durchmißt, um den Antisemitismus anzuprangern. Plath moralisiert zwar nicht, und ganz gewiß arbeitet sie nicht mit erhobenem Zeigefinger, doch gelegentlich gibt sie ihrer Dichtung eine gesellschaftlich bedeutsame Dimension, wenn sie versucht, mittels ihrer Sensibilität in das historische Geschehen einzudringen. Obschon sie selbst sehr diszipliniert und dicht schreibt, hatte sie in Jewtuschenko vielleicht doch – zumindest, was die Thematik, wenn auch nicht, was das Formale betrifft –, ein Muster gefunden, und schon bald eiferte sie Jewtuschenkos vielgepriesenen Reflexionen über das Leiden der Juden nach und unternahm Versuche, extreme historische Bilder des Leidens zur Illustration ihres privaten Unglücks heranzuziehen. Besonders deutlich wird das in einigen späten Gedichten, in denen sie, wie sie sagt, beweisen wollte, daß »persönliche Erfahrung [...] keine Erfahrung im geschlossenen Raum sein [sollte], bei der man immerzu narzißtisch in den Spiegel blickt. Ich glaube vielmehr, daß sie eine Allgemeingültigkeit haben sollte, etwa im Hinblick auf Hiroshima und Dachau, usw.«[27] Zwar bleibt offen, in welcher Weise es möglich sein könnte, die »Gültigkeit« persönlicher Erfahrungen dieser Art auf Hiroshima und Dachau zu übertragen, doch was diese Sicht für ihre Dichtung bedeuten sollte, wurde schon bald ersichtlich. In *39,5° Fieber (Fever 103°)* ist von »Hiroshima-Asche«, »Strahlung« und »reine[m] Acetylen« die Rede. In *Madame Laza-*

rus (*Lady Lazarus*) übernimmt sie dann auch Bilder aus der Welt der Lager in ihre Metaphorik:

> Ich habe es wieder gekonnt.
> Einmal jedes Jahrzehnt
> Bring ich es fertig –
>
> Eine Art wandelndes Wunder, meine Haut
> Strahlend wie ein Nazi-Lampenschirm,
> Mein rechter Fuß
>
> Ein Briefbeschwerer,
> Mein Gesicht ein ganz glattes, feines
> Jüdisches Leinen. (S. 19)

Dieses Gedicht handelt vom Selbstmord, wobei Selbstmord jedoch als eine Art großer Striptease dargestellt wird. Die Metaphorik ist laut und aufdringlich, die Rhythmen werden schneller und beginnen, großspurig zu werden, der Tonfall wird zunehmend theatralischer und wirkt geradezu marktschreierisch. Plath schafft eine Atmosphäre schrillen Entsetzens, Tod wird als überspanntes Kostümstück inszeniert. Im reißerischen Ton eines Karnevals-Schlagers preist das Gedicht seine Exponate an, Exemplare eines Monstrositätenkabinetts, Leichenfledderei liegt in der Luft und soll Faszination und Abscheu zugleich bewirken. In der abschließenden rhetorischen Wendung liegt dann aber eine Drohung, die dem amüsierten Voyeur klarmacht, daß auch eine Inszenierung als Sensationsspektakel dem Tod seinen Schrecken nicht nimmt: »Gefahr, / Gefahr! // Mit meinem roten Haar / Steig ich aus Asche und Gruft / Und ich esse Männer wie Luft.« (S. 25)

Solche Lyrik stellt den Leser vor eine ganze Reihe von Schwierigkeiten, angefangen bei Fragen des guten Geschmacks und bis hin zu Verständnisproblemen. Eine hochangesehene und oft zitierte Anthologie hält Zeile 4 und 5 für kommentierungsbedürftig und erläutert in einer Fußnote »daß aus der Haut einiger jüdischer Naziopfer Lampenschirme hergestellt wurden.«[28] Diese – korrekte – Anmerkung verzichtet wohlweislich darauf, einen Bezug herzustellen zwischen diesem historischen Faktum und Plaths eigener Situation. Wie könnte sie das auch? Im ersten Fall handelt es sich um entsetzliche Greuel, die unzähligen Menschen angetan wurden, im zweiten um einen freiwilligen Entschluß zur Selbstzerstörung. Gibt es überhaupt Berührungspunkte zwischen diesen beiden Bereichen, eine Ähnlichkeit, die hinreicht, um daraus eine gültige Analogie zu machen? Wie haben wir uns eine Vorstellungswelt zu denken – denn auf eigene Erfahrung kann Plath ja nicht zurückgreifen –, die in der Lage ist, eine Brücke zu schlagen von den privaten Seelenqualen eines Menschen mit Selbstmordgedanken zu den Leiden einer großen Masse von Menschen während des Holocaust? Fragen dieser Art drängen sich beim Lesen von *Madame Lazarus* immer wieder auf, denn das Gedicht schwelgt von Anfang bis Ende in einer Faszination am Extremen:

Die Ausbeutung des Grauens

> Und es ist ein Preis zu entrichten, ein sehr hoher Preis
> Für ein Wort oder ein Berühren
> Oder ein bißchen Blut
>
> Oder ein Stück von meinem Kleid oder meinen Haaren.
> So, so, *Herr* Doktor,
> So, so, *Herr* Feind.
>
> Ich bin Ihr magnum opus.
> Ich bin Ihr bestes Stück,
> Das Baby aus reinem Gold.
>
> Das schmilzt zu einem Schrei.
> Ich dreh mich am Spieß und ich brenne.
> Denken Sie nicht, daß ich Ihre Anteilnahme verkenne.
>
> Asche, Asche –
> Sie rühren und schüren.
> Fleisch, Knochen, da ist nichts aufzuspüren –
>
> Ein Würfel Seife,
> Ein Ehering,
> Ein Goldzahn. (S. 23/25)

Woher diese Sprache kommt, ist deutlich, nicht aber, was diese Bilder in einem solchen Gedicht zu suchen haben. Wie sind sie dort hingekommen? George Steiner spitzt diese Fragen zu: »in welcher Weise begeht jemand, der selbst vollkommen unbeteiligt an den Ereignissen war und der lange nach ihnen lebt, eine Art subtilen Diebstahls, wenn er die Nachklänge und Embleme von Auschwitz heraufbeschwört und so ein enormes Maß an bereits vorhandenen Emotionen verwertet und seinen privaten Zwecken einverleibt? Empfand Sylvia Plath unbewußt [...] so etwas wie ein banges Verlangen, an den Ereignissen teilgehabt, das Rendezvous mit der Hölle verpaßt zu haben?« (S. 301)* Die Formulierung der Frage impliziert schon die Antwort: Natürlich ist die Aneignung fremden Leidens unrechtmäßig, aber bei Sylvia Plath handelt es sich sozusagen um einen spielerischen Diebstahl, eine Tändelei mit dem Grauen, was die ganze Angelegenheit nur um so ärgerlicher macht. Denn wie kann ein Gedicht, das Auschwitz heraufbeschwört, Zeilen wie diese enthalten: »Sterben / Ist eine Kunst, wie alles. / Ich kann es besonders schön. // Ich kann es so, daß es die Hölle ist, es zu sehn« (S. 20/22) ? Reim und Versmaß werden elegant gehandhabt, aber in der Munterkeit des Tons liegt unweigerlich eine Verhöhnung der grauenhaften Bilder aus der Welt der Konzentrationslager, die doch so aufdringlich vorgeführt werden. Entgegen der Absicht der Dichterin, persönliche und gesellschaftliche Erfahrungen aufeinander beziehbar zu machen, wirkt der Ausbruch aus der Subjektivität in diesem Beispiel willkürlich – und damit illegitim. Die theatralische Attitüde und die historischen Fakten stehen in krassem Widerspruch zueinander, wobei erstere zu kleinmädchenhafter Komödienspielerei verkommt und letztere in diesem Arrangement wie Ausstellungsstücke eines Horrorkabinetts erscheinen.

Es gibt Kritiker, die Plaths Lyrik anders sehen – Arthur Oberg etwa verteidigt sie mit dem Argument, daß »das kollektive Grauen der Nazikonzentrationslager und das individuelle Grauen einer zerfallenen Identität austauschbar [sind] [...] Belsen betrifft das private Individuum im gleichen Maß wie die psychiatrischen Praxen der modernen Städte auch das historische Belsen betreffen.« A. Alvarez pflichtet ihm bei mit der Feststellung, daß Plath »nicht bloß von ihrem privaten Leid spricht [...] Sie nimmt das Leiden aller Opfer der Moderne auf sich und phantasiert sich so zu einer Jüdin.«[29]

Überlegungen dieser Art beruhen – ebenso wie die Lyrik, der sie so leichtfertig Absolution erteilen – auf einem grundlegenden Irrtum: Die persönlichen Seelenqualen einer gespaltenen Persönlichkeit und das Grauen, das die Nazis verbreitet haben, können unter keinen Umständen mit den gleichen Kriterien erfaßt werden, sie haben soviel miteinander gemein wie Belsen und Brooklyn. Diese Dinge sind nicht nur nicht austauschbar, sie sind überhaupt nicht vergleichbar, und keine Vorstellungskraft kann sie in eine gültige Analogie zwingen. Und soviel zu einem poetischen Gestus, der alles Leiden der Welt auf sich nimmt: Damit phantasiert man sich zu einem Christen, aber bestimmt nicht zu einem Juden.

Trotzdem projizierte Sylvia Plath ihr Leid auf die Figur einer Jüdin, bekanntestes Beispiel dafür ist wohl *Papi* (*Daddy*) – in keinem anderen Gedicht ist sie so weit gegangen in ihrem Versuch, die Sprache des Holocaust für ihre privaten Zwecke in Anspruch zu nehmen, und genau das macht dieses Gedicht zu ihrem problematischsten und verzerrtesten. Diese Verzerrung resultiert aus dem fehlenden Blick dafür, die Dinge im rechten Verhältnis zueinander zu erkennen, was sich vor allem in der krassen Diskrepanz zwischen dem auslösenden Anlaß des Gedichts und seiner Ausdrucksweise zeigt. Plath selbst beschreibt das Gedicht folgendermaßen: »Im Gedicht spricht ein Mädchen mit einem Elektrakomplex. Ihr Vater starb, dabei hatte sie ihn doch für Gott gehalten. Die Tatsache, daß ihr Vater Nazi und ihre Mutter sehr wahrscheinlich eine Halbjüdin war, erschwert die Sache noch zusätzlich. In der Tochter laufen beide Linien zusammen und blockieren sich gegenseitig – sie muß die ganze schreckliche kleine Allegorie noch einmal ausagieren, bevor sie frei davon ist.«[30]

Plaths Vater selbst wurde in Preußen geboren, doch soweit bekannt, war er kein Nazi, ihre Mutter war österreichischer Abstammung und keine Jüdin. Die Rachephantasien der Tochter in dem Gedicht sind also gänzlich fiktiv. Das ist ein literarischer Gemeinplatz und ändert nichts am künstlerischen Stellenwert des Gedichts. Plaths Lyrik ist jedoch insgesamt so eng mit ihrer Biographie verwoben, daß man zwangsläufig nach Entsprechungen zwischen Kunst und Leben sucht. In ihrem Selbstmord und in ihren letzten Gedichten, die ihn voraussagen, gehen beide Bereiche schließlich ineinander über. Der schonungsloseste dieser Texte ist wohl das Gedicht *Papi*, Ausdruck einer unwiderstehlichen Todessehnsucht, in die die Auseinandersetzung der Dichterin mit privat erfahrener und öffentlicher Gewalt schließlich mündet.

Und wieder stellt sich die Frage: Kann es eine Symmetrie – wenigstens in der

Gefühlswelt, wenn schon nicht empirisch – geben zwischen den Qualen eines Mädchens mit einem Elektrakomplex und denen, die die Opfer Hitlers durchmachen mußten? Gibt es eine poetische Sprache, die eine Form der rhetorischen Überzeichnung legitimieren könnte, welche das Gefühl des Verratenseins, das eine Tochter ihrem Vater gegenüber empfindet, in einem Vergleich mit den Judenverfolgungen ausdrückt? Alvarez bejaht diese Frage, er geht sogar so weit zu behaupten, daß »jeder, der sich mit dem Thema des Leidens befaßt, auf das Beispiel der Konzentrationslager als vorgefertigt bereitliegendes Bild der modernen Hölle auf Erden zurückgreifen kann.«[31] Wenn dies Bild aber schon »vorgefertigt« ist, ist es per definitionem auch künstlich erzeugt, ein Produkt, dessen gelungene Ausführung eher handwerkliches Geschick voraussetzt als wirklich künstlerisches Genie. Aber gerade diese leicht handhabbaren Elemente fallen in *Papi* besonders ins Auge und lassen den Ton des Gedichts allmählich ins Schale abgleiten:

> Ein ratterndes Knattern, ein Zug,
> Der mich forttrug, als wär ich ein Jud.
> Ein Jud nach Dachau, Auschwitz, Belsen.
> Ich fing zu reden an wie ein Jud.
> Ich denke, ich bin vielleicht ein Jud.
>
> Schnee in Tirol, helles Bier in Wien,
> Die sind nicht sehr rein und gut.
> Mit meiner Großmutter Zigeunerin
> Und mit meinen Tarockkarten glaub ich, ich bin
> Vielleicht auch ein wenig ein Jud. (S. 109)

Neben dem ungezwungenen Ton dieser Zeilen fällt vor allem der starre Reim in seiner geradezu zwanghaften Wiederholung auf, ein bewußt eingesetztes Mittel, den infantilen Charakter des Gedichts hervorzuheben, oder aber Zeichen seiner Schizophrenie. Hier, wie auch an anderen Stellen, benutzt Plath immer wieder den gleichen Reim, immer wieder liegt die Betonung auf »do« (tun), »Jew« (Jude) und »you« (du). Die wiederholten Wörter und Phrasen haben ihr Zentrum im »I« (Ich) oder, um die zweite Sprache, in der das Gedicht geschrieben ist, zu zitieren, im »Ich, ich, ich, ich«.[*] Da man in Plaths zweisprachiger Welt »do« auch als »du« hören kann, ist *Papi* in seiner tiefsten Bedeutungsschicht ein Gedicht über die Schwierigkeiten von »Ich-und-du«,[*] oder, was für die zentrale Aggression von größerer Bedeutung ist, über »what-I-do-to-you, you-Jew« (was-ich-dir-antue, du-Jud).[**] Überdies bleibt die Identität des Juden fließend, mal wird er verkörpert durch das Tochter-Opfer, mal auch durch den Vater-Teufel, womit die Dichotomie Nazi – Jude zusammenbricht. Letztendlich nimmt Plath in *Papi* auch gar keine klare Trennung zwischen den Fronten Verfolger – Opfer vor, in dieser gnadenlosen Auseinandersetzung werden beide Rollen vom lyrischen Ich selbst übernommen, das in seinen phantasierten Attacken gegen den Vater noch weit heftigere Aggressionen gegen die eigene Person ausagiert. Diese extreme psychische Schädigung ist aus der Sicht von A. R. Jones ein Charakteristikum unserer Zeit, denn »auf eine zerrüttete, aus den Fugen geratene Welt kann ein sensibler Geist nur mit Zerrüttung antworten«:

> Das Gedicht ist einer Sicht verpflichtet, die in dem Dualitätsprinzip von Liebe /Gewalt die dominierende Grundhaltung der letzten dreißig Jahre erkennt. Im gequälten Bewußtsein der Protagonistin spiegelt sich das gequälte Bewußtsein unserer Zeit. Sorgsam versucht die Protagonistin, eine Verbindung zwischen ihrem eigenen Leid und historischen Ereignissen herzustellen. Sie selbst identifiziert sich beispielsweise mit den Juden und den Greueln von ›Dachau, Auschwitz, Belsen‹ und ihre Peiniger mit dem Faschismus und einem Kult der Gewalt. Das Gedicht ist mehr als eine persönliche Stellungnahme; indem es seine Bedeutung nämlich weiter faßt und historische Bilder benutzt, bestimmt es auch das Zeitalter allgemein als schizophren, zerrissen zwischen Gewalt und einer Liebe, die sich heute letztlich nur noch in Bildern der Gewalt zu äußern vermag. Diese Liebe, gequält und pervers, ist ihrem Wesen nach lebensverneinend; der einzig mögliche Ausweg ist die erlösende Freiheit durch den Tod.[32]

Hierauf sind zwei Erwiderungen möglich, eine formale und eine historische und ethische. Die erstere, die dem Gedicht vorwerfen würde, gescheitert zu sein, weil es nur imitiert, sollte man nicht zu stark gewichten, denn die Eindringlichkeit, mit der die Dichterin ihre Nöte in *Papi* darstellt, läßt keinen Zweifel daran, daß sie aus einem echten Bedürfnis heraus schrieb, und die Gewalt ihrer Rhetorik gibt offensichtlich die Gewalt ihrer Gefühle wieder. Plaths Problem liegt woanders – und das gleiche gilt auch für ihren Kritiker –: Sie geht nämlich von der Annahme aus, daß die Sensibilität eines einzelnen Menschen, wie ausgeborgt sie in *Papi* auch immer sein mag, dazu in der Lage ist, die Greuel eines ganzen Zeitalters widerzuspiegeln in der Zurschaustellung selbst zugefügter Wunden. Der Selbstmord als extremer Fall von Gewalt gegen die eigene Person ist nach wie vor keine hinreichende Metapher für die Verheerungen in »Dachau, Auschwitz, Belsen«. Wer das unterstellt, setzt die menschliche Psyche unnötigen Qualen aus und verfälscht gleichzeitig das historische Geschehen, wertet es sogar ab. Mehr noch, der Gedanke, daß sich das Grauen nur bewältigen läßt, indem es weiter potenziert wird, ist pervers, und das gilt besonders für ein Gedicht, welches Bilder aus den Konzentrationslagern evoziert. Wenn ihr Kritiker recht haben sollte, dann phantasiert die phantasierte Jüdin hier etwas Falsches, denn es gibt kaum etwas, was der jüdischen Vorstellung ferner läge als das Verlangen, noch mehr Tod in der Welt zu sehen oder hierin einen Ausweg auf der Suche nach einer vorgeblich »erlösenden Freiheit« zu finden.

Allen in diesem Kapitel untersuchten Beispielen ist eines gemeinsam: die ungerechtfertigte imaginative Inanspruchnahme der realen Greuel. Diese imaginativen Welten haben stets ein gewisses Maß an Illegitimität und fehlender Authentizität. Das schlägt sich meistens in einer Unangemessenheit des Ausdrucks nieder, die Sprache wirkt entweder aufgeblasen oder leer. Im ersten Fall bewirkt die Inanspruchnahme des Holocaust-Vokabulars durch die Kunst eine Herabsetzung des Terrors in den Lagern, indem er ungerechtfertigterweise generalisiert oder universalisiert wird, im zweiten Fall entsteht der Eindruck einer starken Überstrapazierung, Historie geht in Hysterie über. In jedem Fall entsteht eine Verzerrung: Auf der einen Seite handelt es sich um eine unzulässige Reduzierung, auf der anderen Seite besteht die Fehlinterpretation in undifferenzierter Erweiterung. Keine dieser Vorgehensweisen scheint in der Lage zu sein, das Geschehen in seiner tatsächlichen Bedeutung zu erfassen und es in das Kunstwerk hinüber zu retten. Gibt es eine Sprache, die dies zu leisten besser imstande wäre, und, wenn ja, wie würde sie klingen? Eine Antwort auf diese Frage zu finden, die übereinstimmend oder systematisch für alle Texte der Holocaust-Literatur gelten könnte, ist nicht möglich, aber es gibt eine ganze Anzahl von Prüfsteinen, an denen sich messen läßt, was authentisch ist und was nicht. Hier ist einer, aus einer Erzählung von Borowski (*Und sie gingen...*):

Im Lager machte sich schon der Hunger bemerkbar. Die rothaarige Blockleiterin schlich von einer Pritsche zur anderen und verwickelte die Frauen in ein Gespräch, um sie vom Denken abzuhalten. Jedes Mädchen, das singen konnte, wurde von der Pritsche heruntergeholt und mußte singen. Diejenigen, die tanzen konnten, mußten tanzen. Konnte eine gut deklamieren, mußte sie Gedichte vortragen [...]
»Ich kann nicht mehr«, zischte [die Blockleiterin] und stürzte sich auf das Mädchen.
»Herunter mit dir!« befahl sie. In der Baracke wurde es still. Die Rothaarige hob die Hand.
»Ruhe«, sagte sie, obwohl kein einziger Laut zu hören war. »Ihr habt mich gefragt, wo eure Eltern und eure Kinder sind. Ich hab's euch nicht gesagt, weil es mir leid tat um euch. Jetzt werde ich es euch aber sagen, damit ihr Bescheid wißt, weil man mit euch dasselbe macht, wenn ihr krank werdet. Eure Kinder, eure Männer und eure Eltern sind in keinem anderen Lager. Man hat sie in den Keller gestopft und mit Gas vergiftet. Vergast, versteht ihr? Wie Millionen andere, wie meine Eltern auch. Und jetzt wird man sie verbrennen. Im Krematorium und in der Grube. Der Rauch, der über dem Wald hängt und über den Dächern, kommt nicht aus der Ziegelei, wie man euch erzählt hat. Der Rauch, das sind eure Kinder. So. Und jetzt kannst du weitersingen«. (S. 195f.)

Gesang, der aus solchem Wissen hervorgeht, oder trotz ihm entsteht, ist authentischer Gesang. Alles andere läuft Gefahr, als Vortäuschung zu erscheinen oder als Ausbeutung der Schmerzen anderer.

9. Der Überlebende als Opfer: Primo Levi

Nach Auschwitz bringt uns alles nach Auschwitz zurück.
ELIE WIESEL

Die Nachricht vom Tod Primo Levis im April 1987 löste ein Gefühl des Verlustes und der Verzweiflung aus, das noch heute nicht ganz abgeklungen ist. Levi sollte seinen Tod selbst herbeigeführt haben, so wurde berichtet, Grund genug, mehr als nur Betrübnis über den Tod eines außerordentlichen Schriftstellers zu empfinden. Unweigerlich fallen uns andere Namen ein: Paul Celan, Tadeusz Borowski, Piotr Rawicz, Jean Améry. Als ein Schriftsteller, der fortwährend über die Verbrechen des Dritten Reichs nachdachte, gehörte Levi an die Seite dieser Autoren, doch man sträubte sich, ihn als Selbstmörder an ihre Seite zu stellen. Wie konnte er, dessen Bücher sich durch maßvolles Temperament, emotionales Gleichgewicht und rationale Kontrolle auszeichneten, wie konnte ausgerechnet *dieser* Schriftsteller sich das Leben nehmen? Hatte er sich tatsächlich selbst getötet, oder war sein Sturz, wie manche behaupten, ein Unfall? Wie auch immer, Levis Tod kam viel zu früh und mußte als großer Verlust für die literarische Welt beklagt werden. Mehr noch, wenn es sich bei seinem Tod tatsächlich um einen Selbstmord handelte, sind die Folgerungen um so beunruhigender, denn Levis gewaltsames Ende läßt wieder einmal die entsetzliche Möglichkeit denkbar erscheinen, daß die Verbrechen der Nazis noch Jahrzehnte, nachdem der Nazismus selbst besiegt wurde, ihre Opfer fordern. Wie im Fall von Jean Améry mußte man eine Frage stellen, die über das Persönliche hinausgeht und weitreichende psychologische und kulturelle Folgerungen einschließt: Liegt in der Erinnerung an die Verbrechen eine latente Bedrohung, die Jahre später die einholt, denen es scheinbar gelungen war, ihnen zu entkommen? Und nicht nur ihnen zu entkommen, sondern, wie es auf Primo Levi zuzutreffen schien, über sie zu triumphieren?

Unter all denen, die die Todeslager überlebt und dann über sie geschrieben hatten, schien Primo Levi einer der wenigen zu sein, der ein dauerhaftes Maß an künstlerischer Kontrolle über seine Erfahrungen erlangt hatte. Er scheute in seinen Büchern nie vor einer direkten Konfrontation mit den Greueln des Nazismus zurück, doch gleichzeitig fällt auf, daß Empörung oder Selbstmitleid, unverhohlene Ausbrüche von Bitterkeit, Zorn oder haltloser Wut fehlen. »Ich neige von Natur aus nicht zu Haß«, schrieb er. »Ich halte Haß für ein animalisches und rohes Gefühl, und ich möchte, daß mein Tun und Denken nach Möglichkeit der Vernunft entspringt.«[1] Haß und Rachewünsche sind Empfindungen, die in seinen Schriften nicht vorkommen, und selbst normale Wut ist selten.

Obwohl es genug gab, worüber er hätte in Zorn geraten können, hatte Levi ein ungewöhnliches Maß an intellektueller und moralischer Ausgeglichenheit erreicht. Es schien tatsächlich so, als habe er seine Prüfungen hinter sich und zeige sowohl durch seine Person als auch durch seine Bücher, daß es kulturellen Werten wie Geist und Menschlichkeit möglich war, den Anschlag der Nazis auf sie zu überleben. Dieses Bild von Levi wurde durch die Nachricht von seinem Tod ernstlich erschüttert. Natürlich waren seine Schriften nicht plötzlich wertlos geworden oder bedeuteten weniger als zuvor, aber sie waren letztlich nicht stark genug, den Verfasser vor den quälenden Erinnerungen an die persönlichen und historischen Extremerfahrungen, von denen sie berichteten, zu schützen. Schlimmer noch war die reale Möglichkeit, daß Levi, indem er diese Erinnerungen wach hielt und mit jedem neuen Buch zu ihnen zurückkehrte, das Trauma, das seine jüngeren Jahre so brutal gezeichnet hatte, verlängert und sogar verschlimmert haben könnte. Er war ein Überlebender, aber war er nicht, auf Grund seiner gänzlichen Inanspruchnahme durch die Vergangenheit, zunehmend auch ein Opfer? Seine Bücher sind Zeugnis und Reflexion gleichermaßen, lebendige Evokation der Vergangenheit und fortgeführtes Nachdenken über sie durch einen überlebenden Zeugen. Müssen wir diesen Status, diese selbstgewählte Berufung, nun als verhängnisvoll ansehen?

Ganz am Anfang seines letzten Buches, *Die Untergegangenen und die Geretteten*, zitiert Levi eine aufschlußreiche Passage aus Simon Wiesenthals *Doch die Mörder leben*. Der Sprecher ist ein SS-Mann; seine Ansprache an die Gefangenen eines der Lager ist zynisch und voller Hohn:

Stellen Sie sich nur vor, Sie kommen in New York an, und die Leute fragen Sie: »Wie war es in diesen deutschen Konzentrationslagern? Was haben sie da mit euch gemacht?« [...] Sie würden den Leuten in Amerika die Wahrheit erzählen [...] Und wissen Sie, was dann geschehen würde? [...] Sie würden Ihnen nicht glauben, würden Sie für wahnsinnig halten, vielleicht sogar in eine Irrenanstalt stecken. Wie kann auch nur ein einziger Mensch diese unwahrscheinlichen Dinge glauben – wenn er sie nicht selbst erlebt hat?[2]

Levi merkt dazu an, daß »dieser Gedanke (›Selbst wenn wir erzählten, würde uns niemand glauben‹)« von allen Gefangenen des Lagers geteilt wurde. Er fügt hinzu, daß »beiden Seiten, den Opfern wie den Unterdrückern, das unvorstellbare Ausmaß und die daraus folgende Unglaubhaftigkeit all dessen, was in den Lagern geschah, deutlich bewußt war« (S. 8). Ihre Geschichten zu erzählen und so das ›Unvorstellbare‹ vorstellbar zu machen und andere davon zu überzeugen, daß das Unglaubhafte tatsächlich geschah, das ist ein wesentlicher Teil der Aufgabe der Zeugnisliteratur über den Holocaust.

Diese Aufgabe teilte Levi mit anderen, die entsprechende Erfahrungen durchgemacht hatten und sich ebenfalls als Autoren der Zeugenschaft verstanden. Einer von ihnen war Améry, der zur gleichen Zeit wie Primo Levi in Auschwitz-Monowitz inhaftiert war. Im ersten Aufsatz des Bandes *Jenseits von Schuld und Sühne* mit dem Titel *An den Grenzen des Geistes* wird Levi namentlich erwähnt.[3] Levi seinerseits schrieb ausführlich über Améry in *Die Untergegangenen und die Geretteten*. In *Das Erinnern der Wunde* untersucht Levi das traumatische Gedächtnis und begreift es als »Verletzung«, die »unheilbar« ist. Um seine Argumentation, daß »die Erinnerung an ein Trauma, ob es nun erlitten oder zugefügt wurde, an sich schon traumatisch« ist, zu stützen, zitiert er aus Amérys großem Aufsatz über *Die Tortur*:

> Nicht ohne Entsetzen liest man die Worte, die der österreichische Philosoph Jean Améry hinterlassen hat, der von der Gestapo gefoltert wurde, weil er im belgischen Widerstand aktiv war, und später nach Auschwitz deportiert wurde, weil er Jude war:
> »Wer gefoltert wurde, bleibt gefoltert [...] Wer der Folter erlag, kann nicht mehr heimisch werden in der Welt. Die Schmach der Vernichtung läßt sich nicht austilgen. Das zum Teil schon mit dem ersten Schlag, in vollem Umfang aber schließlich in der Tortur eingestürzte Weltvertrauen wird nicht wiedergewonnen.«

Levi fährt fort: »Die Folter war für ihn ein nicht enden wollender Tod: Améry [...] hat sich 1978 das Leben genommen.«[4] Angesichts seines eigenen Tods nicht einmal zehn Jahre später bekommen diese Worte einen bitteren Klang. Wenn sie nicht direkt auf einen vorsätzlichen, selbstgewählten Tod hinweisen, spricht aus ihnen doch gewiß die beiden Autoren gemeinsame Empfindung, daß das Überleben für die, die in den Lagern gewesen waren, einen sich immer wiederholenden Einbruch des Todes in das Leben bedeuten kann, eine quälende Störung des Bewußtseins, von Zeit zu Zeit ausgelöst durch das, was Levi als »das Erinnern der Wunde« bezeichnete. Levi folgerte daraus: »Wieder müssen wir, trauernd, feststellen, daß die Verletzung unheilbar ist: Sie überdauert die Zeiten, und die Erinnyen, an die man schließlich doch glauben muß, quälen nicht nur den Peiniger [...], sondern führen sein Werk noch fort, indem sie dem Gepeinigten den Frieden versagen.«[5] Zwar leidet sicherlich nicht jeder der Überlebenden in der hier beschriebenen Weise, doch kann kein Zweifel daran bestehen, daß Levi selbst die Erinnyen nur zu gut kannte und von ihnen in nicht geringem Maße gepeinigt worden sein muß. Das Gedächtnis, die Quelle, aus der sich sein Genie als Schriftsteller speiste, war gleichzeitig die Quelle seines Schmerzes.

Notgedrungen lernt man, mit diesem Schmerz zu leben, ihn zu verstecken oder zu unterdrücken oder sonstwie einer direkten Konfrontation mit ihm aus dem Weg zu gehen, doch diese Manöver können die Seelenqual bestenfalls lindern, ausschalten können sie sie nicht. Werner Weinberg, ein weiterer überlebender Autor mit scharfer Beobachtungsgabe, spricht davon, daß er lerne, »mit einem aus mir nicht mehr zu vertreibenden Stück Holocaust in mir zu leben und zu handeln«.[6] Primo Levi hatte ebenfalls gelernt, so zu leben, doch der Preis, den er dafür zu zahlen hatte, war schmerzlich hoch.

Unter anderem quälte ihn ein tiefes, hartnäckiges Bewußtsein eines Unrechts, ein Thema, das in seinem Werk häufig eine Rolle spielt und auf besonders merkwürdige Weise auch in seinen Gedanken zu Jean Améry und dem Selbstmord. Levi gibt eine Episode aus Amérys Essay *Über Zwang und Unmöglichkeit, Jude zu sein* wieder, worin Améry beschreibt, wie er sich mit einem gewalttätigen polnischen Aufseher in Auschwitz geprügelt hat. Dieser hatte die Gewohnheit, die

Juden, die zu seinem Kommando gehörten, vorsätzlich zu schlagen, und eines Tages schlug er Améry ohne ersichtlichen Grund ins Gesicht. In einem seltenen Moment des Aufbegehrens beantwortete Améry diesen Angriff mit einem Faustschlag ans Kinn. Dieser Schlag eines rebellischen Juden veranlaßte den gewalttätigen Polen zu noch heftigeren Prügeln, aber dennoch war es eine Tat, die getan werden mußte: Die Menschenwürde erforderte es. In seinem Kommentar zu dieser Episode spricht Levi Améry seine Bewunderung für seinen Mut aus, merkt jedoch an, daß er selbst nie fähig gewesen wäre, zurückzuschlagen. »Ich habe es niemals fertiggebracht ›zurückzuschlagen‹«, schreibt er. »›Boxkämpfe‹ sind eine Erfahrung, die ich, soweit ich zurückdenken kann, nie gemacht habe«. Dann sagt er etwas über diese Episode, das nicht ganz leicht zu verstehen ist. Zwar respektiert er Amérys Reaktion als ein »bewußte[s] Aufbegehren gegen die verkehrte Welt des Lagers«, bringt sie aber in direkten Zusammenhang mit Amérys Selbstmord. Hier der entscheidende Passus:

> Wer sich mit der ganzen Welt auf einen ›Boxkampf‹ einläßt, findet zwar seine Würde wieder, aber er zahlt dafür einen sehr hohen Preis, weil er sicher sein kann, besiegt zu werden. Amérys Freitod [...] läßt, wie jeder Freitod, eine Vielzahl unterschiedlicher Erklärungen zu, aber im Nachhinein bietet die Begebenheit mit der Herausforderung an den Polen eine Interpretation an.[7]

Was genau war es in Amérys Aufbegehren, das Levi glauben ließ, er hätte das Wesen von Amérys gewaltsamem Tod begriffen? Die amerikanische Schriftstellerin Cynthia Ozick meint, es sei die Wut gewesen. »*Die Untergegangenen und die Geretteten*«, schreibt Ozick, »ist ein Buch, das nach jahrzehntelanger Pause den Kampf wieder aufnimmt. Es ist ein Buch, in dem die Schläge zurückgegeben werden durch eine Feder in Flammen.« In Ozicks Sicht war diese lang unterdrückte Wut einfach zuviel für ihn: »Levi wartete vierzig Jahre, und erst, als er die Emotionen zuließ und die Schläge zurückgab, wurde er zum Selbstmörder [...] Es schmerzt mich, daß er das Toben der Wut mit Selbstzerstörung gleichgesetzt hat.«[8]

Die Untergegangen und die Geretteten ist intensiver als alles, was Levi vorher veröffentlicht hat, aber so, wie ich es lese, zeigt es uns den Autor nicht von Wut übermannt. Ein deutlich bitterer Ton durchzieht alle in die Sammlung aufgenommenen Essays, sie enthalten aber auch ein nicht geringes Maß an Selbstkritik. Levi ist hart gegen sich selbst in diesem Buch, viel zu hart. Er übt harsche Kritik an den Deutschen, fühlt sich aber auch dazu verpflichtet, sich für das zu rechtfertigen, was er in früheren Büchern über sie geschrieben hat. »Améry«, so schreibt er, habe ihn »»den Verzeihenden«« genannt.

> Ich halte das weder für eine Kränkung noch für ein Lob; es ist nur ungenau. Ich neige nicht dazu zu verzeihen, ich habe niemandem unserer damaligen Feinde verziehen [...] weil ich keine menschlichen Taten kenne, die eine Schuld auslöschen könnten. Ich fordere Gerechtigkeit, aber ich bin selber nicht in der Lage, mich auf Boxkämpfe einzulassen oder zurückzuschlagen.[9]

»[I]ch bin nun einmal der, den seine Vergangenheit zu dem gemacht hat, der er ist«, schreibt er, »und es ist mir nicht mehr möglich, mich zu ändern.«[10] Dies war eine sehr freimütige Weise, seine eigene eher passive Haltung, die im Gegensatz zu Amérys offener rebellischer Natur steht, zu rechtfertigen, aber war sein Handeln, oder präziser sein Nicht-Handeln, eine angemessene Reaktion auf das Unrecht, das man ihm angetan hatte? Wohl kaum. Man hat den Eindruck, er habe sich in zweierlei Hinsicht verletzt gefühlt – einmal aufgrund der entmenschlichenden Erfahrungen in Auschwitz und zum anderen wegen der peinigenden Anschuldigungen, die wohl teilweise auch eine Selbstbeschuldigung waren, er habe zu wenig getan, um seine Forderung nach Gerechtigkeit durch konkrete Handlungen zu bekräftigen. Was durch seine eingehenden Reflexionen über Améry und den Selbstmord durchklingt, ist somit weniger Zorn auf seine Peiniger als scharfe Selbstkritik und, damit verbunden, möglicherweise ein Verlust an persönlicher Würde. Für diese Zusammenhänge, die Levi mit äußerstem Ernst behandelte, fand er gewichtige Worte, als er über Améry sagte: »Und doch braucht man zum Leben eine Identität, das heißt eine Würde [...] wer das eine verliert, verliert auch das andere und stirbt einen geistigen Tod: Und wer auf diese Weise wehrlos ist, ist auch dem physischen Tod ausgesetzt.«[11] Dieser Passus erscheint auf ominöse Weise selbstreflexiv und weist auf eine schwierige geistige Krise in Levis eigenem Leben hin.

Werner Weinberg gibt uns einen Einblick in die Psyche von Überlebenden, der hier meiner Ansicht nach weiterhelfen könnte. »Es gibt Wunden, die unheilbar sind«, schreibt er, »und zwar deshalb, weil sie nicht heilen dürfen.«[12] Die Rede ist hier von geistigen Wunden, Erinnerungswunden, eben denen, die Primo Levi meint, wenn er vom *Erinnern der Wunde* spricht. Levi forderte Gerechtigkeit, aber tief im Inneren wußte er, daß so etwas nie möglich sein würde. Und so wandte er sich in seinen Schriften einer tiefergehenden und noch quälenderen Analyse der Problematik selbst zu: er erforschte die Motive und das Vorgehen derer, die die beispiellosen Unrechtshandlungen festlegten, organisierten und durchführten, und er erforschte sich selbst und andere, die in den Lagern gewesen waren, die Opfer ungeheuren Unrechts. Gleichzeitig – und dies wurde ihm in seinen späteren Jahren ein immer dringenderes Bedürfnis – befaßte er sich mit der Beschaffenheit seiner eigenen Zeugenschaft, indem er sich selbst in der Rolle als Chronist und Anatom des Unrechts betrachtete. Je weiter sein Denken und Schreiben sich in diese Richtung bewegten, um so intensiver verspürte er, wie seine Bücher zeigen, den Drang, über den Wert des Lebens selbst nachzudenken und darüber, was manche dazu veranlaßte, ihrem Leben durch Selbstmord ein Ende zu machen.

Vor dem Krieg hatte Levi in Italien die Universität absolviert, doch, so bemerkte er oft, seine wahre Universität war Auschwitz.[13] In diesem Sinn ließe sich also sagen, daß Levi eine »deutsche« Erziehung erhalten hat, die ihn entscheidend verändern sollte. Auf jeden Fall hatte er seit seinem 25. Lebensjahr ein grenzenloses Interesse an Deutschland und den Deutschen. Nach eigener Schätzung besuchte er das Land in der Zeit nach dem Krieg mindestens fünfzehnmal,[14] verbrachte mehrere Jahre damit, die deutsche Sprache zu erlernen, und bemühte sich in all seinen Büchern, das deutsche Volk und die Eigenheiten der deutschen Nation zu ergründen. Was ihn dazu trieb, so versicherte er wiederholt, war weder Haß noch das Verlangen nach Rache an seinen früheren Peinigern, sondern der Wunsch, sie zu verstehen. Das sollte sich als keine leichte Aufgabe erweisen.

Levis Reflexionen über Deutschland und die Deutschen sind über sein ganzes Werk verteilt. Eine sorgfältige Lektüre dieses Materials fördert zahlreiche Erkenntnisse zutage, die sich meist um das Bemühen des Autors drehen, das Wesen der besonderen Erziehung zu begreifen, die ihm durch die Deutschen in Auschwitz zuteil geworden war.

Es war, so berichtet er in seinem ersten Buch, eine Ausbildung in fortschreitender Entmenschlichung oder, wie er es genannt hat, »die Vernichtung des Menschen«.[15] *Ist das ein Mensch?* schildert die Entmenschlichung auf mehreren unterschiedlichen Ebenen, doch wenn man in Levis erstem Buch nach einer Urszene menschlicher Erniedrigung sucht – einer, in der der Autor sich selbst als Opfer eines fundamentalen Angriffs auf seine Menschenwürde beschreibt –, wird man am besten auf das *Chemie-Prüfung* überschriebene Kapitel zurückgreifen. Dort berichtet Levi von seiner Erinnerung an eine Kränkung, die ihm zeigte, wie leicht verletzbar er doch durch die Demütigungen und Erniedrigungen des Unrechts war. In Turin als Chemiker ausgebildet, meldete sich Levi in Auschwitz für ein ›Chemie-Kommando‹; würde er angenommen, könnte er auf die relative Sicherheit bauen, nicht im Freien arbeiten zu müssen und so sein Leben ein wenig verlängern zu können. Um ein Mitglied dieses Kommandos werden zu können, hatte er jedoch zunächst eine Chemieprüfung zu bestehen. Unter gewöhnlichen Bedingungen hätte ihm diese Prüfung keine besonderen Schwierigkeiten bereitet, so aber, als jüdischer Häftling in Auschwitz, waren die Bedingungen für ihn alles andere als normal. So beschreibt Levi, wie er vor Doktor Pannwitz, seinem Prüfer, steht:

Pannwitz ist hochgewachsen, mager und blond; er hat Augen, Haare und Nase, wie alle Deutschen sie haben müssen, und er thront fürchterlich hinter einem wuchtigen Schreibtisch. Ich, Häftling 174.517, stehe in seinem Arbeitszimmer, einem richtigen Arbeitszimmer, klar, sauber und ordentlich, und mir ist, als müßte ich überall, wo ich hinkomme, Schmutzflecken hinterlassen.

Wie er mit Schreiben fertig ist, hebt er die Augen und sieht mich an.

Von Stund an habe ich oft und unter verschiedenen Aspekten an diesen Doktor Pannwitz denken müssen. Ich habe mich gefragt, was wohl im Innern dieses Menschen vorgegangen sein mag und womit er neben der Polymerisation und dem germanischen Bewußtsein seine Zeit ausfüllte; seit ich wieder ein freier Mensch bin, wünsche ich mir besonders, ihm noch einmal zu begegnen, nicht aus Rachsucht, sondern aus Neugierde auf die menschliche Seele.

Denn zwischen Menschen hat es einen solchen Blick nie gegeben. Könnte ich mir aber bis ins letzte die Eigenart jenes Blickes erklären, der wie durch die Glaswand eines Aquariums zwischen zwei Lebewesen getauscht wurde, die verschiedene Elemente bewohnen, so hätte ich damit auch das Wesen des großen Wahnsinns im Dritten Reich erklärt.[16]

Levi verließ Doktor Pannwitz, ohne zu wissen, ob er die Chemieprüfung bestanden hatte, aber die Erinnerung an diese seltsame Prüfung, in seiner zerlumpten Häftlingskleidung vor seinem deutschen Prüfer zu stehen, ließ ihn nie wieder los. Wer oder was genau war er wohl in den Augen des anderen? Diese Frage sollte Primo Levi in der einen oder anderen Form für den Rest seines Lebens beschäftigen. Hätte er sie beantworten können, so wäre er, wie er bemerkte, auch in der Lage gewesen, das Wesen des Nazismus zu erklären.

Zu der Chemieprüfung war Levi von einem Kapo namens Alex gebracht worden, einer groben Verbrechertype. Dieser Kapo brachte Levi auch ins Lager zurück. Auf dem Weg dorthin mußten sie über dreckiges Eisengestänge klettern. Alex machte sich dabei schmutzig und fluchte über seine fettverschmierten Hände. Hier Levis Beschreibung, was nun folgte:

> Ohne Haß und ohne Hohn wischt er seine Hand, innen und außen, an meiner Schulter ab. Und er wäre sehr erstaunt, der unschuldige Rohling Alex, wenn ihm jemand sagen würde, daß ich ihn heute nach dieser seiner Geste einschätze, ihn und Pannwitz und all die Unzähligen, die ihm gleichen, die großen und kleinen, in Auschwitz und überall.[17]

Es gibt Darstellungen der Entmenschlichung, die wesentlich zermürbender sind in der Beschreibung menschlicher Erniedrigung als die gerade zitierte. Für Levis schriftstellerisches Genie aber ist es kennzeichnend, daß er die ungeheure Kränkung anhand einer scheinbar banalen Handlung aufzeigt, in diesem Fall, wie ein Mitmensch zu einem gerade griffbereiten Putzlappen degradiert wird. Natürlich sollte Levi während seiner Inhaftierung in Auschwitz weit entsetzlichere Schreckensszenen kennenlernen, aber die, auf die er sich in der *Chemie-Prüfung* bezieht – die entwaffnende Ungleichheit und grundlegende Absurdität seiner Vorstellung bei Pannwitz und die Mißachtung, die ihm durch den Kapo Alex widerfuhr –, diese beiden stellten für ihn ganz wesentliche Unrechtshandlungen dar, die er niemals vergaß. Beide waren Auslöser seines lebenslangen Bemühens, die Deutschen zu verstehen, und gaben den Anstoß, Schriftsteller zu werden. Seinem ersten deutschen Übersetzer stellte er es folgendermaßen dar:

> Doch ich kann nicht sagen, daß ich die Deutschen verstehe. Und was man nicht verstehen kann, bildet eine schmerzhafte Leere, ist ein Stachel, ein dauernder Drang, der Erfüllung fordert [...]
>
> [W]enn ich an mein Leben denke und an die verschiedenen Ziele, die ich mir bisher gesetzt habe, so erkenne ich nur eines als festumrissen und bewußt an, und es ist gerade dieses, Zeugnis abzulegen, das deutsche Volk meine Stimme hören zu lassen und dem Kapo, der sich die Hand an meiner Schulter säuberte, dem Doktor Pannwitz [...] zu ›antworten‹.[18]

Er war der Überzeugung, wie er in *Das periodische System* erklärt, daß »jeder Deutsche [...] [sich] für Auschwitz verantworten« muß,[19] je mehr er sich aber mit den

Verbrechen der Nazis auseinandersetzte und mit dem, was er ganz generell als ein Versagen der Deutschen der Nachkriegszeit ansah, nämlich ihrem Versäumnis, das auch zu tun, um so verzweifelter wurde er. Für ihn war das Schweigen der Deutschen während des Dritten Reichs unentschuldbar: »die Mehrzahl der Deutschen [wußte] nichts davon, weil sie es nicht wissen wollte – weil ihnen das Nichtwissen lieber war«.[20] Und was das Schweigen der Deutschen während der Nachkriegsjahre angeht: »Das ›Ich weiß nicht‹ oder ›Ich wußte nicht‹, das heute von vielen Deutschen vorgebracht wird, erregt keine Empörung mehr.«[21]

Dieses Versagen hatte er schon in einigen seiner frühesten Texte vorausgeahnt, wie der folgende Auszug aus *Die Atempause*, seinem zweiten Buch, belegt. Darin beschreibt Levi, was er empfand, als er sich, im Oktober 1945, während seiner langen, mit vielen Umwegen verbundenen Rückkehr in die Heimat nach Turin, plötzlich in München fand. Für ihn war es das erste Mal überhaupt, das er in Deutschland war:

Uns schien, als hätten wir jedem Deutschen etwas zu sagen, ungeheuerliche Dinge zu sagen, und als hätte jeder Deutsche uns etwas zu sagen: Wir hatten das Bedürfnis, die Summe zu ziehen, zu fragen, zu erklären, zu kommentieren [...] Wußten ›sie‹ von Auschwitz, vom verschwiegenen täglichen Massenmord, direkt vor ihren Türen? [...]

Mir war, als müsse jeder uns Fragen stellen, uns an den Gesichtern ablesen, wer wir waren, demütig unseren Bericht anhören. Aber niemand sah uns in die Augen, niemand nahm die Herausforderung an: Sie waren taub, blind und stumm, eingeschlossen in ihre Ruinen wie in eine Festung gewollter Unwissenheit, noch immer stark, noch immer fähig zu hassen und zu verachten, noch immer Gefangene der alten Fesseln von Überheblichkeit und Schuld.

Ich überraschte mich dabei, wie ich [...] wohlbekannte [...] Gesichter suchte: solche, die unmöglich nicht wissen, sich nicht erinnern, nicht Rede und Antwort stehen konnten, solche, die befohlen und gehorcht, getötet, erniedrigt und korrumpiert hatten – törichter und nutzloser Versuch: Denn nicht sie, sondern die wenigen Gerechten hätten an ihrer Statt geantwortet.[22]

Die Untergegangenen und die Geretteten, Levis letztes Buch, entstand ungefähr zwanzig Jahre später, doch es endet in einem ähnlich verzweifelten Ton, und die Gründe dafür sind vielfach die gleichen: Aus Levis Sicht hatten es die Deutschen, von ganz wenigen Ausnahmen abgesehen, vorgezogen, nichts über die Verbrechen des Dritten Reichs zu wissen. Die ältere Generation der Deutschen blieb im wesentlichen so, wie er sie im Herbst 1945 in München erlebt hatte: taub, blind und stumm. Und den Jüngeren erschienen Berichte wie die seinen, wenn sie sie überhaupt zur Kenntnis nahmen, wie Erzählungen aus einer Welt »weit weg, undeutlich, ›historisch‹«. Im allgemeinen war Levi kein zynischer oder fatalistischer Autor, aber gegen Ende seines Lebens empfand er sich selbst als anachronistisch und zunehmend unwichtig, wenn es um die Deutschen ging. In seinen letzten Worten zu diesem Thema liegt eine ungewohnt heftige Bitterkeit und so etwas wie Verzweiflung:

Es muß deutlich gesagt werden, daß sie alle, in größerem oder geringerem Maß, verantwortlich waren. Aber es muß ebenso deutlich gesagt werden, daß hinter ihrer Verantwortlichkeit die der großen Mehrheit der Deutschen steht, die anfangs aus geistiger Trägheit, aus kurzsichtigem Kalkül, aus Dummheit oder aus Nationalstolz die ›schönen Worte‹ des Gefreiten Hitler akzeptiert haben, die ihm gefolgt sind, solange das Glück und seine Skrupellosigkeit ihn begünstigten, die, von seinem Sturz hinweggerissen, heimgesucht wurden von Trauer, Elend und Gewissensbissen und wenige Jahre darauf, aufgrund eines skrupellosen politischen Spiels, rehabilitiert wurden.[23]

Aus diesen Worten wäre zu schließen, daß Levi die Deutschen für mehr oder weniger unverbesserlich hielt. In seinen *Briefen von Deutschen* berichtet er, daß die meisten, die ihm aus Deutschland schrieben, entweder versuchten, die Vergangenheit zu beschönigen oder ein tiefes, aber hilfloses Schuldgefühl angesichts der schlimmsten Aspekte der Vergangenheit offenbarten. Überdies beantworteten viele Levis dringende Aufforderung, die Deutschen zu begreifen mit dem Eingeständnis, sie könnten sie selbst nicht verstehen.

Beweise für die latent ambivalente Haltung der Deutschen gegenüber ihrer Vergangenheit zeigten sich in besonders auffälliger Weise in den letzten beiden Jahren vor Primo Levis Tod. Die Bitburg-Affäre im Frühjahr 1985 beispielsweise betrachtete Levi als persönlichen Affront gegen die Opfer des Nazismus und als nationale Schande.[24] Den Historikerstreit,* der kurze Zeit später einsetzte, bewertete er als üble Form von historischem Revisionismus und veröffentlichte eine scharfe Kritik dazu.[25]

Diese und ähnliche Tendenzen untergruben Levis frühere Hoffnung auf eine aufrichtige Auseinandersetzung mit den Deutschen. Wie aus seinem letzten Buch ersichtlich wird, war ihm nicht wohl dabei, als er erfuhr, daß *Ist das ein Mensch?* ins Deutsche übersetzt wurde; doch dann begrüßte er die Aussicht auf eine deutsche Ausgabe, denn schließlich, so lautet seine Formulierung, würde er so »jene« erreichen, »die wirklichen Adressaten des Buches [...] Jetzt war die Stunde der Abrechnung gekommen«. Resultat der Übersetzung war, so schrieb er: »Jetzt war die Waffe geladen.«[26] Diese ungewöhnliche, außerordentlich aggressive Metapher kennzeichnet die Heftigkeit der Empfindungen, mit denen er auf die Begegnung mit einer deutschen Leserschaft reagierte. Auf dieses Aufeinandertreffen hatte er lange warten müssen, und nun endlich sollte er die Gelegenheit haben, die Verhältnisse zwischen sich und denen, die versucht hatten, ihn zu erniedrigen, wieder zurechtzurücken. Dann aber mußte er feststellen, daß die Reaktion auf sein Buch in Deutschland vergleichsweise schwach ausfiel, und er war zweifellos enttäuscht, daß sein bester Schuß im Kampf gegen die Schwächung der historischen Erinnerung an die Nazi-Verbrechen ein so geringes Echo hervorgerufen hatte. Tat er dann den verzweifelten Schritt und sah, um in der Sprache seines Bildes zu bleiben, eine Zeit kommen, in der er die geladene Waffe gegen sich selbst richten würde?

»Der Selbstmord«, schrieb Levi, ist »ein überlegter Akt«.[27] Wie bei allen konsequenten Handlungen steht dahinter eine Geschichte, die bei den meisten

Schriftstellern eine literarische Geschichte mit einschließt. Eine sorgfältige Lektüre des Gesamtwerks von Primo Levi läßt eine immer wiederkehrende Faszination für plötzliche Abbrüche, gewaltsame Explosionen und Akte der Selbstzerstörung erkennen. Ebenso offenkundig ist ein Interesse an den psychologischen und geistigen Aspekten dessen, was Levi »die Krankheit der Überlebenden« genannt hat – ein Nachlassen der Leistungsfähigkeit, ein Schwinden der Lebenskraft, die schwere Last von Schuld und Scham, ein allmählicher, aber sicherer Zusammenbruch des Lebenswillens. In keinem von Levis bedeutenderen Werken steht die Konzentration auf solche Zusammenhänge im Zentrum, doch sie spielen in seinen Büchern oft genug eine Rolle, um auf ein zumindest unterschwelliges Interesse an der Frage, ob ein selbstgewählter Tod denkbar, wenn nicht sogar wünschenswert sein könne, schließen zu lassen.

In seinen Ausführungen zu Améry, Trakl und Celan kommt Levi direkt auf diese Form des Todes zu sprechen, die aufschlußreichste Behandlung des Selbstmords aber findet sich in den stärker imaginativen Schriften des Autors – in den Erzählungen *Vertamin* und *Richtung Sonnenuntergang* aus den Sammelbänden *Der Freund des Menschen* und *Das Maß der Schönheit*, in *Lorenzos Rückkehr* aus dem Sammelband *Lilit*, in Passagen in *Das periodische System* und *La Chiave A Stella* und in Gedichten wie *Plinius* oder *Das Mädchen von Pompeji*.

Plinius beispielsweise schildert die Gefahren, die mit der Faszination durch die Gewalt von natürlichen Eruptionen einhergehen. Das lyrische Ich, angelehnt an Plinius den Älteren, der im Jahr 79 n. Chr. umkam, weil er sich zu nahe an den Vesuv heranwagte, ist ein leidenschaftlicher Beobachter, der sich durch nichts davon abhalten läßt, dem Verlangen nachzugeben, genauer zu erforschen, was am Ursprung der Zerstörung steht. Plinius will die »Asche« studieren und scheint damit eine Maske für Levi selbst zu sein, auch wenn sein Entschluß, sich ins Zentrum der Gefahr zu begeben, nur schwer vereinbar mit dem Bild erscheint, das man gemeinhin von Levi als einem gelassenen, wenig impulsiven Charakter hat.

> Plinius
> Haltet mich nicht zurück, Freunde, laßt mich in See stechen.
> Ich segle nicht weit: nur bis ans andere Ufer;
> Aus der Nähe will ich die dunkle Wolke betrachten,
> Die über dem Vesuv aufsteigt und die Form einer Pinie hat,
> Entdecken, woher der befremdliche Glanz kommt.
> Folgst du mir nicht, mein Neffe? Gut, dann bleibe und lerne;
> Schreibe mir die Notizen ab, die ich gestern dir gab.
> Die Asche dürft ihr nicht fürchten: Asche auf Asche,
> Wir selber sind Asche, habt ihr Epikur denn vergessen?
> Schnell nun, bereitet das Schiff, denn bald wird es Nacht,
> Nacht mitten am Tag, ein nie gesehenes Wunder.
> Sorge dich nicht, Schwester, vorsichtig bin ich und erfahren,
> Die Jahre, die mich gebeugt, sind nicht vergebens gewesen.

> Bald komme ich wieder, gewiß, gib mir nur Zeit
> Für die Überfahrt, zur Beobachtung der Phänomene und zur Rückkehr,
> so viel, daß ich morgen ein neues Kapitel gewinnen kann
> Für meine Bücher, die hoffentlich noch leben werden,
> Wenn seit Jahrhunderten die Atome meines alten Körpers
> Frei in den Wirbeln des Weltalls wehen
> Oder neu erstehen in einem Adler, in einem Mädchen, einer Blume.
> Seeleute, hört, stoßt das Schiff jetzt ins Meer.[28]

Im Unterschied zu dem verhängnisvollen Ungestüm, das in *Plinius* dargestellt wird, charakterisieren Vorsicht und Skepsis die Forscher der Erzählung *Richtung Sonnenuntergang*, das beherrschende Thema aber ist auch hier die Selbstzerstörung. In dieser Erzählung machen sich zwei Wissenschaftler daran, den Todestrieb zu untersuchen, und studieren zu diesem Zweck das selbstmörderische Verhalten der Lemminge. Im Verlauf ihrer Untersuchung kommen sie dazu, über den Wert des Lebens nachzudenken und über die Option, seinem Leben aus freiem Willen selbst ein Ende zu setzen. Zwischen ihnen entwickelt sich ein anspruchsvoller, von Forscherdrang bestimmter Dialog, der an die Grenze dessen stößt, was mit den Mitteln der Vernunft zu ergründen ist. »Weshalb sollte ein menschliches Wesen sterben wollen?« fragt einer der beiden. Der andere antwortet ihm: »Und weshalb sollte es leben wollen? Weshalb sollte es *immer und ewig* leben wollen?«[29] Die Fragen werden beharrlich fortgesetzt, und die Antworten sind häufig niederschmetternd: »Das Leben hat *keinen* Zweck; das Leid überwiegt stets die Freude; wir sind allesamt zum Tode Verurteilte, denen das Hinrichtungsdatum noch nicht bekanntgegeben wurde; wir sind dazu verdammt, das Ende der uns liebsten Menschen mitzuerleben; es gibt Dinge, die ein Gegengewicht bilden, aber sie sind spärlich gesät.«[30] Überlegungen dieser Art finden sich zahlreich in *Richtung Sonnenuntergang*, die meisten lösen negative Einschätzungen aus, was die Fähigkeit des Lebenstriebs angeht, sich gegen den unweigerlichen Untergang und die zerstörende Macht des Todes zu behaupten. Die Erzählung endet mit einem Verweis auf die Arunde, ein Volk, das »dem individuellen Überleben wenig und dem nationalen Überleben überhaupt keine Bedeutung«[31] beimessen soll. Wenn die Angehörigen dieses Volksstammes das Gefühl haben, ihr Leben wende sich dauerhaft zum Negativen, wählen sie freiwillig den Tod. Als die Arunde die Chance bekommen, das Leben mit Hilfe von Medikamenten verlängern zu können, erklären sie: »Wir ziehen die Freiheit der Droge vor und den Tod der Illusion.«[32]

Dies ist auch Lorenzos Einstellung, wie Primo Levi sie in *Lorenzos Rückkehr* schilderte. Leser des Buches *Ist das ein Mensch?* werden sich erinnern, daß Lorenzo für Primo Levi während seiner Zeit in Auschwitz eine außerordentlich wichtige Figur war. Lorenzo war italienischer Zivilarbeiter im Lager, brachte Levi Tag für Tag zusätzliches Essen und ermöglichte es ihm so, sowohl seinen Glauben an die ›Möglichkeit des Guten‹ zu bewahren wie auch seinen physischen Hunger zu stillen. Für Levi war Lorenzo ein einfacher, durch und durch anständiger

Mensch, und er glaubte, sein eigenes Überleben in nicht geringem Maße Lorenzos Akten der Freundlichkeit und der Generosität zu verdanken. An einem Ort, der von der Allgegenwart des Todes beherrscht war, stand Lorenzo auf der Seite des Lebens. Daher schmerzte es Levi zutiefst, als er bei Kriegsende feststellen mußte, daß Auschwitz Lorenzo wesentlich mehr hatte anhaben können, als er bisher geglaubt hatte:

Ich fand einen erschöpften Menschen vor [...], zu Tode erschöpft, eine Müdigkeit ohne Gegenmittel [...] Sein Spielraum an Lebenslust war zusammengeschrumpft, nahezu abhanden gekommen [...] Er hatte die Welt gesehen, er mochte sie nicht, er spürte, daß sie zugrunde gehen würde. Er hatte kein Interesse mehr am Leben [...] Er lehnte es energisch und konsequent ab [...] Er, der kein Überlebender war, starb an der Krankheit der Überlebenden.[33]

Wenn man Passagen wie diese oder die weiter oben zitierten betrachtet, stellt sich natürlich die Frage: Starb Levi selbst an der »Krankheit der Überlebenden«? Gewißheit werden wir darüber nie haben können, aber seine Schriften legen diese Möglichkeit nahe. Sie zeigen uns einen Autor, der zunehmend heimgesucht wurde von der Auseinandersetzung mit Leid, Schuld, Scham, Selbstbeschuldigungen, dem Gefühl der Vergeblichkeit und des Scheiterns – kurz, dessen eigenes Überleben ihn qualvoll bedrückte. Sehr eindringlich wird dieser Kampf in Levis letztem Buch geschildert, das in der Art, wie es geschrieben ist, eine so schmerzlich bekümmerte Meditation über das Unglück und die Qualen des Überlebens darstellt, wie es sonst in der ganzen Holocaust-Literatur nicht anzutreffen ist.

Der Groll ist vielfältiger Natur und genauso nach innen gerichtet wie auf Einwirkungen von außen fokussiert. Wie schon bemerkt, hat ein nicht geringer Teil der Empfindung, daß ihm Unrecht geschehen sei, mit seinen Gefühlen gegenüber Deutschland zu tun. Traumatische Erinnerungen an seine Zeit im Lager quälten ihn sein Leben lang, aber die Menschen, die der Nation seiner Peiniger angehörten, waren vergleichsweise unbekümmert in den Jahren nach Auschwitz und boten ihm, wenn überhaupt, nur geringen Trost. Wäre er in der Lage gewesen, mit Leuten wie Dr. Pannwitz oder Alex, dem Kapo, abzurechnen, hätte er vielleicht etwas von seinen heftigeren Gefühlen beruhigen können, aber eine solche Lösung sollte es für ihn nicht geben. Statt dessen war durch das Fortbestehen und die Intensivierung seiner traumatischen Erinnerungen festgelegt, daß er, der gefoltert worden war, ein Gefolterter blieb.

In einer solchen Lage sucht ein Schriftsteller naturgemäß Zuflucht und Erleichterung in seinem Werk. Levi zitierte gern das jiddische Sprichwort »Ibergekumene zoress is gut zu derzajln« (»Überstandene Leiden lassen sich gut erzählen«),[34] und zweifellos sah er das Schreiben als Möglichkeit, seine schreckliche Vergangenheit zu bewältigen und darzustellen. Aber obschon Levis Arbeiten sich durch große analytische Genauigkeit und Darstellungskraft auszeichnen, fehlt ihnen die kathartische Wirkung. Die körperlichen und moralischen Kennzeichen der Leiden, von denen sie berichten, werden meisterhaft beschrieben, aber nur ganz selten eröffnen sie einen Blick auf eine weniger bedrängte Zukunft, die jenseits davon liegen könnte. In einer Weise über die Lagererfahrung zu schreiben, wie Levi es getan hat, dürfte das Trauma eher verschlimmert haben, als Linderung zu bringen. So gesehen, befand er sich in einem Dilemma, das ihn außerordentlich beanspruchte und vor dem er schließlich kapitulierte. Versunken in die Erinnerung und das, was er als deren Verpflichtung und Anspruch an ihn als Schriftsteller begriff, kam Levi immer wieder auf die Vergangenheit zurück, den Ort seiner schlimmsten und zugleich seiner reichsten Erfahrungen. Anfangs hatte er das Schreiben als ein Mittel angesehen, sich innerlich zu befreien, und tatsächlich begann er sein erstes Buch noch während seiner Zeit in Auschwitz.[35] Damals betrachtete er sich als Chronisten eines nie dagewesenen historischen Verbrechens und hatte es sich, als Opfer und Zeuge dieses Verbrechens zugleich, zur Aufgabe gemacht, sicherzustellen, daß andere von dessen ungeheurem Ausmaß erführen. Auf die in seinem ersten Buch gestellte Frage, »ob es denn angebracht, ob es recht sei, daß von diesem ungewöhnlichen Menschendasein überhaupt ein Andenken verbleibe«,[36] war die einzig denkbare Antwort für den Autor von *Ist das ein Mensch?* daher ein emphatisches *Ja*.

Es ist zu bezweifeln, daß der ältere Schriftsteller mit dem gleichen Vertrauen auf die heilenden Kräfte der Erinnerung hätte antworten können. Als er die manchmal bitteren, manchmal grüblerischen Kapitel von *Die Untergegangenen und die Geretteten* schrieb, war Levi offensichtlich zu anderen Schlüssen gekommen, und er zeigt große Vorbehalte, was die Qualität seiner Zeugenschaft angeht. »Sind wir, die wir überlebt haben, imstande gewesen, unsere Erfahrungen zu verstehen und verständlich zu machen?« fragt er.[37] Seine Antwort, in der Frage schon enthalten, ist wohl kaum positiv: »Die menschliche Erinnerung ist ein wunderbares, aber unzuverlässiges Instrument«, schreibt er. »Allerdings ist auch unter normalen Bedingungen ein langsamer Abbau am Werk, eine Trübung der Konturen, ein gewissermaßen physiologisches Vergessen, denen nur wenige Erinnerungen widerstehen [...] Eine Apologie muß hier angebracht werden. Das vorliegende Buch ist durchdrungen von Erinnerung, einer fernen zumal. Es schöpft also aus einer verdächtigen Quelle und muß gegen sich selbst verteidigt werden.«[38] Dies ist eine starke Kehrtwende, die zeigt, daß an die Stelle des jungen Levi, der, wie er es nannte, »lebte, um zu erzählen«,[39] nun ein älterer, schwermütigerer Autor getreten ist, der offensichtlich an der Richtigkeit und dem Nutzen seiner Erzählungen zweifelt.

Der jüngere Levi sprach von der »befreiende[n] Freude des Berichtens«[40] und erzählte seine Geschichte mit dem Selbstvertrauen eines Autors, der sich im Vollbesitz seiner Ausdruckskraft fühlt. Der ältere Levi dagegen zeigte sich zunehmend beunruhigt, was die Aussagen von Überlebenden und sogar was die Zuverlässigkeit der Erinnerung selbst anbelangt. »Die größte Zahl der Zeugen«, so bemerkt er, »verfüg[t] über immer unschärfer werdende und stilisierte Erinnerungen.«[41] Mehr noch, aus seiner Sicht haben sie ihre Berichte aus einem nur teilweisen Wissen heraus geschrieben. Die, die den ganzen Schrecken des Nazismus erfahren hatten, überlebten ihre Qualen entweder nicht oder waren durch sie so beeinträchtigt, daß sie völlig verstummten. So scheint Levi in seinen letzten Jahren zu der melancholischen Einsicht gekommen zu sein, daß man die fundamentale Realität seines Lebens – die volle Wahrheit über Auschwitz – vielleicht nie wirklich erfahren würde.

Levi widmete sein letztes Buch einer eingehenden Analyse der Ursachen und Konsequenzen dieser beunruhigenden Perspektive. Die Aufsätze aus *Die Untergegangenen und die Geretteten* zeigen eine ausgesprochene Besorgnis über die Entwicklung und die Entstellung der Erinnerung und somit über die Trübung und Verfälschung der Vergangenheit. Levi schreibt diese bedenkliche Entwicklung zu einem Teil denen zu, die es vorziehen würden, die Vergangenheit zu vergessen, und denen, die sie absichtlich manipulieren, ein ganz beträchtlicher Teil seiner Bedenken scheint aber gegen ihn selbst gerichtet zu sein und legt den beunruhigenden Schluß nahe, daß er sich inzwischen selbst als kompromittierten Zeugen ansah. Das Thema der moralischen Zwiespältigkeit, das er in *Die Grauzone* so eindringlich und präzise entwickelt, ist etwas, von dem er sich selbst nicht ausnahm, und obwohl nichts auf eine tatsächliche Mittäterschaft Levis als Auschwitz-Häftling hindeutet, so hat er sich selbst wohl doch in gewisser Hinsicht als korrumpiert empfunden: »Ein niederträchtiges System, wie der Nationalsozialismus es war, übt eine entsetzlich korrumpierende Wirkung aus, der man sich schwer entziehen kann. Es erniedrigt seine Opfer und macht sie sich ähnlich, weil es auf große wie auf kleine Komplizenschaften angewiesen ist. Um ihm zu widerstehen, bedarf es eines festen moralischen Gerüsts.«[42] *Die Grauzone* zeigt ganz deutlich, daß Levi nicht glaubte, es gäbe sehr viele, die dieses moralische Rüstzeug besäßen oder es schafften, es unter den elenden Bedingungen des Lagers intakt zu halten. »In Rumkowski spiegeln wir uns alle«, schrieb er, »seine Zwiespältigkeit ist unsere eigene von Geburt an.«[43] In dieses Urteil schließt er sich selbst mit ein: »Ich hatte mir auch die wichtigste Regel dieses Ortes von Grund auf zu eigen gemacht, die vorschrieb, zuallererst an sich selbst zu denken.«[44] Mit dieser Erkenntnis kommt ein Beiklang von Selbstanklage in seine letzten Texte und, damit verbunden, ein bedrückendes Gefühl von Scham, das für ihn unerträglich gewesen sein muß.

Schmerz, Angst, Erschöpfung, Schuld- und Schamgefühle – das gehört zum Vermächtnis der Lager an die, die überlebten. Die Befreiung brachte körperliche, aber nicht notwendig auch psychologische Freiheit. Man »litt«, schrieb Levi, »an dem wiedergewonnenen Bewußtsein, behindert gewesen zu sein.«[45] Darüber hinaus litt man unter entsetzlichen Schuldgefühlen. »Was für eine Schuld? Nachdem alles vorbei war, wurde man sich bewußt, nichts oder nicht genug gegen das System unternommen zu haben, in das wir hineingezerrt worden waren [...] [Der Überlebende] fühlt sich angeklagt und verurteilt, fühlt sich in die Lage gedrängt, sich zu rechtfertigen und zu verteidigen.« Wogegen zu verteidigen? »[D]ie Selbstbezichtigung oder der Vorwurf, unter dem Aspekt der menschlichen Solidarität gefehlt zu haben [...], der unterlassenen Hilfeleistung schuldig [zu sein] [...], ein freundliches Wort, [...] Rat oder einfach [...] Gehör« verweigert zu haben.[46] Schuld begleitete den bedrückenden Verdacht, an Stelle eines anderen überlebt zu haben –

eines großherzigeren, sensibleren, verständigeren, nützlicheren, des Lebens würdigeren Menschen als du? Du kannst es nicht ausschließen: Du erforschst dich, läßt deine Erinnerungen in dir vorüberziehen [...] Nein, du findest keine offenkundigen Übertretungen, du hast niemanden verdrängt [...] [Und doch, diese] Vermutung [...] nagt an dir; sie hat sich in deinem tiefsten Inneren eingenistet wie ein Holzwurm. Von außen kann man sie nicht erkennen, aber sie nagt und bohrt.[47]

Das späte Gedicht *Der Überlebende* drückt die Agonie des ehemaligen Lagerhäftlings aus, der von diesen zermürbenden Empfindungen verfolgt wird, die pointierteste und bitterste Darlegung findet sich aber in dem oben zitierten Aufsatz *Die Scham*. Wie kein anderer Text seines Werkes zeigt er uns den Autor, wie er sich mit einer Härte gegen sich wendet, die an Selbstbestrafung grenzt:

Die »Geretteten« der Lager waren nicht die Besten, die zum Guten Vorbestimmten, die Überbringer einer Botschaft: Was ich gesehen und erlebt hatte, bewies das genaue Gegenteil. Überlebt haben die Schlimmsten, die Egoisten, die Gewalttätigen, die Gefühllosen, die Kollaborateure der »Grauzone«, die Spione [...] Überlebt haben die Schlimmsten, und das heißt die Anpassungsfähigsten. Die Besten sind alle gestorben.

[...] Ich wiederhole: Nicht wir, die Überlebenden, sind die wirklichen Zeugen [...] Wir Überlebenden sind nicht nur eine verschwindend kleine, sondern auch eine anomale Minderheit: Wir sind die, die aufgrund von Pflichtverletzung, aufgrund ihrer Geschicklichkeit oder ihres Glücks den tiefsten Punkt des Abgrunds nicht berührt haben. Wer ihn berührt [...], konnte nicht mehr zurückkehren, um zu berichten, oder er ist stumm geworden [...] [Aber dies] sind die eigentlichen Zeugen, jene, deren Aussage eine allgemeine Bedeutung gehabt hätte. Sie sind die Regel, wir sind die Ausnahme.[48]

Wenn man diese Passage als Beleg für Levis abschließende Sicht seiner selbst und seines Werkes nimmt, kommt man zu äußerst beunruhigenden Schlußfolgerungen. Aus sowohl moralischen wie literarischen Gründen scheint der Autor von *Die Untergegangenen und die Geretteten* den Zeugniswert seiner früheren Bücher ernsthaft in Zweifel zu ziehen. Die Überlebenden sind nicht die eigentlichen Zeugen, muß Levi einräumen, sondern sprechen »als Bevollmächtigte, an ihrer Stelle«. Die Geschichte, die sie zu erzählen haben, ist »ein Unternehmen für fremde Rechnung«, nicht die Wiedergabe einer Erfahrung, die sie selbst gemacht haben. Die den »tiefsten Punkt des Abgrunds« berührt haben, sind untergegangen, ihre Geschichten bleiben unausgesprochen und ungehört; und was jene betrifft, die überlebten und versucht haben, für sie zu sprechen, meint er, er könne

zwischen dem Privileg [des Überlebens] und dem Resultat keinerlei Proportionen erkenne[n] [...] Wir, die das Los verschont hat, haben [...] versucht, nicht nur von unserem Schicksal, sondern auch von dem der anderen zu berichten, eben derer, die untergegangen sind [...] Über die zu Ende geführte Vernichtung, über das abgeschlossene Werk, hat niemand jemals berichtet.⁴⁹

Diese Worte scheinen zu belegen, daß Levi, als er sein letztes Buch schrieb, unter einem verspäteten Bewußtsein seiner eigenen Unzulänglichkeit als überlebender Zeuge litt. Ließ er sich auch dazu hinreißen, den Wert seines Überlebens selbst in Frage zu stellen? Das werden wir vermutlich nie mit Bestimmtheit wissen. Die Aussagen seiner Freunde sind oft widersprüchlich und nicht überzeugend. Man sucht in den veröffentlichten Texten des Autors nach eindeutigen Antworten und bekommt keine. Es wäre gut, wenn es weitere Quellen gäbe, die Anhaltspunkte für Levis Gedanken im letzten Abschnitt seines Lebens bieten und Licht auf sein Ende werfen könnten, aber bis jetzt sind solche Quellen noch nicht aufgetaucht. Und so bleibt die Frage – die ebenso entscheidend wie beunruhigend ist – unbeantwortet.

Es war mein Privileg, während seiner späteren Jahre ein Freund Primo Levis zu sein, und von 1980 bis nur wenige Tage vor seinem Tod im April 1987 unterhielten wir eine rege Korrespondenz. Ich behaupte nicht, daß dieser Briefwechsel die Umstände seines Todes aufklären kann, doch einige dieser Briefe sind hilfreich in dem, was sie uns über eine unglückliche Seite von Primo Levis Leben während seiner letzten Jahre mitteilen.

In einem Brief an mich vom 15. September 1985 nimmt Levi auf sein im Entstehen befindliches »Essay-Buch« folgendermaßen Bezug:

Sein Titel wird I SOMMERSI E I SALVATI (Die Untergegangenen & die Geretteten) lauten, ein stillschweigendes Dante-Zitat (Inf. XX, 3), das ironisch gemeint ist: die Geretteten sind nicht die, die Erlösung im theologischen Sinn verdienten, sondern die Gerissenen, die Gewalttätigen, die Kollaborateure.

Levi selbst war kein rücksichtsloser oder hinterlistiger Mensch und gehört nicht in diese ironisch gemeinte Kategorie der »Geretteten«, aber er hatte es fertiggebracht, Auschwitz zu überstehen, und später hatte er dafür zu bezahlen. Das äußerte sich in immer wiederkehrenden Depressionen. Als ich ihn in Italien im Frühjahr 1981 sah, war er in guter Verfassung, aber als ich anderthalb Jahre später einen zweiten Besuch vorschlug, hatte sich sein Zustand verändert. In einem Brief vom 14. Januar 1983 schreibt er wie folgt:

Dein Vorschlag, mich in den nächsten Monaten zu besuchen, hat mich gerührt, doch trifft er mich zu einem schlechten Zeitpunkt. Ich hoffe, ich hoffe *sehr*, bald in der Lage zu sein, Dich zu sehen und mit Dir zu sprechen, aber momentan leide ich unter Depressionen (nicht meine ersten; sie sind eine Erbschaft des Lagers, nehme ich an). Ich hoffe, Du hast nie eine solche Veränderung des Gemüts erlebt; es ist schmerzhaft und hemmt das Denken, es hält mich nicht allein vom Schreiben ab, sondern auch vom Autofahren oder Reisen. Selbstverständlich bin ich in ärztlicher Behandlung, aber ich kann nicht sage, wie lange es dauern wird ... Wirst du mir verzeihen? Vielleicht bin ich wieder ok, wenn Du in Europa bist, aber ich kann nichts absehen und keine Pläne machen.

Es ist allgemein bekannt, daß Levi unter Depressionen litt, doch ich kenne kein anderes Dokument, in dem er dieses Leiden mit seiner Zeit im Lager in Verbindung bringt. Worin genau für ihn der Zusammenhang bestand, wird nicht klar, aber es ist bedeutsam, daß er, etwa 40 Jahre nach seiner Befreiung, Auschwitz immer noch einen so überwältigend negativen, schwächenden Einfluß auf sein Leben zusprach.

Was auch immer der Nutzen seiner medizinischen Behandlung gewesen sein mag, der Zustand der Mattigkeit und kreativen Lähmung, den Levi beschreibt, wich nicht so rasch von ihm. Am 23. April 1983 schrieb er:

> Mein Zustand allgemeiner Erschöpfung hat sich leicht gebessert, aber ich bin noch nicht zufrieden. Ich habe Schwierigkeiten, mich zu konzentrieren und vor allem zu schreiben. Selten habe ich mir etwas so sehnlich gewünscht, wie, daß ich meine normale Verfassung schnell wiedererlange.

Diese depressive Phase dauerte etwa sieben Monate und klang dann, Ende Mai, aus. Er schrieb mir am 3. August 1983:

> Man fühlt sich wie neugeboren! Obwohl ich jetzt relativ normal lebe, mangelt es mir an Ideen, und für den Augenblick beschränken sich meine Aktivitäten auf eine sporadische Zusammenarbeit mit der örtlichen Zeitung.

Kurz danach begann Levi mit der Abfassung der Aufsätze, die in dem Band *Die Untergegangenen und die Geretteten* zusammengefaßt sind. Die Arbeit ging gut voran, und im September 1985 hatte er von den zehn oder zwölf Aufsätzen, die er ursprünglich für das Buch geplant hatte, sechs fertiggestellt (Brief vom 15. September 1985). Er fügte zwei weitere hinzu (der veröffentlichte Band sollte dann insgesamt 8 Aufsätze enthalten), und am 16. Januar 1986 teilte er mir hochgestimmt mit: »Genau heute habe ich Einaudi meinen Band mit Essays übergeben.« Levi plante das Buch ursprünglich als eine Soziologie des Lagerlebens (Brief vom 8. Mai 1985), aber wie auch immer wir diesen Aspekt des Buches bewerten mögen, so lesen wir es heute doch anders – als profundes Selbstporträt eines Holocaust-Überlebenden ebenso wie als Zeugnis für des Autors Abschied vom Schreiben. In dem gleichen Brief, in dem er erwähnte, daß er sein Manuskript gerade dem Verleger übergeben hatte, hatte Levi mir eine englische Übersetzung seines Gedichts *Der Überlebende* abgetippt. Die Anfangszeilen aus Coleridges *The Rime of the Ancient Mariner* fungieren als Motto für *Die Untergegangenen und die Geretteten*:

> Since then, at an uncertain hour,
> That agony returns:
> And till my ghastly tale is told,
> This heart within me burns.

> Seit damals, zu ungewisser Stunde,
> Kommt dieser Schmerz immer wieder.
> Und wenn er niemanden findet, der ihn hört,
> Verbrennt in der Brust ihm das Herz.[50]

Der Überlebende als Opfer: Primo Levi

Es besteht kein Zweifel, daß sich Levi mit dem alten Seefahrer identifizierte. Die Figur des geisterhaften Geschichtenerzählers, verzweifelt auf der Suche nach Zuhörern, war für ihn der Inbegriff des Schriftstellers als überlebender Zeuge, der dazu verurteilt ist, über seine Erfahrung mit außerordentlichen Geschehnissen zu berichten. Das Syndrom des Überlebenden, der unter dem Zwang zu erzählen steht, ist jedoch ein sehr problematisches, denn es bringt den Geschichtenerzähler immer wieder zu seiner Erinnerung an die traumatische Vergangenheit zurück, ohne ihn davon zu befreien. Es setzt ihn dem Risiko aus, immer wieder eine Geschichte zu erzählen, die andere vielleicht nicht hören wollen. Ein solcher Autor setzt sich einer dreifachen Gefahr aus: Durch seine wiederholten Erzählungen erschöpft er vielleicht die Antriebskraft seines erzählerischen Impulses; oder deren Anforderungen erschöpfen ihn vielleicht zu sehr; oder er erfährt die Zurückweisung, die einhergeht mit dem Gefühl, daß er die anvisierten Leser nicht erreicht. In gewisser Hinsicht litt Levi am Ende seines Lebens unter allen drei Folgeerscheinungen. Außerdem litt er an einer Schuld, die nur andere Überlebende wirklich nachvollziehen können.

Levi muß *Die Untergegangenen und die Geretteten* zumindest in Teilen geschrieben haben, um dieses Schuldgefühl zum Schweigen zu bringen, doch es sollte sich nicht besänftigen lassen. Er glaubte, ein »hartes« Buch geschrieben zu haben, und erwartete nicht, daß es ein breites Publikum erreichen würde (Brief vom 30. Juni 1986), doch tatsächlich fand es in Italien eine beträchtliche Anzahl aufnahmebereiter Leser. Dennoch war Levi beunruhigt über das, was er als Vergeblichkeit seiner Anstrengung erachtete. Seinem Freund Dan Vittorio Segre schrieb er: »Das Problem ist, daß die Leute, die dieses Buch lesen und verstehen, es nicht brauchen, und daß die, die es brauchen, es nicht verstehen.« Als Segre nach Levis Tod über diese Worte nachsann, glaubte er, daß »sein Ende, die Art und Weise seines Endes, entweder daher rührte, daß er nicht mehr sprechen konnte, oder daß er nicht verstanden werden konnte.«[51]

Andere Faktoren, die die Sache komplizierten, kamen hinzu, zu viele, als daß er sie leicht hätte ertragen können. Einige davon beschrieb er mir in einem Brief vom 30. Juli 1986:

Die Verhältnisse in unserer Familie haben sich plötzlich verschlechtert. Letzten Montag hatte meine Mutter einen Schlaganfall, und nun ist sie im Krankenhaus ... Die Zukunft ist vollkommen unklar, aber in ihrem Alter (91) ist die Hoffnung auf eine Genesung praktisch gleich null.

Er schloß den Brief mit diesen Worten: »Entschuldige meine Knappheit. Ich hoffe, das nächste Mal ruhiger und ausführlicher schreiben zu können, wenn alles klarer geworden ist.«

Die Lage wurde nicht besser, im Gegenteil, sie verschlechterte sich noch. Mehrere Monate vergingen, ohne daß mich ein Wort aus Italien erreichte. Dann erhielt ich folgenden Brief, datiert vom 29. März 1987:

Lieber Alvin,

danke für Deinen Brief vom 13. März und für den schönen beigefügten Aufsatz. Ja, wir hatten für eine Weile den Kontakt verloren: das ist meine Schuld, oder zumindest war es meine Antwort, die fehlte. Meine Familie ist doppelt vom Unglück getroffen, und bei uns sieht es ziemlich schlecht aus: meine Mutter (92) ist bettlägerig und für immer gelähmt, ich bin gestern aus dem Krankenhaus gekommen, wo ich mich einer schweren Operation zu unterziehen hatte; doch vor allem, als Folge von alldem, leide ich an schweren Depressionen, und ich bemühe mich erfolglos, ihnen zu entkommen.

Bitte verzeih, daß ich so kurz bin, der bloße Tatbestand, einen Brief zu schreiben, ist eine Qual für mich, aber der Wille, wieder gesund zu werden, ist stark. Laß uns sehen, was die nächsten Monate uns allen bringen, aber meine jetzige Situation ist das Schlimmste, was ich je erlebt habe, Auschwitz eingeschlossen.

Alles Gute für Deine Europareise im Sommer und herzlichste Grüße an Dich und Deine ganze Familie.

Primo

Dieser Brief erreichte mich am 9. April 1987. Zwei Tage später erfuhr ich, daß Primo Levi tot war.

Der Tod eines großen Schriftstellers hinterläßt eine Lücke in unserem Bewußtsein, die wir nicht schließen können. Wir erweisen den Toten unsere Reverenz und bezeugen persönliche Anteilnahme und öffentlichen Respekt, aber was auch immer der zeremonielle oder therapeutische Wert dieser Gesten sein mag, wir erkennen doch, daß sie nicht ausreichen. Wenn, wie in diesem Fall, der Tod selbst herbeigeführt zu sein scheint, fühlen wir uns darüber hinaus veranlaßt, nach Erklärungen zu suchen. Primo Levi hat das antizipiert, und in *La Chiave A Stella* hielt er eine Warnung davor bereit:

Wenn ein Mensch stirbt, [...] sagt jeder hinterher, er hätte es kommen sehen [...] Nach der Katastrophe hatten sie alle etwas zu sagen [...] Offensichtlich muß es, wenn ein Mensch stirbt, einen Grund geben, aber das bedeutet nicht, daß es nur einen einzigen gibt, oder, wenn es nur einen gibt, daß es möglich ist, ihn zu entdecken.[52]

Während der Zeit seines Lebens sammelte Primo Levi einen Überschuß an Leid an, und es wäre unklug, seinen Tod einer einzigen Ursache zuschreiben zu wollen. Es besteht kein Zweifel, daß er als Folge seiner Erfahrungen während des Krieges von traumatischen Erinnerungen gequält wurde und daß er durch seine Schriften sowohl Klarheit als auch Erleichterung anstrebte. Heute ist offenkundig, daß er mehr von der ersten als von der letzteren fand. Was seine literarischen Leistungen angeht, waren die Ergebnisse seiner Bemühungen großartig. Was den Preis anbetrifft, den sein geistiges und psychisches Befinden dafür zahlen mußte, gibt es wenige unter uns, deren Phantasie ausreicht, das Ausmaß seines inneren Leidens zu begreifen. Am Ende waren das Leid und die Qual seines Lebens einfach zu groß, und offensichtlich haben sie ihn überwältigt. Seine Bücher bleiben – ein unerreichtes Protokoll des Unglücks, das ihm begegnet war und das er überwunden hatte, und anderen Unglücks, das zu groß für den Überlebenden war, als daß er ihm hätte standhalten können.

Der Holocaust als Erinnerung

Epilog

> Sagt euren Kindern davon,
> und laßt's eure Kinder ihren Kindern sagen
> und diese wiederum ihren Nachkommen....
> JOEL 1,3

An einem der Eingänge zu Yad Vashem, dem Holocaust Forschungs- und Gedenkzentrum in Jerusalem, befindet sich eine Tafel mit folgenden, dem Baal Shem Tov zugeschriebenen Worten: »Die Erlösung liegt im Erinnern.« Obschon diese Erkenntnis 200 Jahre vor dem Holocaust formuliert wurde, steht sie dennoch in unmittelbarer Beziehung zu ihm und zu den Fragestellungen, denen wir in dieser Studie nachgegangen sind. Die erste Reaktion auf extremen historischen Terror besteht in der Regel in gelähmtem Schweigen und fassungslosem Entsetzen. Vielfach, wenn nicht gar meistens, bleibt es auch bei dieser Reaktion. Nelly Sachs' Vers »Als der große Terror kam, / verfiel ich in Schweigen« ist paradigmatisch. Für die Literatur, wie für alle Artikulationen eines Seins nach dem Holocaust, bedeutet dies gleichwohl das Ende. Ein Sich-Abfinden mit der Endgültigkeit des Schweigens bedeutet, wie unbeabsichtigt auch immer, den nazistischen Nihilismus triumphieren zu lassen. Um uns dessen Glaubensbekenntnis, von Rolf Hochhuth genau und einprägsam formuliert, noch einmal vor Augen zu halten, müssen wir uns nur die negative Offenbarung ins Gedächtnis rufen, die in einer der Reden des Doktors in *Der Stellvertreter* verkündet wird: »Wahrhaftig: Schöpfer, Schöpfung und Geschöpf / *sind* widerlegt durch Auschwitz. / Das Leben als Idee ist tot.«[1]

Auschwitz, das größte Lager mit der verheerendsten Wirkung, war nur einer der vielen Schauplätze des Mordens in Europa, wo Leben und zugleich die Idee des Lebens ausgelöscht wurden. Um dem Doktor volle Gerechtigkeit widerfahren zu lassen und seiner Todesdoktrin noch Schärfe hinzuzufügen, ist es notwendig, sich auch die Ghettos und die anderen Lager ins Gedächtnis zu rufen. André Schwarz-Bart nennt sie uns am Ende seines *Der Letzte der Gerechten*, merkwürdigerweise jedoch im Schema eines Gebets:

Und gelobt. Auschwitz. Sei. Maidanek. Der Ewige. Treblinka. Und gelobt. Buchenwald. Sei. Mauthausen. Der Ewige. Belzec. Und gelobt. Sobibor. Sei. Chelmo. Der Ewige. Ponary. Und gelobt. Theresienstadt. Sei. Warschau. Der Ewige. Wilna. Und gelobt. Skarzysko. Sei. Bergen-Belsen. Der Ewige. Janow. Und gelobt. Dora. Sei. Neuengamme. Der Ewige. Pustkow. Und gelobt ...[2]

Angesichts des ungeheuer ausgedehnten Geflechts der von den Nazis und ihren Verbündeten in ganz Europa errichteten Ghettos und Konzentrationslager könnte diese Litanei in der gleichen dissonanten Art und Weise nahezu ins Unendliche fortgesetzt werden, ihr Halleluja brutal unterbrochen und beinahe überwältigt von der Rezitation dieser grauenvollen Namen. Hier scheint ein Gebet, ebenso wie die meisten anderen Sprachen des Holocaust, bestenfalls noch ein stockendes und verkrüppeltes Etwas zu sein, sein Lobgesang zerfallen in unzusammenhängende Fragmente.

Oder verfolgen diese Zeilen einen entgegengesetzten Weg, indem sie ihre affirmative Kraft den Todeslagern zum Trotz wieder geltend machen? Ist der absolute Nihilismus der Lager stark genug, um einen ausdrücklichen Glauben an das Leben zu überwältigen und ihn auf ein bloßes Gestammel zu reduzieren? Oder hat der hymnische Impuls durch die Bedrängung soviel neue Kraft bekommen, daß er den Schrecken einer massenhaften Vernichtung menschlichen Lebens hinwegfegen und ihn sogar in sich aufnehmen kann?

Schwarz-Bart beendet seinen Roman auf diese Weise mehrdeutig und offen und reflektiert damit das, was auf einen Kampf um die Vorherrschaft zwischen den Kräften des Lebens und denen des Todes hinausläuft. An dieser Stelle läßt sich nur sagen, daß wir nicht wissen, welche von beiden die Oberhand gewinnen wird. Die Holocaust-Literatur, die sich diese Frage unentwegt stellt, ist auf ihrem jetzigen Entwicklungsstand noch nicht in der Lage, darauf eine Antwort zu geben. Denn es handelt sich hier eher um ein Feld einander widersprechender und miteinander wettstreitender Positionen als um eine gesicherte Bestandsaufnahme definitiver Erkenntnisse. Einerseits besteht sie auf der Unmöglichkeit, je wahrhaftig zu erfahren, was in den Ghettos und Lagern geschah, andererseits erlegt sie es uns allen auf, dieses Wissen, dessen man nur schwer habhaft werden kann, im Gedächtnis zu behalten und weiterzugeben. Dieses Paradox wird niemals aufgelöst; die Wirkung dieser Literatur insgesamt besteht jedoch darin, es einfach hinter sich zu lassen und, als lebendiges Zeugnis der Erinnerung, sich einer vollständigen Auslöschung entgegenzustellen. Das Schreiben, immer in Gefahr und oft nahe an der Erschöpfung oder der Auflösung, legt für die Toten Zeugnis ab, sogar dann, wenn es erklärt, daß die Orte, an denen sie starben, dem Gedächtnis zu entschwinden beginnen:

Der Wald löscht alle Spuren des einstigen Lebens, dieses schon alten, gealterten Todes [...] aus [...] wie die Natur [...] mit ihrem Geschlinge von Gräsern und Wurzeln die Landschaft des Lagers bedeckt. Zuerst würden wohl die Holzbaracken des Großen Lagers einstürzen, deren leuchtend grüner Anstrich sie kaum vom Laub abhob, die jedoch jetzt schon bald unter der andrängenden Flut von Gräsern und Büschen verschlungen wären, dann die zweistöckigen Zementblöcke, und sicher ganz zuletzt, später als alle anderen Gebäude, viele Jahre später, so lange wie möglich noch in die Luft ragend gleich einer Erinnerung, einem Mahnmal, das erschütterndste Symbol des Ganzen: der viereckige, wuchtige Krematoriumsschornstein, bis eines Tages die Dornen und Wurzeln auch diese letzte, verzweifelte Gegenwehr aus Stein und Zement zu Fall gebracht hätten, dieses hartnäckig noch aufragende Bollwerk des Todes inmitten der grünenden Büsche, die schon das ganze Gebiet überwuchern, das einst ein Vernichtungslager war, und bis die Natur vielleicht sogar jene Schatten aus dichtem, schwarzem, gelb durchzogenen Rauch, die noch immer über der Landschaft schweben, diesen Geruch verbrannten Fleisches, der noch immer zitternd über der Landschaft hängt, ausgelöscht hätte, wenn die letzten Überlebenden, wenn wir alle schon längst verschwunden wären, wenn keine genaue Erinnerung mehr an das alles wach wäre, sondern nur noch die Erinnerung an die Erinnerung, der Bericht von der Erinnerung im Munde derer, die nie mehr wirklich wissen werden (so, wie man weiß, daß eine Zitrone scharf, daß ein Wollgewebe wollig ist), was das alles einst in Wirklichkeit war.[3]

Im Spiegel dieses Bewußtseins eines natürlichen und unvermeidlichen Entschwindens scheint die Holocaust-Literatur – im Idealfall – Reflexe des Willens zur Selbstbehauptung freizulegen, welcher die Art von Tagebüchern, Lebenserinnerungen, Romanen, Erzählungen, Gedichten und Stücken hervorbringt, die in diesen Kapiteln untersucht wurden. Im einzelnen gesehen, scheinen viele davon Zeugnisse der Verzweiflung zu sein; kollektiv gesehen, als eine mannigfaltige, von einer Vielzahl von Autoren verfaßte Literatur, stehen sie gegen die Tilgung der Erinnerung und erneuern die Idee und Integrität von Geschichte. Primo Levi fragt an einer Stelle seiner Lebenserinnerungen, »ob es denn angebracht, ob es recht sei, daß von diesem ungewöhnlichen Menschendasein überhaupt ein Andenken verbleibe«.[4] Jeder, der über den Holocaust schreibt, beantwortet diese Frage positiv und unzweideutig, auch wenn in Folge dieser Antwort oft nur um so mehr Fragen aufgeworfen werden. So sollte und so muß es sein, denn in Anbetracht der Geschichte, die diese Literatur in erster Linie hervorgebracht hat, pflegen die meisten Antworten zu einfach, falsch oder gar beides zu sein. Elias Canetti liefert hierfür die prägnante Begründung: »Man hat kein Maß mehr, für nichts, seit das Menschenleben nicht mehr das Maß ist.«[5] Der Holocaust bewirkte eine so umfassende Nivellierung, daß keine einfache Rekonstruktion dieses Maßes möglich sein wird, ohne zuvor die Reduktion der Kategorie Mensch als Faktum anzuerkennen, samt der Vielzahl an Fragen, die in ihrer Folge entstehen. Um dies aber zu leisten, gilt es, die Erinnerung um jeden Preis wachzuhalten und die Träger des Gedächtnisses vor weiterer Zerstörung zu bewahren:

Die Juden sind Gedächtnis Gottes und Herz der Menschheit. Wir sind uns dessen nicht immer bewußt, wohl aber die anderen, und aus diesem Grunde begegnen sie uns mißtrauisch und voller Grausamkeit. Das Gedächtnis macht ihnen Angst. Durch uns sind sie verbunden mit Anfang und Ende. Indem sie uns auslöschen, hoffen sie, Unsterblichkeit zu erlangen. In Wahrheit jedoch ist es uns nicht gegeben zu sterben, nicht einmal wenn wir wollten. Weshalb? Wir können nicht sterben, denn wir sind die Frage.[6]

Auch nach der großen Verheerung bleibt diese Frage bestehen, ein Opfer, aber auch eine Widerlegung der Finsternis.

Anmerkungen

Einleitung

1 Kanfer: The Eighth Sin, S. 3f.
2 Wiesel: Jude heute, S. 203.
3 Wiesel: Legends, S. 182.
4 Kahler: Die Auflösung der Form, S. 13.
5 Kaplan: Buch der Agonie, S. 101.
6 Alexander: The Resonance of Dust.
7 Beckett / Duthuit: Drei Dialoge, S. 13.
* Im englischen Original »review«, wörtlich auch »(nochmaliges) Ansehen« [Anm. d. Ü.].
8 Steiner: Language and Silence, S. 168 [in der deutschen Ausgabe *Sprache und Schweigen* nicht enthalten].
* Im Original deutsch.
9 Jabès: Buch der Fragen, S. 101.

1. Die Problematik der Holocaust-Literatur

1 Adorno: Engagement; aber vgl. auch Adorno, Erziehung nach Auschwitz.
2 Baumgart: Unmenschlichkeit beschreiben.
3 Wyschogrod: Some Theological Reflections on the Holocaust, S. 68.
4 Wiesel: Jude heute, S. 202f.
5 Lindwer: Anne Frank.
6 Fackenheim: Sachsenhausen 1938.
7 Kafka: Briefe 1902–1924, S. 27f.
8 Taylor: S. 149. Wenn ich den ›Krieg gegen die Juden‹ vom Zweiten Weltkrieg trenne, möchte ich damit natürlich nicht implizieren, ich würde einer Auslassung des Holocaust in Texten über die Kriegszeit das Wort reden. Meine Absicht ist genau entgegengesetzt: den Holocaust als das zu sehen, was er war und ihm damit eine größere Bedeutung in historischen Abhandlungen zu verschaffen.
* Im Original: »sacred, glorious, and sacrifice and the expression in vain« [Anm. d. Ü.].
** Anspielung auf Hemingways Roman *A Farewell to Arms*, deutsch: *In einem andern Land* [Anm. d. Ü.].
9 Wiesel: Nacht, S. 56.
10 Wiesel: One Generation After, S. 46f.
11 Greenberg: We are Not Likened to Dogs among the Gentiles, in: Modern Hebrew Poetry, hg. von Ruth Finer Mintz, Berkeley 1968, S. 126.
12 Wiesel: Gesang der Toten, S. 13.
13 Wiesel: Jude heute, S. 60.
14 Wiesel: Nacht, S. 53f.
15 Thoreau: Rauch, S. 133.
16 Howe / Greenberg: Treasury of Yiddish Poetry, S. 331.
17 Hochhuth: Dramen, S. 57 [Nachweise fortan in Klammern direkt im Text].

18 Wiesel: Gesang der Toten
19 Ebd., S. 14.
20 Levi: Mensch, S. 125.
21 Steiner: In Blaubarts Burg, S. 61–64. Die Landschaft der Hölle ist in dieser Literatur ein häufiger Bezugspunkt; die moralischen Kategorien, die dort herrschen, fehlen hier jedoch völlig. Mein Interesse richtet sich hier ausschließlich auf die endlosen Folterungen an diesem Ort, nicht auf das ethische System, das in christlichen religiösen Schriften dort obwaltet.
22 Langer: The Holocaust, S. 82/84.
23 Glenn: Paul Celan.
24 Wienold: Paul Celans Hölderlin-Widerruf [im Original deutsch].
25 Kaplan schwankte zwischen Momenten religiöser Verzweiflung und Momenten des Glaubens, je nach den wechselnden Umständen des Ghetto-Lebens; die Einstellung, die die Zitate in diesem Abschnitt illustrieren, war, obwohl vorherrschend, nicht konstant.
26 Sachs: Späte Gedichte, S. 220.
27 Katzenelson: Oh mein Volk, S. 59f. [alle folgenden Nachweise in Klammern direkt im Text].
28 Bellow: Mr. Sammlers Planet, S. 241.

2. Der Holocaust und die Geschichte

1 Donat: The Holocaust Kingdom, S. 211.
2 Himmler-Rede vom 4. Oktober 1943. In: Der Prozeß gegen die Hauptkriegsverbrecher, Bd. 29, S. 145.
  * Im Original deutsch.
3 In deutscher Ausgabe nicht enthalten.
4 Ringelblum: Ghetto Warschau.
  * Diese Zitate sind in der deutschen Ausgabe nicht enthalten. Die Seitenzahlen beziehen sich auf die Ausgabe Ringelblum: Notes from the Warsaw Ghetto. [Anm. d. Ü.]
5 Berg: Warsaw Ghetto.
6 Donat: The Holocaust Kingdom; Katzenelson, Oh mein Volk!; Goldstein, Die Sterne sind Zeugen; Meed, Deckname Vladka; Mark, Der Aufstand im Warschauer Ghetto.
7 Korczak: Tagebuch aus dem Warschauer Ghetto.
8 Rudashevski: Diary of the Vilna Ghetto; The Diary of Éva Heyman.
9 Anne Frank: Tagebuch.
10 Flinker: The Diary of Young Moshe.
11 Des Pres: The Survivor.
12 Katz: Erinnerungen eines Überlebenden; Rousset: L'univers concentrationnaire; Delbo: Trilogie.
13 Bettelheim: Aufstand gegen die Masse; Frankl: ... trotzdem ja zum Leben sagen; Nyiszli: Im Jenseits der Menschlichkeit; Cohen: Het Duitse concentratiekamp.
14 Donat: Holocaust Kingdom; Heimler, Bei Nacht und Nebel; Klein, Nichts als das nackte Leben; Szmaglewska: Uns vereint heiliger Zorn; Vrba: Als Kanada in Auschwitz lag; Wells: Ein Sohn Hiobs.
  * Im Original deutsch.
15 Dawidowicz: A Holocaust Reader, S. 1.
  * Im Original deutsch.
16 Prozeß gegen die Hauptkriegsverbrecher, Bd. 29, S. 146.

3. Imagination in extremis

1 I. Rosenfeld: An Age of Enormity, S. 206, S. 208–209.
2 Stevens: Adagia, S. 14.
3 Stevens: The Necessary Angel, S. 36.
4 Hersey: Der Wall, S. 11.
5 Singer: Jakob der Knecht, S. 83/14/84.
6 Malamud: Der Fixer.
7 Schwarz-Bart: Der Letzte der Gerechten, S. 9.
8 Wiesel: Beyond Survival, S. 8.
9 Semprun: Die große Reise. Für eine genaue Diskussion dieses Romans, insbesondere seiner Behandlung der Zeit, vgl. Langer: The Holocaust, S. 285–296.
10 Borowski: Bei uns in Auschwitz.
* Anm. d. Ü.: In der von Rosenfeld benutzten englischen Übersetzung heißt es hier: »an account written from the point of view of an accessory to the crime« (Milosz: The Captive Mind, S. 118f).
11 Milosz: Verführtes Denken, S. 120f / 124.
12 »Noch nie war die Hoffnung stärker als der Mensch, aber noch nie hat sie soviel Böses heraufbeschworen wie in diesem Krieg, wie in diesem Lager. Man hat uns nicht gelehrt, die Hoffnung aufzugeben. Deswegen sterben wir im Gas.« (S. 161)
13 Vgl. die Einleitung von Jan Kott zur Penguin-Ausgabe von Borowski: This Way for the Gas, Ladies and Gentlemen, S. 130f.
14 Rawicz: The Companion of a Dream, S. 2.
15 Kosinski: Der bemalte Vogel. Der Autor hat diese Ausgabe seines Romans mit einem ausführlichen Nachwort versehen.
16 Rawicz: Blut des Himmels, S. 268.
17 A. Anatoli (Kusnezow): Babi Jar und The Memories, S. 45. Kusnezow ist in diesem Punkt fast zu nachdrücklich, wenn er ihn in mehreren Interpolationen des Autors sowohl zwischen den Kapiteln als auch im Vorwort wiederholt. Hier nur ein Beispiel: »Ich schreibe so, als würde ich unter Eid vor dem höchsten und ehrlichsten Gerichtshof aussagen. Ich stehe für jedes meiner Worte gerade. In diesem Buch wird nur Wahres berichtet: SO, WIE ES WAR.« (S. 12)
18 Delbo: Trilogie, S. 6; Wiesel: Legends of Our Time, S. VIII; Green: Holocaust; Steiner: Treblinka; Sperber: Wie eine Träne im Ozean.
19 C. Levi: The Watch, S. 70f.
20 Lustig: Ein Gebet für Katharina Horowitzová.

4. Poetik des Aushauchens

* Im Original deutsch.
1 Celan: Der Meridian, S. 52.
2 Dies wird angeführt von Charles Olson in seinem Essay *Projective Verse*, enthalten in Allen / Tallman (Hg.): The Poetics of the New American Poetry, S. 150.
3 Abrams: Modern Essays in Criticism, S. 37–54.
4 Pagis: Die Krone der Schöpfung, S. 7.
5 Aus dem Gedicht *Soviel Gestirne* in: Celan: Gedichte in zwei Bänden, Bd. I, S. 217. Wenn nicht anders angegeben, stammen alle Celan-Zitate aus dieser Ausgabe.
* Im Original: »the expired Inspirer«. Rosenfelds Wortspiele mit to expire (sterben) und inspiration (Inspiration) in diesem Kapitel sind unübersetzbar [Anm. d. Ü.].
6 Sachs: Späte Gedichte, S. 112 [fortan zitiert unter der Abkürzung »Sp. G.«].
7 Celan: Der Meridian, S. 54.

8 Sachs: Späte Gedichte, S. 188.
9 Das Buch der Nelly Sachs, S. 177.
10 Wiesel: Gesang der Toten, S. 7f.
11 Ebd., S. 11.

5. Ringen mit einem schweigenden Gott

1 Canetti: Die Provinz des Menschen, S. 9f. [alle nachfolgenden Nachweise in Klammern direkt im Text].
2 Aufgenommen in Rubenstein: After Auschwitz, S. 152.
3 Celan: Ansprache, S. 37.
4 Celan: Meridian, S. 58.
* Im Original deutsch.
5 Celan: Gedichte I, S. 214f.
* Der Autor zitiert im amerikanischen Original die englische Übersetzung des Gedichts von Erna Baber Rosenfeld, die, wie er mitteilt, von Celan selbst den Übertragungen von Michael Hamburger und Joachim Neugroschel vorgezogen wurde [Anm. d. Ü.].
6 Hölderlin: Werke und Briefe, Bd. I, S. 136f.
7 Perez: Geschichten am Sabbat, S. 49f.
8 Wenn nicht anders angegeben, sind alle Zitate aus Gedichten von Nelly Sachs folgenden Bänden entnommen: Fahrt ins Staublose. Die Gedichte der Nelly Sachs (F); Späte Gedichte (Sp. G.).
9 Wiederveröffentlicht in Fackenheim: Quest for Past and Future, S. 315.

6. Dichtung des Überlebens

1 Katzenelson / Biermann: Großer Gesang vom ausgerotteten jüdischen Volk, S. 161.
2 Ozick: The Pagan Rabbi, S. 74f [alle weiteren Nachweise in Klammern direkt im Text].
3 Howe / Greenberg (Hg.): A Treasury of Yiddish Poetry, S. 53f.
4 Vgl. Hadda: Yankev Glatshteyn.
5 Auf Englisch liegen vor die nützlichen einführenden Aufsätze von Howe / Greenberg in *A Treasury of Yiddish Stories* und *Voices from the Yiddish*. Vgl. auch Wisse: A Little Love in Big Manhattan; Roskies: A Bridge of Longing; Harshav (Hg.): American Yiddish Poetry: A Bilingual Anthology; Howe (Hg.): The Penguin Book of Modern Yiddish Verse. Liptzins *The Flowering of Yiddish Literature* und *The Maturing of Yiddish Literature* und Madisons *Yiddish Literature* sind stellenweise informativ, insgesamt aber unbefriedigend.
6 Für Glatsteins Einschätzung von *Die Yunge* und der Entwicklung der Insichistn vgl. seinen Aufsatz *A Short View of Yiddish Poetry*, S. 30–39. Dort finden sich auch Nachdrucke aus den beiden ersten Nummern von *In Zikh* (1920). Weiteres Material aus dem Manifest in englischer Übersetzung von Chana Faerstein in ihrem schönen Aufsatz *Jacob Glatstein: The Literary Uses of Jewishness*. (Einige der englischen Vorlagen für die Glatstein-Übersetzungen in diesem Kapitel stammen aus diesem Aufsatz.)
7 Vgl. Weinreichs monumentale Studie *History of the Yiddish Language*. Samuels kenntnisreiche und hingebungsvolle Studie *In Praise of Yiddish* bietet wertvolle Hinweise.
8 Faerstein, Jacob Glatstein.
9 Übersetzung der Gedichte Jacob Glatsteins nach der englischen Übersetzung von Ruth Withman: The Selected Poems of Jacob Glatstein, hier S. 59f. Die Seitenzahlen im Text beziehen sich auf diese Ausgabe. Vgl. auch Glatstein: Poems. Englische Übersetzung von Etta Blum.

10 A Treasury of Yiddish Poetry, S. 331 (nach der englischen Übertragung von Nathan Halper).
11 Ebd., S. 331f.

7. Das Wort wird geopfert

1 Shirer: Aufstieg und Fall, S. 235. Für eine detaillierte Dokumentation der Nazi-Bücherverbrennungen vgl. Wulf: Literatur und Dichtung im Dritten Reich, S. 40–59.
2 Heine: Almansor, S. 16.
3 Shirer: Aufstieg und Fall, S. 236.
4 Steiner: Language and Silence, S. IX [in der deutschen Ausgabe von Steiner, Sprache und Schweigen nicht enthalten].
5 Zu Heidegger vgl. Hilberg: Documents of Destruction, S. 17f und Remak: The Nazi Years, S. 58f.
6 Vgl. Grunberger: The 12–Year Reich; und Mosse: Der nationalsozialistische Alltag.
* Im Original deutsch.
7 Klemperer: LTI, S. 21f.
8 Vgl. z.B. Berning: Vom ›Abstammungsnachweis‹ zum ›Zuchtwort‹; Blumenthal: »On the Nazi Vocabulary«, »Action« und »From the Nazi Vocabulary«; Esh: Words and Their Meaning; Paechter: Nazi-Deutsch; Sternberger / Storz / Süskind: Aus dem Wörterbuch des Unmenschen.
* Im Original deutsch.
* Im Original deutsch.
9 Hamburger: From Prophecy to Exorcism, S. 22f.
10 Sidney Rosenfeld: Karl Kraus, S. 76f.
* Im Original deutsch.
11 Kraus: Die Dritte Walpurgisnacht, S. 121–123. Kraus schrieb dieses Buch 1934, hielt es aber, bis auf einige Auszüge in der Fackel im Oktober dieses Jahres, von der Veröffentlichung zurück; es wurde 1952 erstmals publiziert (Kraus starb im Juni 1936).
* Im Original deutsch.
12 Vgl. Grunberger: The 12–Year Reich, S. 360f.
** Der Satz »Sie wurde benutzt ... gewinnen zu lassen« ist in der deutschen Ausgabe nicht enthalten und wurde von uns übersetzt (Anm. d. Ü.).
13 Kogon: Der SS-Staat, S. 94.
14 Wiesel: Die Nacht, S. 62.
15 Wiesel: Den Frieden feiern, S. 22.
16 Levi: Ist das ein Mensch?, S. 149.
17 Hochhuth: Dramen. Diese Ausgabe enthält sowohl den *Stellvertreter* als auch im Anhang zu diesem Stück den 48 Seiten umfassenden Text *Historische Streiflichter*. Alle Nachweise in Klammern direkt im Text.
* Im Original deutsch.
18 Für eine Erklärung des Dramatikers, weshalb er sein Stück in Versform geschrieben hat, vgl. Bentley (Hg.): The Storm over the Deputy, S. 53. Alle weiteren Referenzen zu diesem Buch in Klammern direkt im Text.
* Im Original deutsch.
* Im Original deutsch.
19 Einige der Erklärungen Gersteins sind erschienen in den Vierteljahrsheften für Zeitgeschichte (Stuttgart), April 1953.
20 Hochhuth bezieht seine Symbolik deutlich aus der Bibel, wahrscheinlich aus 1. Johannes 3, 10–12: »Daran wird es offenbar, welche die Kinder Gottes und die Kinder des Teufels sind: wer nicht recht tut, der ist nicht von Gott, und wer nicht seinen Bruder liebhat. Denn das ist die Bot-

schaft, die ihr gehört habt von Anfang, daß wir uns untereinander lieben sollen, nicht wie Kain, der von dem Argen war und erwürgte seinen Bruder.«
* Im Original deutsch.
21 A. Roy Eckardt erhebt eine noch umfassendere Anklage und führt die Wurzeln des Nazi-Genozids auf die christlichen Schriften selbst zurück: »Das Neue Testament bleibt die wichtigste dogmatische und existentielle Barriere gegen einen Sieg über den Antisemitismus [...] Jede Einzelheit des christlichen Antisemitismus in der nachbiblischen Geschichte läßt sich direkt oder indirekt zurückverfolgen bis zu den Ereignissen oder angeblichen Ereignissen, von denen im Neuen Testament erzählt wird. Die Fundamente für den christlichen Antisemitismus und den Beitrag der Kirche zum Nazi-Holocaust wurden vor 1900 Jahren gelegt; es besteht eine ununterbrochene Linie vom Neuen Testament über die Jahrhunderte der christlichen Verachtung der Juden bis hin zu den Gasöfen und Krematorien.« (Eckardt: Your People, S. 13)
* Im Original deutsch.
22 Papst Pius XI.: Rundschreiben, S. 12.
* Im Original deutsch.
23 Borges: Das Aleph, S. 78.

8. Die Ausbeutung der Grauens

1 Weiss: Die Ermittlung, S. 259 *(Anmerkung)*, alle weiteren Nachweise in Klammern direkt im Text.
2 Weiss: Notizen zum dokumentarischen Theater, S. 99 / 103f.
3 Gray: A Living World, S. 108.
4 Best: Peter Weiss, S. 130.
5 Naumann: Auschwitz.
6 Weiss: Notizen zum dokumentarischen Theater, S. 104.
7 Zitiert nach Hilton: Peter Weiss, S. 47.
8 Best: Peter Weiss, S. 142f.
* Im Original deutsch.
9 Clausen: Weiss / Propagandist, S. 132. Für ein wirkungsvolles Argument gegen die von Weiss' Worten illustrierte universalisierende Tendenz vgl. Ozick: A Liberal's Auschwitz: »Die Konturen verwischen erleichtert. Genau zu sein tut weh. Wir haben nicht das Recht, in Auschwitz nach einer Botschaft der Erleichterung zu suchen, und es ist eine moralische Erleichterung, sich vom Einzelnen zum Abstrakten zu bewegen. Wir haben nicht das Recht, im Namen der Unterstützung des ›Lebens‹, in dem gefährlich nobilitierenden Namen der ›Menschheit‹, die Juden Europas ihres spezifisch jüdischen Martyriums zu entkleiden.« (S. 153)
10 Dieselbe Statik und Unbeweglichkeit charakterisiert auch Weiss' beschreibenden Essay über Auschwitz *Meine Ortschaft*.
11 Die Styron-Zitate stammen aus verschiedenen Aufsätzen und Interviews des Autors zum Thema Holocaust, darunter *Auschwitz's Message*; Introduction (durch Styron) in Rubenstein, *The Cunning of History*; *An Interview with William Styron* und *A Talk with William Styron*.
12 Styron, Sophies Entscheidung, S. 87, alle weiteren Nachweise in Klammern direkt im Text.
13 Vgl. Bauer, The Holocaust in Historical Perspective.
14 Höß, Kommandant in Auschwitz, S. 151.
15 Ebd.
* Im Original deutsch.
16 Eine englische Ausgabe des Drehbuchs ist erschienen in dem Band *The Screenplays of Lina Wertmüller*. Alle Angaben beziehen sich auf diese Ausgabe.
17 Simon: Wertmüller's *Seven Beauties*. Für eine andere und viel schärfere Bewertung des Films vgl. Bettelheim: Surviving. Bettelheim setzt sich in einer langen Polemik auf sehr entschiedene

Weise mit dem Begriff des Überlebens in *Pasqualino Settebellezze* und in Terrence Des Pres' *The Survivor* auseinander (für Des Pres' Bewertung des Films vgl. Bleak Comedies].
  18 The Screenplays of Lina Wertmüller, S. XVII.
  19 Cocks: Charnel Knowledge, S. 76.
  20 Pechter: Obsessions, S. 76.
  21 Zitiert nach Felita / May: The Parables of Lina Wertmüller, S. 29.
  22 Ebd., S. 29f.
  * Im Original deutsch.
  23 Epstein: Der Judenkönig, S. 300f.
  24 Zitiert nach Tushnet: The Pavement of Hell, S. 169f.
  25 Murdoch: Transformations of the Holocaust.
  26 Plath: Ariel, S. 35, alle Nachweise in Klammern direkt im Text.
  27 Zitiert in Newman (Hg.): The Art of Sylvia Plath, S. 64; aus einem Interview mit der Dichterin.
  28 Ellmann / O'Clair (Hg.): Modern Poems, S. 456.
  * In der deutschen Ausgabe nicht enthalten (Anm. d. Ü.).
  29 Newman (Hg.): The Art of Sylvia Plath, S. 64f.
  30 Ebd., S. 65.
  31 Ebd.
  * Im Original deutsch.
  ** Der deutsche Übersetzer der Gedichte von Sylvia Plath, Erich Fried, merkt in einer Fußnote zu *Papi* an: «Dieses Gedicht ist meines Erachtens unübersetzbar. Der deutsche Text ist nur der Versuch, einen ungefähren Eindruck zu vermitteln.« (Plath: Ariel, S. 176) (Anm. d. Ü.)
  32 Ebd., S. 231, 236.

9. Der Überlebende als Opfer: Primo Levi

  1 Levi: Gespräche und Interviews, S. 188f.
  2 Levi: Die Untergegangenen, S. 7.
  3 Améry: Jenseits von Schuld und Sühne, S. 13.
  4 Levi: Die Untergegangenen, S. 20f.
  5 Ebd., S. 21.
  6 Weinberg: Wunden, S. 15.
  7 Levi: Die Untergegangenen, S. 141.
  8 Ozick: Primo Levi's Suicide Note, S. 47f.
  9 Levi: Die Untergegangenen, S. 141.
 10 Ebd., S. 142.
 11 Ebd., S. 132.
 12 Weinberg: Wunden, S. 100.
 13 Levi: Gespräch mit Ferdinando Camon, S. 67.
 14 Ebd., S. 45.
 15 Levi: Mensch, S. 179.
 16 Ebd., S. 127f.
 17 Ebd., S. 130.
 18 Ebd., S. 8/7.
 19 Levi: Das periodische System, S. 240.
 20 Primo Levi antwortet, S. 195.
 21 Levi: Die Untergegangenen, S. 16.
 22 Levi: Die Atempause, S. 241f.
 23 Levi: Die Untergegangenen, S. 215.

24 Levi: Questions and Answers.
* Im Original deutsch.
25 Levi: The Dispute among the Historians.
26 Levi: Die Untergegangenen, S. 176.
27 Ebd., S. 76.
28 Levi: Zu ungewisser Stunde, S. 37.
29 Levi: Das Maß der Schönheit, S. 67.
30 Ebd., S. 69.
31 Ebd., S. 74.
32 Ebd., S. 77.
33 Levi: Moments of Reprieve, S. 159f.
34 Levi benutzt dieses jiddische Sprichwort als Motto zu *Das periodische System* und zitiert es auch noch an anderer Stelle.
35 Levi: Gespräche und Interviews, S. 222.
36 Levi: Mensch, S. 104.
37 Levi: Die Untergegangenen, S. 33.
38 Ebd., S. 19/32.
39 Levi: Beyond Survival, S. 13.
40 Levi: Die Atempause, S. 245.
41 Levi: Die Untergegangenen, S. 16.
42 Ebd., S. 68.
43 Ebd., S. 69.
44 Ebd., S. 79.
45 Ebd., S. 75.
46 Ebd., S. 78.
47 Ebd., S. 82f.
48 Ebd., S. 83–85.
49 Ebd., S. 85f.
50 Levi: Zu ungewisser Stunde, S. 71.
51 *A Romantic Grows Up*, ein Interview mit Dan Vittorio Segre in: Jerusalem Post International Edition, 5. September 1987.
52 Levi: The Monkey's Wrench.

Epilog

1 Hochhuth: Dramen, S. 194.
2 Schwarz-Bart: Der Letzte der Gerechten, S. 401.
3 Semprun: Die große Reise, S. 193f.
4 Levi: Mensch, S. 104.
5 Canetti: Die Provinz des Menschen, S. 18.
6 Wiesel: A Beggar in Jerusalem, S. 113f.

Literaturverzeichnis

Die folgende Bibliographie verzeichnet ausgewählte Titel der Holocaust-Literatur sowie damit in Zusammenhang stehendes historisches und erläuterndes Material. Sie enthält einen Großteil der Literatur, auf die ich mich in den vorangegangenen Kapiteln bezogen habe, und sonstige Schriften von Interesse, die nicht in den Fokus dieses Buches gekommen sind. Die Titel sind unter folgenden Rubriken aufgelistet:

    I. Tagebücher, Aufzeichnungen, Memoiren und Chroniken
   II. Romane und Erzählungen
  III. Lyrik
  IV. Dramen
   V. Anthologien, Aufsatzsammlungen und wissenschaftliche Literatur
  VI. Sonstige Literatur (vor allem historische und theologische)

I. Tagebücher, Aufzeichnungen, Memoiren und Chroniken

Arad, Yitzhak: The Partisan: from the Valley of Death to Mt. Zion, New York 1979
Barkai, Meyer: The Fighting Ghettos, Philadelphia 1962
Berg, Mary: Warsaw Ghetto. A Diary. Translated by Norbert and Sylvia Glass, New York 1945
Bettelheim, Bruno: Aufstand gegen die Masse: Die Chance des Individuums in der modernen Gesellschaft. Übersetzt von Hermann Schroeder und Paul Horstrup, Frankfurt/M. 1989
Bezwinska, Jadwiga (Hg.): Inmitten des grauenvollen Verbrechens: Handschriften von Mitgliedern des Sonderkommandos, 2. Aufl. Oswiecim 1996
Bezwinska, Jadwiga: Auschwitz in den Augen der SS. Rudolf Höss; Perry Broad; Johann Paul Kremer. Zusammenstellung der Texte von Jadwiga Bezwinska und Danuta Czech, Warszawa 1997
Birenbaum, Halina: Die Hoffnung stirbt zuletzt. Übersetzt von Esther Kinsky, Frankfurt/M. 1995
Buber-Neumann, Margarete: Als Gefangene bei Hitler und Stalin: eine Welt im Dunkel, Frankfurt/M. / Berlin 1993
Cohen, Elie: The Abyss: A Confession. Translated by James Brockway, New York 1973
Cohen, Elie: Het Duitse concentratiekamp: een medische en psychologische studie, Amsterdam 1952
Czerniakow, Adam: Im Warschauer Ghetto: das Tagebuch des Adam Czerniakow. Übersetzt von Silke Lent, München 1986
Delbo, Charlotte: Trilogie. Auschwitz und danach. Übersetzt von Eva Groepler und Elisabeth Thielicke, Frankfurt/M. 1993

Dobroszycki, Lucian: The Chronicle of the Lodz Ghetto, 1941–1944. Translated by Richard Lourie and Joachim Neugroschel, New Haven 1984

Donat, Alexander: The Holocaust Kingdom, New York 1965

Dribben, Judith Strick: A Girl Called Judith Strick, New York 1970

Edvardson, Cordelia: Gebranntes Kind sucht das Feuer. Übersetzt von Anna-Liese Kornitzky, München / Wien 1986

Eisenberg, Azriel (Hg.): The Lost Generation: Children in the Holocaust, New York 1982

Eisenberg, Azriel: Witness to the Holocaust: Personal and Eyewitness Accounts of the Holocaust. Resistance and Rebirth, New York 1981

Eisner, Jack: The Survivor, New York 1980

Fenelon, Fania: Das Mädchenorchester in Auschwitz. Übersetzt von Sigi Loritz, München 1995

Ferderber-Salz, Bertha: And the Sun Kept Shining, New York 1980

Flinker, Moshe: The Diary of Young Moshe, Jerusalem 1971

Frank, Anne: Tagebuch. Fassung von Otto H. Frank und Mirjam Pressler, Frankfurt/M. 1991

Frankl, Viktor E.: Trotzdem ja zum Leben sagen: ein Psychologe erlebt das Konzentrationslager, München 1994

Friedländer, Saul: Wenn die Erinnerung kommt... Übersetzt von Helgard Oestreich, Frankfurt/M. 1991

Friedman, Philip: Martyrs and Fighters, London 1954

Gauch, Siegfried: Vaterspuren, Königstein/Ts. 1979

Gefen, Aba: »Ein Funke Hoffnung«: ein Holocaust-Tagebuch. Übersetzt von Michael Waldbaur. Bearbeitet von Monica Freund, Gerlingen 1987

Gilboa, Yehoshua: Confess! Confess! Translated by Dov Ben Aba, Boston 1968

Goldstein, Bernard: Die Sterne sind Zeugen: Der Untergang der polnischen Juden. Übersetzt von Paul Stamford, München 1965

Goldstein, Charles: Leben ohne Stern: Ein Bericht. Übersetzt von Harry Maor. Deutsche Bearbeitung von Nataly Landor, München 1964

Gray, Martin: Der Schrei nach Leben: die Geschichte eines Mannes, der die Unmenschlichkeit besiegte, weil er an die Menschlichkeit glaubte. Übersetzt von Roland Fleissner und Arno Aeby, München 1992

Hart, Kitty: Aber ich lebe. Übersetzt von Werner von Grünau, Hamburg 1963

Hart, Kitty: Return to Auschwitz, New York 1981

Heimler, Eugene: Bei Nacht und Nebel. Übersetzt von Günter König, Berlin 1993

Heyman, Éva: The Diary of Éva Heyman. Translated by Moshe M. Kohn, Jerusalem 1974

Hillesum, Etty: Letters from Westerbork. Translated by Arnold J. Pomerans, New York 1986

Hillesum, Etty: Das denkende Herz: die Tagebücher von Etty Hillesum 1941–1943. Hg. von J. G. Gaarlandt. Übersetzt von Maria Csollány, Reinbek 1985

Höß, Rudolf: Kommandant in Auschwitz. Autobiographische Aufzeichnungen von Rudolf Höß. Eingeleitet und kommentiert von Martin Broszat, Stuttgart 1958

Jackson, Livia Bitton: Elli: Coming of Age in the Holocaust, New York 1980

Katsh, Abraham I. (Hg.): Buch der Agonie. Das Warschauer Tagebuch des Chaim A. Kaplan. Übersetzt von Harry Maor, Frankfurt/M. 1967

Katz, Josef: Erinnerungen eines Überlebenden, Kiel 1988

Katzenelson, Jitzchak: Oh mein Volk! Mein Volk... Aufzeichnungen aus dem Internierungslager Vittel. Übersetzt von Helmut Homfeld, Berlin 1999

Kielar, Wieslaw: Anus mundi: fünf Jahre in Auschwitz. Übersetzt von Wera Kapkajew, Frankfurt/M. 1994

Klein, Gerda Weissman: Nichts als das nackte Leben. Übersetzt von Anna Kaiser, Gerlingen 1999

Klemperer, Viktor: Ich will Zeugnis ablegen bis zum letzten. Tagebücher 1933–1945. Hg. von Walter Nowojski unter Mitarbeit von Hadwig Klemperer, Berlin 1995

Klüger, Ruth: Weiter leben: Eine Jugend, Göttingen 1992

Kogon, Eugen: Der SS-Staat. Das System der deutschen Konzentrationslager, Gütersloh o.J.

Korczak, Janusz: Tagebuch aus dem Warschauer Ghetto 1942. Übersetzt von Armin Droß, Göttingen 1992

Krall, Hanna: Shielding the Flame: An Intimate Conversation with Dr. Marek Edelman, the Last Surviving Leader of the Warsaw Ghetto Uprising. Translated by Joanna Stasinska and Lawrence Weschler, New York 1986

Kraus, Ota / Erich Kulka: Die Todesfabrik Auschwitz. Übersetzt von Zora Weil-Zimmering, Berlin 1991

Kulka, Erich: Escape from Auschwitz, South Hadley 1986

Kuper, Jack: Jankele lebt! ein jüdisches Kind auf der Flucht. Übersetzt von Katja Sund, Leipzig 1998

Leitner, Isabella: Isabella: Fragmente einer Erinnerung an Auschwitz. Übersetzt von Uwe-Michael Gutzschhahn, Ravensburg 1999

Lengyel, Olga: Five Chimneys: The Story of Auschwitz. Translated by Paul B. Weiss, Chicago 1947

Levi, Primo: Das periodische System. Übersetzt von Edith Plackmeyer, München 1991

Levi, Primo: Die Atempause. Übersetzt von Barbara und Robert Picht, München 1994

Levi, Primo: Die Untergegangenen und die Geretteten. Übersetzt von Moshe Kahn, München 1993

Levi, Primo: Ist das ein Mensch? Ein autobiographischer Bericht. Übersetzt von Heinz Riedt, München 1992

Lewin, Abraham: A Cup of Tears: A Diary of the Warsaw Ghetto. Ed. by Antony Polonsky. Translated by Christopher Hutton, New York 1989

Lewinska, Pelagia: Vingt mois à Auschwitz, Paris 1945

Lind, Jakov: Selbstportrait. Berlin 1983.

Lind, Jakov: Nahaufnahme. Übersetzt von Günther Dauehl und Jakov Lind, Frankfurt/M. 1973

Mark, Bernard: Der Aufstand im Warschauer Ghetto: Entstehung und Verlauf, Berlin 1957

Maurel, Micheline: Kein Ort für Tränen: Bericht aus einem Frauenlager, Hamburg 1960

Meckel, Christoph: Suchbild. Über meinen Vater, Düsseldorf 1980

Meed, Vladka: Deckname Vladka: eine Widerstandskämpferin im Warschauer Ghetto. Übersetzt von Susanne Krämer, Hamburg 1999

Michael, Jean, with Louis Nuoera: Dora. Translated by Jennifer Kidd, New York 1980

Mikhelson, Frida: I Survived Rumbuli. Translated and edited by Wolf Goodman, New York 1979

Minco, Marga: Das bittere Kraut. Übersetzt von Tina Huber-Hönk, Hamburg 1985
Müller, Filip: Sonderbehandlung: drei Jahre in den Krematorien und Gaskammern von Auschwitz. Deutsche Bearbeitung: Helmut Freitag, München 1979
Nomberg-Przytyk, Sara: Auschwitz: True Tales from a Grotesque Land. Translated by Roslyn Hirsch. Edited by Eli Pfefferkorn and David H. Hirsch, Chapel Hill 1985
Nowak, Jan: Courier from Warsaw, Detroit 1982
Nyiszli, Miklos: Im Jenseits der Menschlichkeit: ein Gerichtsmediziner in Auschwitz. Übersetzt von Angelika Bihari, Berlin 1992
Oberski, Jona: Kinderjahre. Übersetzt von Maria Csollány, Wien 1980
Pisar, Samuel: Das Blut der Hoffnung. Übersetzt von Jürgen Abel, Reinbek 1983
Rabinowitz, Dorothy: New Lives: Survivors of the Holocaust Living in America, New York 1976
Rehmann, Ruth: Der Mann auf der Kanzel. Fragen an einen Vater, München 1979
Richmond, Theo: Konin: auf der Suche nach der Stadt meiner Eltern. Übersetzt von Elke Hosfeld, München 1997
Ringelblum, Emanuel: Ghetto Warschau. Tagebücher aus dem Chaos. Eingeleitet von Professor Dr. Arieh Tartakower, Stuttgart 1967
Ringelblum, Emanuel: Notes from the Warsaw Ghetto. Translated by Jacob Sloan, New York 1958
Rochman, Leyb: The Pit and the Trap: a Chronicle of Survival. Edited by Sheila Friedling. Translated by Moshe Kohn, New York 1983
Rosen, Donia: The Forest My Friend. Translated by Mordecai S. Chertoff, New York 1971
Rothchild, Sylvia (Hg.): Voices from the Holocaust, New York 1981
Rousset, David: L'univers concentrationnaire, Paris 1981
Rubinowicz, David: Das Tagebuch des David Rubinowicz. Übersetzt von Wanda Bronska-Pampuch, Frankfurt/M. 1960
Rudashevski, Yitskhok: The Diary of the Vilna Ghetto. Translated by Percy Matenko, Israel 1973
Schnabel, Ernst: Anne Frank – Spur eines Kindes, Frankfurt/M. 1958
Senesh, Hannah: Hannah Senesh. Her Life and Diary, New York 1972
Sereny, Gitta: Am Abgrund, Frankfurt/M. 1979
Sierakowiak, Dawid: Das Ghettotagebuch des Dawid Sierakowiak: Aufzeichnungen eines Siebzehnjährigen. Übersetzt von Roswitha Matwein-Buschmann, Leipzig 1993
Stiffel, Frank: The Tale of the Ring: A Kaddish: A Personal Memoir of the Holocaust, Toronto 1985
Szmaglewska, Seweryna: Uns vereint heiliger Zorn, Warschau 1955
Tec, Nechama: Eine Art Leben: eine jüdische Kindheit im besetzten Polen. Übersetzt von Linda Gränz, Hamburg 1998
Tillion, Germaine: Frauenkonzentrationslager Ravensbrück. Übersetzt von Barbara Glassmann, Lüneburg 1998
Tory, Abraham: Surviving the Holocaust: The Kovno Ghetto Diary. Translated by Jerzy Michalowicz, Cambridge 1990
Trepman, Paul: Among Beasts and Men, New York 1978
Unsdorfer, S. B.: The Yellow Star, New York 1961
Vrba, Rudolf: Als Kanada in Auschwitz lag. Meine Flucht aus dem Vernichtungslager. Übersetzt von Werner von Grünau, München 1999

Weinberg, Werner: Wunden, die nicht heilen dürfen. Die Botschaft eines Überlebenden, Freiburg / Basel / Wien 1988
Wells, Leon W.: Ein Sohn Hiobs. Übersetzt von H. Th. Asberg, München 1963
Wiechert, Ernst: Der Totenwald. Ein Bericht. Mit Tagebuchnotizen und Briefen, Leipzig 1989
Wiesel, Elie: Die Nacht. Übersetzt von Curt Meyer-Clason, Freiburg/Br. 1996
Wiesel, Elie: Alle Flüsse fließen ins Meer. Autobiographie. Übersetzt von Holger Fock, Brigitte Große und Sabine Müller, München 1997
Wiesel, Elie: ...und das Meer wird nicht voll. Autobiographie 1969–1996. Übersetzt von Holger Fock und Sabine Müller, München 1999
Wiesenthal, Simon: Doch die Mörder leben. Hg. von Joseph Wechsberg. Übersetzt von Frank und Sonja Weiss, München 1967
Zylberberg, Michael: A Warsaw Diary 1939–1945, London 1969
Zywulska, Krystana: I Came Back. Translated by Krystyna Cenkalska, London 1951

II. Romane und Erzählungen

Abish, Walter: Der Englische Garten, in: ders., Quer durch das große Nichts. Übersetzt von Jürg Laederach, Frankfurt/M. 1983
Aichinger, Ilse: Die größere Hoffnung, Frankfurt/M. 1996
Amichai, Jehuda: Nicht von jetzt, nicht von hier. Übersetzt von Ruth Achlama, München 1992
Anatoli, A. (Kusnezow): Babi Jar. Übersetzt von Alexander Kaempfe, München / Zürich / Wien 1970
Andersch, Alfred: Efraim, Zürich 1967
Anissimov, Myriam: Comment Va Rachel?, Paris 1975
Anissimov, Myriam: Rue de Nuit, Paris 1977
Appelfeld, Aharon: Der eiserne Pfad. Übersetzt von Stefan Siebers, Berlin 1999
Appelfeld, Aharon: Für alle Sünden. Übersetzt von Stefan Siebers, Reinbek 1996
Appelfeld, Aharon: Der unsterbliche Bartfuss. Übersetzt von Stefan Siebers, Reinbek 1995
Appelfeld, Aharon: Tzili. Übersetzt von Stefan Siebers, Reinbek 1991
Appelfeld, Aharon: Zeit der Wunder. Übersetzt von Ute Spengler, Berlin 1984
Appelfeld, Aharon: Badenheim. Übersetzt von Martin Klüger, Berlin 1982
Arieti, Silvano: The Parnas, New York 1979
Arnold, Elliot: Zwei Meilen über den Sund. Übersetzt von Ilse v. Lauterbach, Gütersloh 1968
Barcovitch, Reuben: Hasen, New York 1978
Bartov, Hanoch: The Brigade. Translated by David Segal, Philadelphia 1967
Bassani, Giorgio: Ein Gedenktafel in der Via Mazzini, in: ders., Ferrareser Geschichten. Übersetzt von Herbert Schlüter, München / Zürich 1964
Bassani, Giorgio: Die Gärten der Finzi-Contini. Übersetzt von Herbert Schlüter, München / Zürich 1995
Becker, Jurek: Jakob der Lügner, Darmstadt / Neuwied 1960
Bellow, Saul: Mr. Sammlers Planet. Übersetzt von Walter Hasenclever, Köln / Berlin 1971

Ben-Amotz, Dan: To Remember, To Forget. Translated by Eva Shapiro, Philadelphia 1968
Bor, Josef: Theresienstädter Requiem. Übersetzt von Elisabeth Borchardt, Berlin 1990
Borges, Jorge Luis: Deutsches Requiem, in: ders., Das Aleph. Erzählungen 1944–1952. Übersetzt von Karl August Horst und Gisbert Haefs. Werke in 20 Bänden. Bd. 6, Frankfurt/M. 1992
Borges, Jorge Luis: Das geheime Wunder, in: ders., Fiktionen. Erzählungen 1939–1944. Übersetzt von Karl August Horst, Wolfgang Luchting und Gisbert Haefs. Werke in 20 Bänden. Bd. 5, Frankfurt/M. 1993
Borowski, Tadeusz: Bei uns in Auschwitz. Übersetzt von Vera Cerny, München / Zürich 1982
Borowski, Tadeusz: This Way for the Gas, Ladies and Gentlemen. Translated by Barbara Vedder, New York 1967
Bryks, Rachmil: A Cat in the Ghetto. Translated by S. Morris Engel, New York 1959
Bryks, Rachmil: Kiddush Hashem. Translated by S. Morris Engel, New York 1977
Buczkowski, Leopold: Black Torrent. Translated by David Welsh, Cambridge 1969
Chaneles, Sol: Three Children of the Holocaust, New York 1974
Cohen, Arthur Allen: In the Days of Simon Stern, New York 1973
Del Castillo, Michel: Child of Our Time, New York 1958
Delbo, Charlotte: Trilogie. Auschwitz und danach. Übersetzt von Eva Groepler und Elisabeth Thielicke, Frankfurt/M. 1993
Elman, Richard M.: Lilo's Diary, New York 1968
Elman, Richard M.: The Reckoning: The Daily Ledgers of Newman Yagodah, Advokat and Factor, New York 1969
Elman, Richard M.: The 28th Day of Elul, New York 1967
Elon, Amos: Timetable, Garden City 1980
Epstein, Leslie: Der Judenkönig. Übersetzt von Maria Poelchau, Hamburg 1980
Ettinger, Elzbieta: Kindergarten, Boston 1970
Federman, Raymond: Die Nacht zum 21.Jahrhundert oder Aus dem Leben eines alten Mannes. Übersetzt von Gerhard Effertz, Frankfurt/M. 1991
Fink, Ida: Eine Spanne Zeit. Erzählungen. Übersetzt von Klaus Stammler, Zürich 1983
Forsyth, Frederick: Die Akte Odessa. Übersetzt von Tom Knoth, München 1994
Friedman, Carl: Vater. Übersetzt von Marlene Müller-Haas, Zürich 1993
Friedman, Carl: Der graue Liebhaber. Erzählungen. Übersetzt von Christiane Kuby, Leipzig 1997
Fuks, Ladislav: Herr Theodor Mundstock. Übersetzt von Josef Hahn, München 1964
Gary, Romain: Der Tanz des Dschingis Cohn. Übersetzt von Herbert Schlüter, München 1970
Gascar, Pierre: Die Tiere. Übersetzt von Adolf Thiersch, Genf / Frankfurt/M. 1956
Gascar, Pierre: Garten der Toten. Übersetzt von Helmut de Haas, Darmstadt / Genf 1956
Gouri, Haim: The Chocolate Deal. Translated by Seymour Simckes, New York 1968
Grade, Chaim: The Seven Little Lanes. Translated by Curt Leviant, New York 1972
Green, Gerald: Der Holocaust: die Endlösung. Übersetzt von Helmut Kossodo, München 1987
Grosman, Ladislav: Der Laden auf dem Korso. Übersetzt von Rudolf Iltis, Frankfurt/M. 1982
Grynberg, Henryk: Child of the Shadows, London 1969

Hersey, Joseph: Der Wall. Übersetzt von Ernst Bucher und Edwin Maria Landau, Reinbek 1956
Hilsenrath, Edgar: Nacht, München 1996
Hilsenrath, Edgar: Der Nazi & der Friseur, München / Zürich 1997
Hoffmann, Yoel: Das Buch von Joseph. Übersetzt von Stefan Siebers, Reinbek 1993
Jabès, Edmond: Das Buch der Fragen. Übersetzt von Henriette Beese, Frankfurt/M. 1989
Jabès, Edmond: Vom Buch zum Buch. Übersetzt von Felix Philipp Ingold, München 1989
Jabès, Edmond: Le Livre de Yukel, Paris 1964
Kanfer, Stefan: The Eighth Sin, New York 1978
Kaniuk, Yoram: Adam Hundesohn. Übersetzt von Ruth Achlama, München 1994
Karmel, Ilona: Aurelia Katz und die anderen. Übersetzt von Dieter Turck, Frankfurt/M. / Leipzig 1997
Karmel-Wolf, Henia: The Baders of Jacob Street, New York 1970
Ka-Tzetnik 135633: Das Haus der Puppen. Übersetzt von Thomas Lindquist, München / Zürich 1995
Ka-Tzetnik 135633: Höllenfahrt. Übersetzt von Gerlinde Quenzer, Gerlingen 1980
Ka-Tzetnik 135633: Atrocity, New York 1963
Ka-Tzetnik 135633: Star Eternal. Translated by Nina DeNur. New York 1971
Keneally, Thomas: Schindlers Liste. Übersetzt von Günther Dauchl, München 1996
Klein, A.M.: The Second Scroll, Canada 1966
Koeppen, Wolfgang: Der Tod in Rom, Frankfurt/M. 1984
Koeppen, Wolfgang: Jakob Littners Aufzeichnungen aus einem Erdloch, Frankfurt/M. 1992
Kolitz, Avi: Jossel Rakovers Wendung zu Gott. Mit einem Faksimile des rekonstruierten Originals. Übertragen, hg. und kommentiert von Paul Badde. Jiddisch – deutsch, München / Zürich 1999
Kosinski, Jerzy: Der bemalte Vogel, Überarbeitete und erweiterte Ausgabe Frankfurt/M. / Wien 1982
Langfus, Anna: Gespräch aus Sand. Übersetzt von Yvonne Meier-Hans, München 1964
Laqueur, Walter: Jahre auf Abruf. Übersetzt von Liselotte Mickel, Stuttgart 1982
Levi, Carlo: L'Orologio, Torino 1989
Levi, Primo: Wann, wenn nicht jetzt? Übersetzt von Barbara Kleiner, München 1989
Levi, Primo: Das Maß der Schönheit. Erzählungen. Übersetzt von Heinz Riedt und Joachim Meinert, München / Wien 1997
Levi, Primo: Der Freund des Menschen. Erzählungen. Übersetzt von Heinz Riedt und Barbara Kleiner, München 1995
Levi, Primo: Moments of Reprieve, New York 1986
Levi, Primo: The Monkey's Wrench, New York 1987
Levin, Meyer: Eva, ein Frauenschicksal. Übersetzt von G. E. Salther, Gütersloh 1963
Lind, Jakov: Landschaft in Beton, München 1984
Lind, Jakov: Eine Seele aus Holz. Erzählungen, München 1984
Lustig, Arnošt: Ein Gebet für Katharina Horowitzová. Roman. Übersetzt von Peter Sacher, Hamburg / Zürich 1991
Lustig, Arnošt: Finsternis wirft keine Schatten. Übersetzt von Peter Ambros, München 1997

Lustig, Arnošt: Demanten der Nacht. Übersetzt von Lotte Elsner-Reiter und Rudolf Iltis, Praha 1964
Lustig, Arnošt: Die Ungeliebte. Aus dem Tagebuch einer Siebzehnjährigen. Übersetzt von Peter Sacher, Frankfurt/M. / Berlin 1989
Malamud, Bernard: Der Fixer. Übersetzt von Herta Haas, Berlin 1971
Malaparte, Curzio: Kaputt. Übersetzt von Hellmut Ludwig, Frankfurt/M. 1982
Modiano, Patrick: La Place de l'étoile, Paris 1968
Modiano, Patrick: Pariser Trilogie. Abendgesellschaft. Außenbezirke. Familienstammbuch. Drei Romane. Übersetzt von Walter Schürenberg, Frankfurt/M. 1989
Morante, Elsa: La Storia. Übersetzt von Hannelise Hinderberger, München 1997
Orlev, Uri: Die Bleisoldaten. Übersetzt von Mirjam Pressler, Weinheim 1999
Ozick, Cynthia: The Pagan Rabbi and Other Stories, New York 1971
Perez, Jizchok Lejb: Geschichten am Sabbat. Übersetzt von Alexander Eliasberg, Frankfurt/M. / Hamburg 1964
Prager, Emily: Eve's Tattoo, New York 1991
Prager, Moshe: Sparks of Glory. Translated by Mordecai Schreiber, New York 1974
Raczymow, Henri: Contes d'exil et d'oubli, Paris 1979
Raczymow, Henri: Un cri sans voix, Paris 1985
Raczymow, Henri: Rivières d'exil, Paris 1982
Raczymow, Henri: La Saisie, Paris 1973
Ramras-Rauch, Gila / Joseph Michman-Melkman (Hg.): Facing the Holocaust. Selected Israeli Fiction, Philadelphia 1985
Rawicz, Piotr: Blut des Himmels. Übersetzt von Heinz Winter, München 1996
Rezzori, Gregor von: Denkwürdigkeiten eines Antisemiten, München 1989
Rosen, Norma: Touching Evil, New York 1969
Rudnicki, Adolf: Die Ungeliebte. Erzählungen. Übersetzt von Walter Tiel, Frankfurt/M. 1964
Rybakov, Anatolij N.: Schwerer Sand. Übersetzt von Juri Elperin, Düsseldorf 1980
Samuels, Gertrude: Mottele, New York 1976
Schaeffer, Susan Fromberg: Anya, New York 1974
Schindel, Robert: Gebürtig, Frankfurt/M. 1994
Schlink, Bernhard: Der Vorleser, Zürich 1995
Schulman, Helen: The Revisionist, New York 1998
Schwarz-Bart, André: Der Letzte der Gerechten. Übersetzt von Mirjam Josephsohn, Frankfurt/M. 1962
Sebald, W. G.: Die Ausgewanderten, Frankfurt/M. 1992
Segal, Lore: Other People's Houses, New York 1973
Semprun, Jorge: Die große Reise. Übersetzt von Abelle Christaller, Frankfurt/M. 1983
Shaw, Robert: The Man in the Glass Booth, Middlesex 1969
Singer, Isaac Bashevis: Feinde, die Geschichte einer Liebe. Übersetzt von Wulf Teichmann, München 1982
Singer, Isaac Bashevis: Jakob, der Knecht. Übersetzt von Wolfgang von Einsiedel, Reinbek 1981
Sperber, Manès: Wie eine Träne im Ozean. Romantrilogie, München 1997
Spiegelman, Art: Maus. Die Geschichte eines Überlebenden. I. Mein Vater kotzt Geschichte aus. Übersetzt von Christine Brinck und Josef Joffe, Reinbek 1989

Spiegelman, Art: Maus. Die Geschichte eines Überlebenden. II. Und hier begann mein Unglück. Übersetzt von Christine Brinck und Josef Joffe, Reinbek 1992
Spiraux, Alain: Hitler, ta maman t'appelle!, Paris 1976
Steiner, George: The Portage to San Cristobal of A.H., New York 1981
Steiner, Jean-François: Treblinka. Die Revolte einer Vernichtungslagers. Übersetzt von Marianne Lipcowitz, Berlin 1994
Stern, Daniel: Who Shall Live, Who Shall Die?, New York 1963
Stollman, Aryeh Lev: Der ferne Euphrat. Übersetzt von Michael Hofmann, München 1998
Styron, William: Sophies Entscheidung. Übersetzt von Willy Thaler, München 1993
Thomas, D. M.: Das weiße Hotel. Übersetzt von Wolfgang Schlüter, München 1985
Tomkiewicz, Mina: Of Bombs and Mice. Translated by Stefan Grazel, New York 1970
Tournier, Michel: Der Erlkönig. Übersetzt von Helmut Waller, Frankfurt/M. 1994.
Uhlman, Fred: Der wiedergefundene Freund. Übersetzt von Felix Berner, Zürich 1997
Uris, Leon: Mila 18. Übersetzt von Peter de Mendelssohn, München 1995
Wallant, Edward L.: The Pawnbroker, New York 1964
Weil, Grete: Tramhalte Beethovenstraat, Freiburg / Basel / Wien 1995
Weil, Grete: Meine Schwester Antigone, Frankfurt/M. 1995
Wiesenthal, Simon: Die Sonnenblume, Gerlingen 1982
Wiesel, Elie: Der Vergessene. Übersetzt von Hanns Bucker, Freiburg/Br. 1993
Wiesel, Elie: Gezeiten des Schweigens. Übersetzt von Curt-Meyer Clason, Freiburg / Basel / Wien 1992
Wiesel, Elie: Der fünfte Sohn. Übersetzt von Hanns Bucker, Freiburg/Br. 1988
Wiesel, Elie: Der Bettler von Jerusalem. Übersetzt von Christian Sturm, Frankfurt/M. 1986
Wiesel, Elie: Die Pforten des Waldes. Übersetzt von Curt Meyer-Clason, Frankfurt/M. 1986
Wiesel, Elie: Der Schwur von Kolvillag. Übersetzt von Margarete Venjakob, München 1986
Wouk, Herman: Der Krieg. Übersetzt von Werner Peterich, Hamburg 1979
Wouk, Herman: Der Feuersturm. Übersetzt von Ursula von Zedlitz, Hamburg 1982

III. Lyrik

And the World Stood Silent. Sephardic Poetry of the Holocaust. Translated and with Commentaries by Isaac Jack Levy, Urbana 1989
Bryks, Rachmil: Ghetto Factory 76. Translated by Theodor Primack und Prof. Dr. Eugen Kullman, New York 1967
Celan, Paul: Gedichte in zwei Bänden, Frankfurt/M. 1981/1979
Duba, Ursula: Tales from a Child of the Enemy, New York 1997
Feldman, Irving: The Pripet Marshes and Other Poems. Translated by Joachim Neugroschel, New York 1965
Ficowski, Jerzy: Aus der Asche gelesen. Übersetzt von Karin Wolff, Berlin 1987
Fishman, Charles (Hg.): Blood to Remember. American Poets on the Holocaust, Lubbock 1991

Florsheim, Stewart: Ghosts of the Holocaust: an Anthology of Poetry by the Second Generation, Detroit 1989
Gershon, Karen: Selected Poems, New York 1966
Glatstein, Jacob: Poems. Translated by Etta Blum, Tel Aviv 1970
Glatstein, Jacob: The Selected Poems of Jacob Glatstein. Translated by Ruth Whitman, New York 1972
Greenberg, Blu: Black Bread. Poems, after the Holocaust, Hoboken 1994
Harshav, Benjamin und Barbara: American Yiddish Poetry. An Bilingual Anthology, Berkeley 1986
Hecht, Anthony: The Hard Hours, New York 1967
Heiser, Dorothea: Mein Schatten in Dachau. Gedichte und Biographien der Überlebenden und der Toten des Konzentrationslagers. Hg. vom Comité International de Dachau, München 1993
Heyen, William: Erika. Poems of the Holocaust, New York 1984
Heyen, William: The Swastika Poems, New York 1977
Hill, Geoffrey: Somewhere Is Such a Kingdom. Poems 1952–1971, Boston 1975
Hyett, Barbara Helfgott: In Evidence: Poems of the Liberation of Nazi Concentration Camps, Pittsburgh 1986
Jewtuschenko, Jewgeni: Herzstreik. Übersetzt von Godehard Schramm, München / Wien 1996
Jewtuschenko, Jewgeni: Fuku 324. Übersetzt von Aljonna und Klaus Möckel, Berlin 1987
Katzenelson, Jizchak: Dos lid funm oisgehargetn jidisn folk – Das Lied vom letzten Juden. Hg. von Manfred Richter. In der Nachdichtung von Hermann Adler, Berlin 1992
Katzenelson, Jizchak: Dos lied vunem ojsgehargetn jidischn volk – Großer Gesang vom ausgerotteten jüdischen Volk. Übersetzt von Wolf Biermann, Köln 1994
Katzenelson, Jizchak: Dos lid funm ojsgehargetn jidischen folk – Das Lied vom ausgemordeten jüdischen Volk. Übersetzt von Helmut Homfeld, Rendsburg 1997
Klein, A. M.: Collected Poems, Toronto 1974
Kolmar, Gertrud: Weibliches Bildnis. Sämtliche Gedichte, München 1987
Kovner, Abba: A Canopy in the Desert. Translated by Shirley Kaufman, with Ruth Adler and Nurit Orchan, Pittsburgh 1973
Kovner, Abba: My Little Sister and Selected Poems, 1965–1985. Translated by Shirley Kaufman, Oberlin 1986
Kovner, Abba: Selected Poems of Abba Kovner and Nelly Sachs. Translated by Shirley Kaufman and Nurit Orchan, Middlesex 1971
Kramer, Aaron (Hg.): The Last Lullaby: Poetry from the Holocaust, Syracuse 1998
Levi, Primo: Zu ungewisser Stunde. Übersetzt von Moshe Kahn, München / Wien 1998
Milosz, Czeslaw: Gedichte 1933–1981. Übersetzt von Karl Dedecius, Frankfurt/M. 1995
Mintz, Ruth Finer (Hg.): Modern Hebrew Poetry, Berkeley 1966
Molodowsky, Kadia: Paper Bridges. Selected Poems of Kadya Molodowsky. Translated, edited and introduced by Kathryn Hellerstein, Detroit 1999
Orten, Jirí: Elegies. Translated by Lyn Coffin, o.O. 1980
Pagis, Dan: Erdichteter Mensch. Gedichte. Hebräisch – deutsch. Übersetzt von Tuvia Rübner, Frankfurt/M. 1993
Pagis, Dan: Die Krone der Schöpfung. Ausgewählte Gedichte. Hebräisch – deutsch. Übersetzt von Anne Birkenhauer, Straelen 1990

Pilinszky, János: Lautlos gegen die Vernichtung. Gedichte. Ungarisch – deutsch. Übersetzt von Hans-Henning Paetzke, Zürich 1989
Pilinszky, János: Großstadt-Ikonen. Ausgewählte Dichtungen und Essays. Übersetzt von Eva Czszek u.a., Salzburg 1971
Plath, Sylvia: Ariel. Englisch – deutsch. Übersetzt von Erich Fried, Frankfurt/M. 1979
Radnóti, Miklós: Gewaltmarsch. Ausgewählte Gedichte. Übersetzt von Markus Bieler, Tübingen 1984
Radnóti, Miklós: Offenen Haars fliegt der Frühling. Tagebücher, Gedichte, Fotos, Dokumente. Übersetzt von Hans Skirecki, Enger 1993
Radnóti, Miklós: Kein Blick zurück, kein Zauber. Gedichte und Chronik. Übersetzt von Markus Bieler, Köln 1999
Reznikoff, Charles: Holocaust, Los Angeles 1975
Rothenberg, Jerome: Khurbn & Other Poems, New York 1989
Rothenberg, Jerome: Vienna Blood & Other Poems, New York 1980
Różewicz, Tadeusz: Gedichte, Stücke. Übersetzt von Karl Dedecius und Ilka Boll, Frankfurt/M. 1983
Sachs, Nelly: Späte Gedichte, Frankfurt/M. 1968
Sachs, Nelly: Das Buch der Nelly Sachs. Hg. von Bengt Holmqvist, Frankfurt/M. 1977
Sachs, Nelly: Fahrt ins Staublose. Die Gedichte der Nelly Sachs, Frankfurt/M. 1961
Schiff, Hilda: Holocaust Poetry, New York 1995
Sklarew, Myra: From the Backyard of the Diaspora, Washington 1976
Sklarew, Myra: Lithuania. New & Selected Poems, Washington 1995
Snodgrass, W. D.: The Führer Bunker, Brockport 1977
Striar, Marguerite (Hg.): Beyond Lament: Poets of the World Bearing Witness to the Holocaust, Evanston 1998
Sutzkever, Abraham. Grünes Aquarium – Griner Akwarium. Jiddisch – deutsch. Übersetzt von Jost G. Blum, Michael von Killisch-Horn und Mirjam Pressler, Frankfurt/M. 1996
Taube, Herman: A Chain of Images, New York 1979
Wiesel, Elie: Ani Maamin: A Song Lost and Found Again. Translated by Marion Wiesel. New York 1973

IV. Dramen

Amichai, Yehuda: Züge und Glocken. Übersetzt von Rachel Sauer, München ca. 1950
Amir, Anda: This Kind Too. Translated by Shoshana Perla, New York 1972
Atlan, Liliane: La petite voiture de flammes et de voix, Paris 1971
Atlan, Liliane: Grot oder das Leid der Erde, Frankfurt/M. 1977
Borchert, Wolfgang: Draußen vor der Tür, in: ders., Das Gesamtwerk, Reinbek 1977
Eliach, Yaffa / Uri Assaf: The Last Jew. Translated by Yaffa Eliach, Israel 1977
Fassbinder, Rainer Werner: Der Müll, die Stadt und der Tod, Frankfurt/M. 1998
Frisch, Max: Andorra, Frankfurt/M. 1999
Fuchs, Elinor (Hg.): Plays of the Holocaust. An International Anthology, New York 1987
Goldberg, Leah: Die Herrin des Hauses. Übersetzt von Cécile und Eric Munk, München ca. 1950

Goodrich, Frances / Albert Hackett: Das Tagebuch der Anne Frank. Ein Schauspiel. Übersetzt von Robert Schnorr, Frankfurt/M. 1958

Hochhuth, Rolf: Der Stellvertreter, in: ders., Dramen, Reinbek 1972

Isser, Edward R.: Stages of Annihilation. Theatrical Representations of the Holocaust, Madison / London 1997

Kipphardt, Heinar: Bruder Eichmann, Reinbek 1983

Lampell, Millard: The Wall, New York 1964

Meged, Aharon: The Burning Bush. Translated by Shoshana Perla, New York 1972

Miller, Arthur: Zwischenfall in Vichy. Übersetzt von Hans Sahl, Frankfurt/M. 1965

Sachs, Nelly: Eli. In den Wohnungen des Todes, Frankfurt/M. 1996

Sartre, Jean-Paul: Die Eingeschlossenen. Übersetzt von Herbert Liebmann, Reinbek 1960

Schumacher, Claude (Hg.): Staging the Holocaust. The Shoah in Drama and Performance, Cambridge 1998

Shaw, Robert: The Man in the Glass Booth, New York 1967

Sherman, Martin: Bent. New York 1980.

Skloot, Robert (Hg.): The Theatre of the Holocaust. Four Plays, Madison 1982

Sobol, Joshua: Ghetto. Hg. von Harro Schweizer, Berlin 1984

Sylvanus, Erwin: Korczak und die Kinder, Reinbek 1980

Tomer, Ben-Zion: Kinder des Schattens. Übersetzt von Rainer Hartl, München 1986

Weiss, Peter: Die Ermittlung, in: ders., Stücke I, Frankfurt/M. 1983

Wertmüller, Lina: The Screenplays of Lina Wertmüller. Translated by Steven Wagner, New York 1977

Wiesel, Elie: Der Prozeß von Schamgorod. Übersetzt von Alexander de Montléart, Freiburg/Br. 1987

Wiesel, Elie: Zalman, or the Madness of God. Translated by Nathan Edelman and adapted for the stage by Marion Wiesel, New York 1974

V. Anthologien, Aufsatzsammlungen und wissenschaftliche Literatur

Aaron, Frieda W.: Bearing the Unbearable: Yiddish and Polish Poetry in the Ghettos and Concentration Camps, Albany 1990

Abramowitz, Molly: Elie Wiesel: A Bibliography, Metuchen 1974

Alexander, Edward: The Resonance of Dust. Essays on Holocaust Literature and Jewish Fate, Columbus 1979

Alphen, Ernst van: Caught by History. Holocaust Effects in Contemporary Art, Literature, and Theory, Stanford 1997

Alter, Robert: Confronting the Holocaust, in: ders., After the Tradition, New York 1969, S. 163–180

Alter, Robert: Defenses of the Imagination. Jewish Writers and Modern Historical Crisis, Philadelphia 1977

Alvarez, A.: The Literature of the Holocaust, in: ders., Beyond All This Fiddle, New York 1969, S. 22–33

Améry, Jean: Jenseits von Schuld und Sühne: Bewältigungsversuche eines Überwältigten, München 1988

Améry, Jean: Der integrale Humanismus. Aufsätze und Kritiken eines Lesers. Hg. von Helmut Heißenbüttel, Stuttgart 1985

Appelfeld, Aharon: Beyond Despair. Three Lectures and a Conversation with Philip Roth. Translated by Jeffrey M. Green, New York 1994

Arnold, Heinz Ludwig (Hg.): Text + Kritik. Nr. 144. Literatur und Holocaust, München 1999

Avisar, Ilan: Screening the Holocaust. Cinema's Images of the Unimaginable, Bloomington 1988

Baumgart, Reinhard: Unmenschlichkeit beschreiben, in: dsb: Literatur für Zeitgenossen, Frankfurt/M. 1966, S. 12–36

Baumann, Denise: La mémoire des oubliés: grandir après Auschwitz, Paris 1988

Bentley, Eric (Hg.): The Storm over the Deputy, New York 1965

Berenbaum, Michael: The Vision of the Void. Theological Reflections on the Works of Elie Wiesel, Middletown 1979

Berg, Nicolas / Jess Jochimsen / Bernd Stiegler (Hg.): Shoah – Formen der Erinnerung. Geschichte, Philosophie, Literatur, Kunst, München 1996

Berger, Alan L.: Children of Job. American Second-Generation Witnesses to the Holocaust, Albany 1997

Berger, Alan L.: Crisis and Covenant. The Holocaust in American Jewish Fiction, Albany 1985

Berger, James: After the End. Representations of Post-Apocalypse, Minneapolis 1999

Bernstein, Michael André: Foregone Conclusions. Against Apocalyptic History, Berkeley 1994

Best, Otto F.: Peter Weiss. Vom existentialistischen Drama zum marxistischen Welttheater. Eine kritische Bilanz, Bern / München 1971

Betsky, Sarah Zweig (Hg.): Onions and Cucumbers and Plums. 46 Yiddish Poems in English, Detroit 1958

Bier, Jean-Paul: Auschwitz et les nouvelles littératures allemandes, Bruxelles 1979

Bilik, Dorothy: Immigrant-Survivors. Post-Holocaust Consciousness in Recent Jewish American Fiction, Middletown 1981

Blanchot, Maurice: L'écriture du désastre, Paris 1981

Bosmajian, Hamida: Metaphors of Evil. Contemporary German Literature and the Shadow of Nazism, Iowa City 1979

Braese, Stephan / Holger Gehle / Doron Kiesel / Hanno Loewy (Hg.): Deutsche Nachkriegsliteratur und der Holocaust, Frankfurt/M. / New York 1998

Braese, Stephan (Hg.): In der Sprache der Täter. Neue Lektüren deutschsprachiger Nachkriegs- und Gegenwartsliteratur, Opladen 1998

Bravo, Anna / Danielle Jalla (Hg.): Una misura onesta. Gli scritti di memoria della deportazione dall'Italia 1944–1993, Milano 1994

Brecheisen, Claudia: Literatur des Holocaust. Identität und Judentum bei Jakov Lind, Edgar Hilsenrath und Jurek Becker, Diss. Augsburg 1993

Brenner, Rachel Feldhay: Writing as Resistance. Four Women Confronting the Holocaust – Edith Stein, Simone Weil, Anne Frank, Etty Hillesum, University Park 1997

Briegleb, Klaus / Sigrid Weigel (Hg.): Gegenwartsliteratur seit 1968, München 1992

Brown, Robert McAfee: Elie Wiesel, Messenger to All Humanity, Notre Dame 1983

Burnshaw, Stanley / Ted Carmi / Ezra Spicehandler (Hg.): The Modern Hebrew Poem Itself, New York 1965

Butzer, Günter. Fehlende Trauer. Verfahren epischen Erinnerns in der deutschsprachigen Gegenwartsliteratur, München 1998

Calandra, Denis: New German Dramatists. A Study of Peter Handke, Franz Xaver Kroetz, Rainer Werner Fassbinder, Heiner Müller, Thomas Brasch, Thomas Bernhard und Botho Strauß, New York 1983

Cambianica, Lara: Memoria e Oblio Nella Letteratura Sulla Shoah, Milano 1994

Canetti, Elias: Die Provinz des Menschen. Aufzeichnungen 1942–1972, Frankfurt/M. 1981

Cargas, Harry J.: Harry James Cargas in Conversation with Elie Wiesel, New York 1976

Cargas, Harry J.: The Holocaust: an Annotated Bibliography, Chicago 1985

Cargas, Harry J. (Hg.): Responses to Elie Wiesel. Critical Essays by Major Jewish and Christian Scholars, New York 1978

Cernyak-Spatz, Susan E.: German Holocaust Literature, New York 1985

Conter, Claude von (Hg.): Literatur und Holocaust, Bamberg 1996 [= Fußnoten zur Literatur 38]

Cole, Tim: Selling the Holocaust. From Auschwitz to Schindler – How History is Bought, Sold, and Packaged, New York 1999

Colin, Amy: Paul Celan. Holograms of Darkness, Bloomington 1991

Costa, Denise de: Anne Frank and Etty Hillesum. Inscribing Spirituality and Sexuality. Translated by Mischa F. C. Hoyink and Robert E. Chesal, New Brunswick 1998

Dawidowicz, Lucy (Hg.): A Holocaust Reader, New York 1976

Des Pres, Terrence: The Survivor. An Anatomy of Life in the Death Camps, New York 1976

Dresden, Samuel: Holocaust und Literatur. Übersetzt von Gregor Seferens und Andreas Ecke, Frankfurt/M. 1997

Dresden, Samuel: Persecution, Extermination, Literature. Translated by Henry G. Schogt, Toronto 1995

Edelheit, Abraham J.: Bibliography on Holocaust Literature, Boulder 1986

Edelheit, Abraham J. / Hershel Edelheit: Bibliography on Holocaust Literature. Supplement, Boulder 1990

Ezrahi, Sidra: Holocaust Literature in European Languages, in: Encyclopedia Judaica Yearbook 1973, Jerusalem 1973, S. 104–119

Fensch, Thomas (Hg.): Oskar Schindler and His List: The Man, the Book, the Film, the Holocaust and Its Survivors, Forest Dale 1995

Fine, Ellen S.: Legacy of Night. The Literary Universe of Elie Wiesel, Albany 1982

Flanzbaum, Hilene (Hg.): The Americanization of the Holocaust, Baltimore 1999

Friedlander, Albert (Hg.): Out of the Whirlwind. A Reader of Holocaust Literature, New York 1976

Friedländer, Saul (Hg.): Probing the Limits of Representation. Nazism and the »Final Solution«, Cambridge 1992

Friedländer, Saul: Kitsch und Tod. Der Widerschein des Nazismus. Übersetzt von Michael Grendacher und Günter Seib, Erweiterte Neuausgabe Frankfurt/M. 1999

Gehrke, Ralph: Literarische Spurensuche. Elternbilder im Schatten der NS-Vergangenheit, Opladen 1992

Gitay, Yehoshua (Hg.): Literary Responses to the Holocaust, 1945–1995, San Francisco 1998

Glatstein, Jacob / Israel Knox / Samuel Margoshes (Hg.). Anthology of Holocaust Literature, Philadelphia 1969

Graver, Lawrence: An Obsession with Anne Frank: Meyer Levin and the Diary, Berkeley 1995

Hadda, Janet: Yankev Glatshteyn, Boston 1980

Haft, Cynthia J.: The Theme of Nazi Concentration Camps in French Literature, The Hague 1973

Halperin, Irving: Messengers from the Dead. Literature of the Holocaust, Philadelphia 1970

Hamburger, Michael: From Prophecy to Exorcism, London 1965

Hartman, Geoffrey (Hg.): Holocaust Remembrance. The Shapes of Memory, Oxford / Cambridge 1994

Hayes, Peter (Hg.): Lessons and Legacies. The Meaning of the Holocaust in a Changing World, Evanston 1991

Heinemann, Marlene E.: Gender and Destiny. Women Writers and the Holocaust, New York 1986

Horowitz, Sara R.: Voicing the Void. Muteness and Memory in Holocaust Fiction, Albany 1997

Howe, Irving / Eliezer Greenberg (Hg.): A Treasury of Yiddish Poetry, New York 1969

Howe, Irving / Eliezer Greenberg (Hg.): Voices from the Yiddish. Essays, Memoirs, Diaries, Ann Arbor 1972

Howe, Irving / Ruth Wisse / Khone Shmeruk (Hg.): The Penguin Book of Modern Yiddish Verse, New York 1987

Kaes, Anton: Deutschlandbilder: die Wiederkehr der Geschichte als Film, München 1987

Kaufman, Francine: Pour Relire Le Dernier des Justes: Reflexions sur la Shoah, Paris 1986

Kiedaisch, Petra (Hg.): Lyrik nach Auschwitz? Adorno und die Dichter, Stuttgart 1995

Klein, Judith: Literatur und Genozid. Darstellungen der nationalsozialistischen Massenvernichtung in der französischen Literatur, Wien 1992

Klemperer, Victor: LTI. Notizbuch eines Philologen, Leipzig 1993

Köppen, Manuel (Hg.): Kunst und Literatur nach Auschwitz. Berlin 1993.

Köppen, Manuel / Klaus R. Scherpe (Hg.): Bilder des Holocaust. Literatur – Film – Bildende Kunst, Köln / Weimar / Wien 1997

Korman, Gerd (Hg.): Hunter and Hunted. Human History and the Holocaust, New York 1974

Kremer, S. Lillian: Witness through the Imagination. Jewish American Holocaust Literature, Detroit 1989

Lagercrantz, Olof: Versuch über die Lyrik der Nelly Sachs, Frankfurt/M. 1967

Lamping, Dieter (Hg.): Dein aschenes Haar Sulamith. Dichtung über den Holocaust, München / Zürich 1992

Lang, Berel (Hg.): Writing and the Holocaust, New York 1988

Langer, Lawrence L.: Admitting the Holocaust. Collected Essays, New York 1995

Langer, Lawrence L.: The Age of Atrocity. Death in Modern Literature, Boston 1978

Langer, Lawrence L. (Hg.): Art from the Ashes. A Holocaust Anthology, New York 1995

Langer, Lawrence L.: The Holocaust and the Literary Imagination, New Haven 1975

Langer, Lawrence L.: Holocaust Testimonies. The Ruins of Memory, New Haven 1991

Langer, Lawrence L.: Preempting the Holocaust. Essays, New Haven 1998
Langer, Lawrence L.: Versions of Survival. The Holocaust and the Human Spirit, Albany 1982
Lanzmann, Claude: Shoah. Übersetzt von Nina Börnsen und Anna Kamp, Düsseldorf 1986
Lappin, Elena: Jewish Voices, German Words. Growing up Jewish in Postwar Germany and Austria. Translated by Krishna Winston, North Haven 1994
Leftwich, Joseph (Hg.): The Golden Peacock. A Worldwide Treasury of Yiddish Poetry, New York 1961
Leftwich, Joseph (Hg.): The Way We Think: A Collection of Essays from the Yiddish. 2 vols., New York 1969
Levi, Primo: »Ich suche nach einer Lösung, aber ich finde sie nicht«. Primo Levi im Gespräch mit Ferdinando Camon. Übersetzt von Joachim Meinert, München / Zürich 1993
Levi, Primo: Gespräche und Interviews. Hg. von Marco Belpoliti. Übersetzt von Joachim Meinert, München / Wien 1999
Levi, Primo: A Romantic Grows Up. An Interview with Dan Vittorio Segre, in: Jerusalem Post, 5.9.1987
Levi, Primo: Questions and Answers at Indiana University, in: Midstream 32 (April 1986), S. 26–28
Levi, Primo: Moments of Reprieve. Translated by Ruth Feldman, New York 1985
Levi, Primo: Die Untergegangenen und die Geretteten. Übersetzt von Moshe Kahn, München 1993
Levi, Primo: The Mirror Maker. Stories & Essays. Translated by Raymond Rosenthal, New York 1989
Linenthal, Edward T.: Preserving Memory. The Struggle to Create America's Holocaust Museum, New York 1995
Lipstadt, Deborah: Denying the Holocaust. The Growing Assault on Truth and Memory, New York 1993
Liptzins, Sol: The Flowering of Yiddish Literature, New York 1963
Liptzins, Sol: The Maturing of Yiddish Literature, New York 1970
Lorenz, Dagmar: Verfolgung bis zum Massenmord. Holocaust-Diskurse in deutscher Sprache aus der Sicht der Verfolgten, New York 1992
Loshitzky, Yosefa (Hg.): Spielberg's Holocaust. Critical Perspectives on Schindler's List, Bloomington 1997
Madison, Charles: Yiddish Literature. Its Scope and Major Writers, New York 1968
Melnick, Ralph: The Stolen Legacy of Anne Frank. Meyer Levin, Lillian Hellman, and the Staging of the Diary, New Haven 1997
Merlatti, Graziella: Etty Hillesum: un cuore pensante. Testimoni del nostro tempo, Milano 1998
Mintz, Alan L.: Hurban. Responses to Catastrophe in Hebrew Literature, New York 1984
Mittelweg 36. Zeitschrift des Hamburger Instituts für Sozialforschung 6 (1997), H. 4
Moll, Michael: Lyrik in einer entmenschlichten Welt. Interpretationsversuche zu deutschsprachigen Gedichten aus nationalsozialistischen Gefängnissen, Ghettos und KZs, Frankfurt/M. 1988
Müller, Melissa: Das Mädchen Anne Frank: die Biographie, München 1998

Murdoch, Brian: Transformation of the Holocaust: Auschwitz in Modern Lyric Poetry, in: Comparative Literature Studies II 6 (1974), S. 123–150

Nieraad, Jürgen: Die Spur der Gewalt. Zur Geschichte des Schrecklichen in der Literatur und ihrer Theorie, Lüneburg 1994

Oellers, Norbert (Hg.): Zeitschrift für deutsche Philologie 114 (1995), Sonderheft »Vom Umgang mit der Schoah in der deutschen Nachkriegsliteratur«

Patraka, Vivian M.: Spectacular Suffering. Theatre, Fascism, and the Holocaust, Bloomington 1999

Patterson, David: The Shriek of Silence. A Phenomenology of the Holocaust Novel, Lexington 1992

Peroomian, Rubina: Literary Responses to Catastrophe. A Comparison of the American and Jewish Experience, Atlanta 1993

Quindeau, Ilka: Trauma und Geschichte. Interpretationen autobiographischer Erzählungen von Überlebenden des Holocaust, Frankfurt/M. 1995

Reiter, Andrea: Auf daß sie entsteigen der Dunkelheit. Die literarische Bewältigung von KZ-Erfahrung, Wien 1995

Rosen, Alan (Hg.): Celebrating Elie Wiesel. Stories, Essays, Reflections, Notre Dame 1998

Rosenfeld, Alvin H. / Irving Greenberg (Hg.): Confronting the Holocaust. The Impact of Elie Wiesel, Bloomington 1979

Rosenfeld, Alvin H.: Imagining Hitler, Bloomington 1985

Rosenfeld, Alvin H. (Hg.): Thinking about the Holocaust. After Half a Century, Bloomington 1998

Roskies, David G.: Against the Apocalypse. Responses to Catastrophe in Modern Jewish Culture, Cambridge 1984

Roskies, David G. (Hg.): The Literature of Destruction. Jewish Responses to Catastrophe, Philadelphia 1988

Ryan, Judith: The Uncompleted Past. Postwar German Novels and the Third Reich, Detroit 1983

Santagostino, Giuseppina de: Shoah. Mémoire et Écriture: Primo Levi et le dialogue des savoirs. Avec les contributions de Jean Samuel, Paris 1997

Santner, Eric L.: Stranded Objects. Mourning, Memory, and Film in Postwar Germany, Ithaca 1990

Scherpe, Klaus R.: Beschreiben, nicht Erzählen! Beispiele zu einer ästhetischen Opposition: von Döblin und Musil bis zu Darstellungen des Holocaust. Antrittsvorlesung, 20. Juni 1994, Humboldt-Universität zu Berlin, Philosophische Fakultät II, Institut für Deutsche Literatur, Berlin 1995

Schlant, Ernestine: The Language of Silence. West German Literature and the Holocaust, New York 1999

Schlant, Ernestine / Rimer J. Thomas (Hg.): Legacies and Ambiguities. Postwar Fiction and Culture in West Germany and Japan, Washington 1991

Schlott, Wolfgang: Von der Darstellung des Holocaust zur ›kleinen Apokalypse‹. Fiktionale Krisenbewältigung in der polnischen Prosa nach 1945, Frankfurt/M. u.a. 1996

Schulman, Elias: The Holocaust in Yiddish Literature, New York 1983

Shandler, Jeffrey: While America Watches. Televising the Holocaust, New York 1999

Sicher, Efraim (Hg.): Breaking Crystal. Writing and Memory after Auschwitz, Urbana 1997

Skloot, Robert: The Darkness We Carry. The Drama of the Holocaust, Madison 1988
Stenberg, Peter: Journey to Oblivion. The End of the East European Yiddish and German Worlds in the Mirror of Literature, Toronto 1991
Steiner, George: In Blaubarts Burg. Anmerkungen zur Neudefinition der Kultur. Übersetzt von Friedrich Polakovics, Frankfurt/M. 1972
Steiner, George: Language and Silence: Essays on Language, Literature and the Inhuman, New York 1967
Steiner, George: Sprache und Schweigen. Essays über Sprache, Literatur und das Unmenschliche. Übersetzt von Axel Kaun, Frankfurt/M. 1969
Tal, Kali: Worlds of Hurt. Reading the Literature of Trauma, Cambridge 1996
Teichman, Milton / Sharon Leder: Truth and Lamentation. Stories and Poems on the Holocaust, Urbana 1994
Todorov, Tzvetan: Angesichts des Äußersten. Übersetzt von Wolfgang Heuer und Andreas Knop, München 1993
Wardi, Charlotte: Le Génocide dans la fiction romanesque, Paris 1986
Wiesel, Elie: Beyond Survival, in: European Judaism (Winter 1971/72)
Wiesel, Elie: Den Frieden feiern. Hg. v. Reinhold Boschert-Kimmig, Freiburg / Basel / Wien 1991
Wiesel, Elie: Jude heute. Erzählungen, Essays, Dialoge. Übersetzt von Hilde Linnert, Wien 1987
Wiesel, Elie: Legends of our Time. Translated by Steven Donadio, New York 1968
Wiesel, Elie: One Generation After. Translated by Lily Edelman and the author, New York 1970
Wieviorka, Annette: Déportation et Génocide. Entre la mémoire et l'oubli, Paris 1992
Young, James E.: Beschreiben des Holocaust. Darstellung und Folgen der Interpretation. Übersetzt von Christa Schuenke, Frankfurt/M. 1997
Yudkin, Lion I. (Hg.): Hebrew Literature in the Wake of the Holocaust, Rutherford / London 1993
Zampieri, Stefano: Il flauto d'osso. Lager e letteratura, Firenze 1997

VI. Sonstige Literatur

Abrams, M. H. (Hg.): English Romantic Poets. Modern Essays in Criticism, New York 1960
Adorno, Theodor W.: Engagement, in: ders., Noten zur Literatur III, Frankfurt/M. 1965, S. 109–135
Adorno, Theodor W.: Erziehung nach Auschwitz, in: ders., Stichworte. Kritische Modelle 2, Frankfurt/M. 1969, S. 85–101
Allen, Donald / Warren Tallman (Hg.): The Poetics of the New American Poetry, New York 1973
Arendt, Hannah: Eichmann in Jerusalem. Ein Bericht von der Banalität des Bösen. Übersetzt von Brigitte Granzow, München 1995
Arendt, Hannah: Elemente und Ursprünge totalitärer Herrschaft. Antisemitismus, Imperialismus, Totalitarismus, München 1998
Baldwin, Peter (Hg.): Reworking the Past. Hitler, the Holocaust, and the Historian's Debate, Boston 1990

Bartov, Omer: Murder in our Midst, New York 1996
Bauer, Yehuda: The Holocaust in Historical Perspective, Seattle 1978
Beckett, Samuel / Georges Duthuit: Drei Dialoge, in: Hartmut Engelhardt / Dieter Mettler (Hg.): Materialien zu Samuel Becketts Romanen »Molloy«, »Malone stirbt«, »Der Namenlose«, Frankfurt/M. 1976
Berkovits, Eliezer: Faith After the Holocaust, New York 1973
Berning, Cornelia: Vom ›Abstammungsnachweis‹ zum ›Zuchtwort‹. Vokabular des Nationalsozialismus, Berlin 1964
Bettelheim, Bruno: Surviving, in: The New Yorker 52:24 (2.8.1976), S. 31–52
Blumenthal, Nachman: »On the Nazi Vocabulary«; »Action«; »From the Nazi Vocabulary«, in: Yad Vashem Studies I, IV und VI (1957, 1960, 1967)
Borneman, John / Jeffrey M. Peck: Sojourners. The Return of German Jews and the Question of Identity, Lincoln 1995
Browning, Christopher: Ganz normale Männer. Das Reserve-Polizeibataillon 101 und die »Endlösung« in Polen. Übersetzt von Jürgen Peter Krause, Reinbek 1996
Bunk, Bernd: Das Holocaust-Mahnmal, eine Überforderung für deutsche Kulturträger. Betrachtung und alternative Lösungsansätze, Sandhatten 1999
Buruma, Ian: The Wages of Guilt. Memories of War in Germany and Japan, New York 1994
Celan, Paul: Der Meridian und andere Prosa, Frankfurt/M. 1994
Chicago, Judy: Holocaust Project: From Darkness into Light, New York 1993
Clausen, Oliver: Weiss/Propagandist and Weiss/Playwright, in: New York Times Magazine, 2.10.1966, S.28–29
Clendinnen, Inge: Reading the Holocaust, Cambridge 1999
Cocks, Jay: Charnel Knowledge, in: Time, 26.1.1976, S. 76
Dawidowicz, Lucy S.: The War Against the Jews, 1933–1945, New York 1975
Der Prozeß gegen die Hauptkriegsverbrecher vor dem Internationalen Militärgerichtshof Nürnberg 14. November 1945 – 1. Oktober 1946. Bd. 29, Nürnberg 1948
Des Pres, Terrence: Bleak Comedies. Lina Wertmüller's Artful Method, in: Harper's 262 (Juni 1976), S. 26–28
Dimensions of the Holocaust. Lectures at Northwestern University (Elie Wiesel, Lucy Dawidowicz, Dorothy Rabinowitz, Robert McAfee Brown), Evanston 1977
Eckardt, A. Roy: Elder and Younger Brothers, New York 1967
Eckardt, A. Roy: Your People, My People, New York 1974
Eichmann, Bernd: Versteinert, verharmlost, vergessen. KZ-Gedenkstätten in der Bundesrepublik Deutschland, Frankfurt/M. 1985
Ellmann, Richard / Robert O'Clair: Modern Poets, New York 1976
Esh, Shaul: Words and Their Meaning: 25 Examples of Nazi-Idiom, in: Yad Vashem Studies V (1963)
Fackenheim, Emil L.: Encounters Between Judaism and Modern Philosophy, New York 1973
Fackenheim, Emil L.: God's Presence in History, New York 1970
Fackenheim, Emil L.: The Jewish Return into History, New York 1978
Fackenheim, Emil L.: Quest for Past and Future, Bloomington 1968
Fackenheim Emil: Sachsenhausen 1938: Groundwork for Auschwitz, in: Midstream XXI (April 1975), S. 27–31

Faerstein, Chana: Jacob Glatstein: The Literary Uses of Jewishness, in: Judaism XIV, 4 (Fall 1965), S. 414–431

Fein, Erich: Die Steine reden. Gedenkstätten des österreichischen Freiheitskampfes. Mahnmale für die Opfer des Faschismus. Eine Dokumentation, Wien 1975

Fein, Helen: Accounting for Genocide, New York 1979

Feingold, Henry L.: The Politics of Rescue, New Brunswick 1970

Felita, Ernest / John R. May: The Parables of Lina Wertmüller, New York 1977

Fischer, Klaus P:. Nazi Germany. A New History, New York 1995

Fleischner, Eva (Hg.): Auschwitz: Beginning of a New Era?, New York 1977

Forever in the Shadow of Hitler? Original Documents of the »Historikerstreit«. The Controversy Concerning the Singularity of the Holocaust. Translated by James Knowlton and Truett Cates, Atlantic Highlands 1993

Friedländer, Saul: Memory, History, and the Extermination of the Jews of Europe, Bloomington 1993

Friedländer, Saul: Das Dritte Reich und die Juden. Bd. I. Die Jahre der Verfolgung, 1933–1939, München 1998

Garbe, Detlev (Hg.): Die vergessenen KZs? Gedenkstätten für die Opfer des NS-Terrors in der Bundesrepublik, Bornheim-Merten 1983

Gilman, Sander: Jews in Today's German Culture, Bloomington 1995

Gilman, Sander / Jack Zipes (Hg.): Yale Companion to Jewish Writing and Thought in German Culture 1096–1996, New Haven 1997

Glatstein, Jacob: A Short View of Yiddish Poetry. Translated by Joseph Landis, in: Yiddish I, i (Summer 1973), S. 30–39

Glenn, Jerry: Paul Celan, New York 1973

Gray, Paul: A Living World. An Interview with Peter Weiss, in: Tulane Drama Review II (Fall 1966), S. 106–114

Grunberger, Richard: The 12-Year-Reich. A Social History of Nazi Germany, 1933–1945, New York 1971

Gutman, Yisrael / Michael Berenbaum (Hg.): Anatomy of the Auschwitz Death Camp, Bloomington 1994

Gutman, Yisrael / Livia Rothkirchen (Hg.): The Catastrophe of European Jewry. Antecedents, History, Reflections, Jerusalem 1976

Habermas, Jürgen: The New Conservatism. Cultural Criticism and the Historians' Debate. Edited and Translated by Shierry Weber Nicholsen, Cambridge 1989

Hartman, Geoffrey (Hg.): Bitburg in Moral and Political Perspective, Bloomington 1986

Hartman, Geoffrey: Der längste Schatten. Erinnern und Vergessen nach dem Holocaust. Übersetzt von Axel Henrici, Berlin 1998

Heine, Heinrich: Almansor, in: Historisch-kritische Gesamtausgabe der Werke. Hg. von Manfred Windfuhr. Bd. 5, Hamburg 1994

Herf, Jeffrey: Divided Memory. The Nazi Past in the Two Germanys, Cambridge 1997

Hilberg, Raul: Die Vernichtung der europäischen Juden. Übersetzt von Christian Seeger, Harry Maor, Walle Bengs und Wilfried Szepan, Frankfurt/M. 1994

Hilberg, Raul (Hg.): Documents of Destruction, London 1972

Hilton, Ian: Peter Weiss. A Search for Affinities, London 1970

Hölderlin, Friedrich: Werke und Briefe. Hg. von Friedrich Beißner und Jochen Schmidt, Frankfurt/M. 1982

Huyssen, Andreas: After the Great Divide. Modernism, Mass Culture, Postmodernism, Bloomington 1987
Huyssen, Andreas: Twilight Memories. Marking Time in a Culture of Amnesia, New York 1995
Insdorf, Annette: Indelible Shadows. Film and the Holocaust, New York 1983
Irwin-Zarecka, Iwona: Frames of Remembrance. The Dynamics of Collective Memory, New Brunswick 1994
Jewish Resistance during the Holocaust, Jerusalem 1971
Kafka, Franz: Briefe 1902–1924, Frankfurt/M. 1975
Kahler, Erich von: Die Auflösung der Form. Tendenzen der modernen Kunst und Literatur. Übersetzt von Wilhelm Höck, München 1971
Kahler, Erich: Untergang und Übergang. Essays, München 1970
Katz, Steven T.: The Holocaust in Historical Context. Vol. I: The Holocaust and Mass Death before the Modern Age, New York 1994
Kramer, Jane: The Politics of Memory. Looking for Germany in the New Germany, New York 1996
Kraus, Karl: Die Dritte Walpurgisnacht. Hg. von Heinrich Fischer, München 1952
Krondorfer, Bjorn: Remembrance and Reconciliation. Encounters Between Young Jews and Germans, New Haven 1995
Lacapra, Dominick: Representing the Holocaust. History, Theory, Trauma, Ithaca 1994
Levi, Primo: Beyond Survival, in: Prooftexts 4 (January 1984), S. 13
Levi, Primo: The Dispute among the Historians, in: The Mirror Maker, New York 1989, S. 163–166
Levin, Nora: The Holocaust. The Destruction of European Jewry, 1933–1945, New York 1968
Lindwer, Willy: Anne Frank – die letzten sieben Monate: Augenzeuginnen berichten. Übersetzt von Mirjam Pressler, Frankfurt/M. 1994
Littell, Franklin Hamlin: The Crucifixion of the Jews, New York 1975
Lukacs, John: The Hitler of History, New York 1997
Maier, Charles S.: The Unmasterable Past. History, Holocaust, and German National Identity, Cambridge 1988
Marcuse, Harold / Frank Schimmelfennig / Jochen Spielmann (Hg.): Steine des Anstoßes. Nationalsozialismus und Zweiter Weltkrieg in Denkmalen, 1945–1985, Hamburg 1985
Milosz, Czeslaw: The Captive Mind. Translated by Jane Zielonko, New York 1953
Milosz, Czeslaw: Verführtes Denken. Übersetzt von Alfred Loepfe, Köln 1980
Milton, Sybil: In Fitting Memory. The Art and Politics of Holocaust Memorials, Detroit 1991
Mitscherlich, Alexander / Margarete Mitscherlich: Die Unfähigkeit zu trauern. Grundlagen kollektiven Verhaltens, München 1991
Morse, Arthur D.: While Six Million Died. A Chronicle of American Apathy, New York 1968
Mosse, George L.: The Crisis of German Ideology. Intellectual Origins of the Third Reich, New York 1964
Mosse, George L. (Hg.): Der nationalsozialistische Alltag: so lebte man unter Hitler, Frankfurt /M. 1993

Naumann, Bernd: Auschwitz. Bericht über die Strafsache Mulka und andere vor dem Schwurgericht Frankfurt, Frankfurt/M. / Bonn 1965

Neher, André: The Exile of the Word. From the Silence of the Bible to the Silence of Auschwitz. Translated by David Naisel, Philadelphia 1981

Newman, Charles (Hg.): The Art of Sylvia Plath, Bloomington 1971

Oberg, Arthur: Modern American Lyric. Lowell, Berryman, Creeley and Plath, New Jersey 1978

Ozick, Cynthia: A Liberal's Auschwitz, in: The Pushcart Press I. Hg. von Bill Henderson, New York 1976, S. 149–153

Ozick, Cynthia: Primo Levi's Suicide Note, in: dies., Metaphor and Memory, New York 1989

Paechter, Heinz: Nazi-Deutsch. A Glossary of Contemporary German Usage, New York 1944

Papst Pius XI.: Rundschreiben über die Lage der katholischen Kirche im Deutschen Reich vom Passionssonntag 1937 (»Mit brennender Sorge«), Münster 1946

Pawelczyńska, Anna: Values and Violence in Auschwitz. A Sociological Analysis. Translated by Catherine S. Leach, Berkeley 1979

Pechter, William S.: Obsessions, in: Commentary, Mai 1976, S. 76

Poliakov, Leon: Das Dritte Reich und die Juden. Übersetzt von Joseph Wulf, Wiesbaden 1989

Rabinbach, Anson / Jack Zipes: Germans and Jews Since the Holocaust. The Changing Situation in West Germany, New York 1986

Rapaport, Lynn: Jews in Germany After the Holocaust. Memory, Identity and Jewish-German Relations, New York 1997

Rawicz, Piotr: The Companion of a Dream, in: European Judaism, Winter 1971/72

Remak, Joachim: The Nazi Years. A Documentary History, Englewood Cliffs 1969

Rittner, Carol / John K. Roth: Memory Offended. The Auschwitz Convent Controversy, New York 1991

Rosenbaum, Irving J.: The Holocaust and Halakhah, New York 1976

Rosenbaum, Ron: Explaining Hitler, New York 1998

Rosenfeld, Isaac: An Age of Enormity, Cleveland 1962

Rosenfeld, Sidney: Karl Kraus: The Future of a Legacy, in: Midstream XX, 4 (April 1974)

Roskies, David: A Bridge of Longing. The Lost Art of Yiddish Storytelling, Cambridge 1995

Rousso, Henry: The Vichy Syndrome. History and Memory in France since 1944, Cambridge 1991

Rubenstein, Richard L.: After Auschwitz. Radical Theology and Contemporary Judaism, Indianapolis 1966

Rubenstein, Richard L.: The Cunning of History. Mass Death and the American Future, New York 1975

Ruether, Rosemary Radford: Faith and Fratricide. The Theological Roots of Anti-Semitism, New York 1974

Samuels, Maurice: In Praise of Yiddish, New York 1971

Shandley, Robert R.: Unwilling Germans? The Goldhagen Debate, Minneapolis 1998

Shirer, William: Aufstieg und Fall des Dritten Reiches. Übersetzt von Wilhelm und Modeste Pferdekamp, Köln / Wien 1961

Simon, John: Wertmüller's »Seven Beauties« – Call It A Masterpiece, in: New York 9:5 (2.2.1976), S. 24–31

Sobchack, Vivian (Hg.): The Persistance of History. Cinema, Television, and the Modern Event, New York 1996

Spiegel, Shalom: The Last Trial, New York 1969

Steinlauf, Michael: Bondage to the Dead. Poland and the Memory of the Holocaust, Syracuse 1997

Stern, Frank: Im Anfang war Auschwitz. Antisemitismus und Philosemitismus im deutschen Nachkrieg, Gerlingen 1991

Sternberger, Dolf / Gerhard Storz / Wilhelm E. Süskind: Aus dem Wörterbuch des Unmenschen, Hamburg 1968

Stevens, Wallace: Adagia. Übersetzt von Karin Graf und Joachim Sartorius, Salzburg / Wien 1992

Stevens, Wallace: The Necessary Angel, New York 1965

Styron, William: Auschwitz's Message, in: The New York Times, 25.6.1974

Styron, William: An Interview with William Styron, in: Contemporary Literature 20 (Winter 1979), S. 1–12

Styron, William: A Talk with William Styron, in: New York Times Book Review, 27.5.1979

Suhl, Yuri: They Fought Back. The Story of the Jewish Resistance in Nazi-Europe, New York 1967

Taylor, A. J. P.: The Second World War, New York 1975

Thalmann, Rita / Emmanuel Feinermann: Die Kristallnacht, Frankfurt/M. 1987

Thoreau, Henry David: Rauch, in: Franz Link (Hg.): Amerikanische Lyrik. Vom 17. Jahrhundert bis zur Gegenwart. Übersetzungen von Annemarie und Franz Link, Stuttgart 1974

Toland, John: Adolf Hitler. Übersetzt von Uwe Bahnsen, Bergisch Gladbach 1977

Trunk, Isaiah: Judenrat: the Jewish Councils in Eastern Europe Under Nazi Occupation, New York 1972

Tushnet, Leonard: The Pavement of Hell, New York 1972

Weinreich, Max: History of the Yiddish Language. Translated by Shlomo Noble, Chicago 1980

Weiss, Peter: Notizen zum dokumentarischen Theater, in: ders., Rapporte 2, Frankfurt/M. 1980, S. 91–104

Weiss, Peter: Meine Ortschaft, in: ders., Rapporte, Frankfurt/M. 1981, S. 113–124

Westernhagen, Dörte von: Die Kinder der Täter, München 1987

Wienold, Götz: Paul Celans Hölderlin-Widerruf, in: Poetica 2 (1968), S. 216–228

Wisse, Ruth: A Little Love in Big Manhattan. Two Yiddish Poets, Cambridge 1988

Wulf, Joseph: Literatur und Dichtung im Dritten Reich, Gütersloh 1963

Wyschogrod, Michael: Some Theological Reflections on the Holocaust, in: Response 25 (Spring 1975)

Yerushalmi, Yosef Hayim: Zachor: Erinnere Dich! Jüdische Geschichte und jüdisches Gedächtnis. Übersetzt von Wolfgang Heuss, Berlin 1988

Young, James Edward: Formen des Erinnerns. Gedenkstätten des Holocaust. Übersetzt von Meta Gartner, Wien 1997

Personenregister

Abish, Walter 137
Adorno, Theodor W. 7, 9, 21
Alexander, Edward 15
Alterman, Nathan 87
Alvarez, A. 176f.
Améry, Jean 25, 180–184, 189
Anilewicz, Mordecai 64
Appelfeld, Aharon 99

Bach, Johann Sebastian 129
Bassani, Giorgio 8
Baumgart, Reinhard 21
Beauvoir, Simone de 82
Beckett, Samuel 16
Bellow, Saul 39, 168
Benjamin, Walter 134
Bentley, Eric 141
Berg, Mary 51
Berryman, John 26
Best, Otto F. 152, 155
Bettelheim, Bruno 59, 208
Borges, Jorge Luis 17, 149, 151
Borowski, Tadeusz 8, 25f., 74–78, 81, 83, 179f.
Bovshover, Joseph 120
Brecht, Bertolt 134
Brock, Van K. 87
Bryks, Rachmil 168
Buber, Martin 99
Büchner, Georg 88

Canetti, Elias 98, 201
Celan, Paul 8f, 25f, 37ff., 86, 88, 90–93, 96–111, 113ff., 137, 180, 189
Cohen, Elie A. 59, 63
Coleridge, Samuel Taylor 196

Dawidowicz, Lucy 12, 64, 168, 170
Dante Alighieri 45, 60, 153, 195

Dietrich, Marlene 166
Donat, Alexander 23, 42f., 51, 59
Delbo, Charlotte 58, 74, 81, 83

Edelman, Marek 51
Edelstadt, David 120
Eichmann, Adolf 82, 139, 158
Eliot, T. S. 87, 103
Epstein, Leslie 167–172

Fackenheim, Emil 25, 115
Faerstein, Chana 121
Feldman, Irving 87
Felita, Ernest 166
Flinker, Mosche 23f., 43, 55f., 65
Frank, Anne 24, 55ff., 65, 69
Frank, Hans 158f.
Frankl, Victor 59
Frost, Robert 118, 124

Gascar, Pierre 74
Gens, Jacob 171f.
George, Stefan 134
Gerstein, Kurt 64, 140f., 143
Gide, André 20
Gilboa, Amir 87
Glanz-Leyeles, Aaron 120
Glatstein, Jacob 8, 32f., 38, 86, 117–126
Glenn, Jerry 37
Goebbels, Joseph 36, 86, 128–132, 134
Goethe, Johann Wolfgang 18, 37, 129
Goldstein, Bernard 51
Grade, Chaim 86, 118
Grass, Günter 18, 136
Green, Gerald 82
Greenberg, Blu 87
Greenberg, Eliezer 118
Greenberg, Uri Zvi 8, 28, 87
Grossman, Mendel 168

Halpern, Moishe Leib 120
Hamburger, Michael 131
Hasenclever, Walter 134
Hecht, Anthony 87
Heidegger, Martin 130f., 136
Heimler, Eugene 59
Heine, Heinrich 101, 128, 151f.
Hemingway, Ernest 28
Hersey, John 69f., 75, 81
Heydrich, Reinhard 43, 158
Heyen, William 87
Heyman, Éva 54, 65
Hill, Christopher 87
Himmler, Heinrich 43, 65, 82, 139, 144, 147, 148f., 157, 170
Hirt, A. 139
Hitler, Adolf 18, 22, 43, 49, 71, 130ff., 134f., 137f., 141f., 145, 148f., 152, 157f., 169, 177, 188
Hochhuth, Rolf 34, 38, 86, 137–149, 156, 165, 199
Hölderlin, Friedrich 37, 105ff.
Höß, Rudolf 82, 158f., 161
Howe, Irving 118

Iceland, Reuben 120
Ignatius von Loyola 147f.
Ignatow, David 120

Jabès, Edmond 19, 128, 149
Jewtuschenko, Jewgeni 87, 173
Johnson, Samuel 159
Jones, A.R. 178

Kafka, Franz 20, 26, 30ff., 67f., 101
Kahler, Erich von 9, 15
Kanfer, Stefan 11
Kant, Immanuel 108
Kaplan, Chaim 15, 21, 23, 35, 37f., 43–49, 51, 53f., 65, 69f., 97, 150f., 204
Katz, Joseph 58
Katzenelson, Jizchak 8, 15, 39, 51, 53, 65, 69, 87, 116
Ka-Tzetnik 24
Kierkegaard, Sören 140
Klein, Gerda W. 59
Klemperer, Victor 130f., 136

Koch, Ilse 166
Kogon, Eugen 135
Kolbe, Maximilian 140
Kolmar, Gertrud 86, 101
Korczak, Janusz 51–54, 65
Kosinski, Jerzy 24, 38f., 74, 78–81, 83, 170
Kott, Jan 78
Kovner, Abba 87
Kraus, Karl 132ff., 164
Kusnezow (Anatoli A.) 74, 81

Landau, Zisha 120
Langer, Lawrence 7, 36
Lapin, Berl 120
Lasker-Schüler, Else 101
Layton, Irving 87
Leib, Mani 85, 120
Leivick, H. 87
Levertov, Denise 87
Levi, Carlo 82f.
Levi, Primo 8, 16, 23, 25, 36ff., 43, 59–63, 66, 136, 180–198, 201
Lichtenberg, Bernhard 141
Lind, Jakov 74, 78, 170
Lindwer, Willy 24
Lustig, Arnošt 24, 74, 83, 170

Mailer, Norman 27
Majakowskij, Vladimir 78f.
Malamud, Bernard 70f., 169
Mallarmé, Stéphane 87
Manger, Itzik 87, 98, 105, 118
Mann, Heinrich 134
Mann, Thomas 134
Mantini, Kardinal 143
Mark, Bernard 51
Marx, Karl 80
May, John R. 166
Meed, Vladka 51
Mengele, Josef 82, 86, 141, 143, 159
Milosz, Czeslaw 75, 78, 87
Milton, John 18, 40
Minkoff, N.B. 120
Molodowsky, Kadia 87
Montini, Kardinal 193
Musil, Robert 134
Mussolini, Benito 49, 169

Neumann, Bernd 153
Nietzsche, Friedrich 105f.
Nin, Anaïs 20
Nyiszli, Miklos 59

Oberg, Arthur 176
Olson, Charles 205
Opatushu, Joseph 120
Ovid 32
Ozick, Cynthia 117f., 183, 208

Pagis, Dan 87
Perez, Jizchok Lejb 109
Pilinszky, Janós 42, 87
Piscator, Erwin 142
Pius XI. 148
Pius XII. (Pacelli) 142ff., 146, 148
Plath, Sylvia 26, 87, 172–178
Poe, Edgar Allan 30ff., 67
Proust, Marcel 75

Radnóti, Miklós 87
Rawicz, Piotr 74, 78–83, 116, 170, 180
Remarque, Erich Maria 134
Reznikoff, Charles 87
Riefenstahl, Leni 36
Rilke, Rainer Maria 100, 113, 129
Ringelblum, Emanuel 15, 23f., 43, 49f., 53f., 57, 65, 69, 168ff.
Roditi, Edouard 20
Rolnick, Joseph 120
Rosen, Norma 74
Rosenberg, Alfred 131f.
Rosenfeld, Alvin H. 7–11
Rosenfeld, Isaac 66, 74
Rosenfeld, Morris 120
Rosenfeld, Sidney 133
Rothenberg, Jerome 87
Rousset, David 58f.
Rozewicz, Tadeusz 87
Rubenstein, Richard 98, 114f.
Rudaszewski, Yitzhak 54
Rudnicki, Adolf 168
Rumkowski, Mordechai Chaim 167f., 170, 193

Sachs, Nelly 8, 39, 86, 88, 92–95, 98, 100f., 103, 105, 110–115, 199
Sade, D.A.F. Marquis de 31
Samuel, Maurice 121
Sartre, Jean-Paul 18
Schellenberg, Walter 148
Schiller, Friedrich 129f.
Schipper, Ignacy 42, 65
Schlegel, August Wilhelm 9
Schubert, Franz 129
Schwarz-Bart, André 24, 29, 38, 72f., 75f., 80, 82f., 128, 135, 150, 170, 199f.
Segre, Dan Vittorio 197
Semprun, Jorge 74f., 83
Shaw, Irwin 27
Shelley, Percy Bysshe 88
Shirer, William 128
Simon, John 165
Simpson, Louis 87
Singer, Isaac B. 70f., 74, 116
Sklarew, Myra 87
Snodgrass, W. D. 87
Solzenicyn, Alexander 18
Spellman, Kardinal 143
Sperber, Manès 8, 82
Stein, Gertrude 87
Steinberg, Eliezer 99
Steiner, George 17, 36, 129, 134ff., 175
Steiner, Jean-François 74, 82
Stevens, Wallace 68
Streicher, Julius 167
Styron, William 82, 156–163
Sutzkever, Abraham 87, 118
Szmaglewska, Seweryna 59

Taylor, A.J.P. 27
Thoreau, Henry David 32f.
Toller, Ernst 134
Tolstoi, Leo 40
Trakl, Georg 189
Trunk, Isaiah 168
Tucholsky, Kurt 134
Tushnet, Leonard 168

Uris, Leon 69f., 75, 81

Vrba, Rudolf 59

Weil, Grete 8
Weinberg, Werner 182, 184
Weinreich, Max 121
Weiss, Peter 152–156, 172, 209
Wells, Leon 43, 59, 66-69
Werfel, Franz 134
Wertmüller, Lina 163–167
Wienold, Götz 37
Wiernik, Yankel 64
Wiesel, Elie 8, 13f., 17, 20, 22ff., 28f., 32, 35ff., 39, 42f., 59, 63, 70, 73f., 79, 82, 96f., 135, 180
Wiesenthal, Simon 181

Winchevsky, Morris 120
Wordsworth, William 88
Wouk, Herman 27
Wyschogrod, Michael 21

Yosselewscka, Rieka 64
Young, James E. 7ff.

Zeitlin, Aaron 87, 118
Zelkowicz, Josef 168
Zweig, Stefan 134
Zwetajewa, Marina 101
Zygelbojm, Samuel 64

Wahrung und Ausdruck jüdischer Identität

Thomas Rahe
„Höre Israel"
Jüdische Religiosität in nationalsozialistischen Konzentrationslagern

Sammlung Vandenhoeck.
1999. 263 Seiten, Paperback
ISBN 3-525-01378-7

Der Kosmos von Tod, Angst, Verzweiflung, Hunger und Krankheit in den Konzentrationslagern bildete nicht nur den Hintergrund für das religiöse Handeln von Juden, sondern prägte und veränderte es. Thomas Rahe stellt die Bandbreite religiöser Verhaltensweisen jüdischer Häftlinge dar und fragt nach der Bedeutung der Religion für die Juden in den Konzentrationslagern. Unter welchen Voraussetzungen spielte sich das jüdisch-religiöse Leben in den Konzentrationslagern ab? Wie veränderte sich das religiöse Denken und Handeln unter den Bedingungen der Lagerexistenz? Inwieweit konnte die Religion helfen, eine Identität zu bewahren? Welche Folgen hatten religiöse Aktivitäten für die Überlebenschancen?
Wie wurde der Holocaust religiöstheologisch gedeutet?
Im Mittelpunkt dieser Darstellung stehen Selbstzeugnisse von jüdischen Häftlingen wie Tagebücher, Gebete, Gedichte, die in den Lagern entstanden sind, Erinnerungsberichte und Interviews. Thomas Rahe vermeidet vorschnelle Urteile und Verallgemeinerungen; er betrachtet vielmehr die unmittelbare Wirklichkeit in den Lagern und hört hin, was die Opfer zu sagen haben.

Dieter Lamping
Von Kafka bis Celan
Jüdischer Diskurs in der deutschen Literatur des 20. Jahrhunderts

Sammlung Vandenhoeck.
1998. 206 Seiten, Paperback
ISBN 3-525-01221-7

In keinem Bereich deutscher Kultur haben Juden so viele und so tiefe Spuren hinterlassen wie in der Literatur. In ihrer großen Epoche, die etwa um 1820 mit Rahel Varnhagen, Ludwig Börne und Heinrich Heine beginnt und gut einhundert Jahre dauerte, haben jüdische Autoren wie Franz Kafka, Else Lasker-Schüler, Franz Werfel oder Joseph Roth deutsche Literatur geprägt. Deutsch-jüdische Literatur des 20. Jahrhunderts ist aber nicht nur große deutsche, sondern auch große jüdische Literatur. Im Mittelpunkt des Buches steht deshalb die Frage, was denn das ‚Deutsche' und was das ‚Jüdische' an ihr sei. Jüdische Literatur in deutscher Sprache ist deutsch-jüdische Literatur vor allem durch die Darstellung jüdischer Erfahrungen – zumal der problematischen Assimilation, des Exils und des Holocaust.

Vandenhoeck & Ruprecht

Das Judentum in der Wissenschaft

Michael Brenner /
Stefan Rohrbacher (Hg.)
Wissenschaft vom Judentum
Annäherungen nach dem Holocaust
2000. 240 Seiten, gebunden
ISBN 3-525-20807-3

Die „Wissenschaft des Judentums" brachte während des 19. und frühen 20. Jahrhunderts zahlreiche bedeutende Werke hervor. Eines ihrer zentralen Anliegen ging jedoch nicht in Erfüllung: Bis 1933 wiesen deutsche Universitäten beständig die Initiativen jüdischer Gelehrter zurück, die dem Studium des Judentums einen angemessenen Platz innerhalb der akademischen Landschaft sichern wollten.

Erst nach der Schoa fand es Zugang zu den deutschen Universitäten, beginnend mit den ersten Judaistik-Instituten der sechziger Jahre über die interdisziplinären Einrichtungen der Jüdischen Studien in den achtziger und neunziger Jahren bis hin zu den neuesten Versuchen, Teilbereiche der Wissenschaft vom Judentum durch gesonderte Lehrstühle in die einzelnen Disziplinen zu integrieren. Führende Vertreter des Faches zeichnen die historische Entwicklung nach, lassen unterschiedliche Ansätze deutlich werden und liefern mit dieser Bestandsaufnahme erstmals einen systematischen Überblick über die Entwicklung der wissenschaftlichen Beschäftigung mit dem Judentum im deutschsprachigen Raum nach 1945.

Inhalt: Vorwort / *Historische Entwicklung:* Ismar Schorsch (New York): Das erste Jahrhundert der Wissenschaft des Judentums / Christhard Hoffmann (Bergen): Wissenschaft des Judentums in der Weimarer Republik und im „Dritten Reich" / Michael Brenner (München): Jüdische Studien im internationalen Kontext
Perspektiven von Forschung und Lehre: Joseph Dan (Jerusalem / Berlin): Jüdische Studien ohne Gewißheiten / Karl Erich Grözinger (Potsdam): Jüdische Studien und Judaistik in Deutschland – Aufgaben und Strukturen eines „Faches" / Margarete Schlüter (Frankfurt): Judaistik an deutschen Universitäten heute / Andreas Gotzmann (Erfurt): Entwicklungen eines Faches – Die universitäre Lehre in der Judaistik / Wolfgang Benz (Berlin): Antisemitismusforschung
Bilanz einzelner Fachgebiete: Günter Stemberger (Wien): Bibel und Rabbinische Literatur / Giuseppe Veltri (Halle): Jüdische Philosophie – Eine philosophisch-bibliographische Skizze / Stefan Rohrbacher (Duisburg): Jüdische Geschichte / Hannelore Künzl (Heidelberg): Jüdische Kunst / Marion Aptroot (Düsseldorf): Jiddische Sprache und Literatur / Dieter Lamping (Mainz): Jüdische Literatur.

Vandenhoeck & Ruprecht